퓨전의 정석

AUTODESK
Fusion 360

 밀링 / 기본편

CAM을 처음 하시는 분들을 위한 실무 가이드

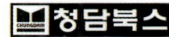 청담북스

Preface

Fusion 360 CAM을 배우는 모든 분들에게

처음 CAM을 접했을 때가 떠오릅니다. 저는 하이퍼 밀 유저로써 5축 금형 가공을 하다가, Autodesk Fusion 기술영업으로 이직하게 되었습니다. 기술영업을 하면서 한 가지 아쉬운 점이 있었습니다. Fusion CAD에 대한 책은 많지만, CAM을 제대로 다룬 책은 없었습니다.

그래서 생각했습니다. "그럼 내가 직접 만들어야겠다!"

이렇게 시작된 프로젝트가 바로 이 책입니다.

Fusion CAM, 쉽게 배우는 길을 만들다

처음에는 더 많은 사람들이 쉽게 Fusion CAM을 배울 수 있도록 유튜브 채널 '퓨전의 정석'을 개설하여 동영상 강의를 제작했습니다. 그리고 그 경험을 바탕으로, 누구나 쉽게 Fusion CAM을 배울 수 있는 책을 만들기로 결심했습니다.

이 책은 CAM을 처음 접하는 사람들도 쉽게 이해할 수 있도록 구성했습니다. Fusion CAM을 전혀 모르는 사람도 따라할 수 있도록 최대한 쉽게 풀어냈습니다.

그 중에서도 이 책의 핵심은 '100장 가까이 되는 따라하기 세션'입니다. 단순히 기능을 설명하는 것이 아니라, 실제 가공 환경에서 그대로 활용할 수 있도록 가공 조건부터 툴 패스 생성까지 실가공을 염두에 두고 만들었습니다. 즉, 이 책을 보며 따라 하면 실제 가공 현장에서 바로 적용할 수 있도록 구성되어 있습니다.

이 책을 통해 많은 분들이 Fusion CAM을 배우고, 실무에서 적극적으로 활용할 수 있기를 바랍니다. Fusion CAM을 접하는 모든 분들에게 도움이 되길 바라며, 앞으로도 더욱 좋은 자료로 찾아뵙겠습니다.

감사합니다.

QR 코드와 함께하는 Fusion CAM 학습

이 책에서는 단순한 이론 설명을 넘어, Fusion CAM을 보다 실용적으로 배울 수 있도록 동영상 강의와 연계하여 학습할 수 있도록 구성하였습니다.

각 장에서 배운 내용을 더 깊이 이해하고 싶다면, QR 코드를 스캔하여 '퓨전의 정석' 유튜브 채널의 관련 영상을 참고하세요. 실제 가공 예제와 실습 과정을 동영상으로 직접 확인할 수 있어, 보다 직관적으로 학습할 수 있습니다.

또한, 여러분의 피드백을 적극적으로 반영하여 더욱 완성도 높은 자료를 제공하고자 합니다.

- 어떤 점이 부족하거나 개선되었으면 좋겠나요?
- Fusion 360 CAM을 사용하며 궁금한 점이 있나요?
- 더 알고 싶은 가공 기법이 있나요?

책을 읽으면서 생기는 모든 질문과 의견을 언제든지 남겨주세요. 여러분의 의견을 반영하여 더 유용한 콘텐츠를 만들어가겠습니다.

추가 실습 자료 및 동영상 강의는 아래 QR 코드를 통해 확인할 수 있습니다.

앞으로도 함께 배우고 성장할 수 있기를 기대합니다. 감사합니다!

Contents

Chapter. 01
Fusion 이란?

01 Fusion, 왜 필요할까? • 10
02 Fusion이 특별한 이유 • 11
03 Fusion, 어디에 쓰일까? • 12
04 Fusion, 나도 쉽게 배울 수 있을까? • 13

Chapter. 02
Fusion 시작하기

01 Fusion 컴퓨터 사양 알아보기 • 16
   1.1 Autodesk Fusion 최소 사양 • 17
   1.2 Autodesk Fusion 권장 사양 • 17
   1.3 저자 추천 Fusion 권장 사양 • 18

02 설치하기 • 19
   2.1 회원가입하기 • 19
   2.2 체험판 신청하기 • 22
   2.3 다른 컴퓨터에도 Fusion을 설치하고 싶다면? • 26

03 로그인 하기 • 27
04 인터페이스 알아보기 • 32

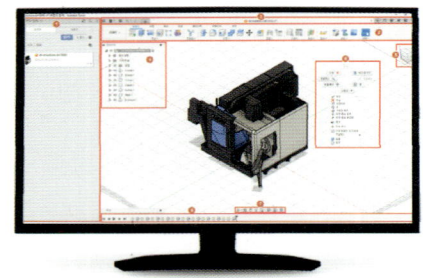

Chapter. 03
Fusion CAM(제조) 이란?

01 제조 프로세스 • 36
   1.1 모델 준비 • 36
   1.2 툴 패스 선택 • 37
   1.3 공구 선택 및 가공 조건 설정 • 38
   1.4 툴 패스 생성 및 시뮬레이션 • 38
   1.5 G코드 생성 • 39

02 각 제조 유형 별 설명 • 40
   2.1 밀링 • 40
   2.2 터닝 • 41
   2.3 적층 • 42

2.4 검사 • 43
2.5 제작 • 44
2.6 유틸리티 • 45

03 제조 브라우저 알아보기 • 46

3.1 단위 • 46
3.2 명명된 뷰 • 47
3.3 원점 • 47
3.4 분석 • 48
3.5 모형 • 49
3.6 선택세트 (레이어 유사 기능) • 50
3.7 제조 모형 • 51
3.8 NC프로그램 • 52
3.9 설정 • 53

Chapter. 04
Fusion CAM 툴 패스 – 2D 기능

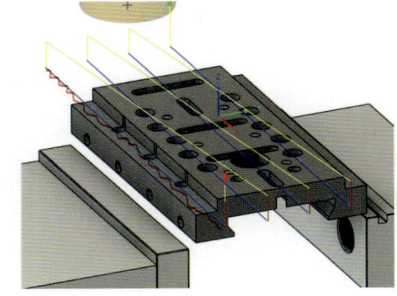

01 원점설정 하기 (공작물 좌표계 생성) • 56

1.1 제조 시작하기 • 56
1.2 설정 창 - 설정 옵션 알아보기 • 60
1.3 WCS (작업 좌표계) 설정 • 62
1.4 설정 창 - 스톡 설정 • 68
1.5 설정 창 - 포스트프로세스 • 76

02 기계 & 고정구 설정 • 79

2.1 기계 선택하기 • 79
2.2 고정구 설정 • 87
2.3 부품 위치 조정 • 88

03 공구 라이브러리 알아보기 (공구 설정하기) • 90

3.1 공구 라이브러리 개요 • 90
3.2 공구 라이브러리 유형 • 91
3.3 공구 추가 및 설정하기 • 91
3.4 공구 상세 설정 • 93
3.5 절삭 데이터 설정 • 96
3.6 공구 라이브러리 활용하기 • 97

04 페이스 • 99

4.1 페이스 가공이란? • 99
4.2 작업좌표계 설정 • 100
4.3 페이스 공구 설정 • 101

4.4 페이스 영역 설정 • 103
4.5 페이스 높이 설정 • 104
4.6 페이스 패스 설정 • 105
4.7 페이스 링크 설정 • 110
4.8 페이스 따라하기 • 110

05 2D 포켓 • 116
5.1 2D 포켓 가공이란? • 116
5.2 2D포켓 툴 패스 생성하기 • 117
5.3 닫힌 영역과 열린 영역의 차이 • 118
5.4 가공 영역 설정 개념 이해하기 • 120
5.5 패스 탭 설정하기 • 122
5.6 높이 설정 개념 이해하기 • 124
5.7 링크 설정하기 • 127

06 2D 윤곽선 • 129
6.1 2D 윤곽선 가공이란? • 129
6.2 윤곽선 영역 선택하기 • 130
6.3 절삭 방향 변경하기 • 131
6.4 다중 깊이 설정하기 • 133
6.5 특정 영역의 가공 높이 조정하기 • 134
6.6 윤곽 진입/진출 겹치기 • 137
6.7 코너 모드 설정하기 • 139
6.8 2D 램프 가공 적용하기 • 140
6.9 멀티 툴 패스 사용하기 • 142

07 2D 어댑티브 황삭 • 143
7.1 2D 어댑티브 황삭 툴 패스 생성하기 • 144
7.2 측면 절입량 설정 • 145
7.3 다중 깊이 사용하기 • 145
7.4 가공 영역 선택하기 • 146

08 슬롯 • 148
8.1 슬롯 툴 패스 생성하기 • 149
8.2 백 오프 거리 설정하기 • 150
8.3 다중 깊이 사용하기 • 151

09 트레이스 • 152
9.1 트레이스 툴 패스 생성하기 • 153
9.2 시뮬레이션 실행하기 • 154
9.3 모따기 가공 • 155
9.4 문자 가공하기 • 158

10 스레드 • 161
10.1 스레드 밀 공구 만들기 • 162
10.2 영역 선택 모드 • 163
10.3 패스 설정 • 165

11 보어 • 167
11.1 보어 툴 패스 생성하기 • 168
11.2 영역지정하기 • 169
11.3 패스 탭 • 170
11.4 링크 탭 • 175

12 잉그레이브 • 177
12.1 잉그레이브 개념 • 178
12.2 영역 지정하기 • 179
12.3 코너 툴 패스 각도지정 • 180

13 2D 챔퍼 • 181
13.1 2D 챔퍼 개념 • 182
13.2 모따기 폭 지정하기 • 184
13.3 모따기 팁 간격 띄우기 • 185
13.4 모따기 공차 • 186

14 드릴(Legacy Drilling) • 189
14.1 ∅6 센터드릴 가공 • 190
14.2 ∅10 드릴 가공 • 195
14.3 ∅10 탭 가공 • 197

15 포스트프로세스 • 198
15.1 포스트프로세스 출력 유형 • 198
15.2 포스트 프로세스 실행하기 • 199
15.3 포스트프로세스 선택 및 설정 • 199

16 2D 기능으로 실가공하기 • 202
16.1 툴 패스 생성 전 준비하기 • 203
16.2 작업 좌표계 및 스톡 설정하기 - 1차 가공 • 206
16.3 3D 치수 (매뉴얼 측정) 기입하기 • 208
16.4 공구 생성하기 • 209
16.5 툴 패스 생성하기 - 1차 가공 • 221
16.6 툴 패스 생성하기 - 2차 가공 • 253
16.7 툴 패스 생성하기 - 3차 가공 • 259
16.8 CAM 시뮬레이션 • 279

Chapter. 05
Fusion CAM 툴 패스 - 3D 기능

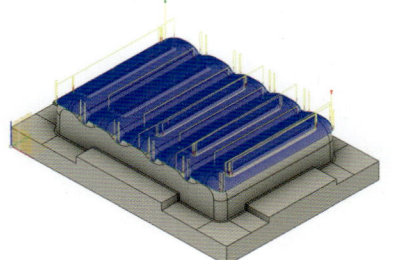

01 어댑티브 황삭 • 282
    1.1 어댑티브 클리어링 개념 • 283
    1.2 스톡 정의하기 • 284
    1.3 가공 경계 지정하기 • 285
    1.4 공차 개념 • 286
    1.5 패스 설정 • 288

02 포켓 황삭 • 290
    2.1 포켓 클리어링 개념 • 291
    2.2 영역지정하기 • 292
    2.3 패스 설정 • 295
    2.4 외부 진입 설정하기 • 296
    2.5 급속 이송방법 지정하기 • 297

03 포켓 황삭 (재 황삭) • 299
    3.1 재 황삭의 개념 • 300
    3.2 레스트 가공 사용하기 • 301

04 등고선 • 303
    4.1 등고선 개념 • 304
    4.2 경사각도 지정하기 • 305
    4.3 링크 - 공구 진입 진출 수정 • 306
    4.4 링크 - 기본 리드인 위치 • 307
    4.5 패스 - 플랫 영역 탐지 • 308

05 평행선 • 310
    5.1 3D 평행선 개념 • 311
    5.2 패스방향 설정 • 313
    5.3 링크 전환 유형 변경 • 314
    5.4 링크 - 최대 이송허용 거리 • 315

06 램프 • 319
    6.1 램프 개념 • 320
    6.2 경사 지정 • 321
    6.3 상향식 절삭 개념 • 322

07 스캘럽 • 324
    7.1 스캘럽 개념 • 325
    7.2 내부/외부 방향 지정 • 327
    7.3 경사지정 • 328

08 평면 • 330
    8.1 평면 가공 개념 • 331

- 8.2 가공유형 변경하기 • 332
- 8.3 곡면 회피 / 곡면 기계가공 • 333
- 8.4 양방향 가공 설정 • 336
- 8.5 홀 위 기계가공 • 337
- 8.6 정삭 가공 패스 • 338

09 모핑된 스파이럴 • 340
- 9.1 모핑된 스파이럴 개념 • 341

10 형상 투영 • 344
- 10.1 3볼엔드밀 공구 만들기 • 345
- 10.2 형상투영의 개념 • 346
- 10.3 다중 깊이 • 348
- 10.4 각인 가공 (문자) • 349

11 펜슬 • 356
- 11.1 펜슬 가공 개념 • 357
- 11.2 다중 피치 가공 • 359
- 11.3 이전 공구를 인식한 펜슬 가공 • 360

12 조합 잔삭 (익스텐션이 없을 때) • 362
- 12.1 등고선 & 스캘럽 이용하여 잔삭 패스 만들기 - 등고선 • 363
- 12.2 등고선 & 스캘럽 이용하여 잔삭 패스 만들기 - 스캘럽 • 365
- 12.3 급속 이송 패스 조절하기 • 368

13 플로우 • 369
- 13.1 플로우 개념 • 370
- 13.2 UV방향 알아보기 • 372

14 블랜드 • 373
- 14.1 블랜드 개념 • 374

15 측지선 • 377
- 15.1 측지선 개념 • 378
- 15.2 패스타입 - 혼합과 스캘럽의 차이점 • 379
- 15.3 측지선 설정하기 • 381
- 15.4 블랜드 패스 타입 - 중심에서 원 • 385
- 15.5 스캘럽 패스 타입 - 중심에서 원 • 386
- 15.6 패스 설정 • 387

16 3D 기능 실가공하기 • 389
- 16.1 제조모형 작성하기 • 390
- 16.2 작업 좌표계 및 스톡 설정하기 • 392
- 16.3 공구 라이브러리 설정하기 • 393
- 16.4 3D툴 패스 생성하기 - 1 • 396
- 16.5 3D툴 패스 생성하기 - 2 • 413

맺음말 • 431

Chapter 01

Fusion 이란?

AUTODESK Fusion 360 밀링 기본편

01 Fusion, 왜 필요할까?

여러분이 제품을 설계하거나 가공할 때, 여러 가지 프로그램을 왔다 갔다 하느라 불편했던 적 있지 않나요? Fusion 360은 설계(CAD), 해석(CAE), 제조(CAM)을 한 번에 할 수 있도록 만들어진 통합 솔루션입니다. 마치 하나의 도구 안에 여러 기능이 들어 있어, 설계부터 제조까지 매끄럽게 이어질 수 있도록 도와주는 거죠.

하지만 Fusion 360이 단순히 여러 기능들 모아둔 것뿐이라면 이렇게 많은 사람들이 선택하지 않겠죠? 이 소프트웨어가 가진 특별한 장점들을 하나씩 살펴보겠습니다.

02 Fusion이 특별한 이유

Fusion 360은 단순한 3D 모델링 소프트웨어가 아닙니다. 제품을 설계하는 과정에서 시뮬레이션을 통해 테스트하고, CAM 기능을 이용해 직접 가공 데이터를 만들어낼 수도 있어요. 그리고 클라우드 기반이라 인터넷만 연결되면 언제 어디서나 작업할 수 있고, 팀원들과 협업도 쉽습니다!

그럼 왜 많은 사람들이 Fusion을 선택할까요?

- 직관적인 사용자 인터페이스 : 복잡한 기능도 쉽게 접근할 수 있도록 구성되어 있어 초보자도 부담 없이 시작 가능.
- 강력한 시뮬레이션 기능 : 구조 해석과 열 해석 등 다양한 시뮬레이션을 통해 제품 성능을 미리 테스트 가능.
- 파라메트릭 모델링 지원 : 설계 변경이 자유롭고, 수정도 손쉽게 가능.
- 클라우드 기반으로 협업이 편리 : 인터넷만 있으면 어디서든 사용 가능, 데이터 공유도 간편.
- 강력한 CAM 기능 : 2D, 3D 가공을 모두 지원하여 실제 제조 공정에서 활용 가능.
- 범용 파일 지원 : 다양한 CAD 파일 형식을 불러올 수 있어 기존 소프트웨어와의 연계도 용이함.

AUTODESK Fusion 360 밀링 기본편

03 Fusion, 어디에 쓰일까?

Fusion 360은 정말 다양한 분야에서 활용됩니다. 예를 들어,

- 제품 개발 : 시제품을 만들기 전, 설계부터 해석까지 한 번에 진행
- 기계 가공 : CNC 가공을 위한 툴 패스를 만들어 바로 적용 가능
- 전자제품 설계 : PCB 디자인과 기구 설계를 함께 진행할 수 있음.
- 건축 및 엔지니어링 : 구조물이나 기계 설계를 할 때도 활용
- 교육 및 연구 : 학생들과 연구자들이 쉽게 3D 모델링과 시뮬레이션을 배우고 활용할 수 있음.

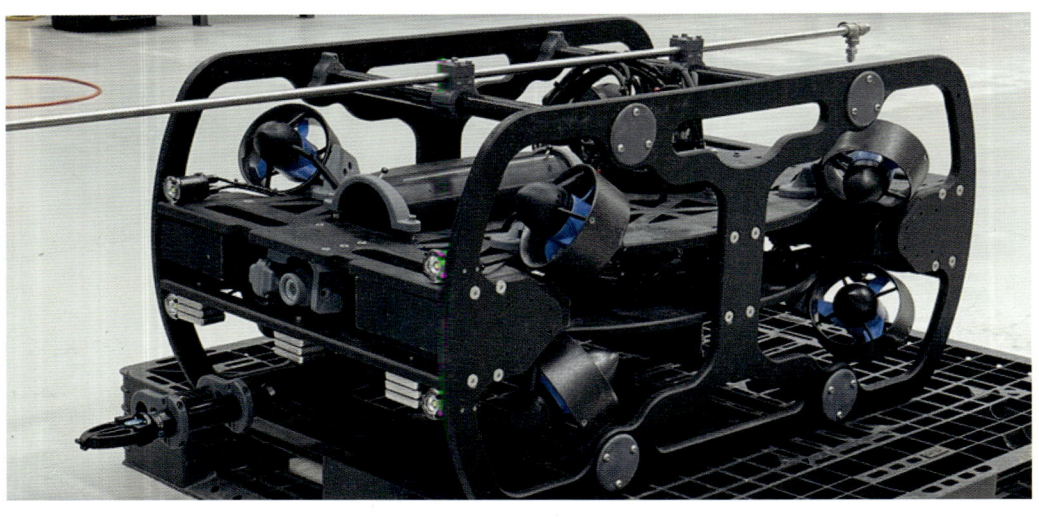

04 Fusion, 나도 쉽게 배울 수 있을까?

본인이 계속 익숙하던 프로그램을 포기하고 다른 프로그램을 사용한다는 건 당연히 쉽지 않고 어렵습니다. 그럼에도 퓨전은 비교적 아기자기하고 깔끔한 인터페이스를 가지고 있고 한곳에서 모든 작업이 처리 가능하기 때문에 익숙해지면 오히려 더 편하다는 걸 느끼실 겁니다.

그리고 쌉니다. 가격이 싼데 이정도 기능이면 사용하지 않을 이유가 없습니다.

Chapter 02

Fusion 시작하기

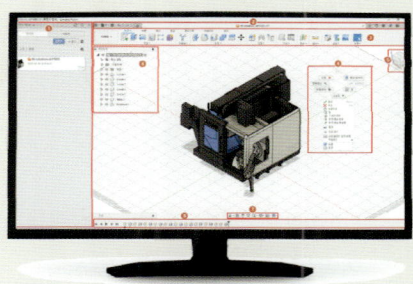

AUTODESK Fusion 360 밀링 기본편

01 Fusion 컴퓨터 사양 알아보기

Fusion을 원활하게 사용하려면 최소 및 권장 사양을 확인하는 것이 중요합니다.

Fusion이 무거워지면 속도면에서 부족한 부분이 있어서 컴퓨터 하드웨어에 대한 공부를 꽤나 했습니다.

오토데스크에서 권장하는 사양과 제가 생각하는 사양에 대해서 말씀드리겠습니다.

현 시점 PC기준으로 사양 추천 드리겠습니다.

1.1 Autodesk Fusion 최소 사양

Fusion 최소 사양	
운영체제	Windows10, 22H2(빌드 19045 이상), Windows11, 22H2(빌드 22621 이상), 참고 : 25년 10월 14일에 Windows 10 지원 종료
CPU	x86-64 프로세서 2개의 성능 코어, 4개의 스레드 3GHz+ 터보 클럭 속도 참고 : 32비트 CPU는 호환하지 않음
RAM	8GB
GPU	1GB 메모리 전용/통합 그래픽 DirectX11(Direct3D 10.1 이상)
디스플레이 해상도	1366 x 768 @60Hz (100% s축척) 표준 캔버스 그래픽
저장공간	8.5GB (설치용) HDD (하드 디스크 드라이브)

1.2 Autodesk Fusion 권장 사양

Fusion 권장 사양	
운영체제	Windows11, 22H2 (빌드 22621 이상)
CPU	x86-64 프로세서 8개 이상의 성능 코어, 16개 이상의 스레드 3GHz+ 터보 클럭 속도
RAM	32GB+
GPU	8GB 메모리 전용 그래픽 DirectX11(Direct3D 10.1 이상)
디스플레이 해상도	3480 x 2160 (4K) @60Hz (200% s축척) 고해상도 캔버스 그래픽
저장공간	8.5GB 이상 (설치 및 캐시 된 데이터용) SSD (솔리드 상태 드라이브)

1.3 저자 추천 Fusion 권장 사양

해당 권장사양은 CAM에 맞췄습니다.

저자 추천 Fusion 권장 사양	
운영체제	Windows11, 22H2 (빌드 22621 이상)
CPU	Intel : Ultra 5 프로세서 245K AMD : 라이젠7-5세대 7800X3D
RAM	64GB : DDR5 - 5600 (16GB) X 4개
GPU	지포스 RTX 3050 8GB
디스플레이 해상도	3480 x 2130 (4K) @60Hz (200% s축척) 고해상도 캔버스 그래픽
저장공간	1TB : 하이닉스 Platinum P41 M.2 NVME

- 운영체제 : 25년 10월부터 Windows 10을 지원하지 않기 때문에 11로 변경해야 합니다.
- CPU : CPU는 쓰레드나 코어수보다 클럭 속도가 중요하므로 클럭 속도에 중점을 두고 구매하면 됩니다.
- RAM : 메모리는 많을수록 좋은데 64GB 정도면 적절한 것 같습니다.
- GPU : 가끔 쿼드로 같은 워크스테이션용 그래픽을 구매하시는 분이 많은데 Fusion은 전문 렌더링 프로그램이나 영상작업을 하는 프로그램이 아니기 때문에 싼 거 사면됩니다. 메모리 8GB정도의 GPU면 충분합니다.
- 저장공간 : 무조건 SSD 쓰는 게 맞습니다

02 설치하기

2.1 회원가입하기

Fusion을 사용하려면 우선 설치부터 해야 합니다. 공식홈페이지에서 체험판 신청하는 법과 구매를 했다면 다운하는 법을 알려드리겠습니다.

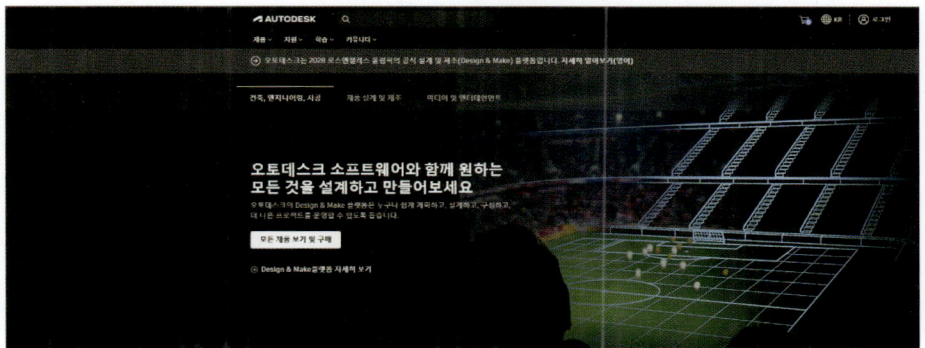

Autodesk 공식 웹사이트에 접속합니다.

우측 상단의 로그인을 클릭합니다.

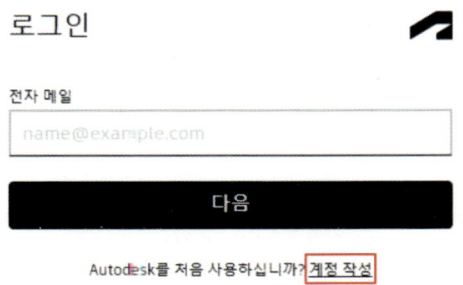

계정 작성을 클릭합니다.

회원가입에 필요한 정보를 적어줍니다.

여기서 주의할 점은 나중에 인증을 해야 되기 때문에 실제로 사용하고 있는 메일을 적어 주셔야 합니다.

본인 메일함에 들어가면 오토데스크에서 온 메일이 있을 텐데 전자메일확인을 눌러줍니다.

이렇게 확인됨 메시지가 뜨면 된 겁니다.

완료 눌러줍니다.

2.2 체험판 신청하기

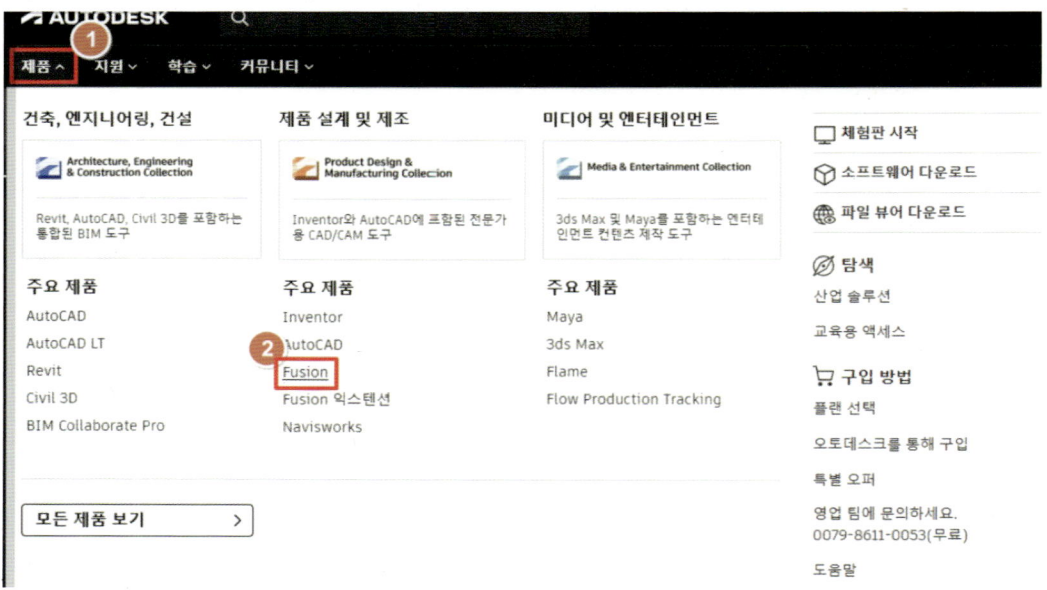

우선, 무료 체험판 한달 무료 신청부터 해보겠습니다.

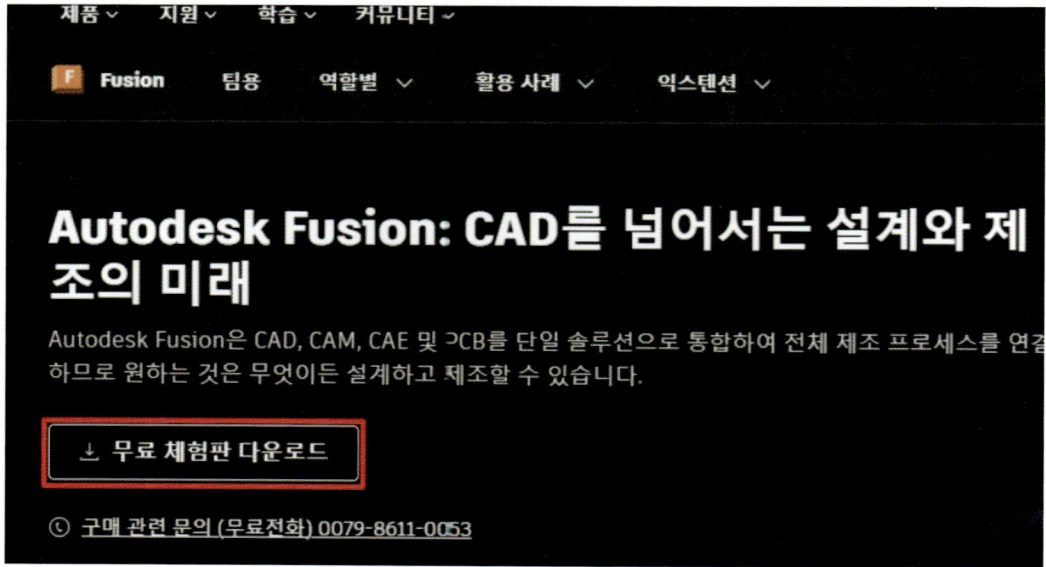

Fusion 들어가시면 바로 무료 체험판 다운로드 나오니까 클릭합니다.

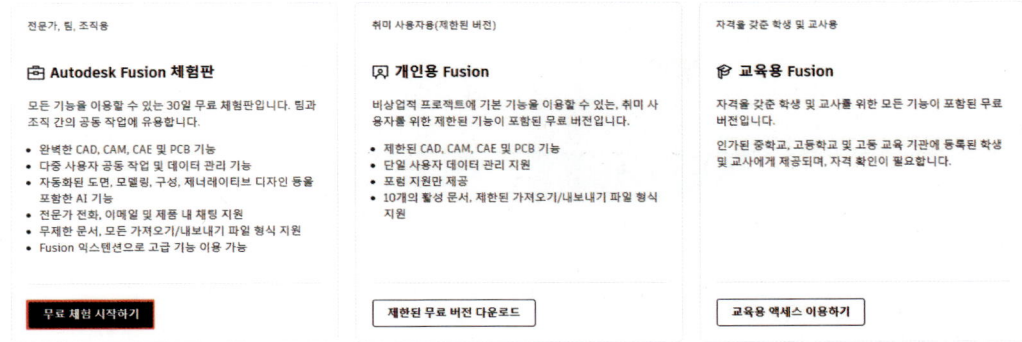

첫번째 체험판 무료체험하기를 클릭해줍니다.

Autodesk는 사이트도 매번 바뀌니 달라질 수 있지만 "이거다!" 싶은 거 클릭하시면 됩니다.

TIP 〉 Fusion 무료 버전

체험판 : 1달만 사용가능 (전체 기능 활성화)
개인용 : 무료 제공 (기능 제한)
교육용 : 무료 제공 (전체 기능 활성화) - 학생증 필요

TIP 〉 Fusion 유료 버전

스타트업 : 저렴한 비용으로 제공 (전체 기능 활성화) - 인증 필요
상업용 : 정상 가격 (전체기능 활성화)

AUTODESK Fusion 360 밀링 기본편

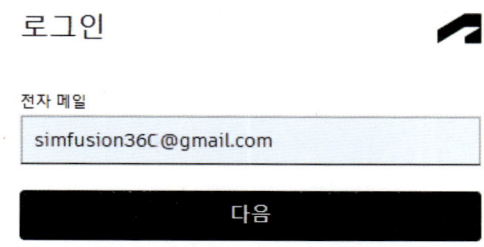

아까 만든 계정으로 로그인해줍니다.

필요한 정보 눌러 주시고 제출완료 해줍니다.

다운로드 누르고,

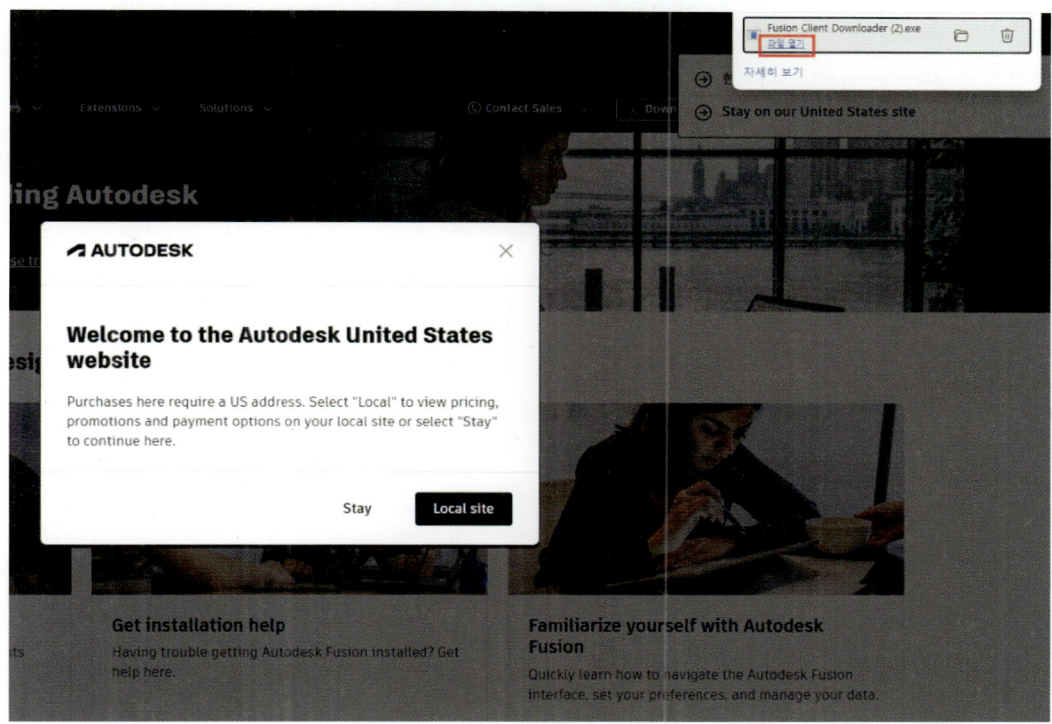

파일 열기 눌러 주시면 설치가 시작됩니다.

2.3 다른 컴퓨터에도 Fusion을 설치하고 싶다면?

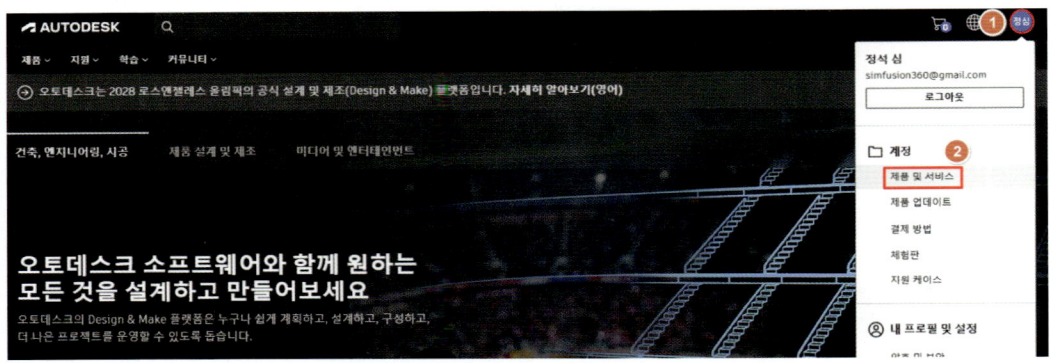

우측 상단의 본인 이름을 클릭한 후에 제품 및 서비스를 클릭합니다.

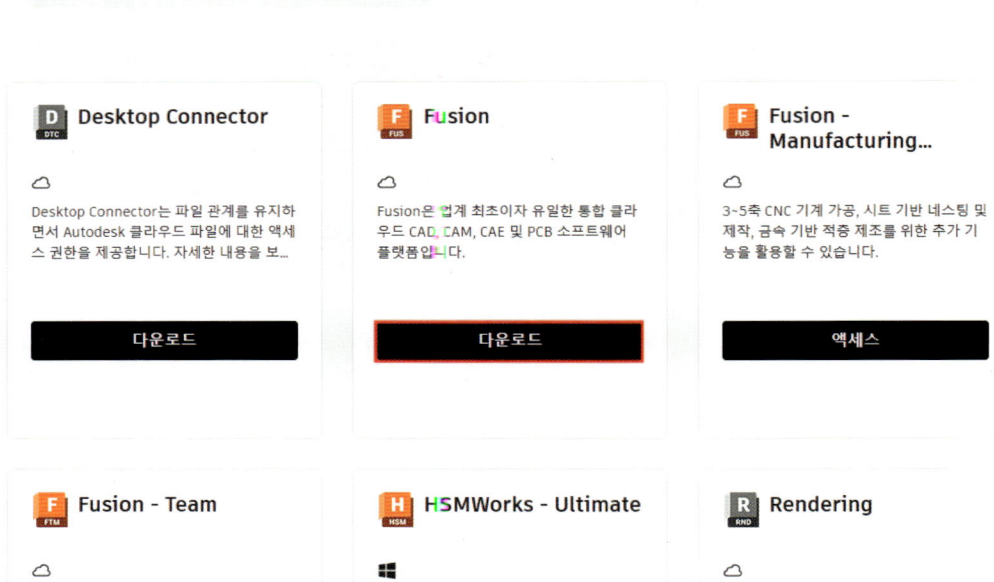

여기서 Fusion이라고 적힌 것을 다운로드하면 똑같이 클라이언트가 다운로드 됩니다.

03 로그인 하기

설치가 완료되면 로그인을 해야 합니다.

Fusion은 웹에서 먼저 로그인을 하는 방식이기 때문에 그대로 따라 했다면 위의 그림처럼 '제품으로 이동'이 표시되며, 클릭하면 실행됩니다.

TIP >

크롬혹은 파이어폭스에서 로그인하는 게 사용 속도면에서 더 빠르다는 오토데스크 공식입장입니다.

Fusion 환경 개선

오토데스크에서 수집하는 사용 데이터는 오토데스크 제품 사용 방법, 고객이 관심을 가질 만한 정보, 오토데스크에서 더욱 뜻깊은 경험을 제공하기 위한 개선 사항을 이해하는 데 도움이 됩니다.

여기서 개인정보보호 설정을 관리하거나 프로필에서 언제든지 관리할 수 있습니다. 자세히 알아보려면 오토데스크의 분석 프로그램 페이지 및 개인정보 처리방침 정책을 참조하십시오.

모두 선택

- **필수 수집 정보.** 당사의 서비스와 및 기능 제공 및 최적화, 기망행위 탐지, 통계자료 생성, 당사 내부 운영 지원 목적으로 이용됩니다.

- **새로운 제품 및 서비스 개발 지원.** 귀하의 개별적인 사용 데이터에 기반한 새로운 제품과 서비스 개발 목적으로 이용됩니다.

- **개인화된 프로모션.** 귀하의 개별적인 사용 데이터에 기반한 개인화된 프로모션 및 프로모션 콘텐츠 생성 목적으로 이용됩니다.

- **학습 패널.** Autodesk에서는 사용자의 사용 현황 데이터를 바탕으로 상황별 컨텐츠를 표시하여 사용자가 Fusion을 사용하는 데 도움을 줄 수 있습니다. 학습 패널에 대해 자세히 알아보기

[확인]

로그인 하면 제일 먼저 환경개선이 뜹니다. 모두 체크 해제하시고 확인 눌러 주시면 됩니다.

안녕하세요, 정석님. Fusion 사용을 환영합니다!

Fusion에서는 팀과 관련된 모든 것을 설정할 수 있습니다. 팀이란 독자적이거나 공동작업자가 있는 설계 데이터와 작업을 저장할 수 있는 협업 환경입니다.

팀의 유일한 구성원이거나 협업 중이거나 관계없이 항상 데이터를 제어하며 액세스할 수 있는 사용자를 정의할 수 있습니다.

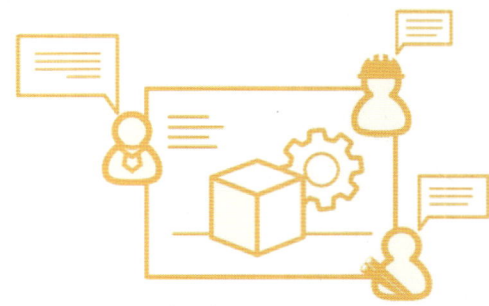

[다음]

처음시작을 하면 팀을 설정하라는 창이 나오는데, 다음 눌러줍니다.

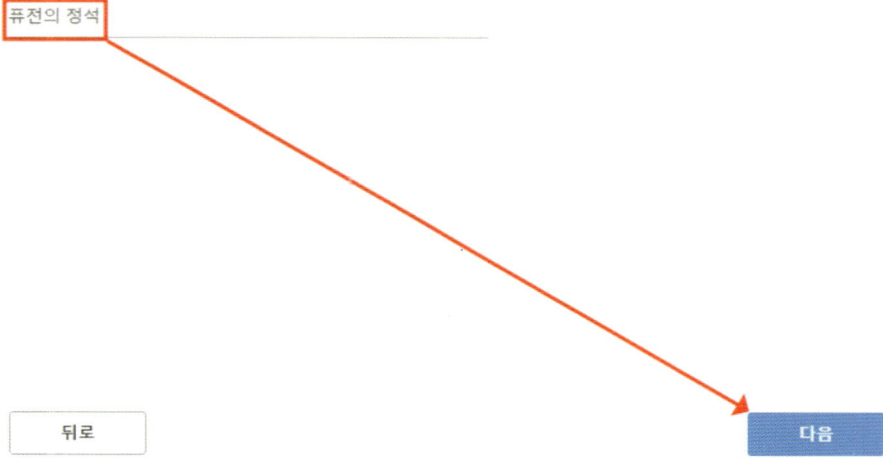

여기서 팀을 만들어 줍니다. '팀'이란 Fusion에서 서로 간의 데이터를 공유하고 제어하기 위한 팀을 말합니다. 게임으로 치면 길드 생성 같은 느낌이 라고 생각하시면 될 것 같습니다.

팀 이름을 지정해주고 다음 누르고 만들기 하면 끝.

퓨전의 정석을(를) 사용할 준비가 되었습니다!

Fusion에서는 언제든지 다른 팀을 만들거나 다른 팀에 참여할 수 있으며 이름 아래 드롭다운 메뉴를 통해 팀 간에 전환할 수 있습니다.

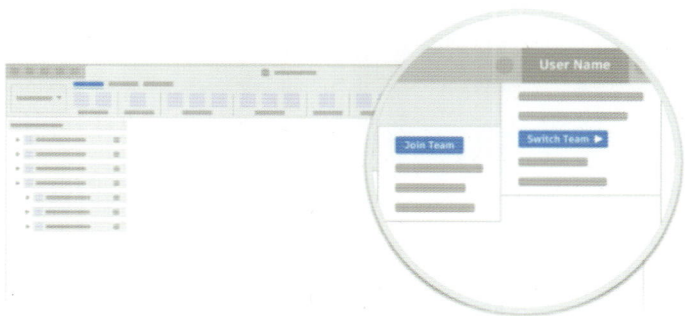

로딩 창이 뜨고 기다리면 **Go To 팀** 누르면 Fusion을 시작할 준비 완료입니다.

04 인터페이스 알아보기

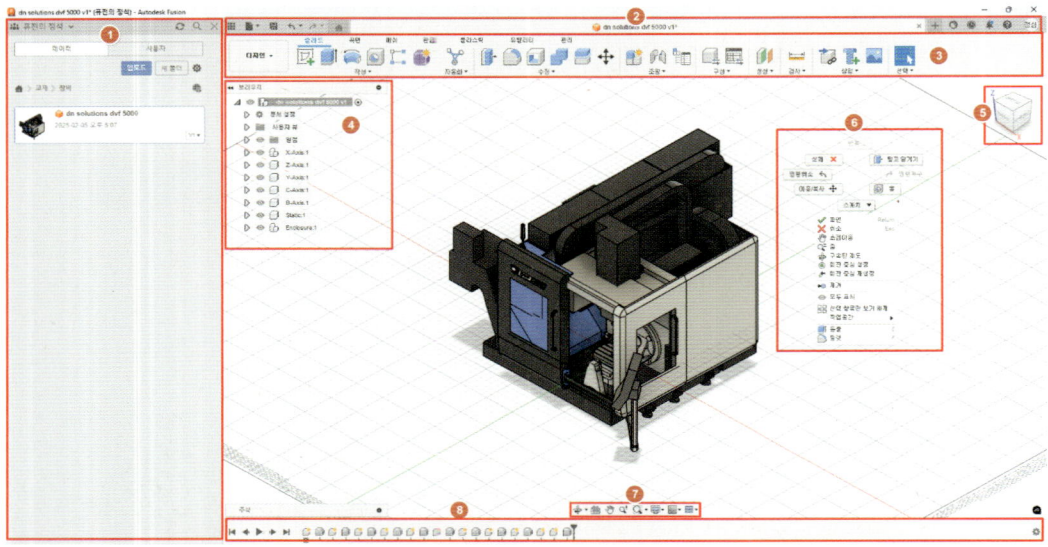

❶ 데이터 패널 : 저장하면 이쪽 데이터 패널에 저장되며 클라우드에 업로드 됩니다. 데이터 패널안에서 데이터 실행, 폴더 생성, 데이터관리 등이 가능합니다.

❷ 응용프로그램 막대(왼쪽부터 순서대로) :

- 데이터패널 ▦ : 데이터 패널을 표시하거나 숨깁니다.

- 파일 📄 : 파일을 열기 혹은 로컬로 내보거나 다른 이름으로 저장할 수 있습니다.

- 저장 💾 : 파일을 데이터패널에 저장합니다.

- 명령취소/다시 실행 ↶↷

- 홈 탭 🏠 : Fusion홈으로 이동합니다.

- 새 디자인 ✚ : 새 디자인을 만듭니다.

- 익스텐션 : Fusion 익스텐션 확인 및 구매를 합니다.

- 작업 상태 : 클라우드 데이터 작업 상황 확인이나 Fusion을 온/오프라인으로 변경합니다.

- 알림 센터 : 업데이트, 백그라운드 작업 및 팁에 대한 알림을 볼 수 있습니다.

- 도움말 : Fusion 사용가이드, 빠른 설정, 기술 지원, 진단 도구 및 Fusion설치에 대한 정보를 확인할 수 있습니다.

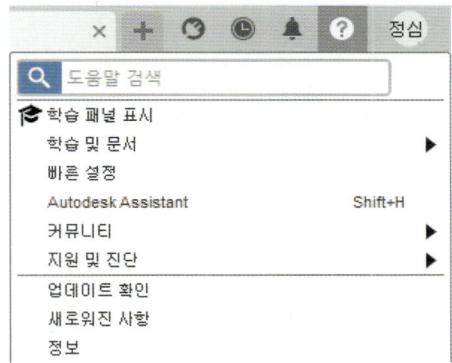

- 내 프로파일 : Fusion 기본설정, 오토데스크 사이트 접속(로그인한 상태로)이 가능합니다.

❸ 도구막대 : 어떤 작업을 할 것인지 선택합니다. 작업마다 탭 구성이 달라집니다.

- 작업공간 선택기 : 작업공간을 전환하려면 원하는 작업을 선택합니다.

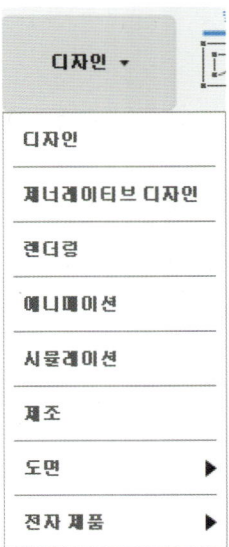

- 탭 : 각 작업공간에 관련된 탭으로 구성됩니다.

❹ 브라우저 : 단위, 뷰, 원점, 바디, 평면, 접합 등을 나열하고 눈 모양 👁 을 클릭해 가시성을 On/Off 할 수 있습니다.

❺ View Cube : 모델링을 회전하며 각 평면에 따라 전환할 수 있습니다.

❻ 표식 메뉴 : 화면에서 마우스 우 클릭하면 나옵니다. 퀵 메뉴라고 보면 되는데 익숙해지면 빠르게 Fusion의 기능을 사용할 수 있습니다.

❼ 탐색 막대 : 줌, 초점이동 및 궤도 이동하는 데 사용되는 명령과 인터페이스의 모양 및 디자인 조립품이 캔버스에 표시되는 방법을 제어하는 화면표시 설정이 포함되어 있습니다.

❽ 타임라인 : 작업했던 기록이 전부 타임라인에 있습니다. 타임라인에서 작업을 마우스 오른쪽 버튼으로 클릭하여 변경합니다. 작업을 끌어 작업이 계산되는 순서를 변경합니다.

Chapter 03

Fusion CAM(제조)이란?

01 제조 프로세스

Fusion CAM기능은 설계된 모델을 실제 가공할 수 있도록 툴 패스를 생성하는 과정입니다. 제조 프로세스는 일반적으로 다음과 같은 단계를 거칩니다.

1.1 모델 준비

Fusion에서 설계된 CAD 모델을 불러오거나 직접 생성합니다.

모델의 가공 가능 여부를 검토하고, 필요한 경우 추가 가공 여유를 설정합니다.

공작물의 원점(WCS)을 설정하여 CNC 기계에서의 기준점을 맞춥니다.

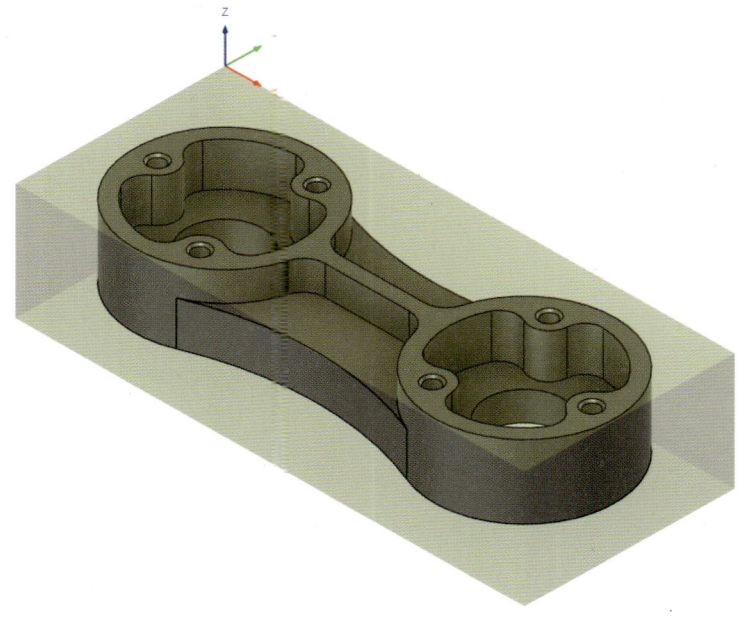

1.2 툴 패스 선택

모델의 형상과 가공 방식에 따라 적절한 툴 패스를 선택합니다.

- 2D 가공 : 포켓, 윤곽선, 드릴링 등의 기본 가공
- 3D 가공 : 등고선, 어댑티브 황삭, 조합 잔삭 등의 정밀 가공
- 터닝(Turning) : 선반 작업을 위한 축 회전 가공
- 멀티 축 가공 : 4축 및 5축 가공 지원

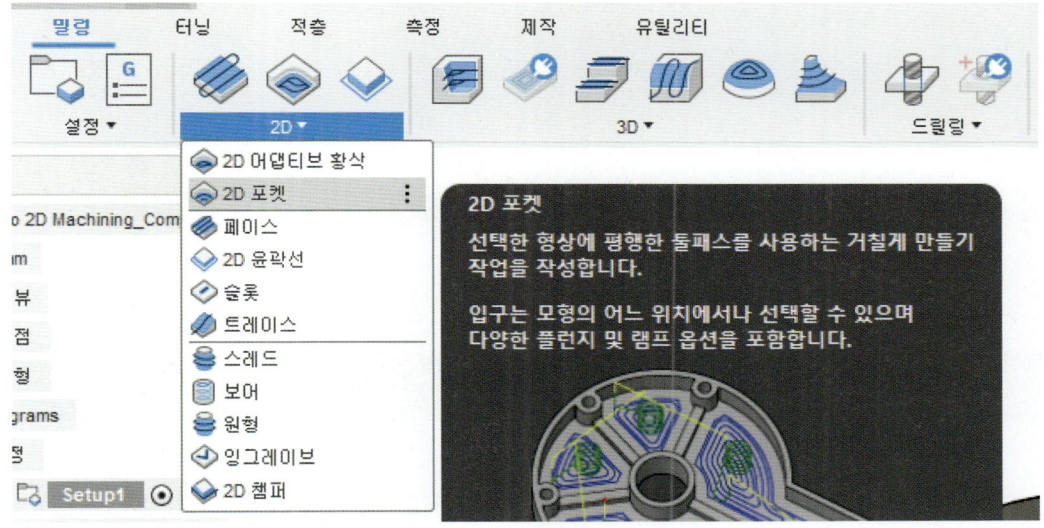

1.3 공구 선택 및 가공 조건 설정

가공에 사용할 공구(엔드밀, 드릴, 볼노즈밀 등)를 선택합니다. 회전 속도, 피드 값, 절입 깊이 등을 설정합니다. 공구 라이브러리를 활용하여 반복 작업을 줄일 수 있습니다.

1.4 툴 패스 생성 및 시뮬레이션

생성된 툴 패스를 시뮬레이션 하여 충돌 가능성 및 가공 결과를 미리 확인합니다. 불필요한 공구 이동을 최적화하고 가공 시간을 단축할 수 있도록 경로를 수정합니다.

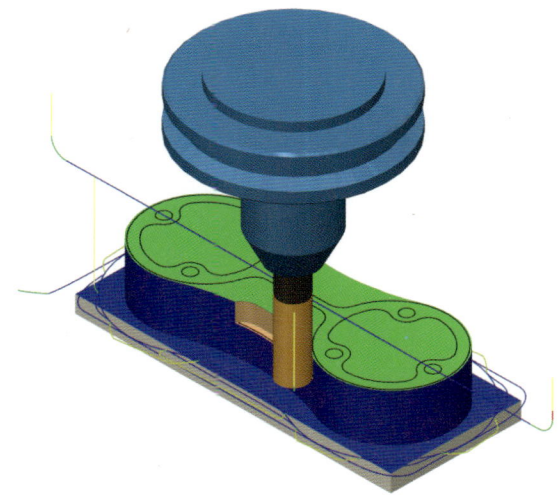

1.5 G코드 생성

CNC 기계에서 인식할 수 있도록 Post Process를 실행하여 G코드를 생성합니다.

생성된 G코드를 CNC장비에 업로드하고 가공을 진행합니다.

가공 중 공구 마모 및 오차를 확인하며 필요한 경우 설정을 조정합니다.

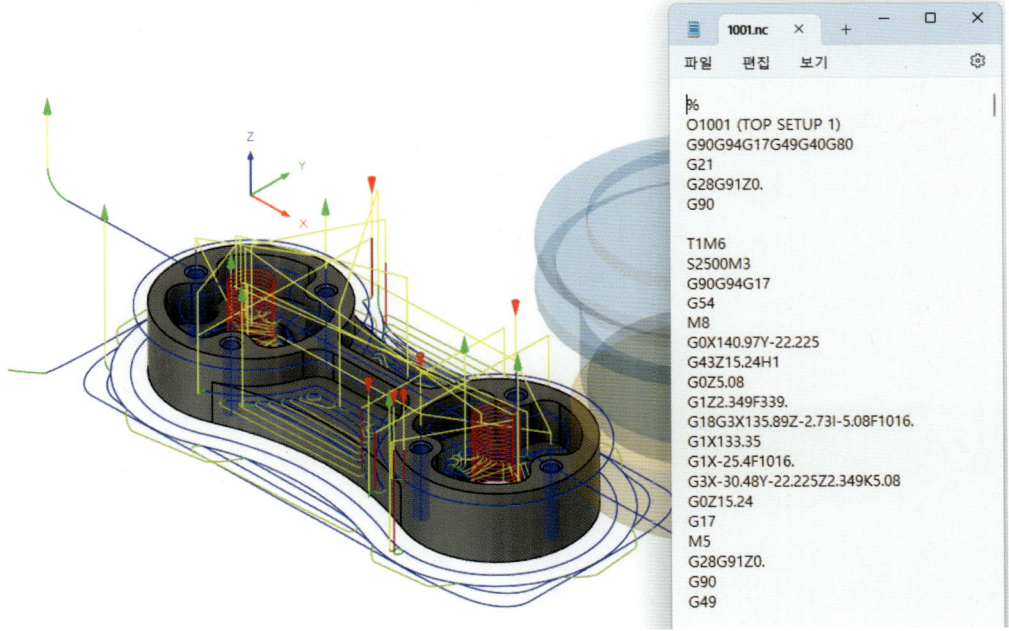

> **TIP**
>
> 머리로 구상되는 가공 방법을 구현하려면 어떤 툴 패스를 써야 하는지 잘 모르는 경우가 많습니다. 책에서 해당 내용을 최대한 다루기 위해 노력했으니 찬찬히 읽어 보시고 꼭 따라하세요.

02 각 제조 유형 별 설명

Fusion은 다양한 제조 유형을 지원하며, 각 유형에 따라 툴 패스를 다르게 설정해야 합니다. 아래는 주요 제조 유형과 그 특징입니다.

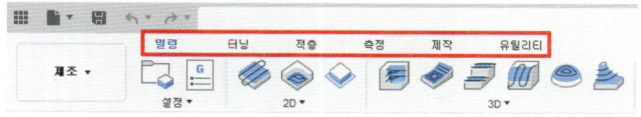

2.1 밀링

밀링 가공은 회전하는 공구를 사용하여 재료를 절삭하는 방식입니다. Fusion에서는 3축, 4축, 5축 밀링 및 턴/밀 가공을 지원하며, 가공 형상과 공구의 움직임에 따라 다양한 전략을 사용할 수 있습니다.

- 3축 밀링 : 기본적인 XYZ 방향 가공으로 단순한 형상을 가공하는 데 적합합니다.
- 4축 밀링 : 회전축이 추가되어 원통형 가공물에 적합하며, 복잡한 형상 제작이 가능합니다.
- 5축 밀링 : 다 축 가공을 지원하여 복잡한 형상을 한 번에 가공할 수 있습니다.
- 턴/밀 가공 : 터닝과 밀링을 결합하여 회전하는 부품을 정밀하게 가공할 수 있습니다.

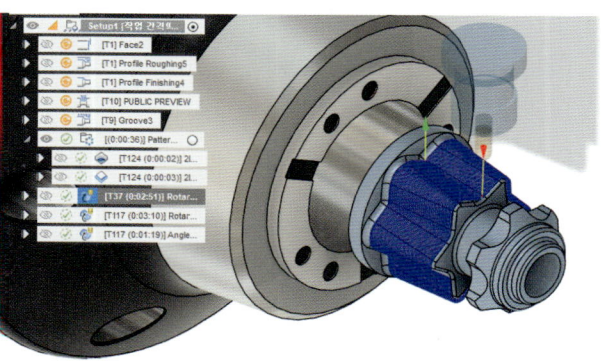

2.2 터닝

선반 가공(터닝)은 회전하는 공작물을 절삭 공구로 가공하는 방식입니다. Fusion 360에서는 서브 스핀들 제어 경로를 제공하여, 복잡한 선반 가공 툴 패스를 만들어냅니다.

• 일반 터닝 : 기본적인 원통형 가공

• 드릴 링 및 나사 가공 : 축을 따라 드릴 링 및 나사산을 가공할 수 있음

• 서브 스핀들 활용 : 두 개의 스핀들을 사용하여 한 번의 작업으로 여러 방향에서 가공 가능

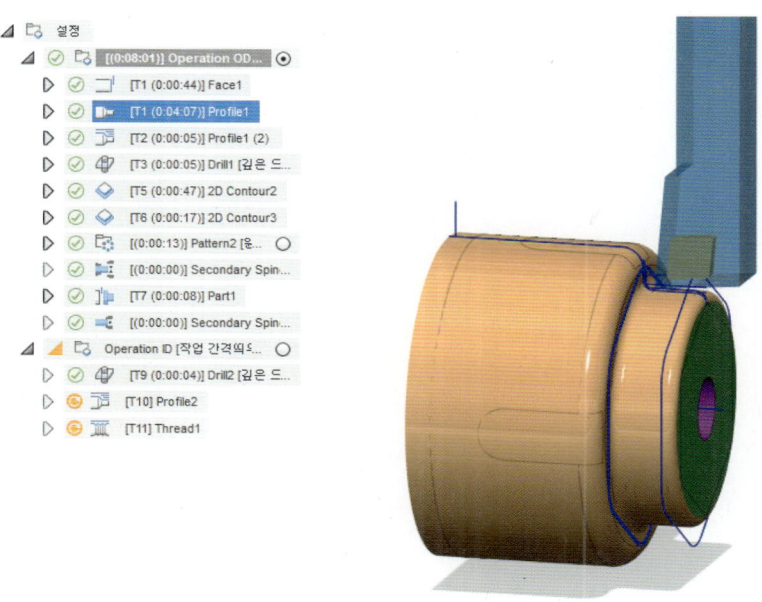

2.3 적층

Fusion은 3D 프린팅을 위한 데이터를 생성할 수 있도록 지원합니다. 주요 기능은 다음과 같습니다.

- STL 또는 OBJ 파일 내보내기 지원
- 적층 제조용 툴 패스 생성
- 지지대 유형별 생성
- 프린터별 맞춤 설정 가능

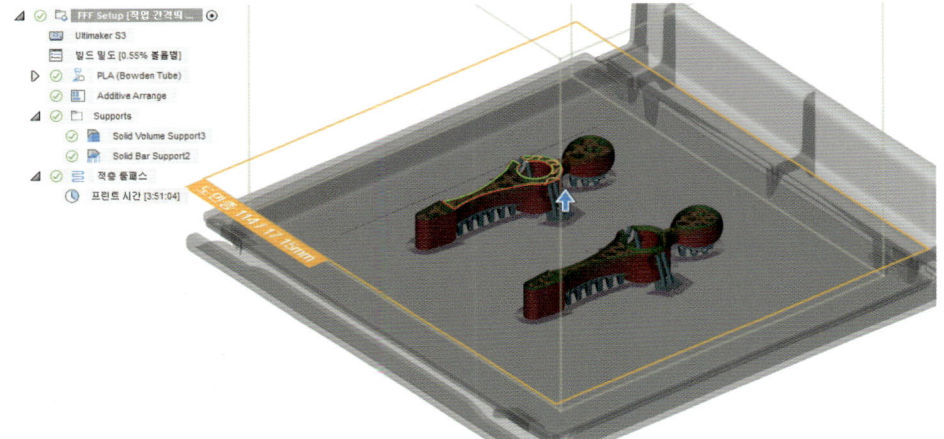

2.4 검사

Fusion은 터치 프로브를 이용하여 가공된 부품을 검사하고 측정할 수 있는 기능을 제공합니다.

• CNC 장비 내에서 측정 가능

• 오차 분석 및 보정 기능 제공

• 검사 데이터 자동 저장 및 보고서 생성 가능

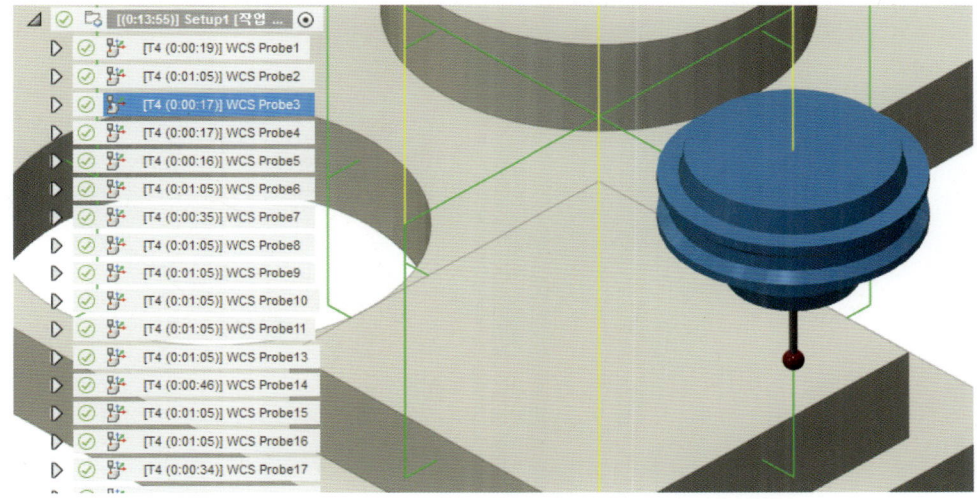

2.5 제작

절단 및 플라즈마 가공을 위한 툴 패스를 지공하며, 레이저, 워터젯, 플라즈마 절단을 지원합니다.

- CNC 절단 공정 최적화 가능
- 재료 절약을 위한 경로 자동 생성
- 다양한 절단 공정 시뮬레이션 제공

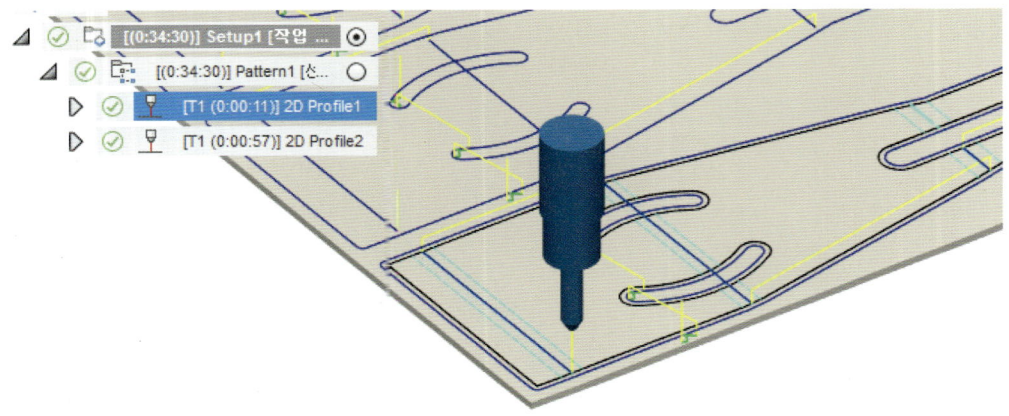

2.6 유틸리티

Fusion은 기계 빌더 및 플러그인, 확장 기능을 지원하는 유틸리티 기능을 제공합니다.

- Fusion 관련 애드인 다운로드 및 설치 가능
- 기계 설정 및 사용자 맞춤 환경 구성 가능
- 자동화 기능 및 API 활용 가능

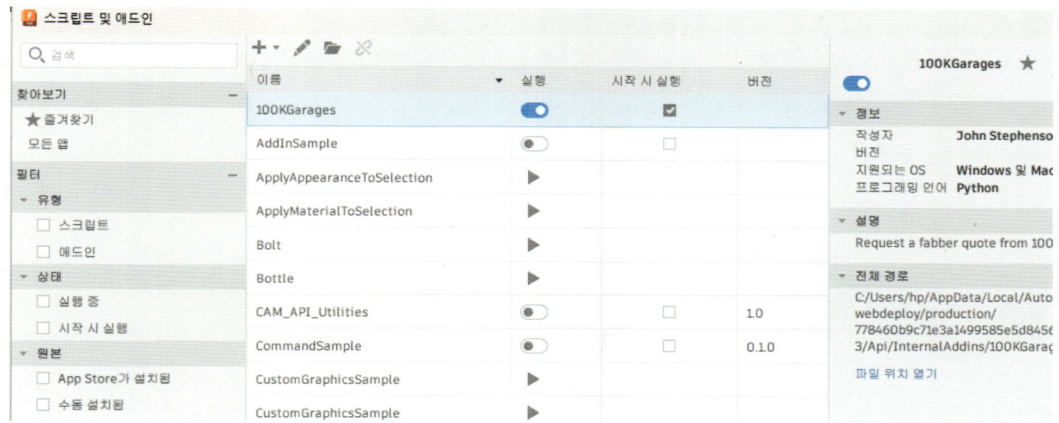

03 제조 브라우저 알아보기

Fusion의 제조(CAM) 환경에서 브라우저가 약간 다릅니다. 대부분 모델링은 안 해 보시고 바로 CAM을 하시는 분이 많으셔서 브라우저에 대해서 다뤄보도록 하겠습니다.

정말 기초 중에 기초니까 잘 보고 한 번씩 클릭 해보시길 바랍니다.

3.1 단위

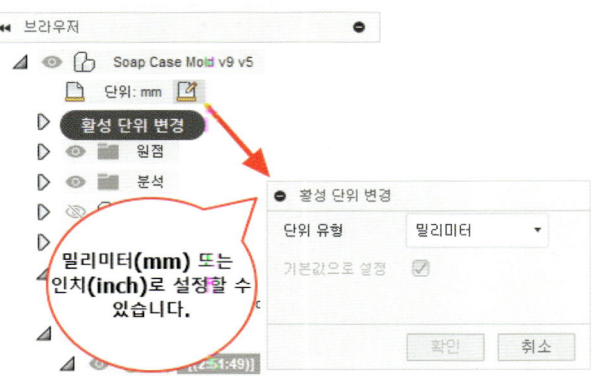

3.2 명명된 뷰

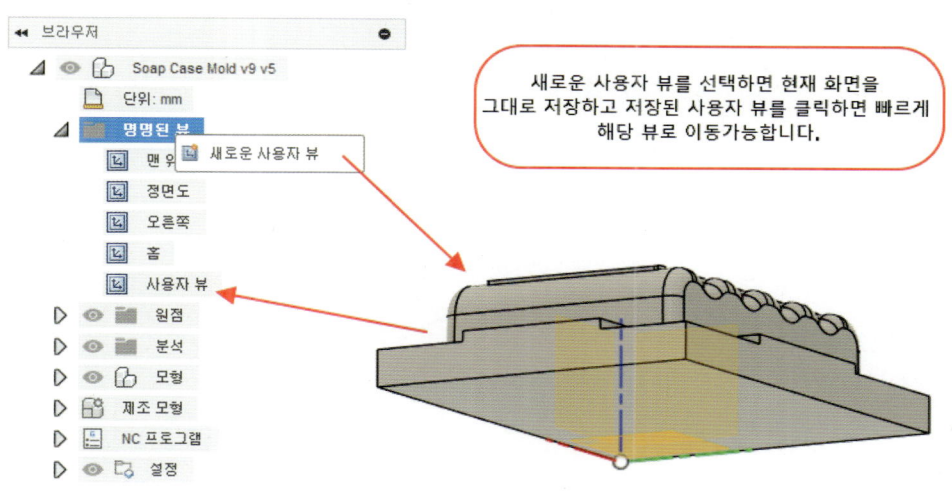

3.3 원점

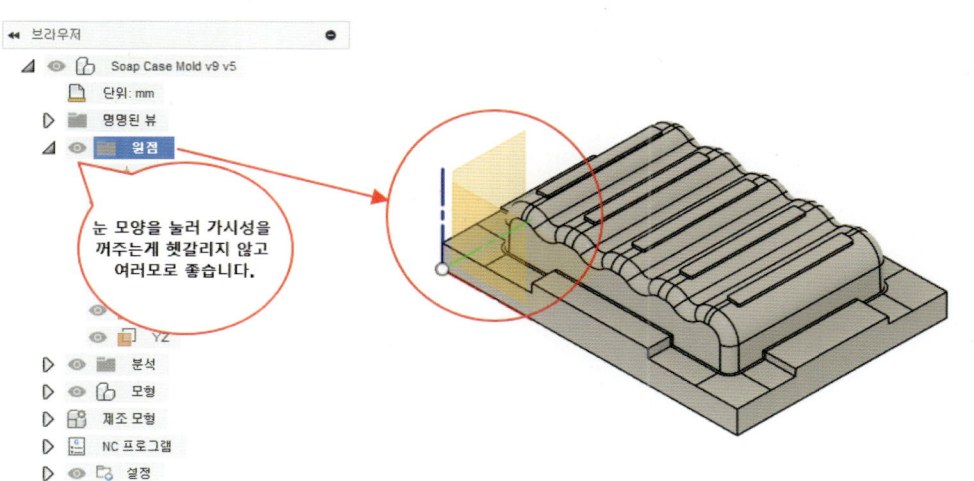

디자인 원점입니다. 3D 모델을 생성할 때 설정된 원점으로 가공 원점과는 다른 것이니 헷갈리지 않아야 합니다.

3.4 분석

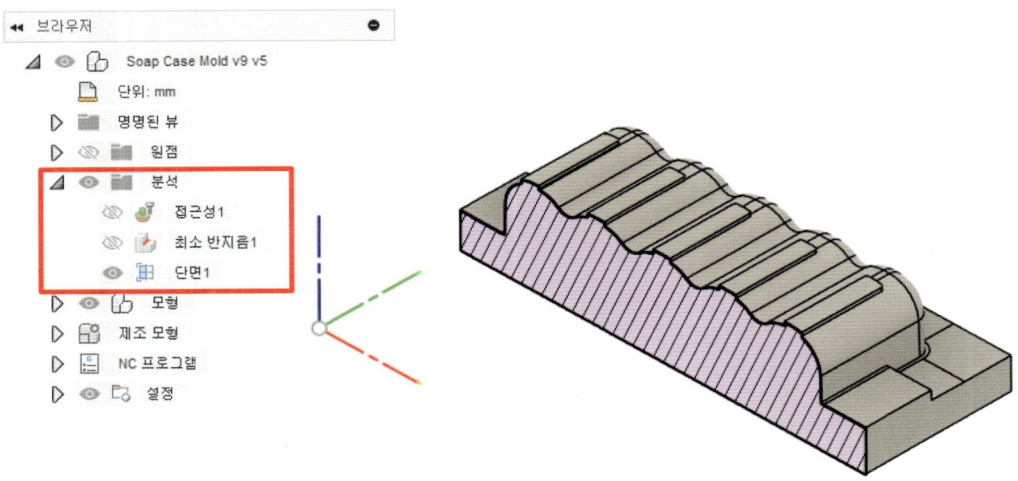

언더컷 유무, 최소 반지름, 단면 섹션 등으로 가공 전 분석이 가능합니다.

해당 기능은 도구막대 우측 끝에 측정에서 확인할 수 있습니다.

3.5 모형

3D 모델링을 보여줍니다.

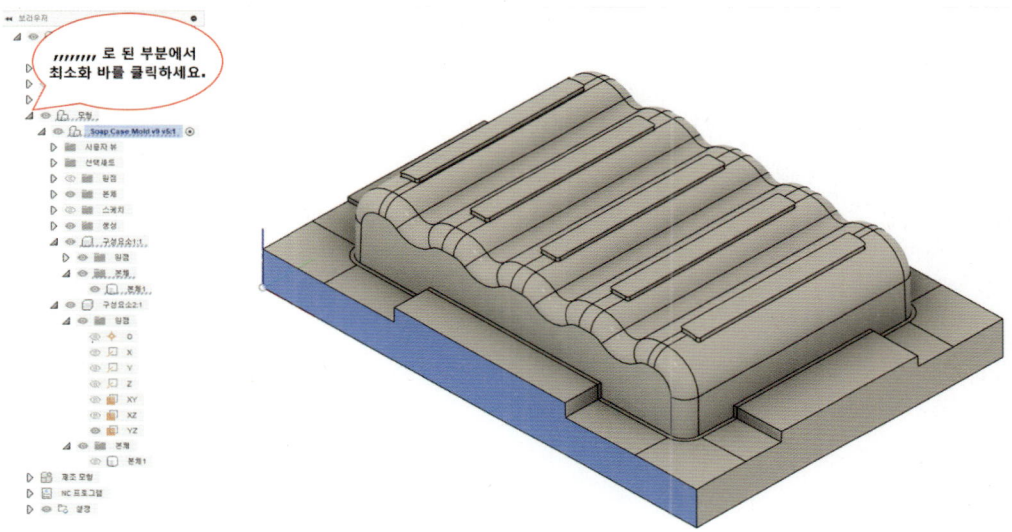

3D 형상에서 해당 부분이 브라우저에 어디에 있는지 확인하려면 그 부분을 클릭하고 ,,,,,,,,, 된 부분을 따라가다 보면 확인할 수 있습니다.

3.6 선택세트 (레이어 유사 기능)

특정 부품이나 형상을 빠르게 선택할 수 있도록 그룹을 설정할 수 있습니다.

타 프로그램에 레이어 기능과 비슷하다고 생각하면 이해하기 쉬울 것 같습니다.

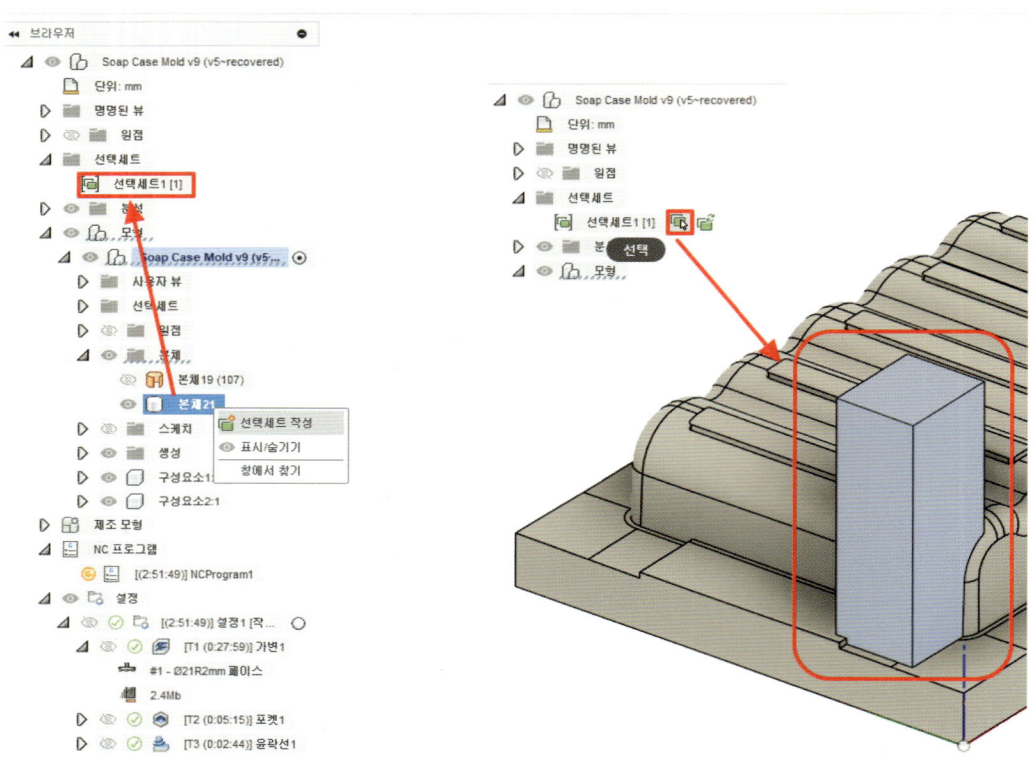

원하는 모형을 우 클릭하여 선택세트로 작성하면 빠르고 쉽게 해당 모형을 선택할 수 있습니다.

CAM에서는 반복작업을 줄이기 위해 보통은 자주 선택되는 스케치 선이나 면을 선택세트로 미리 설정해 놓습니다.

3.7 제조 모형

Fusion에는 원본 CAD 모델과 별도로 제조에서만 사용하는 제조모형기능이 있습니다.

가공을 위한 형상 단순화나 특정 요소 편집에 주로 사용됩니다.

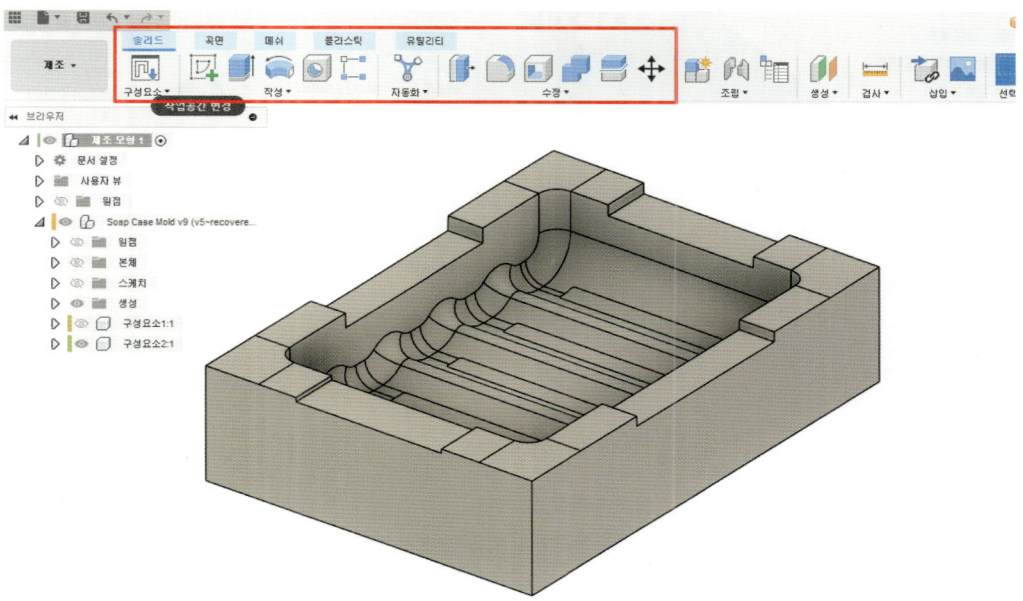

제조 모형을 사용하면 제조 환경에서 디자인 기능을 사용할 수 있게 되며 실제 모델링에는 영향을 미치지 않습니다.

Chapter 04

Fusion CAM 툴 패스 – 2D 기능

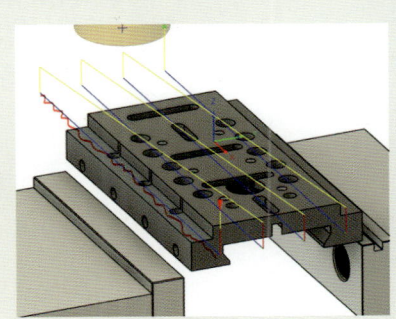

01 원점설정 하기
(공작물 좌표계 생성)

1.1 제조 시작하기

Fusion CAM 환경에서 가공을 시작하려면 먼저 원점을 설정해야 합니다. 원점은 CNC 가공에서 중요한 기준점이므로 올바르게 설정하는 것이 필수적입니다.

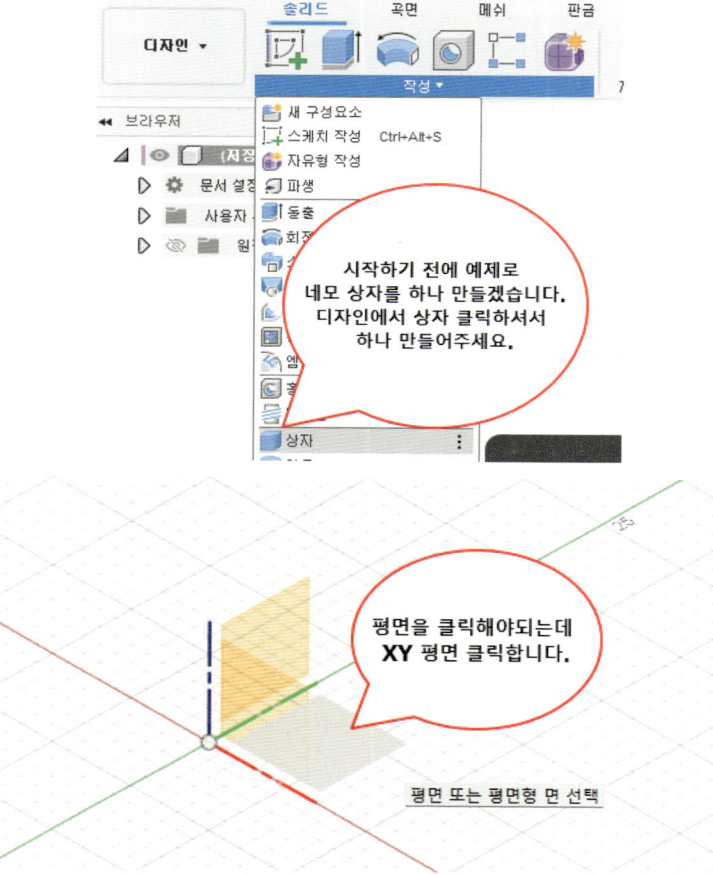

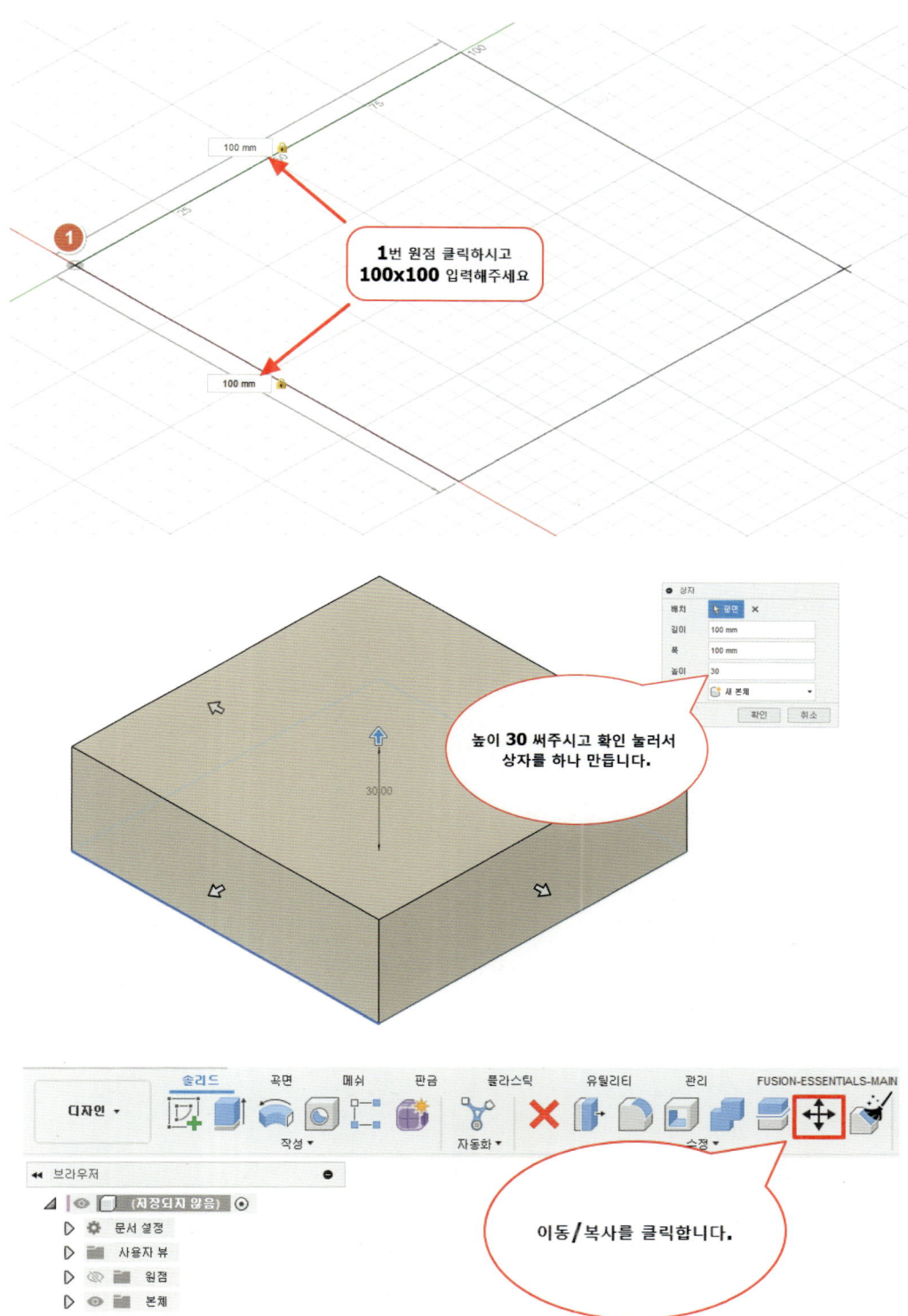

AUTODESK Fusion 360 밀링 기본편

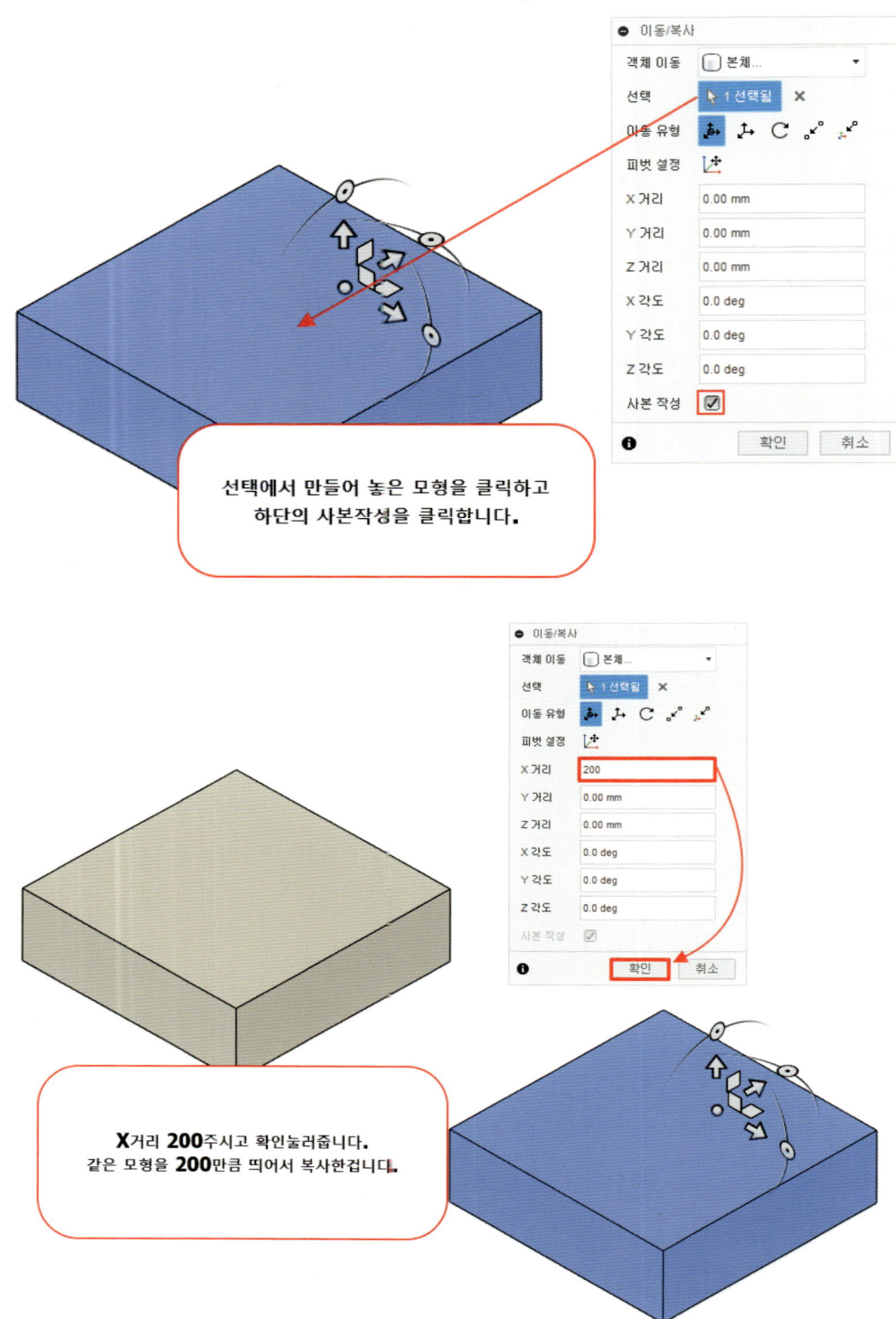

선택에서 만들어 놓은 모형을 클릭하고
하단의 사본작성을 클릭합니다.

X거리 200주시고 확인눌러줍니다.
같은 모형을 200만큼 띄어서 복사한겁니다.

제조(Manufacture) 탭을 클릭하여 CAM 환경으로 전환합니다.

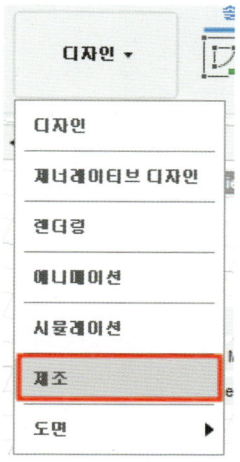

상단 툴바에서 설정(Setup) 아이콘을 클릭합니다.

새 설정(New Setup)을 생성하는 방법은 다음과 같습니다.

• 방법 1: 상단 툴바의 설정(Setup) 아이콘 클릭 후 새 설정(New Setup) 선택

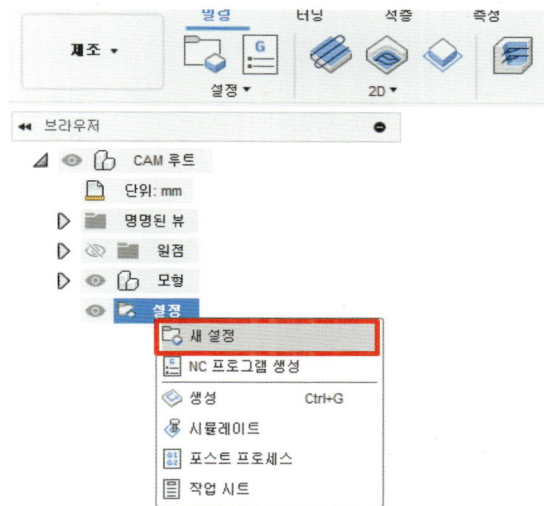

• 방법 2: 검색기(Browser)에서 설정(Setup)을 우 클릭한 후 새 설정(New Setup) 클릭

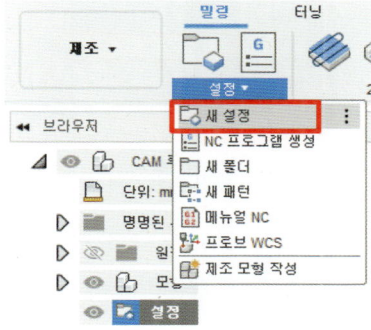

• 방법 3: 상단 툴바에서 설정을 누른 후 새 설정을 클릭

TIP 〉

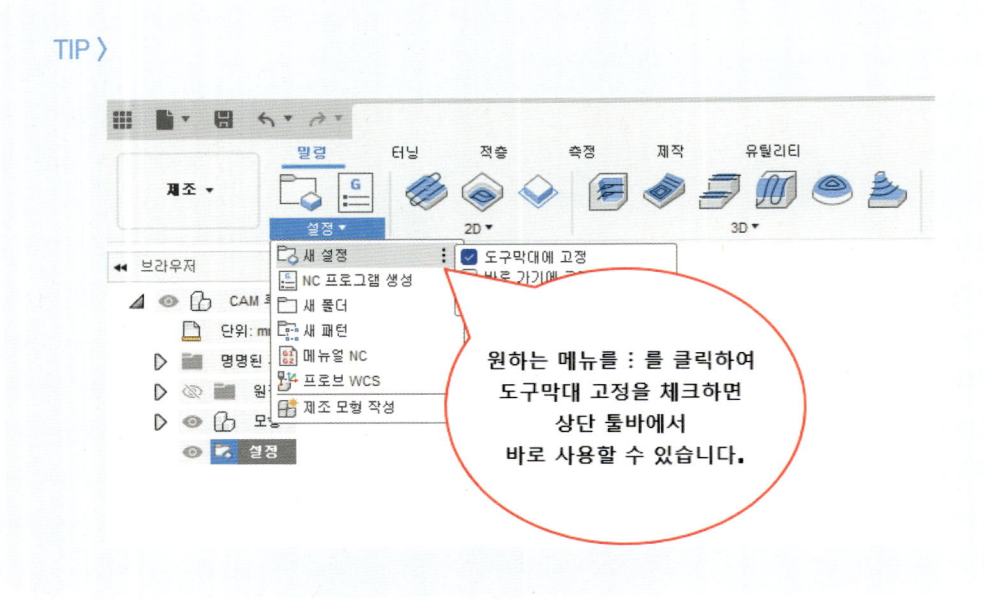

1.2 설정 창 – 설정 옵션 알아보기

■ 작업유형

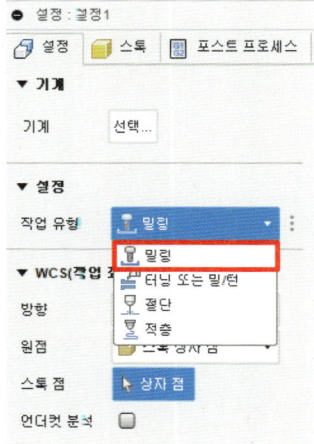

밀링(Milling), 터닝(Turning), 절단(Cutting), 적층(Additive) 등 다양한 가공 방식을 선택할 수 있습니다.

본 교재에서는 밀링 가공을 기준으로 진행합니다.

▎모형

우선, 가공할 모형을 먼저 지정해야 합니다.

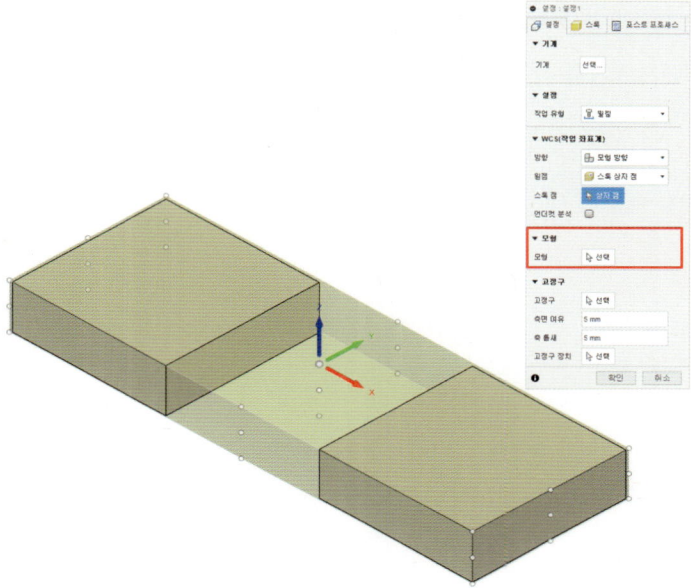

모형을 지정하지 않으면 그림처럼 모든 모형을 가공하는 걸로 인지하게 됩니다.

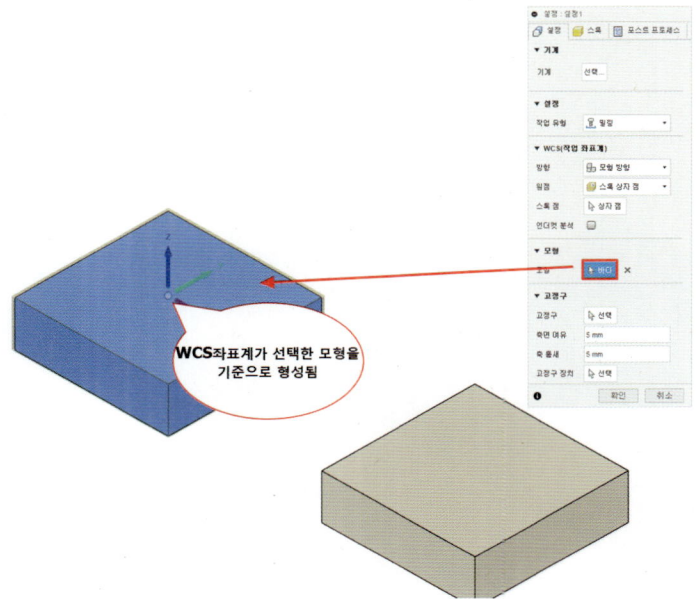

모형의 선택을 눌러 가공하고자 하는 모형을 선택합니다.

1.3 WCS (작업 좌표계) 설정

많이 헷갈려 하시는 작업 좌표계 설정에 대해서 알려드리겠습니다.

작업 좌표계는 장비에서 소재를 올렸을 때의 원점 셋팅 부위를 말합니다.

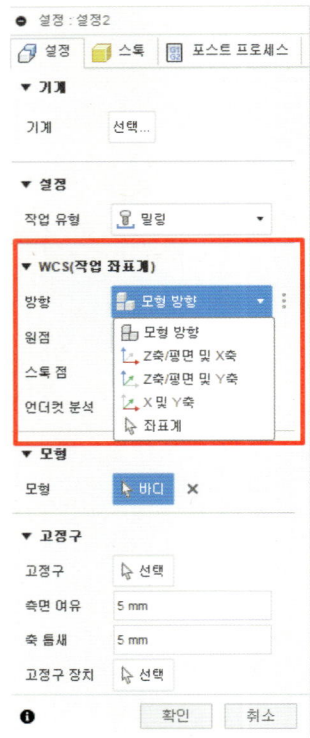

■ 모형방향

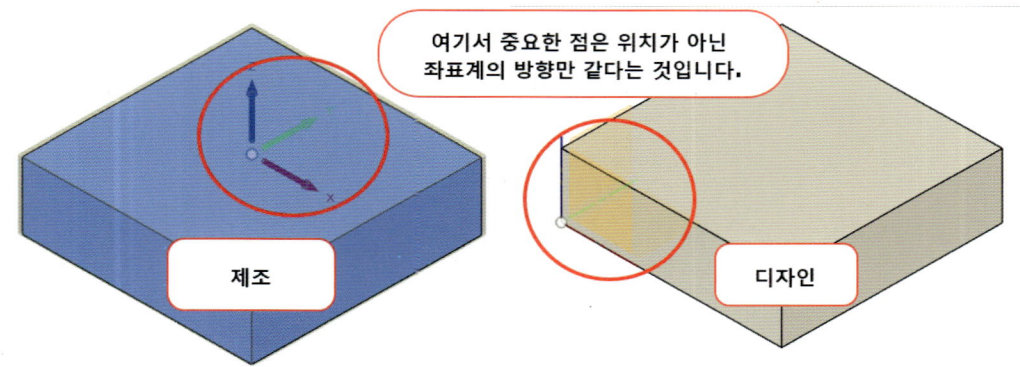

기본적으로 디자인에서 사용한 초기 모델링 방향을 유지합니다.

- Z축/평면 및 X축

  Z축과 X축을 사용하여 원하는 방향으로 좌표계를 설정할 수 있습니다.

- Z축/평면 및 Y축

  Z축과 Y축을 사용하여 원하는 방향으로 좌표계를 설정할 수 있습니다.

- X축 및 Y축

  X축과 Y축을 사용하여 원하는 방향으로 좌표계를 설정할 수 있습니다.

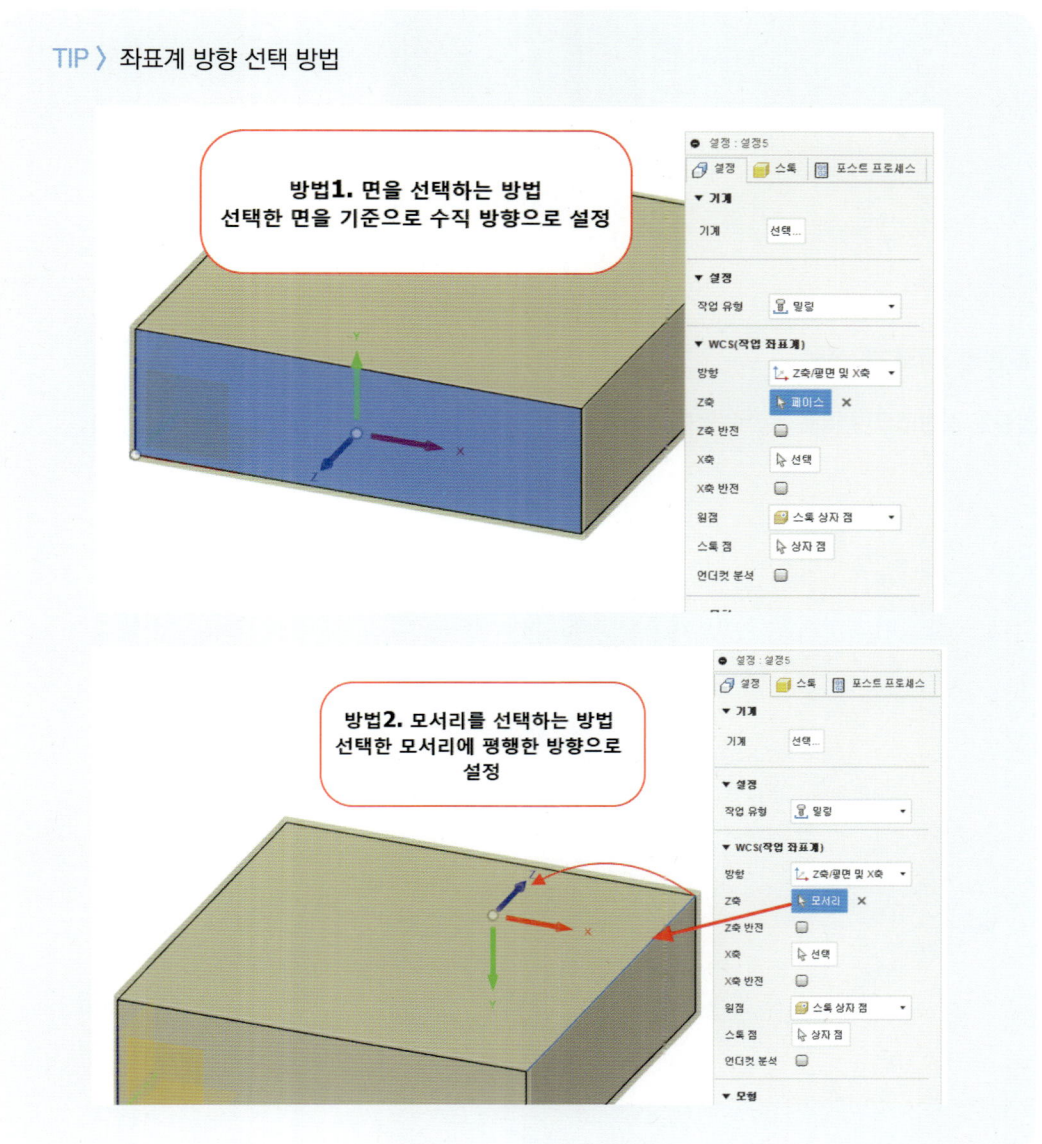

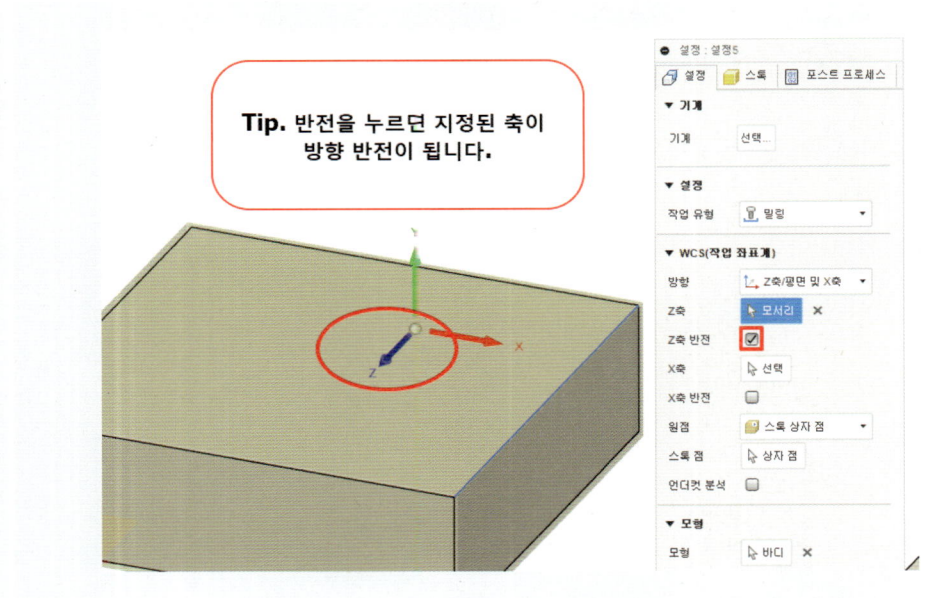

▌원점 좌표계 선택

방향을 지정했으니 이제 원점 위치를 지정합니다.

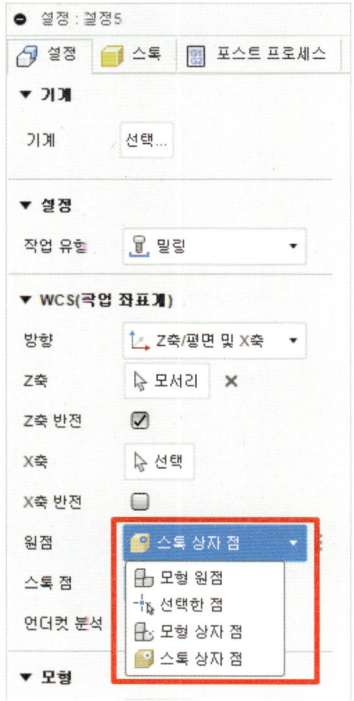

❶ 모형원점

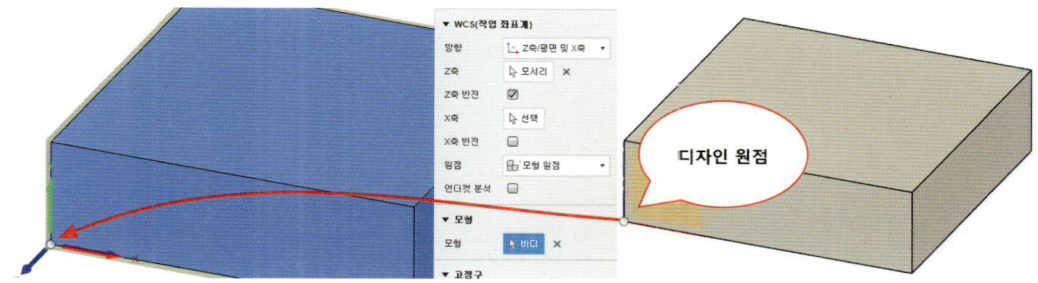

설계 모델링 위치를 그대로 사용합니다.

❷ 선택한 점

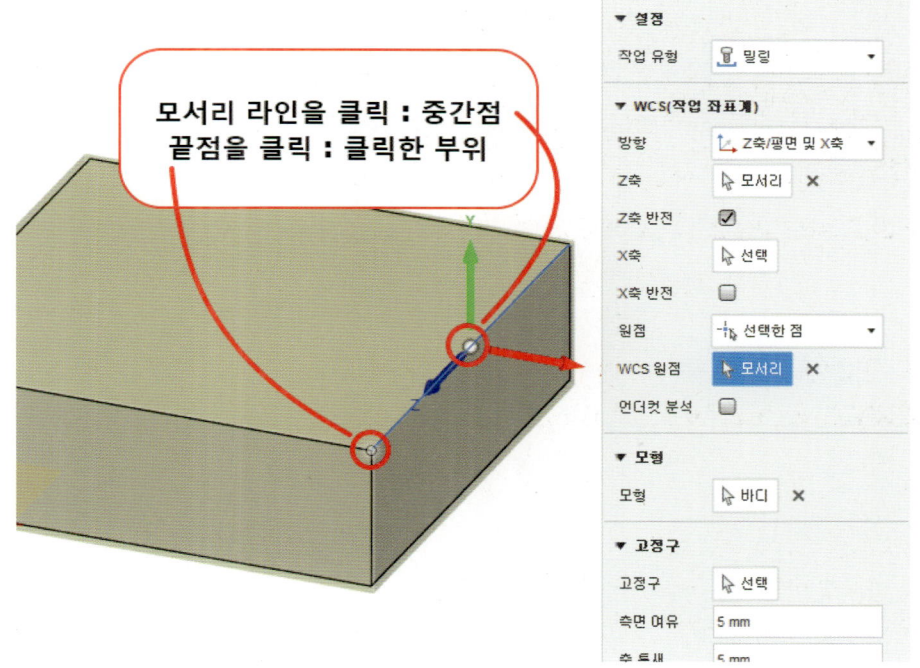

특정 포인트를 클릭하여 가공 원점으로 설정할 수 있습니다.

만약, 스케치가 있다면 스케치 포인트에도 가능합니다.

❸ 모형 상자 점

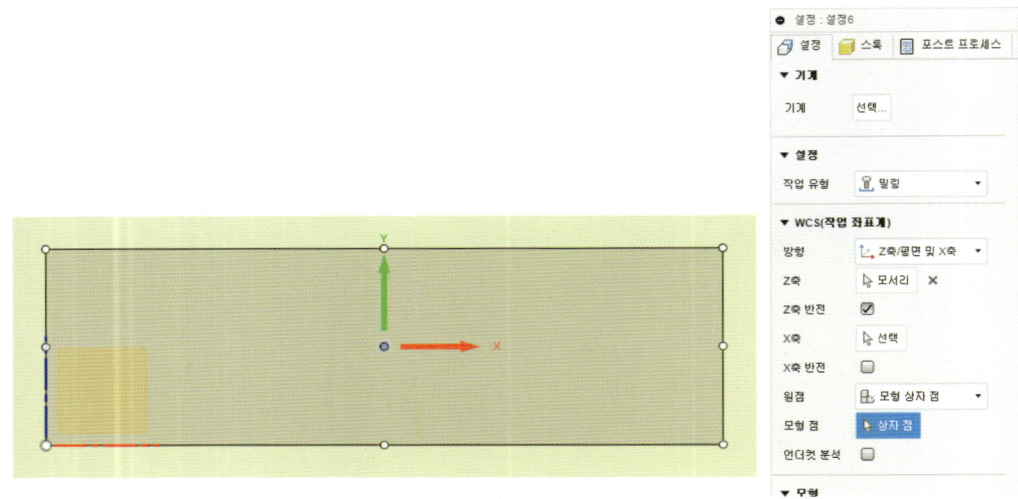

• 모형 상자 점 : 모델의 최대외곽 중 클릭한 부분을 원점으로 설정할 수 있습니다.

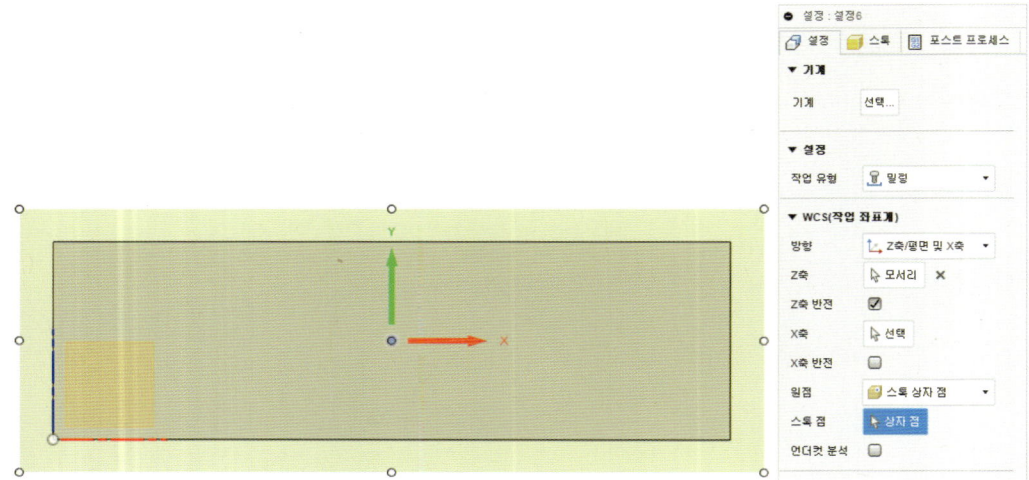

• 스톡 상자 점 : 스톡의 최대외곽 중 클릭한 부분을 원점으로 설정할 수 있습니다.

■ 언더컷 분석

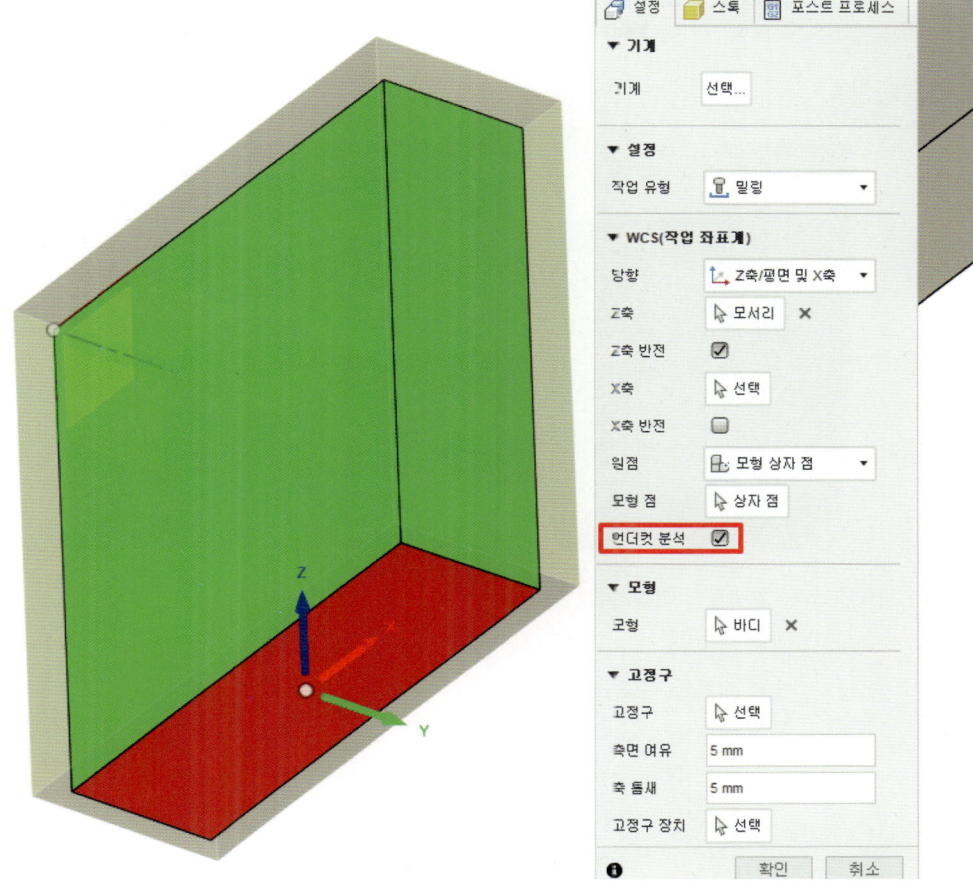

언더컷 분석을 실행하면 가공 가능한 영역(초록색)과 가공이 어려운 영역(빨간색)이 표시됩니다.

언더컷은 지정된 Z방향기준으로 표시됩니다.

1.4 설정 창 – 스톡 설정

■ 스톡이란?

가공 전 재료의 초기 형태를 의미합니다.

Fusion은 다양한 스톡 형상을 지원합니다.

▎절대적 크기 상자

모형 치수를 참고하여 사용자가 직접 스톡을 크기를 지정합니다.

• 모형 치수 자동적용 : 가공할 모델의 크기를 자동으로 인식합니다.

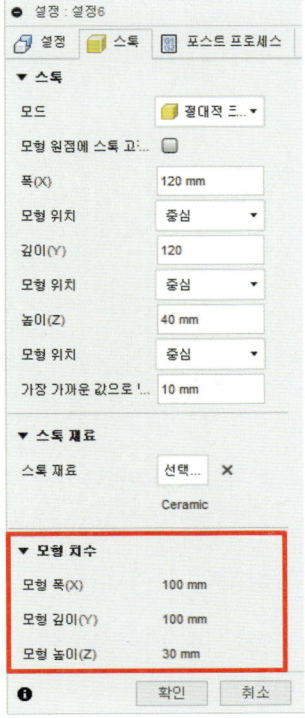

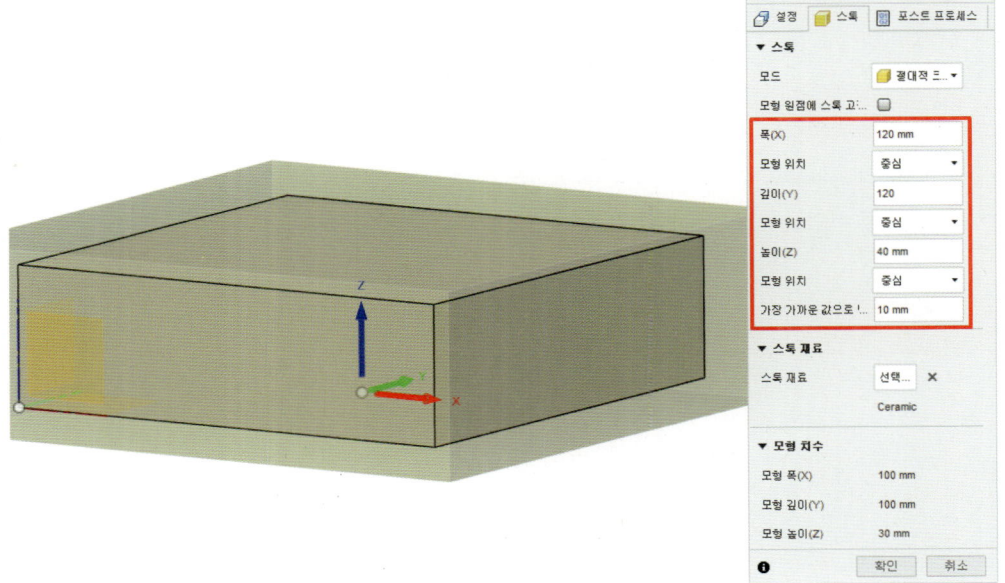

사용자가 직접 폭, 깊이, 높이를 지정하여 스톡을 설정할 수 있습니다.

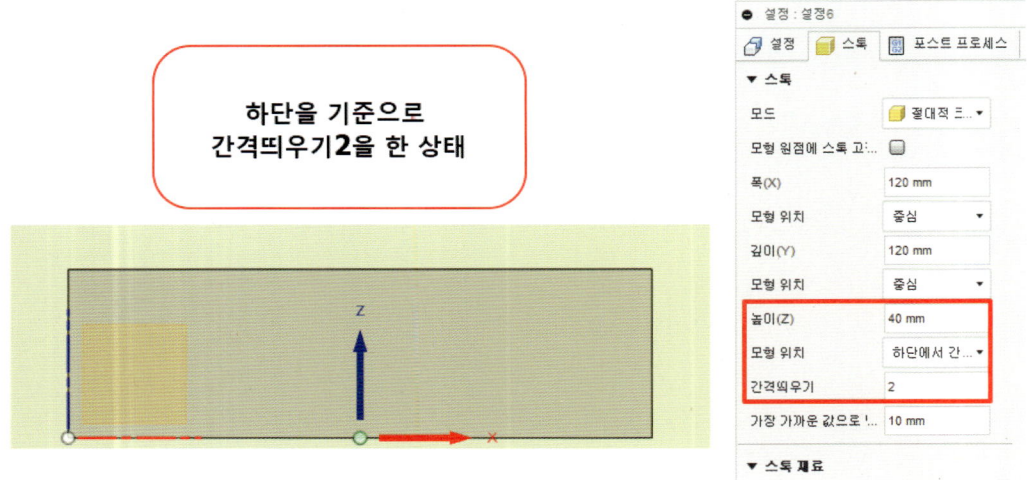

모형 위치를 조정하여 스톡 기준점을 변경할 수 있습니다.

▌상대적 크기 상자

모델을 기준으로 측면, 상단, 하단에 추가 스톡을 적용합니다.

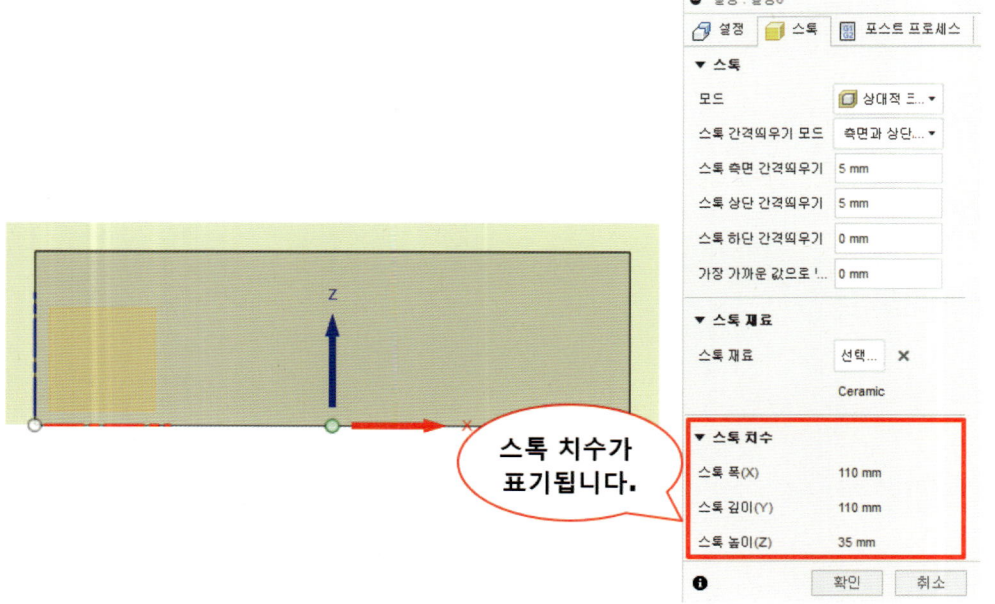

❶ 추가 스톡 없음

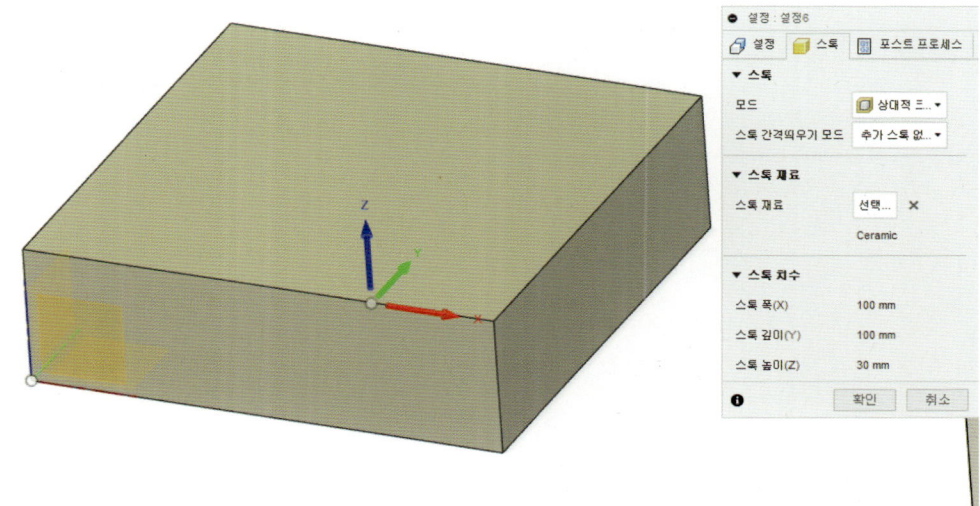

모델 크기 그대로 사용합니다.

❷ 측면과 상단/하단에 스톡추가

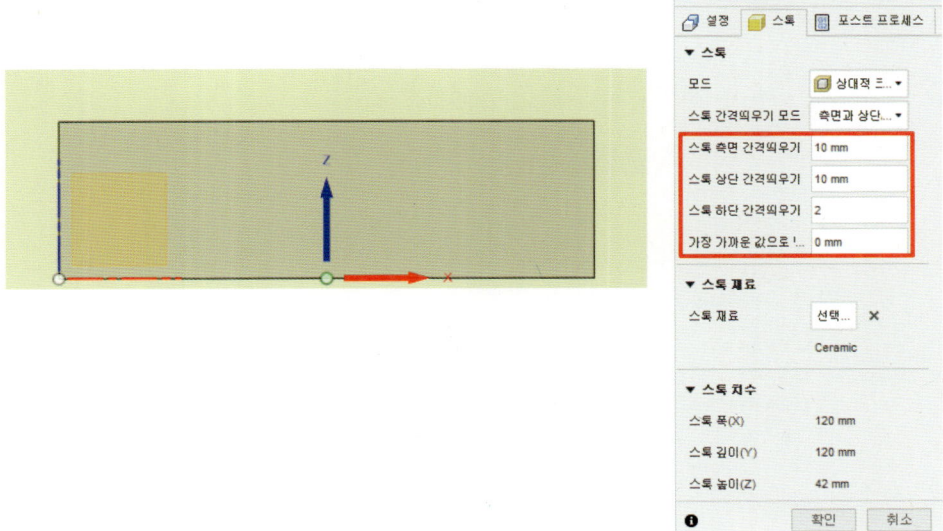

특정 방향으로 스톡을 추가 설정합니다.

❸ 모든 측면에 스톡 추가

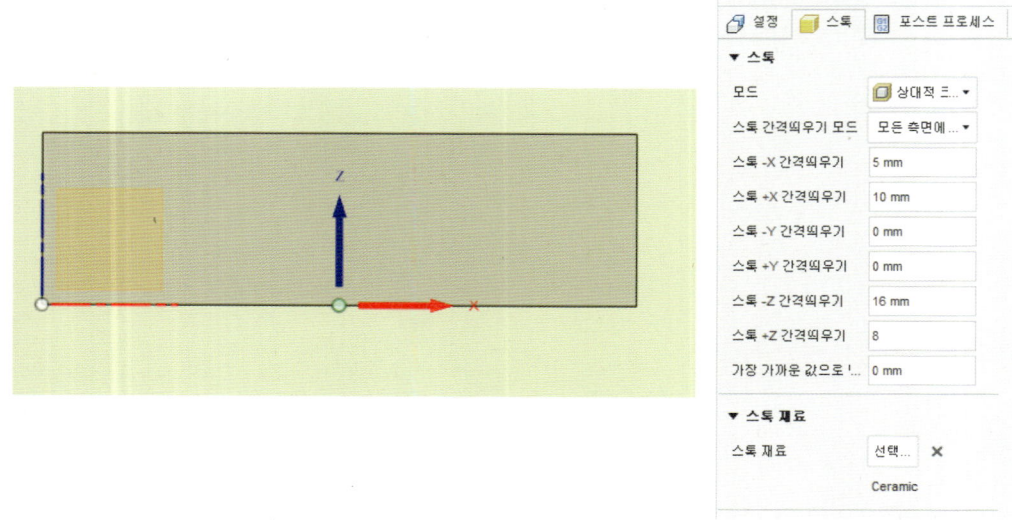

모든 방향에 스톡을 개별적으로 추가합니다.

▌절대적 크기 원통

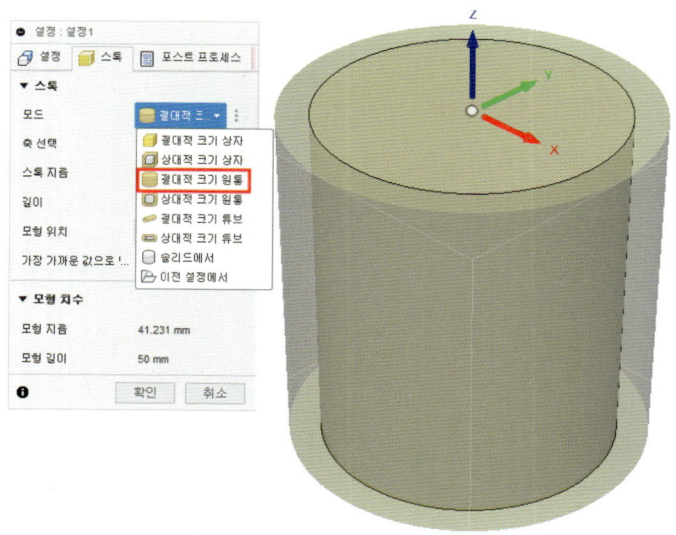

그림과 같이 원통 형태의 좌표계를 설정하는데 사용합니다.

절대적크기상자와 개념은 같으며, 지름/깊이를 이용하여 스톡을 형성합니다.

▌상대적 크기 원통

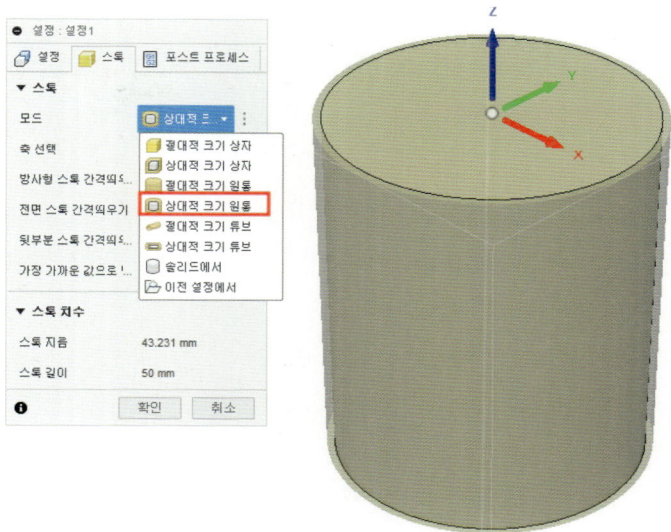

원통 형태의 모델링을 기준으로 방사형/전면/후면 간격을 띄워 스톡을 지정할 수 있습니다.

▌절대적 크기 튜브

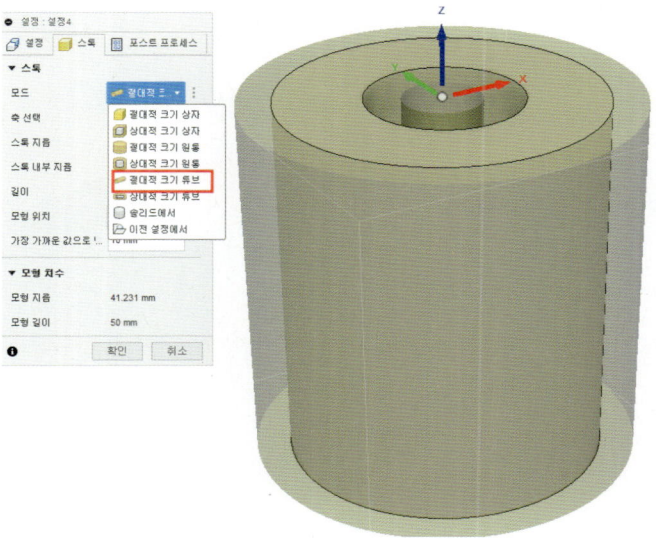

튜브 형태의 모델링을 좌표계 설정하는데 사용됩니다.

절대적 크기 원통과 개념이 같으며, 스톡 내부 지름이 추가됩니다.

▎상대적 크기 튜브

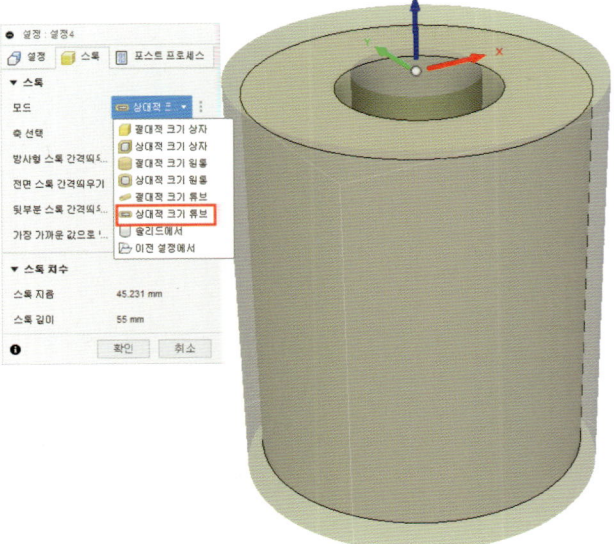

상대적 크기 원통과 개념이 같으며 방사형 스톡 간격 띄우기에서 치수를 넣으면 내부 지름과 외부 지름이 함께 해당 값만큼 변경됩니다.

▎솔리드에서

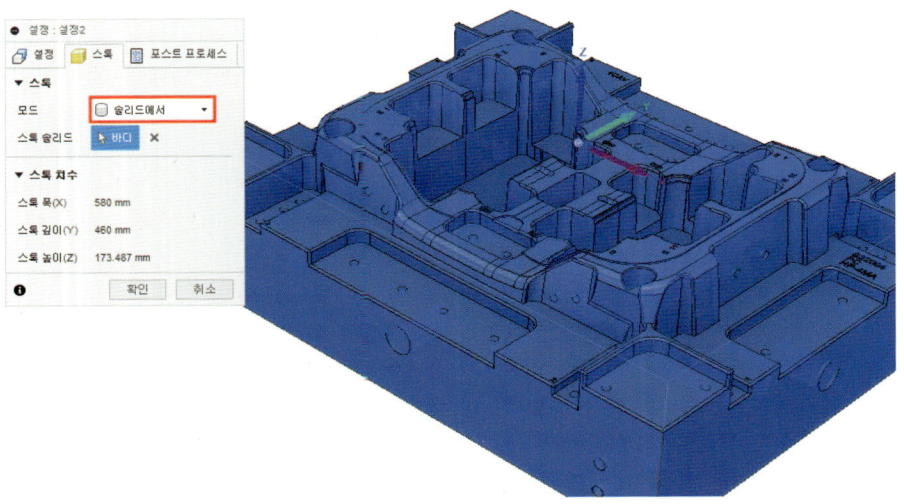

상자나 원통, 튜브가 아닌 불규칙한 형태의 스톡을 형성할 때 사용합니다.

해당 모델링을 클릭하게 되면 클릭한 모델링기 스톡이 됩니다.

이전설정에서

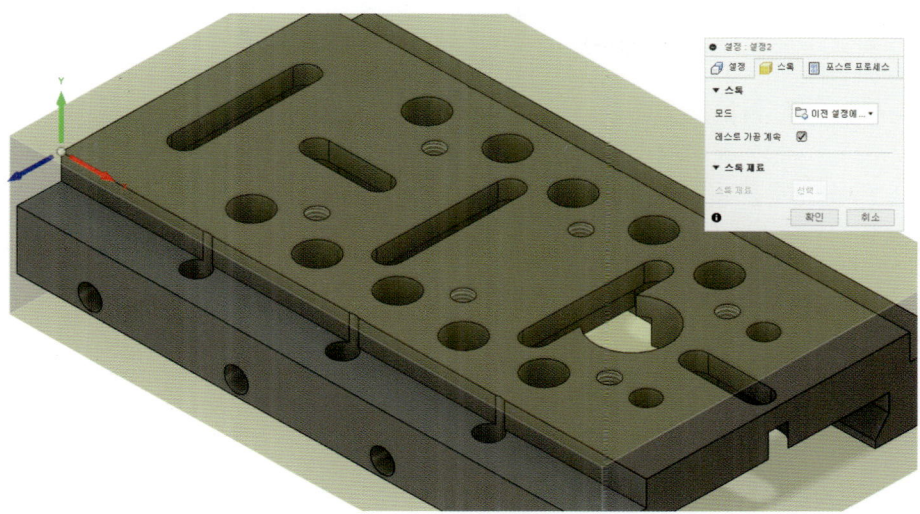

- 레스트 가공 계속 : N차가공(1차, 2차, 3차)을 진행할 시 이전 작업의 스톡을 인식하여 불필요한 재가공을 방지합니다.

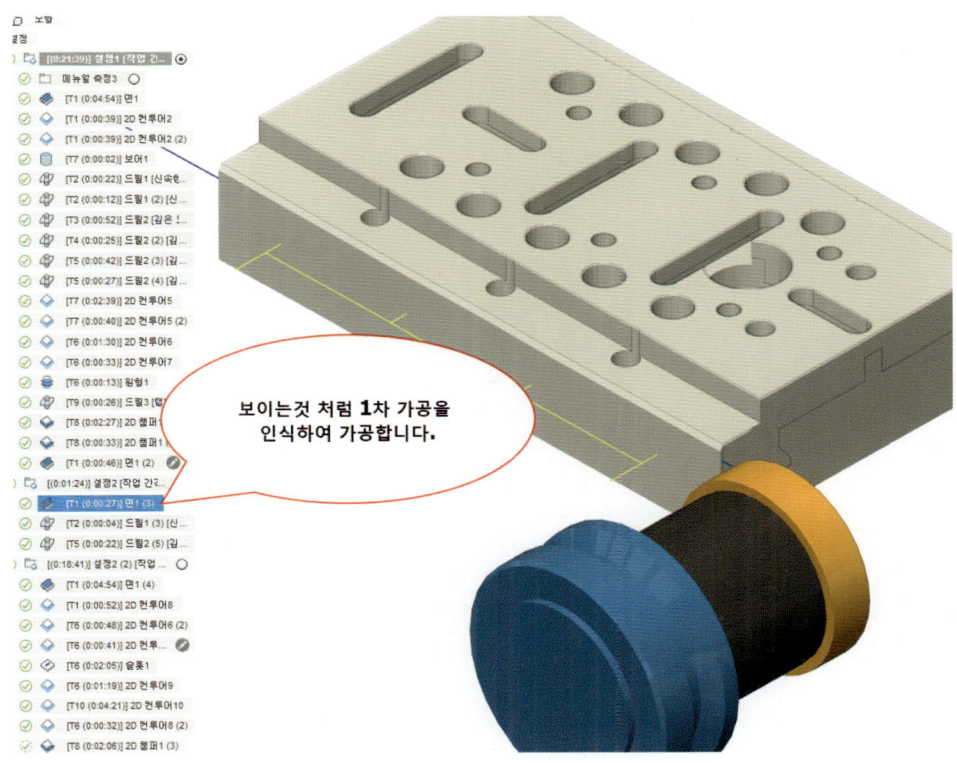

보이는것 처럼 **1**차 가공을 인식하여 가공합니다.

1.5 설정 창 – 포스트프로세스

■ 프로그램 정보 설정

• 프로그램 이름/번호 : NC코드 파일의 프로그램 명칭 지정

■ 프로그램 주석

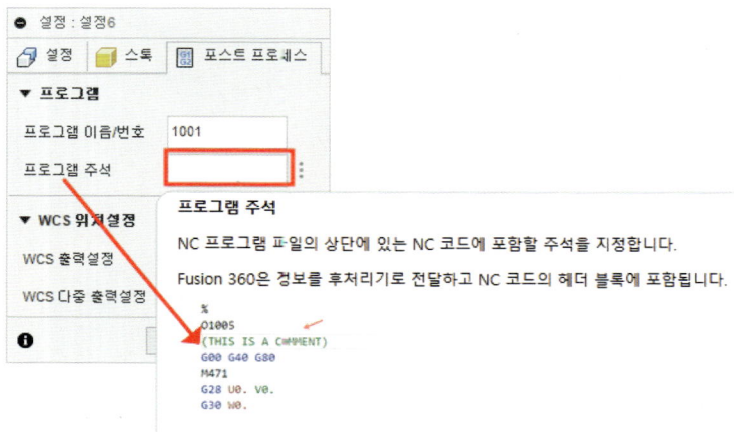

프로그램 맨 상단에 들어갈 주석을 지정합니다. (NC코드 생성일자, 작업자 이니셜 등)

▌ WCS 출력설정

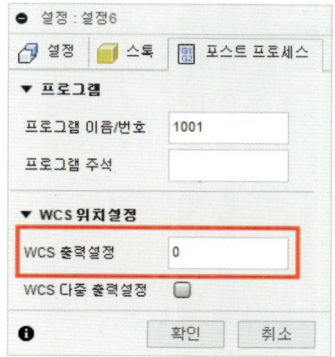

좌표계 번호 설정합니다. 출력 설정 0과 1은 1번 좌표계입니다.

출력 설정 0, 1	G54	출력 설정 3	G56
출력 설정 2	G55	출력 설정 4	G57
출력 설정 5	G58	출력 설정 6	G59
출력 설정 7~	확장 좌표계		

▌ WCS 다중 출력 설정

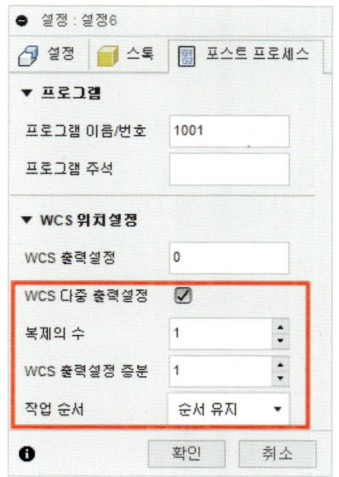

- 복제의 수 : 현재 설정에 들어가 있는 툴 패스들을 복제할 수를 지정합니다.

- WCS 출력설정 증분 : 시작 좌표계 번호부터 다음 복제되는 툴 패스의 좌표계 증분 수를 말합니다.

- 작업순서 : 공정 별 정렬 혹은 공구 번호로 정렬을 지정합니다.

> **TIP**
>
> WCS 출력설정 값이 0,1일 경우 좌표계는 1번좌표계부터 시작하고, 출력설정 증분 값이 2일 경우 다음 복제될 툴 패스는 1번 좌표계를 2더한 3번좌표계부터 시작하게 됩니다.

02 기계 & 고정구 설정

2.1 기계 선택하기

Fusion에서는 다양한 가공장비를 라이브러리에서 불러와 사용할 수 있습니다.

기계를 선택하게 되면 기계 시뮬레이션이 가능하게 되면 3축보단 다 축에서 많이 사용하는 기능이니 간단하게만 설명하겠습니다.

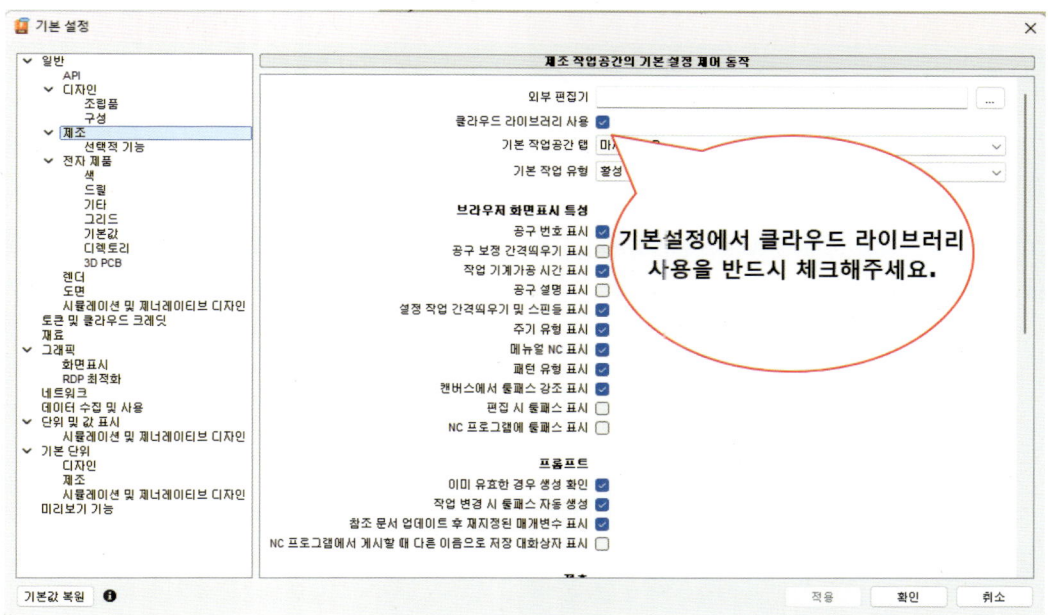

기본설정에서 클라우드 라이브러리 사용을 반드시 체크해주세요.

▌샘플 불러오기

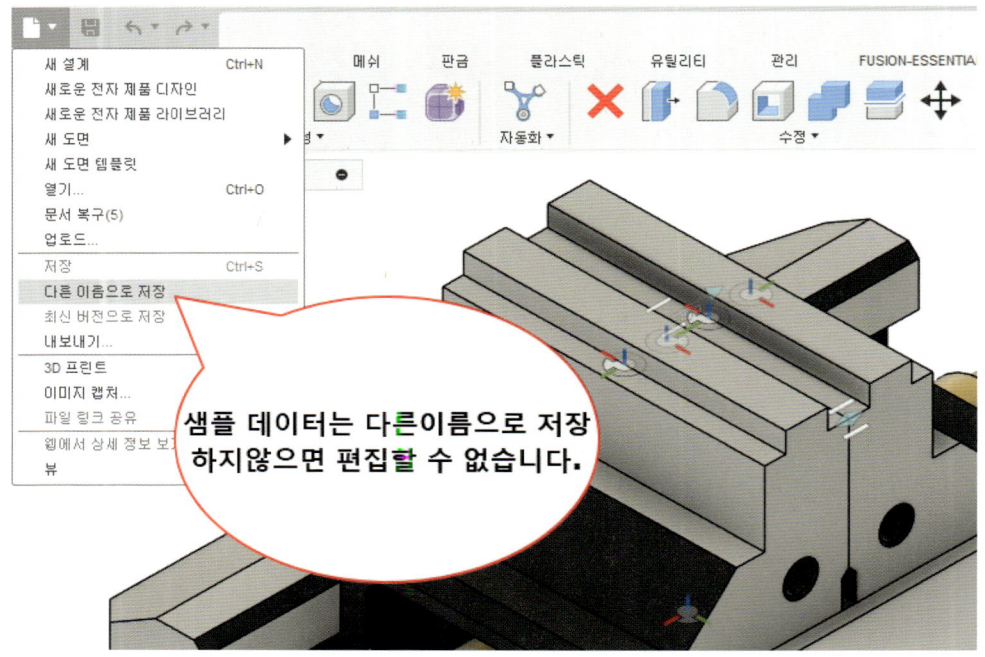

☐ 샘플 위치 : 데이터 패널 ➡ Cam Samples ➡ Work holding ➡ Lang ➡ Makro Grip ➡ 48205_125

▌바이스 삽입하기

이렇게까지 디테일 하게 하지 않아도 3축에서는 충분하지만 가끔 어떻게 하는지 문의가 많아서 본 교재에 담았습니다.

모델링을 열어놓은 상태에서 방금 다른 이름으로 저장한 바이스를 마우스 우 클릭하여 현재 설계에 삽입을 클릭합니다.

Forward Jaws로 선택하고 확인 클릭합니다.

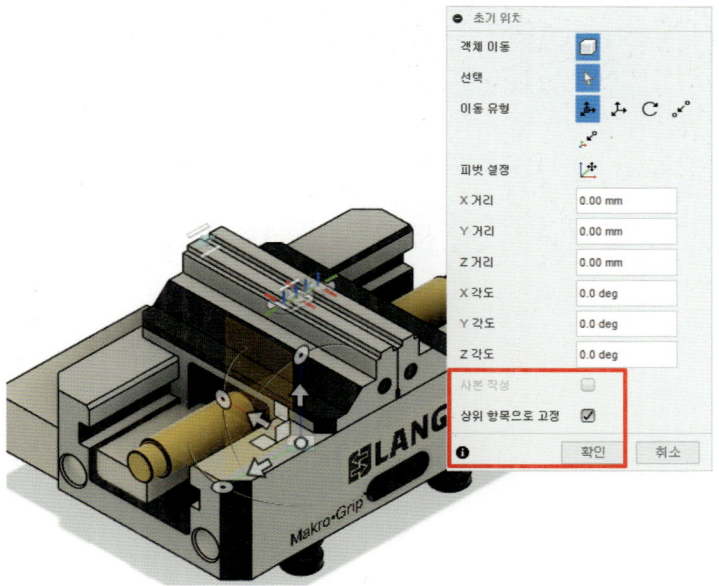

불러왔으면 확인 눌러줍니다.

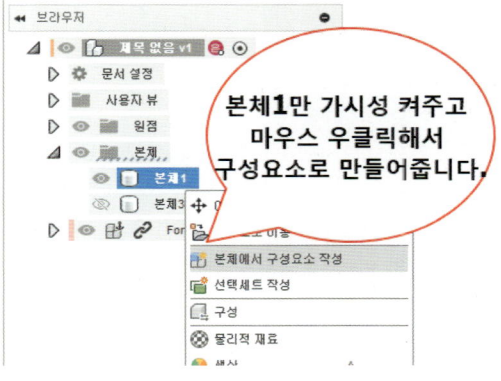

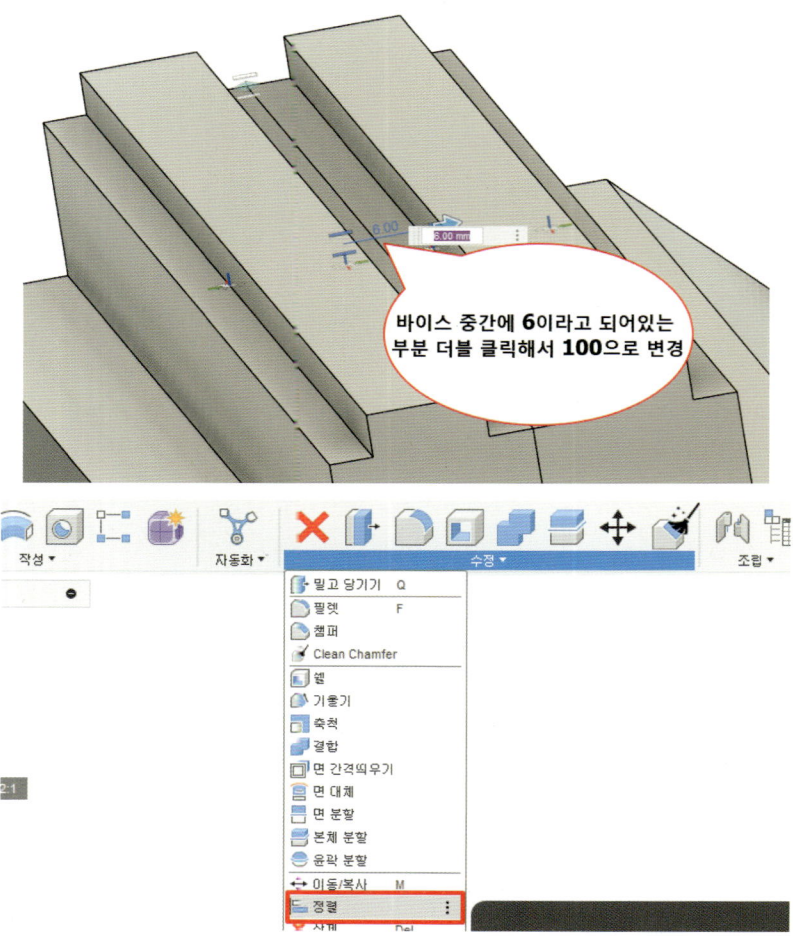

정렬 클릭해주세요.

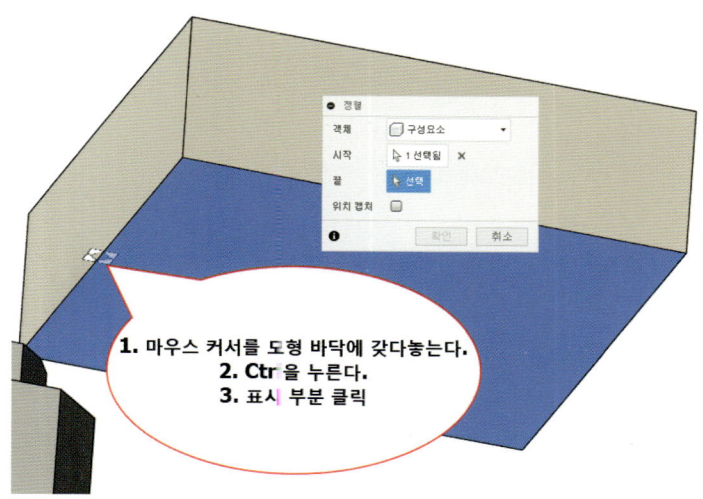

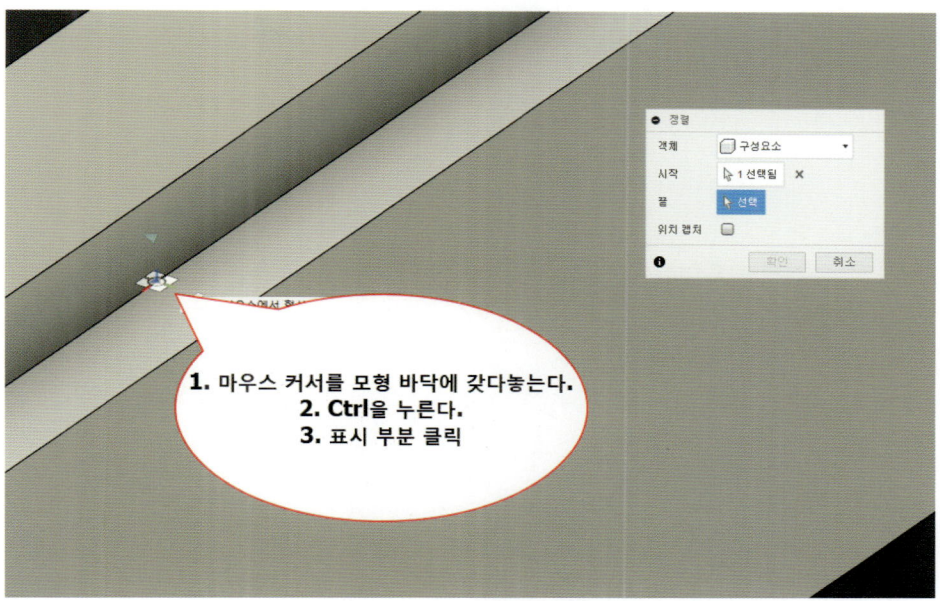

TIP 〉

시작을 꼭 가공할 모형으로 해주시고 끝을 바이스로 해주세요.
시작이 끝부분으로 정렬됩니다.

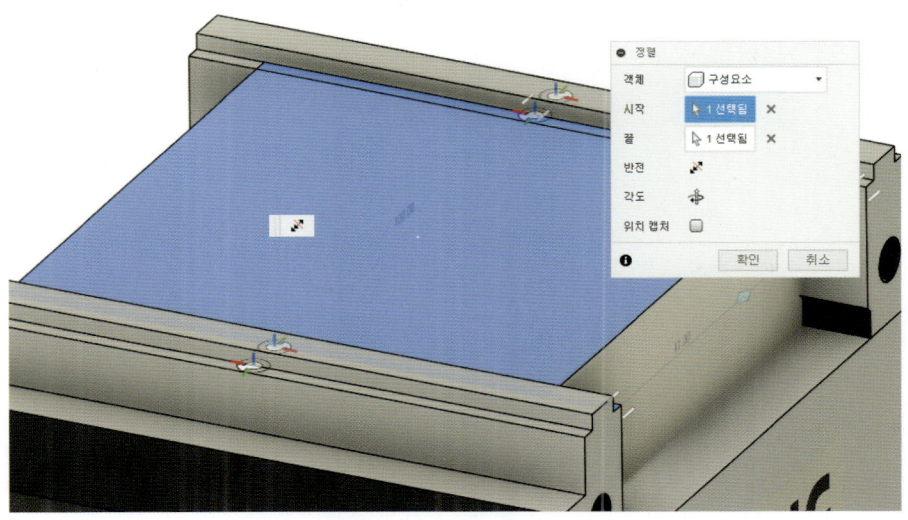

자 그러면 이렇게 뒤집힌 모양으로 됐을 수 있습니다.

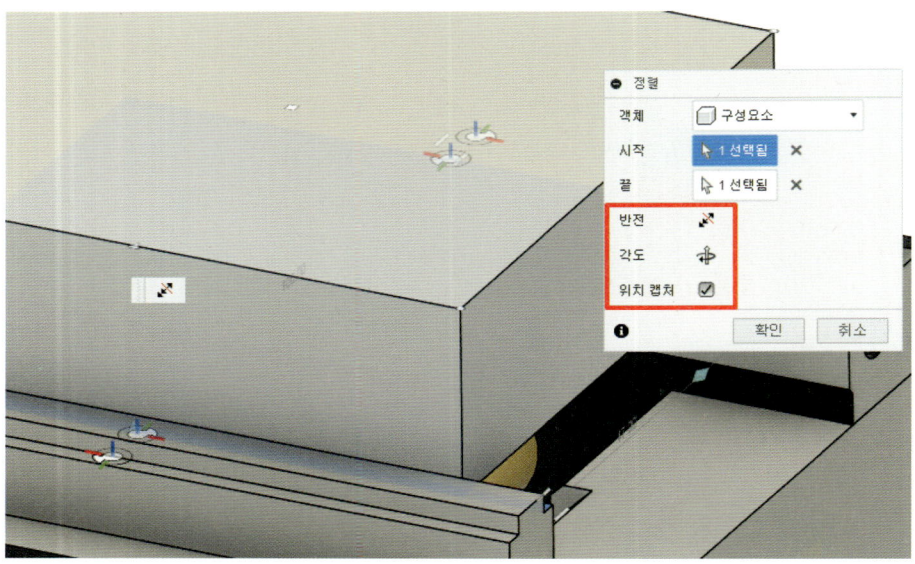

반전과 각도를 눌러가면서 방향을 맞추세요. 저의 경우엔 반전을 먼저 1번 누르고, 각도를 2번 눌렀습니다. 위치 캡쳐 체크하시고 확인 눌러 주시던 완성입니다.

▌기계 선택 방법

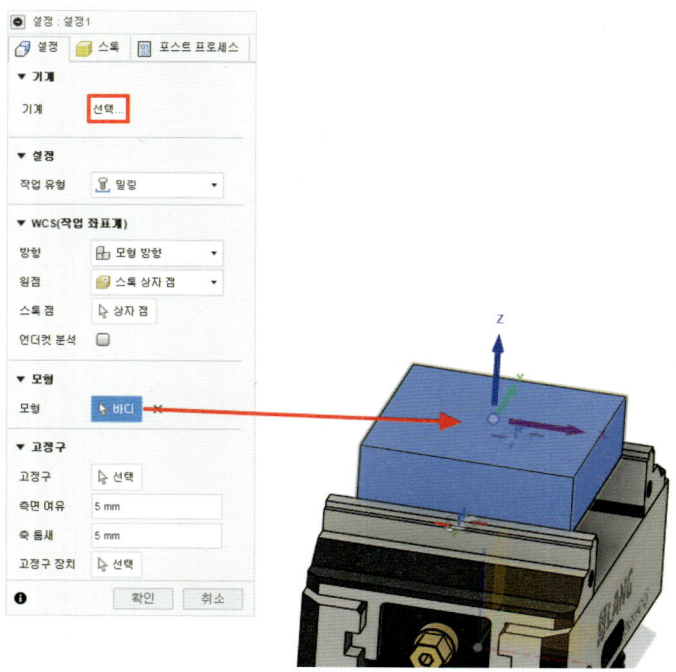

모형에서 가공할 모형 선택해주고 기계를 클릭합니다.

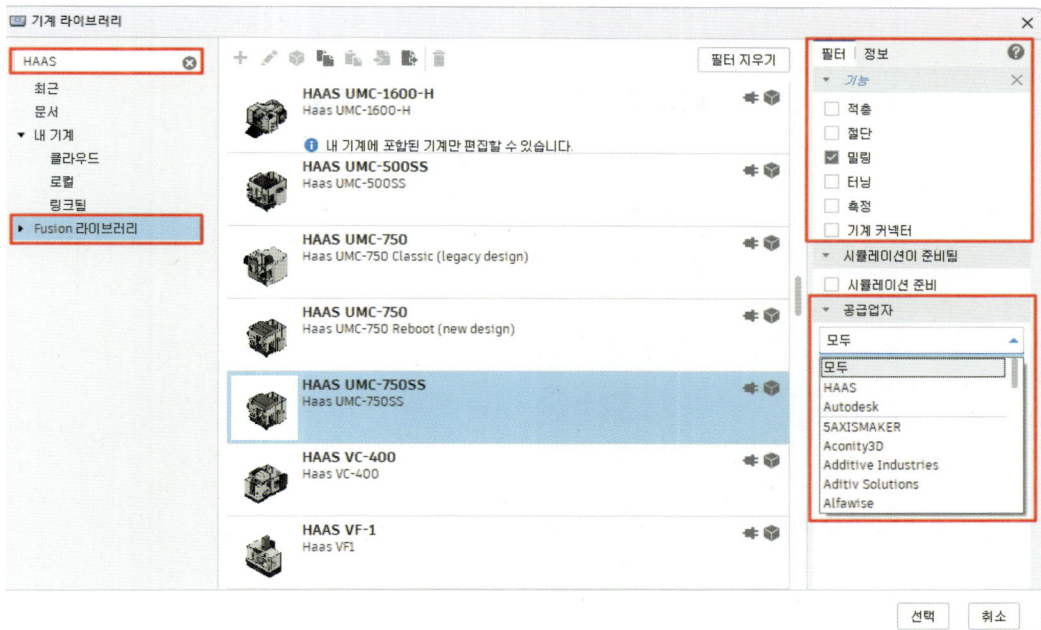

Fusion360은 라이브러리에서 클라우드 업 로드된 수백개의 장비 모델링을 무료로 제공합니다.

우측 상단의 필터의 기능을 통해 다양한 종류의 형태의 가공 장비를 필터화 시켜 확인할 수 있습니다.

또한 우측 하단의 공급업자 필터 기능으로 장비별 Maker로 필터화 시켜 손쉽게 확인할 수 있습니다.

장비 선택했으면 선택을 눌러줍니다.

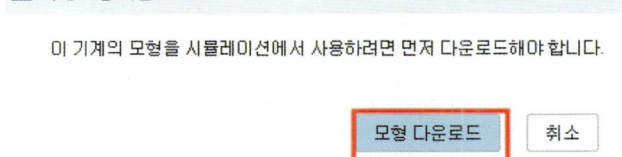

모형 다운로드를 클릭합니다.

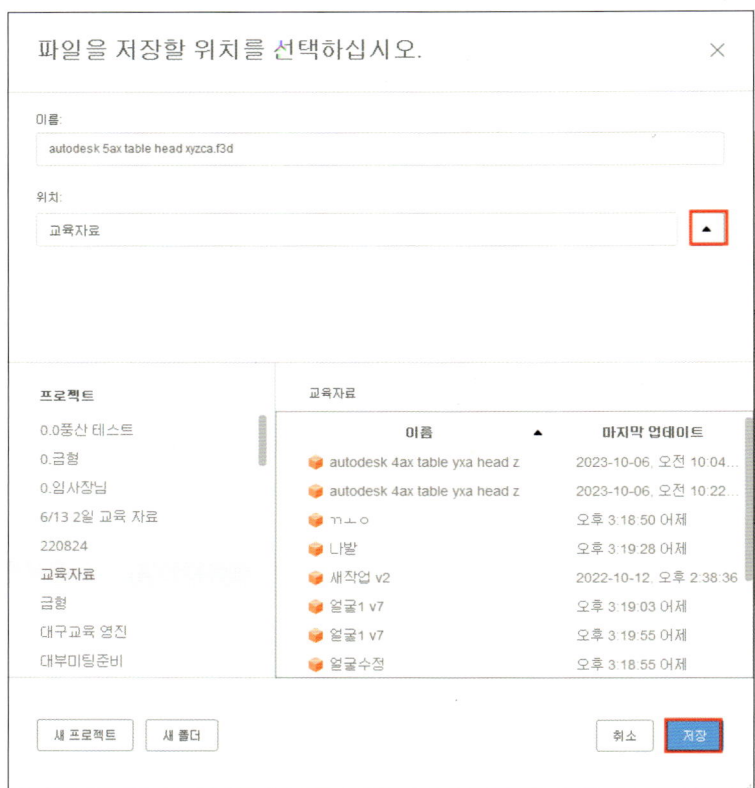

저장할 폴더를 선택한 후 우측 하단의 저장 버튼을 클릭합니다.

TIP 〉

Fusion360 클라우드 라이브러리에 있는 장비 모델링을 반드시 본인의 데이터패널로 저장해야 합니다.

기계 저장 중 알림이 뜬 후 업로드가 완료됩니다.

기계 창에 선택한 장비가 등록된 것을 확인할 수 있습니다.

2.2 고정구 설정

고정구 설정을 하면 시뮬레이션 간섭체크를 확인할 수 있습니다.

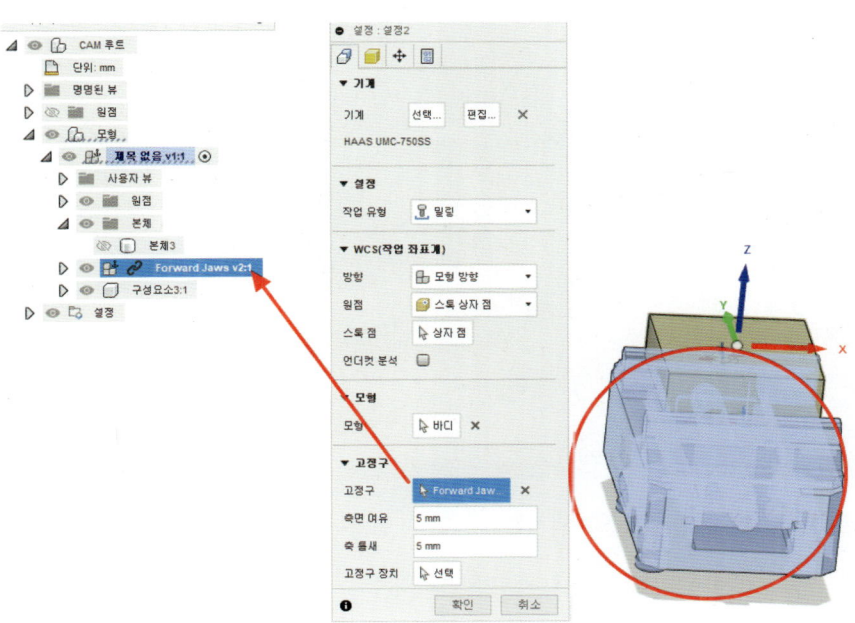

고정구를 직접 클릭하여 설정합니다.

> **TIP** 〉
>
> 다 축 가공 환경에서는 고정구 설종이 필수이지만, 3축에서는 고정구로 인한 간섭이 거의 없기 때문에 필수는 아닙니다.

2.3 부품 위치 조정

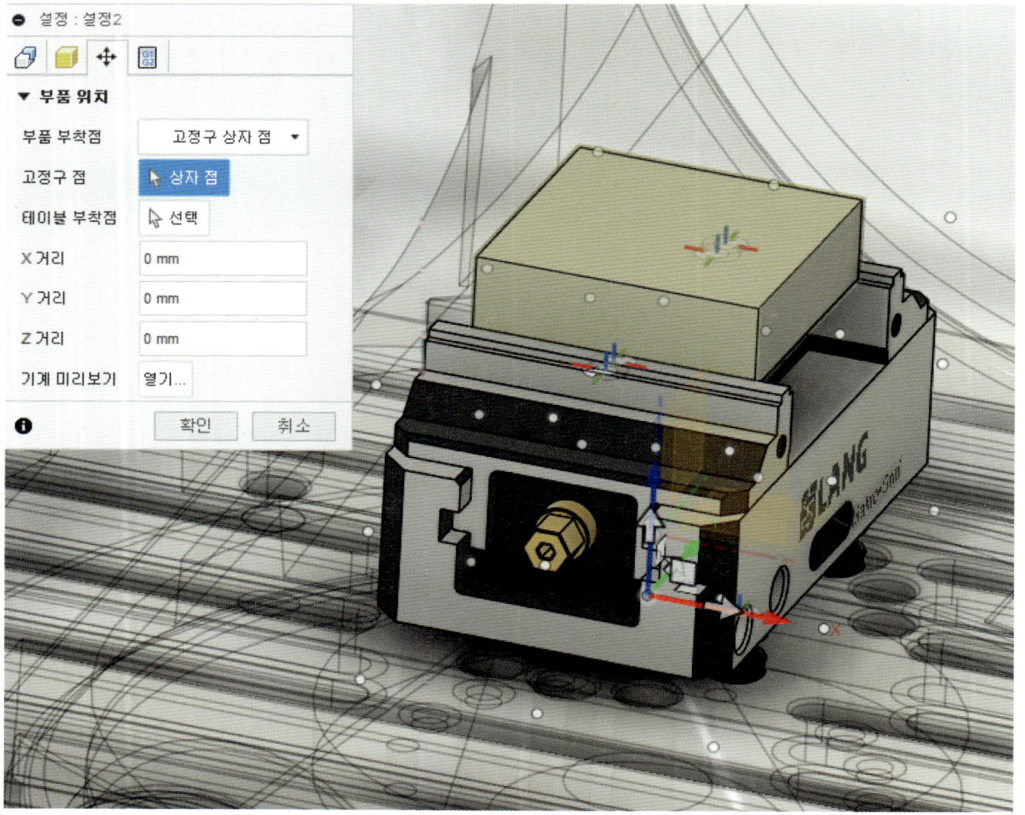

기계 구조를 확인한 후, 점을 선택하여 위치를 조정할 수 있습니다.

추가로 거리 값을 조절하여 위치를 조정할 수도 있습니다.

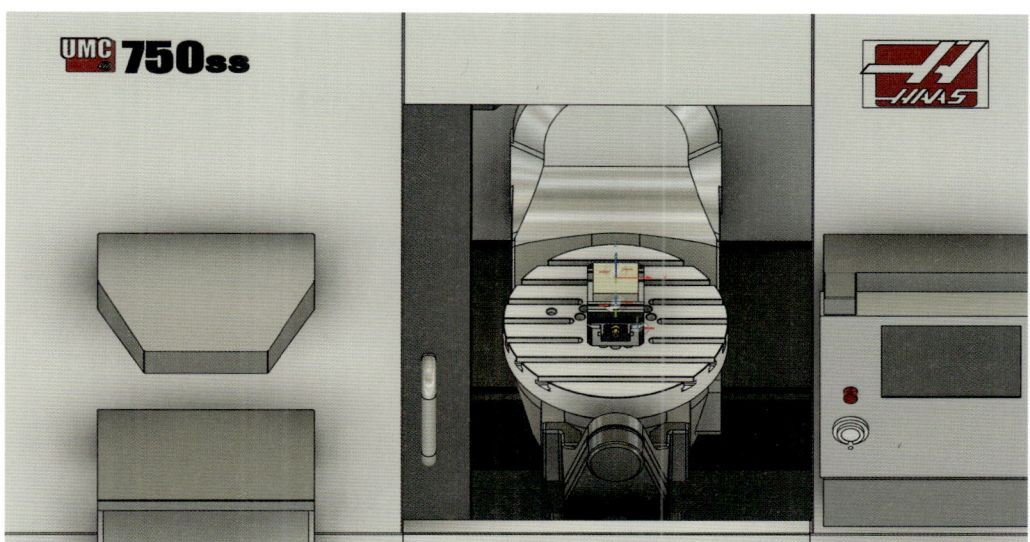

03 공구 라이브러리 알아보기 (공구 설정하기)

Fusion의 공구라이브러리는 다양한 공구데이터를 관리하고, 사용자가 가공 방식에 따라 적절한 공구를 선택할 수 있도록 합니다. 라이브러리를 잘 사용하면 표준화를 통해 반복작업을 최소화하여 빠르게 툴 패스를 생성하고 불량율을 줄일 수 있습니다.

3.1 공구 라이브러리 개요

공구 라이브러리를 사용하면 다음과 같은 작업이 가능합니다.

- 표준 Fusion 라이브러리에서 기존 공구 선택

- 사용자 라이브러리 생성 및 공구 추가/복사
- 각 공구에 절삭데이터(피드 및 속도) 연결
- 밀링, 터닝, 절단, 터치 프로브 및 홀더용 공구 생성 가능
- 프로젝트 문서 라이브러리와 사전 정의된 공구 설정 가능

3.2 공구 라이브러리 유형

- 문서 라이브러리 : 현재 열어놓은 파일 한 해서만 사용 가능
- 클라우드 라이브러리 : Fusion 클라우드에 저장되어 어디서든 사용 가능
- 로컬 라이브러리 : 사용자 로컬 PC에 저장된 공구 데이터
- Fusion 라이브러리 : 기본 제공되는 표준 공구 목록

3.3 공구 추가 및 설정하기

▌공구 라이브러리 진입 방법

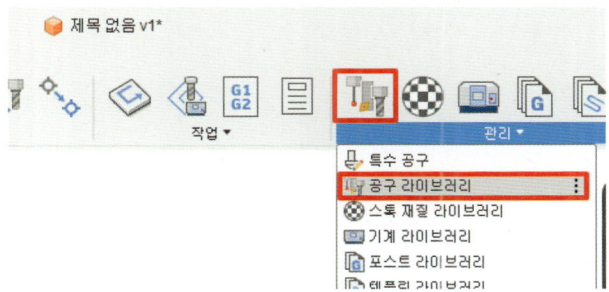

상단 관리 탭에서 공구 라이브러리를 선택합니다.

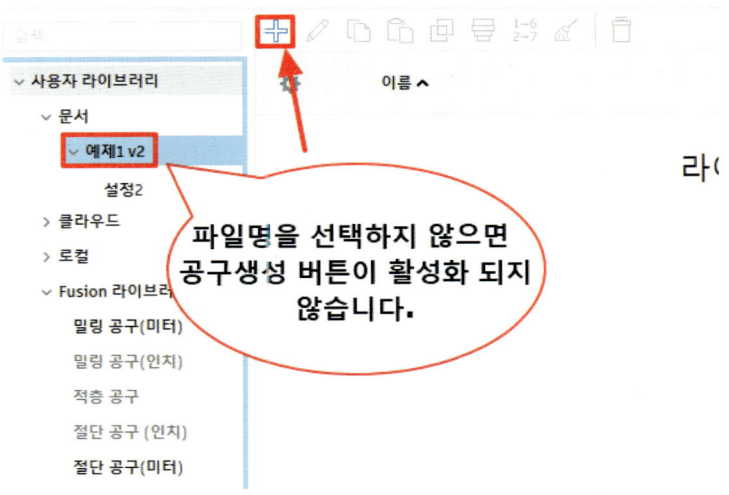

현재 파일명이 자동으로 공구 라이브러리어 생성됨을 확인합니다.

공구추가를 위해 + 모양 아이콘 클릭 후 새 공구를 생성합니다.

▌공구 유형 선택

Fusion은 다양한 공구 유형을 지원합니다.

밀링 작업에서는 페이스, 플랫 엔드밀, 드릴, 볼엔드밀, 볼노우즈 엔드밀이 주로 사용됩니다.

3.4 공구 상세 설정

새 공구

플랫 엔드밀을 클릭합니다.

▌일반 탭

공구 설명을 입력하면 NC코드 출력 시 공구 정보 확인이 편리합니다.

▌커터 탭

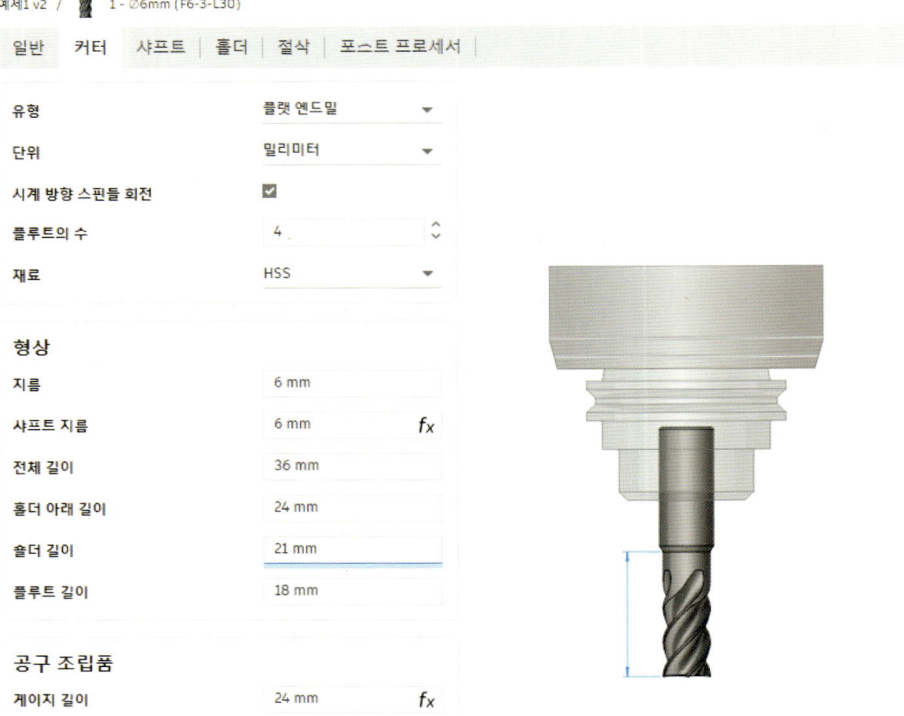

- 유형 : 선택한 공구 유형 변경 가능

- 플루트의 수 : 공구 날 개수

- 지름 : 공구 지름

- 샤프트 지름 : 공구 생크의 지름

- 전체 길이 : 공구 전체 길이

- 홀더 아래 길이 : 홀더 밑으로 돌출되는 실제 공구 길이

- 숄더 길이 : 비 절삭되는 공구 길이 (유효 날 길이에서 절삭 날이 없는 구간)

- 플루트 길이 : 공구 날의 길이

TIP 〉

치수에 커서를 클릭하면 어느 부분인지 표시해줍니다.

■ 샤프트 탭

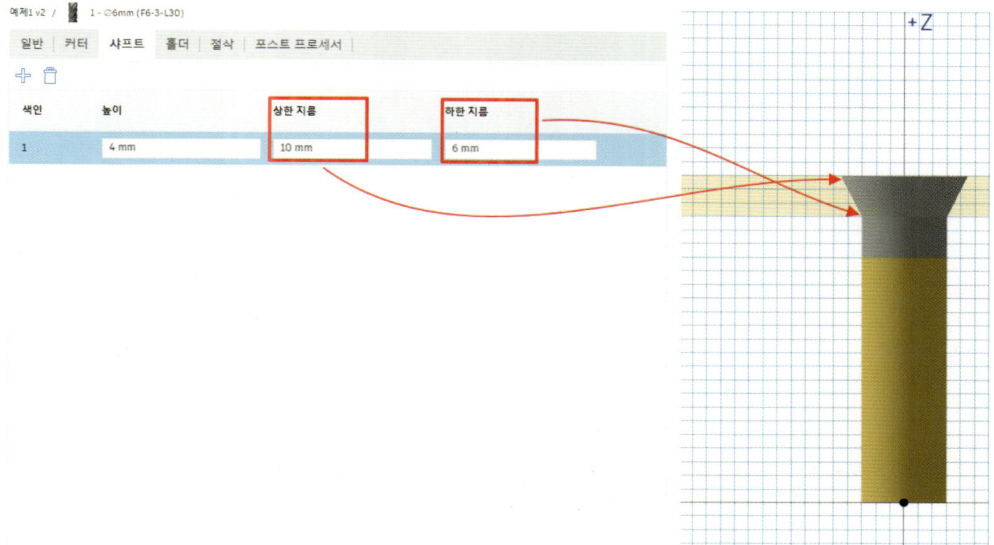

공구 날 지름과 섕크 지름이 다를 때 설정합니다.

상한 지름과 하한 지름 그리고 높이를 지정하면 해당 그림처럼 형성이 됩니다.

■ 홀더 탭

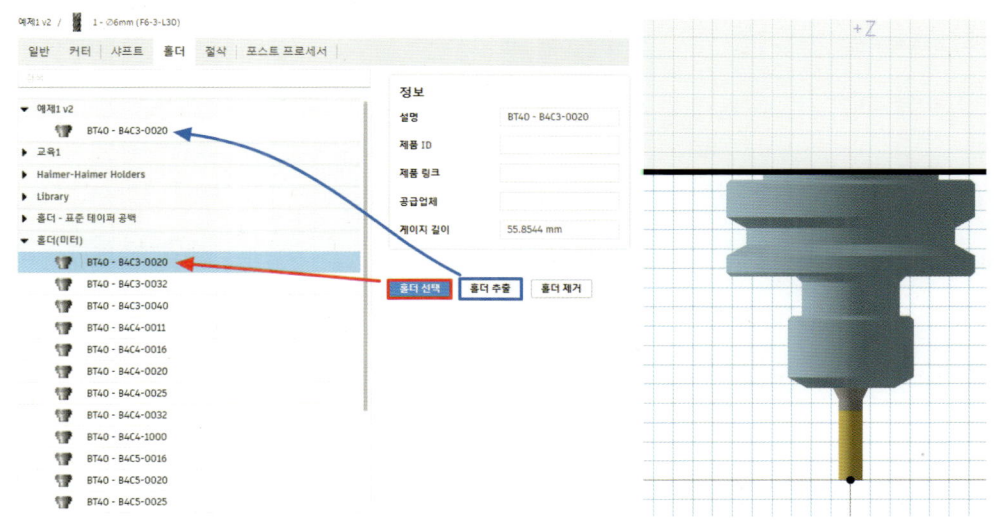

홀더를 클릭하여 홀더 선택을 누르면 해당 그림과 같이 홀더를 지정할 수 있습니다.

또한 선택 후 홀더 추출을 클릭하면 선택한 홀더 정보가 현재 사용자 폴더로 복사됩니다.

3.5 절삭 데이터 설정

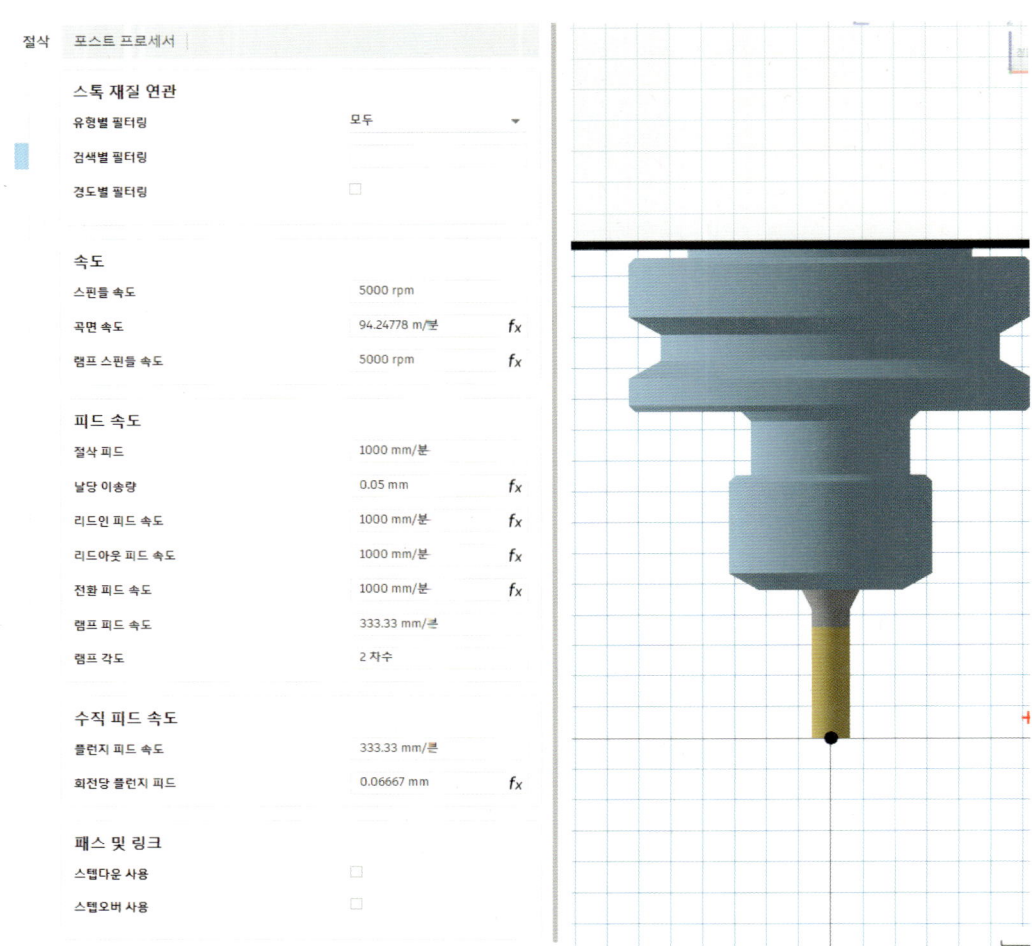

▌스핀들 설정

- 스핀들 속도 : 공구 회전 속도

- 곡면 속도 : 스핀들 속도가 아닌 분당 회전 거리 속도로 표현

- 램프 스핀들 속도 : 램프 진입 시 스핀들 속도

▌피드 설정

- 절삭 피드 : 공구 진행 속도

- 날당 이송량 : 공구 날 수에 따른 이송량 설정
- 리드인 피드 속도 : 공구 진입 시 피드 속도
- 리드아웃 피드 속도 : 공구 진출 시 피드 속도
- 전환 피드 속도 : 리드 인/아웃 사이에 전환 이동 시의 속도
- 램프 피드 속도 : 램프 이동 시 공구의 피드 속도
- 플런지 피드 속도 : 수직으로 진입 시 피드 속도

▍패스 및 링크 설정

패스 및 링크	
스텝다운 사용	☑
스텝다운	1 mm
스텝오버 사용	☑
스텝오버	3 mm

- 스텝 다운 : Z 스텝다운 값 사전 지정
- 스텝 오버 : XY피치 값 사전 지정

3.6 공구 라이브러리 활용하기

▍공구 템플릿 사용

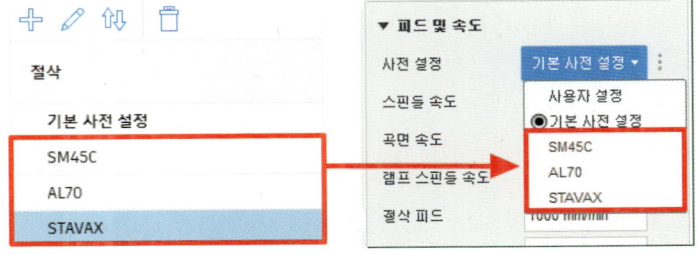

가공할 소재에 따라 다른 조건 값을 입력 가능

공구 별 템플릿을 설정하여 가공 소재에 맞게 자동 적용이 가능합니다.

▋포스트 프로세서 설정

- 공구 번호 : NC프로그램에서 사용될 공구 번호 지정
- 길이 보정, 지름 보정 : 보정번호에 해당하는 값 입

04 페이스

4.1 페이스 가공이란?

페이스가공은 가공할 재료의 표면을 평평하게 만드는 첫 번째 작업으로, 추가 가공을 위한 기준면 생성, 평탄화, 표면 정리 등의 목적으로 사용됩니다.

일반적으로 플랫 엔드밀, 페이스밀을 많이 사용합니다.

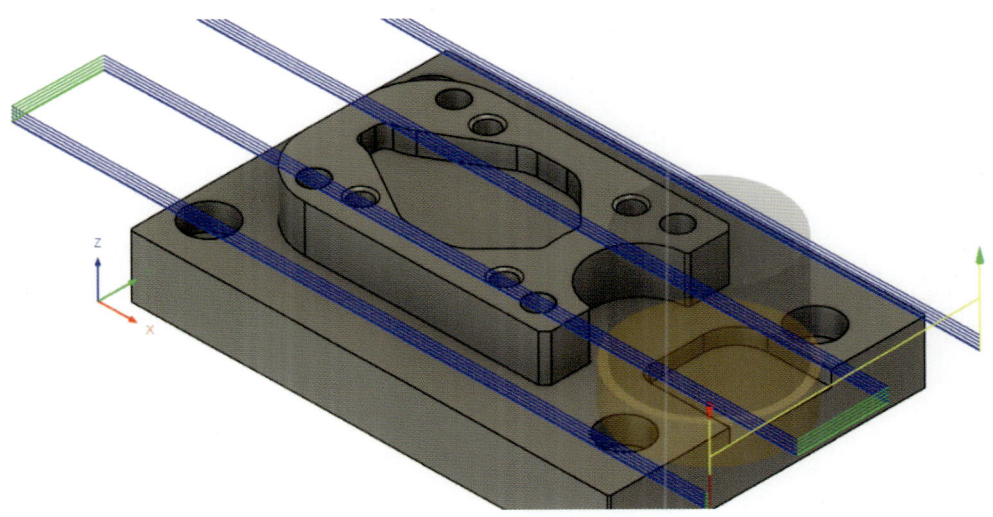

❏ 샘플 위치 : 데이터패널 ➡ CAM Samples ➡ 2D Strategies

4.2 작업좌표계 설정

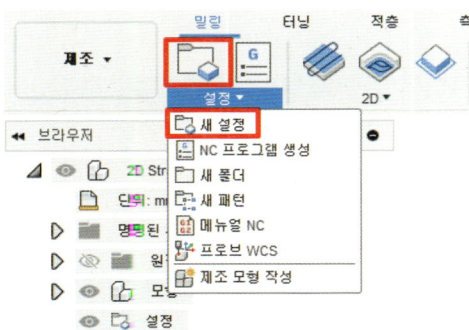

상단 새 설정을 클릭하여 새로운 작업 좌표계를 생성합니다.

확인 버튼을 클릭하여 작업 좌표계 설정을 완료합니다.

툴 패스를 생성하기 위한 좌표계를 생성한 것으로, 자세한 설명은 WCS 설정 챕터에서 확인할 수 있습니다.

4.3 페이스 공구 설정

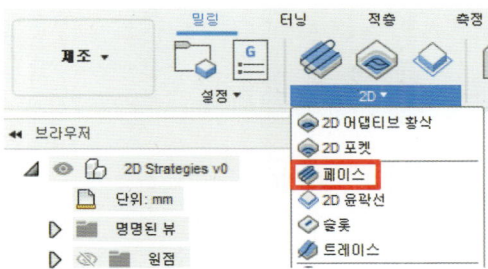

2D 탭에서 페이스를 선택합니다.

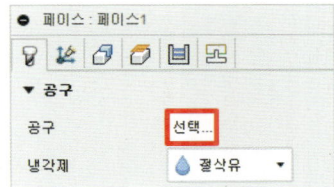

공구에서 선택을 클릭합니다.

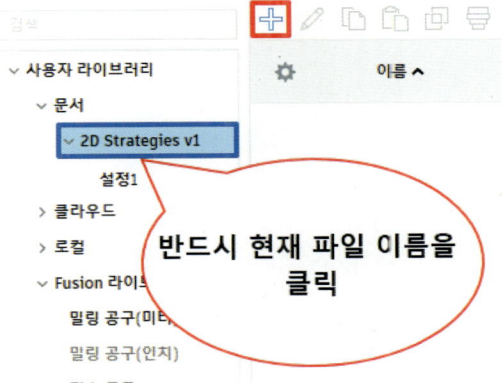

공구 생성 버튼을 눌러 새로운 공구를 생성합니다.

AUTODESK Fusion 360 밀링 기본편

페이스 툴 패스 생성을 위해 페이스 커터를 클릭합니다.

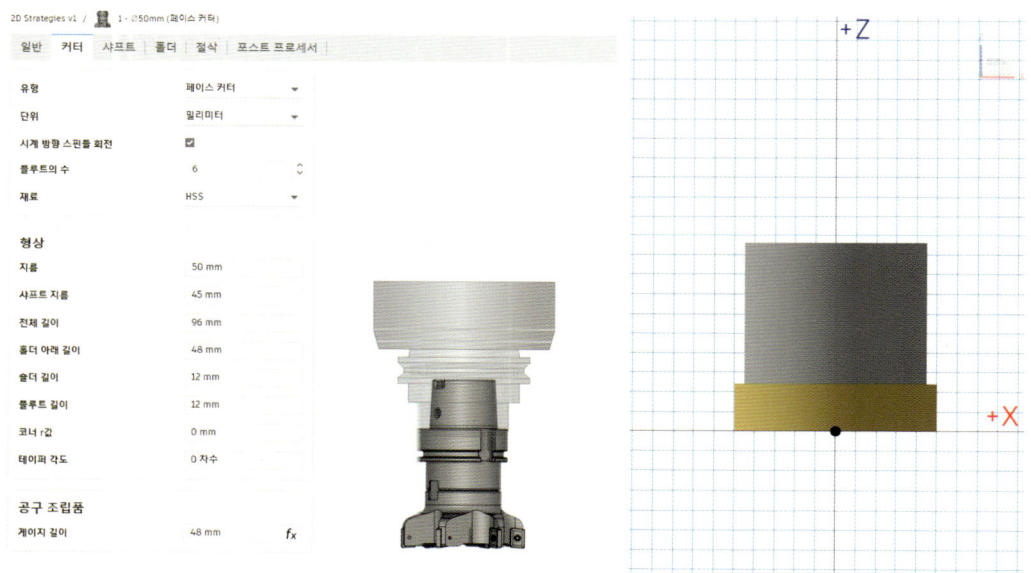

추가 설정 없이 50파이짜리 페이스 커터를 생성을 하도록 하겠습니다.

우측 하단의 승인 버튼을 누릅니다.

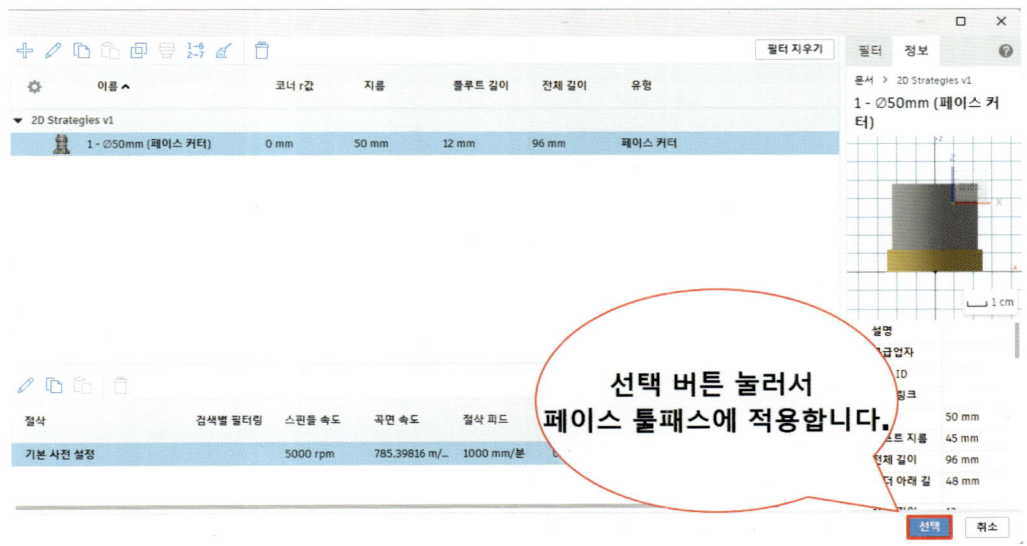

4.4 페이스 영역 설정

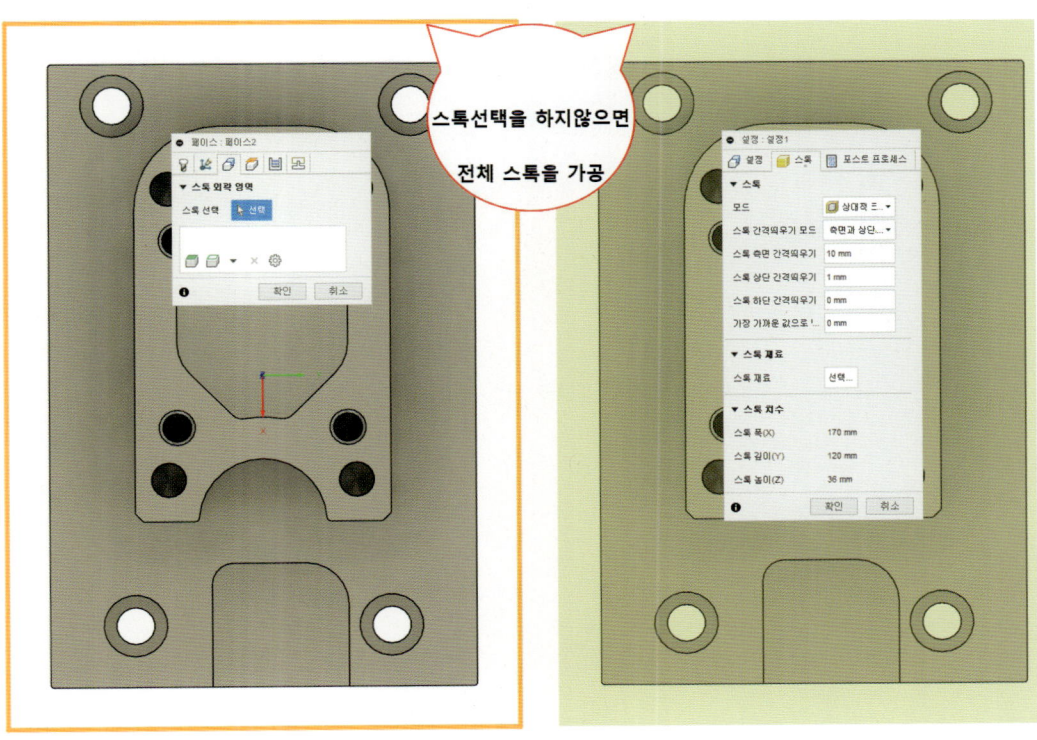

4.5 페이스 높이 설정

각 높이의 시작 옵션 값을 바로 밑에 높이로 지정해 놓으면 안전하게 사용이 가능합니다.

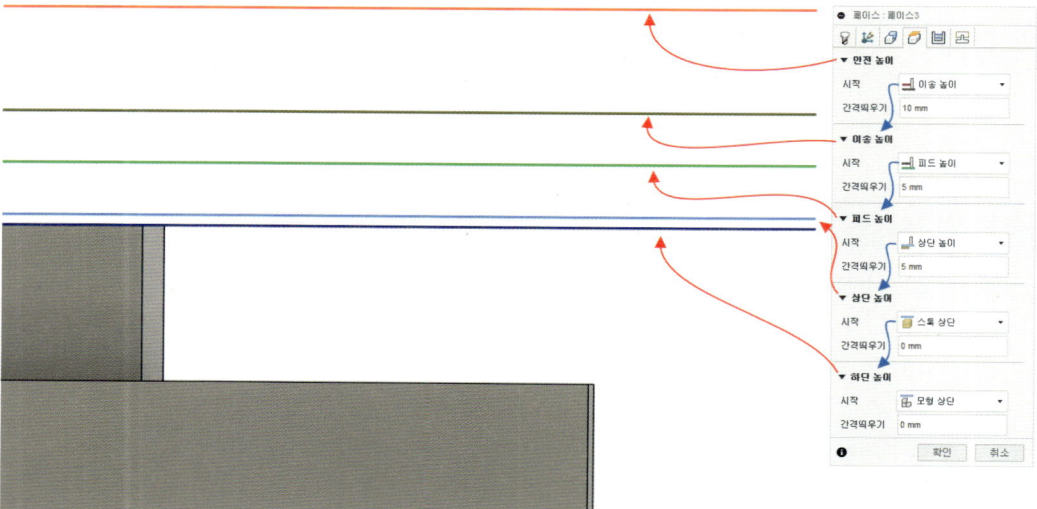

- 안전 높이 : 공구가 급속 이동하는 높이
- 이송 높이 : 공구가 다음 절삭 경로로 이동하는 높이
- 피드 높이 : 리드 인/아웃으로 진입하기 전의 높이
- 상단 높이 : 가공 시작점
- 하단 높이 : 가공 종료점

4.6 페이스 패스 설정

패스 방향 참조

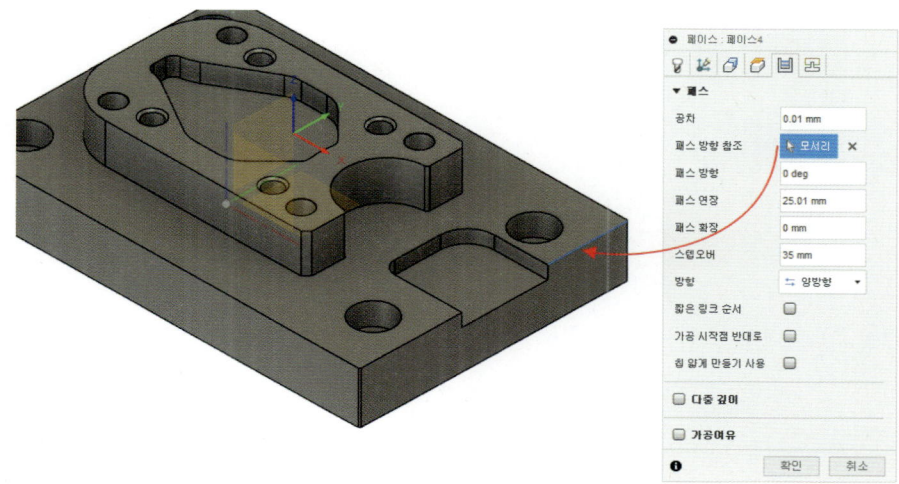

모서리/페이스(면)을 선택하여 툴 패스가 생성되는 방향을 지정할 수 있습니다.

패스방향

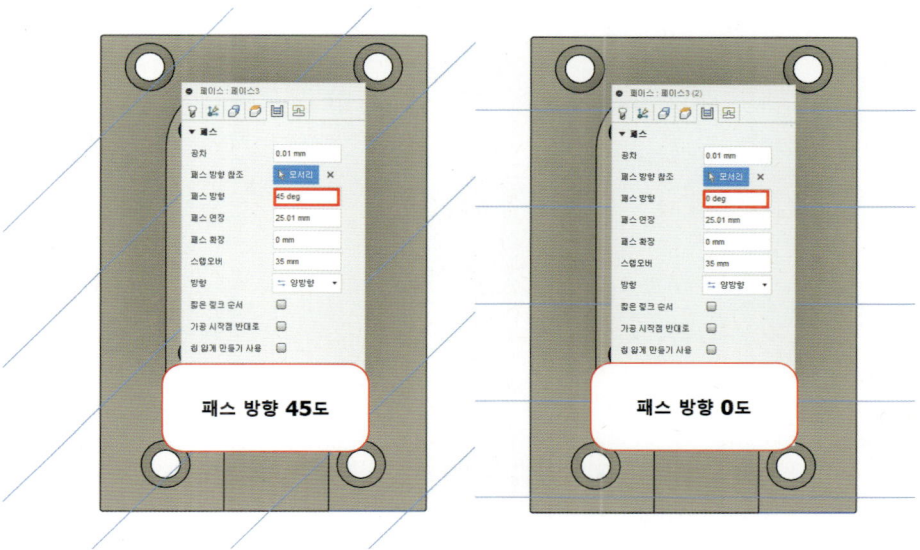

절삭 경로의 방향 각도를 설정

▌패스연장

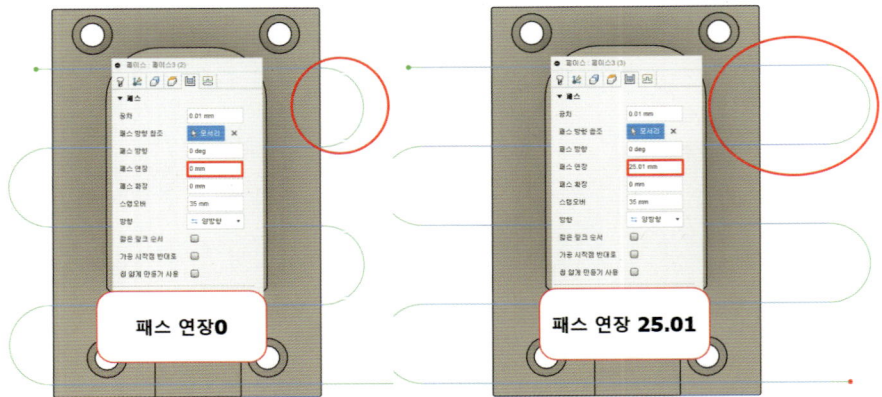

가공 영역을 초과하여 연장할 거리를 지정

▌패스 확장

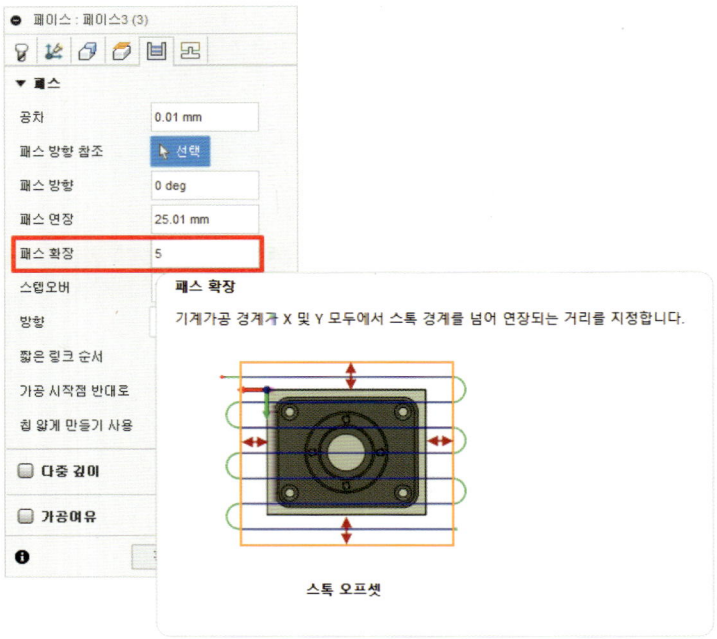

패스연장이 영역을 몇mm 벗어나는 것에 대한 개념이라면 확장은 영역자체를 해당 치수만큼 늘려서 툴 패스를 형성합니다.

보통 패스 연장 사용 후 미삭 방지를 위해 사용됩니다.

▍스텝오버

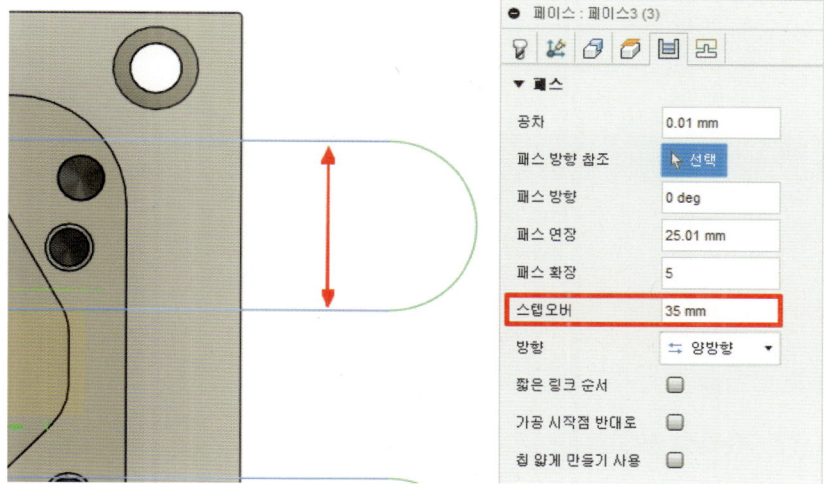

공구 절삭 시 XY피치를 설정합니다.

▍다중 깊이

한 번에 면삭을 하기가 힘들 때 스텝다운으로 지정한 만큼 나누어 툴 패스를 생성합니다.

▌가공 여유

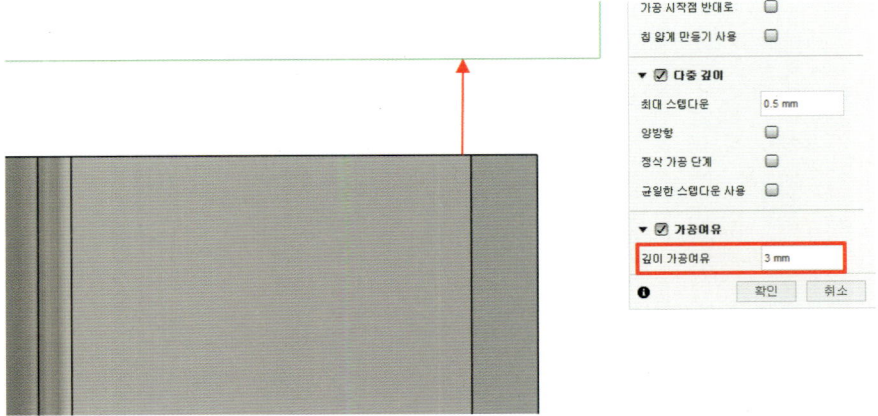

가공 표면에 남길 여유량을 지정합니다.

TIP 〉 간단한 매개변수 활용법

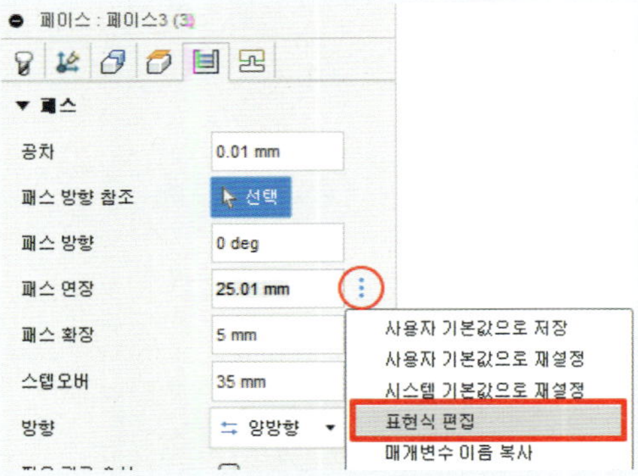

패스 연장의 : 을 클릭한 후 표현식 편집을 클릭합니다.

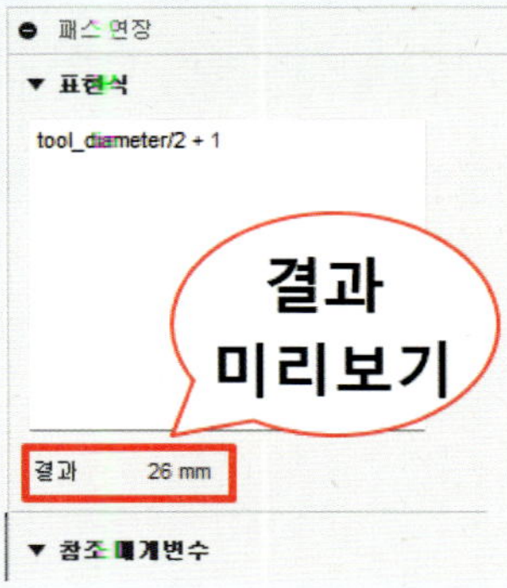

결과 미리보기

표현식을 tool_diameter/2 + 1 로 변경합니다.

25.01mm에서 26mm로 바뀐 것을 확인할 수 있습니다.

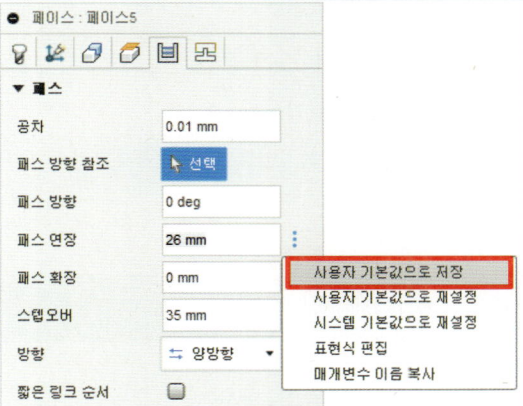

다시 : 을 클릭하여 사용자 기본값으로 저장을 클릭합니다.

이후에는 수정된 표현식을 기본값으로 보고 계속 적용됩니다.

이런 식으로 Fusion의 모든 기능은 표현식으로 연결되어 있으며 편집 및 저장이 가능하여 툴 패스 생성시 세미 자동화가 가능합니다.

4.7 페이스 링크 설정

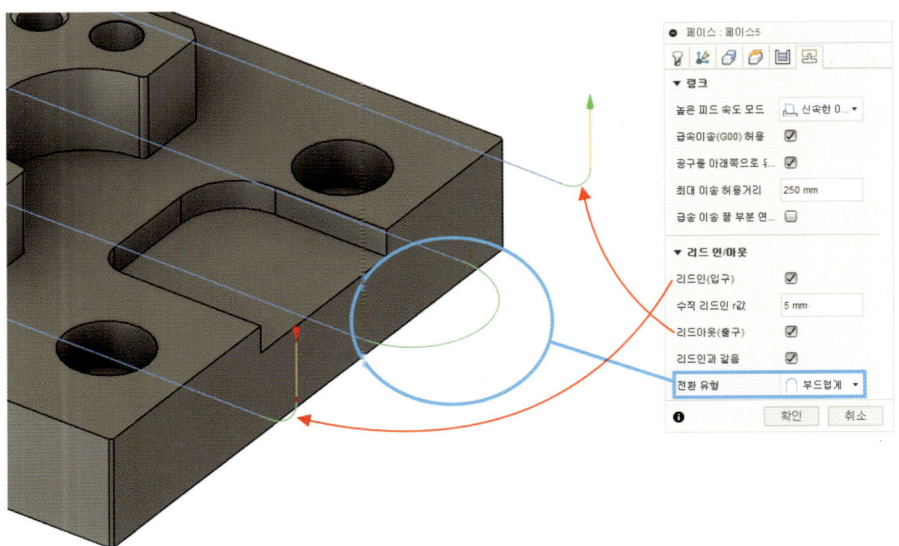

- 리드인 : 공구가 가공 영역으로 진입하는 방식
- 리드아웃 : 가공이 끝난 후 공구가 빠져나오는 방식
- 전환유형 : 가공경로 간 이동방식 설정

4.8 페이스 따라하기

상단의 설정을 클릭합니다.

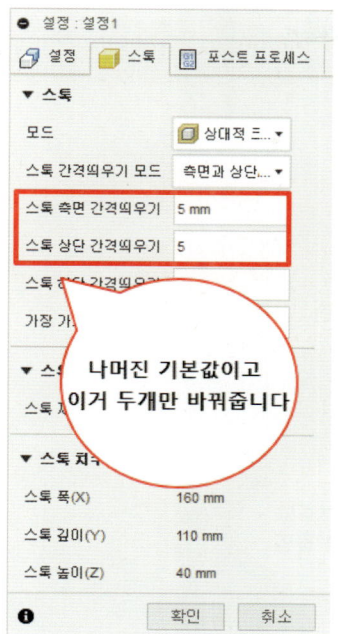

 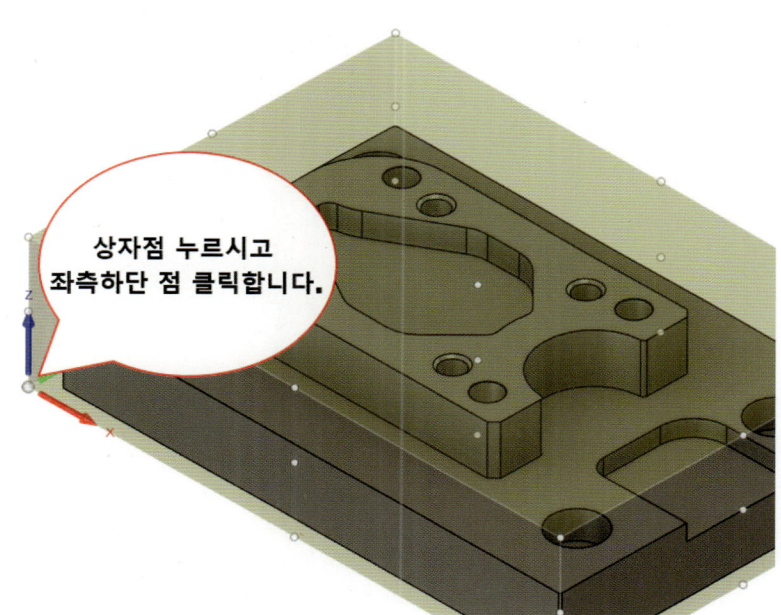

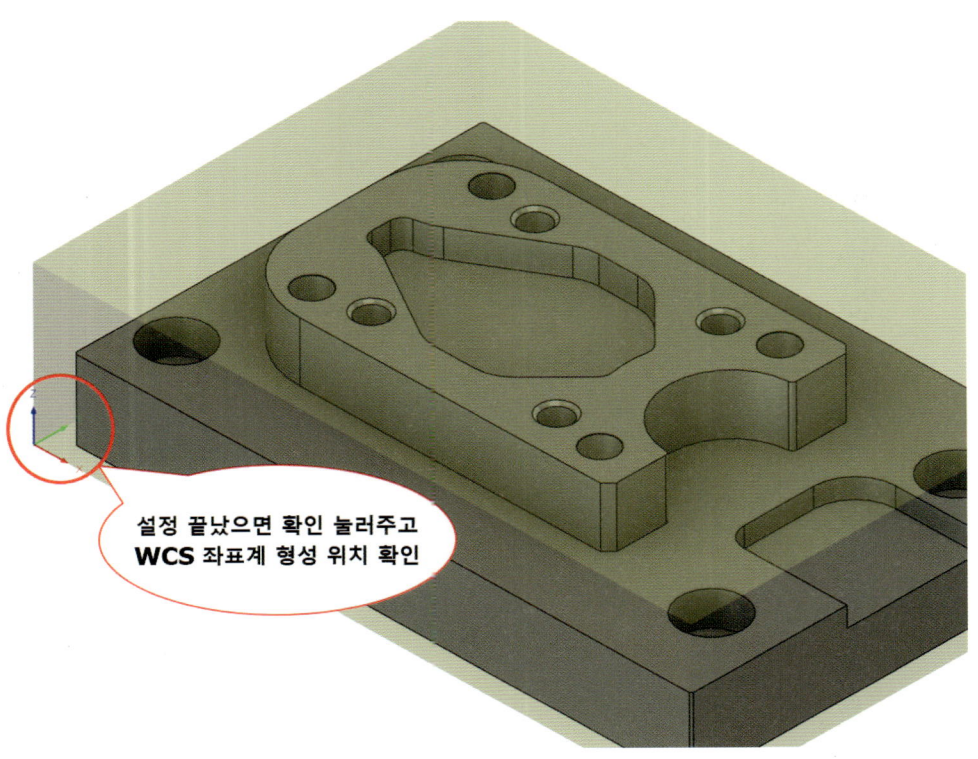

설정 끝났으면 확인 눌러주고
WCS 좌표계 형성 위치 확인

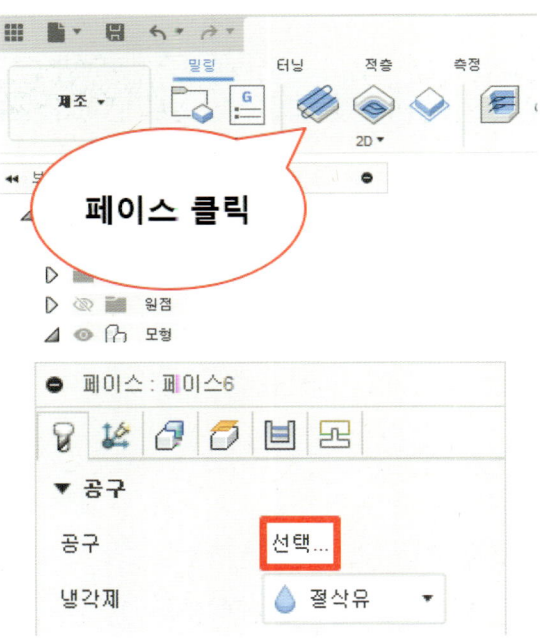

페이스 클릭

공구 선택 클릭합니다.

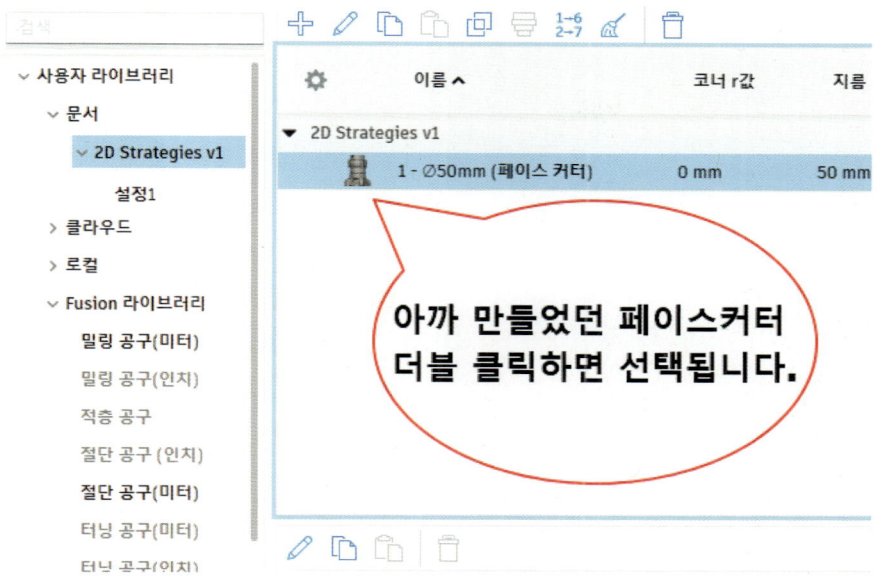

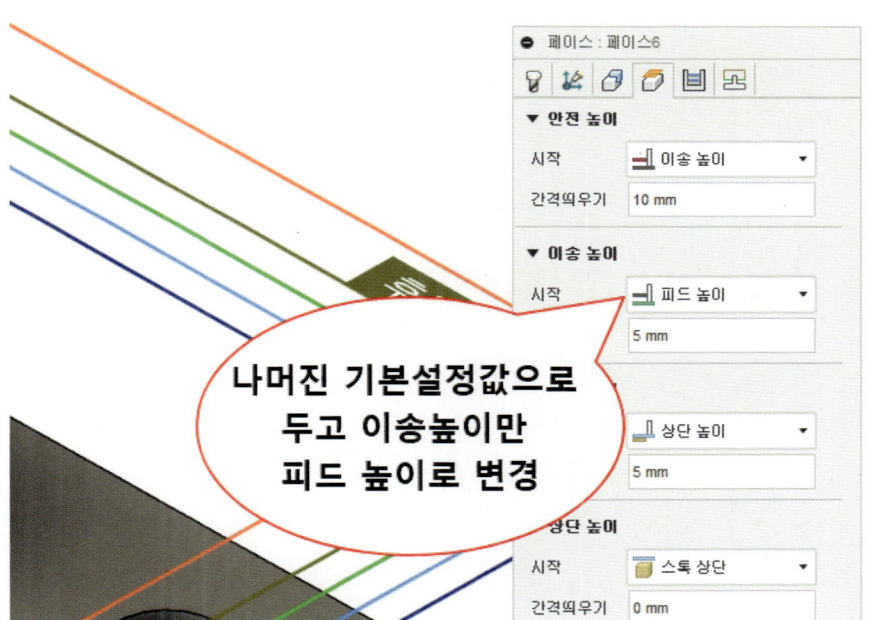

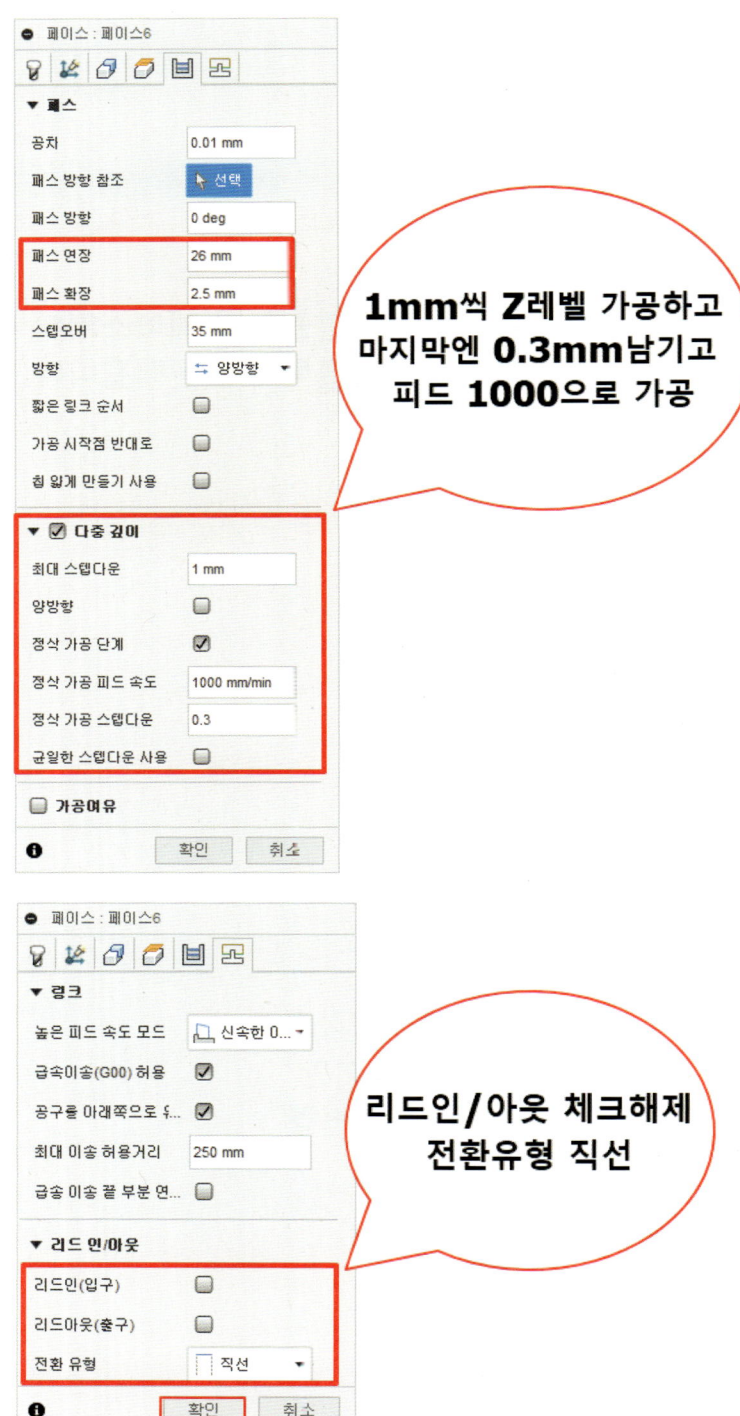

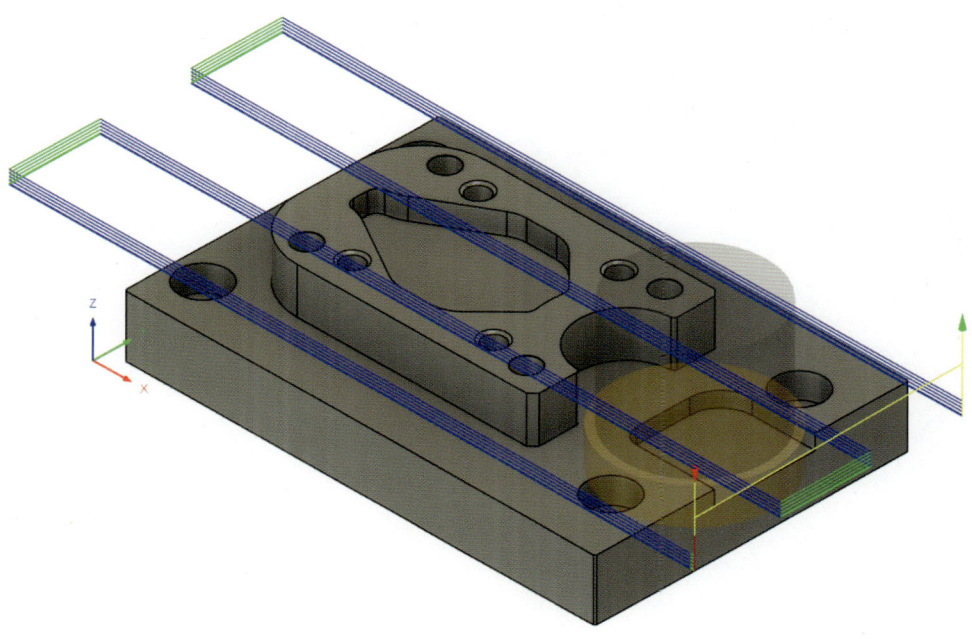

05 2D 포켓

5.1 2D 포켓 가공이란?

2D포켓 가공은 내부 형상을 황삭하는 툴 패스로, 재료를 효과적으로 제거하여 원하는 형상을 만드는 데 사용됩니다. Fusion에서는 닫힌 영역과 열린 영역을 자동으로 인식하여 최적의 툴 패스를 생성합니다.

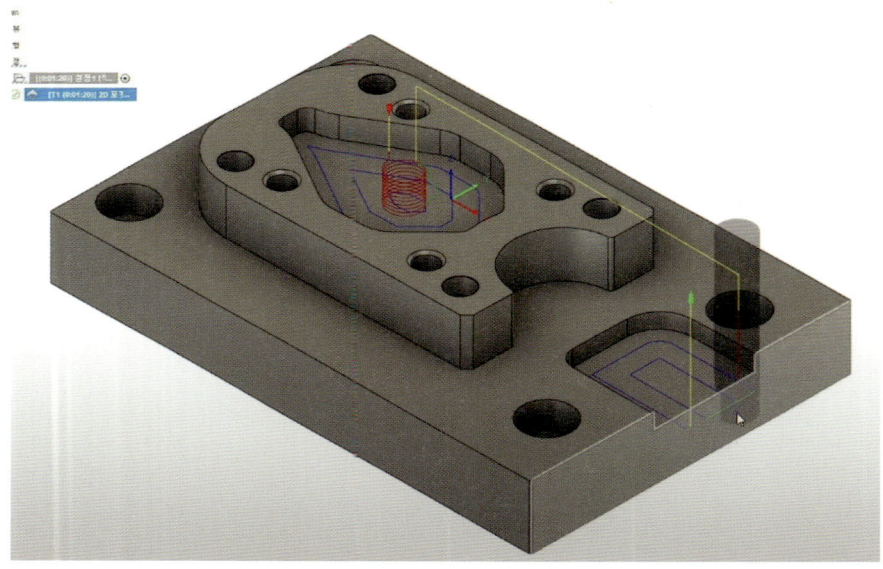

- 샘플위치 : 데이터패널 ➡ CAM Samples ➡ 2D Strategies
- 사용공구 : ∅10 플랫 엔드밀

5.2 2D포켓 툴 패스 생성하기

▌작업 좌표계 설정

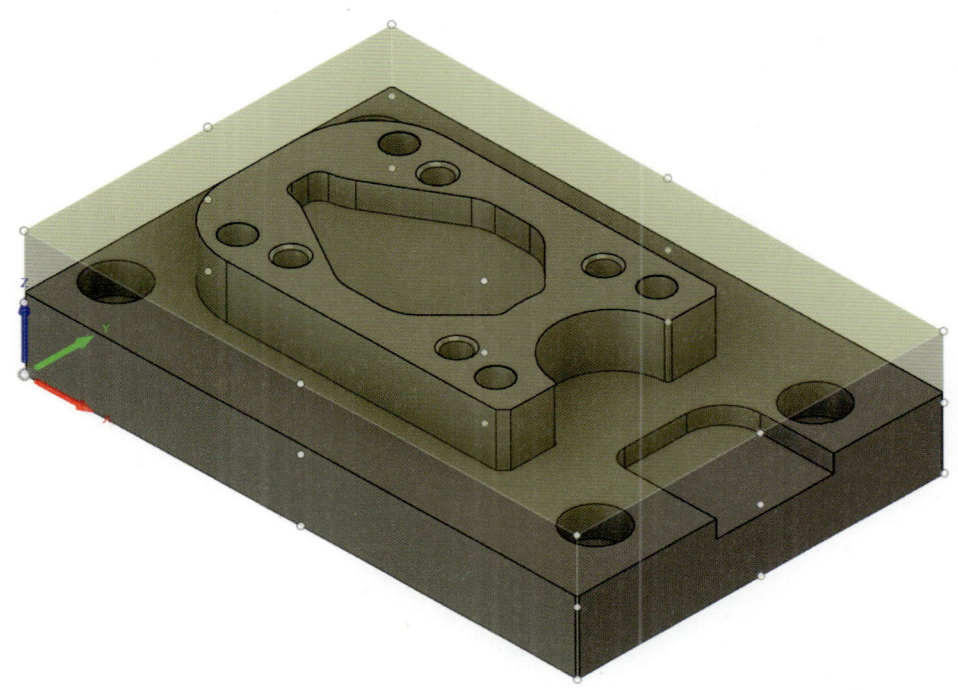

좌측 하단으로 좌표를 설정합니다.

▌2D 포켓 공구 선택

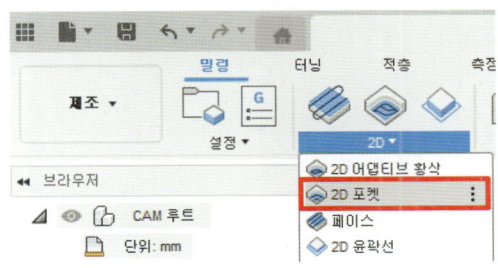

2D포켓을 클릭합니다.

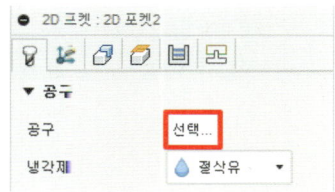

공구를 생성을 위해 선택을 클릭합니다.

⌀10mm플랫 엔드밀을 생성하여 선택합니다.

5.3 닫힌 영역과 열린 영역의 차이

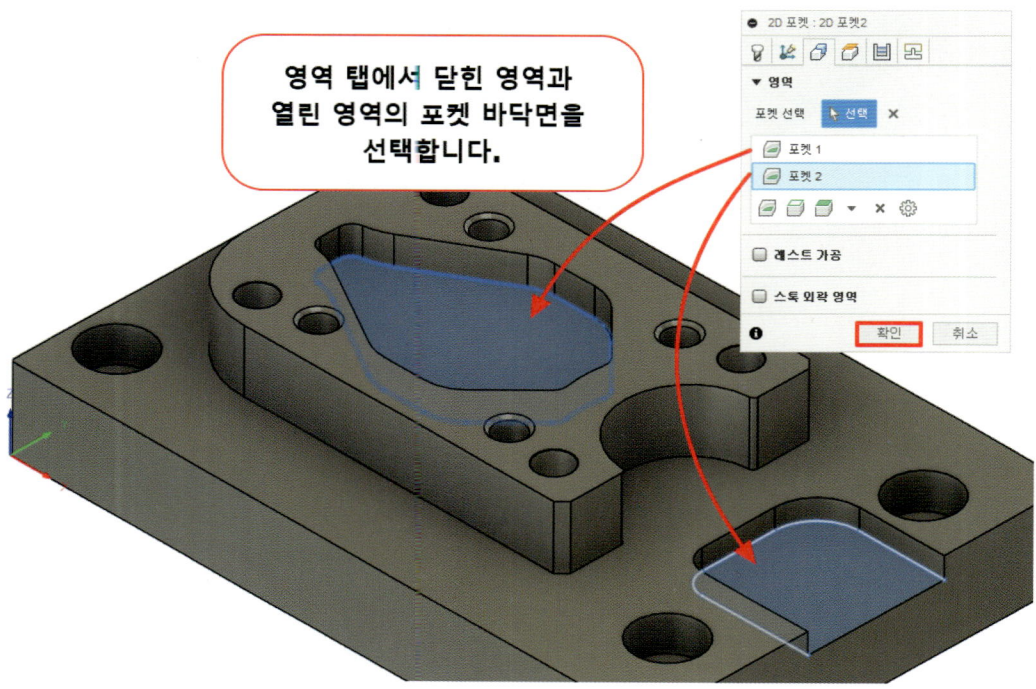

▌닫힌 영역

내부가 완전히 폐쇄된 영역

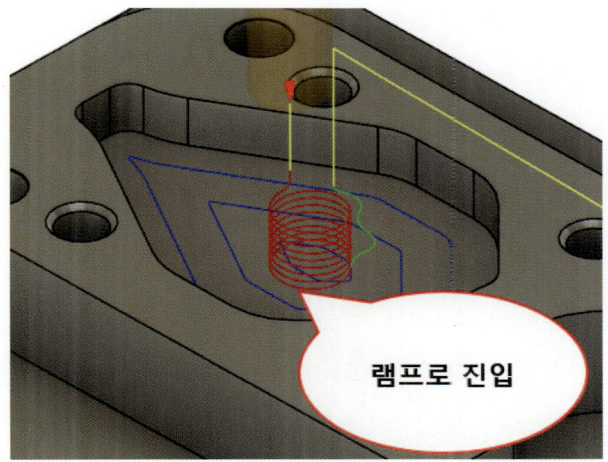

램프진입 방식 (빨간 선)으로 진입하여 툴 패스를 형성합니다.

▌열린 영역

한쪽 또는 여러 쪽이 개방된 영역

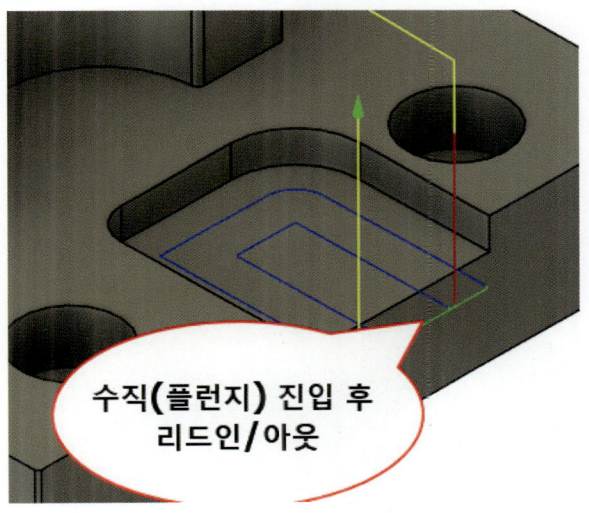

수직진입(빨간 선)으로 들어가 밖으로 빠진 다음 리드 인/아웃이 형성합니다.

5.4 가공 영역 설정 개념 이해하기

Fusion은 가공할 영역을 선택하는 방법에 따라 툴 패스 형성이 다르게 나타납니다.

- 면 선택 : 면의 지오메트리 속성을 따라 툴 패스가 형성됨

- 모서리(윤곽선)선택 : 선택된 모서리에서 스톡 사이즈까지 툴 패스가 형성됨

▌면 선택 방식

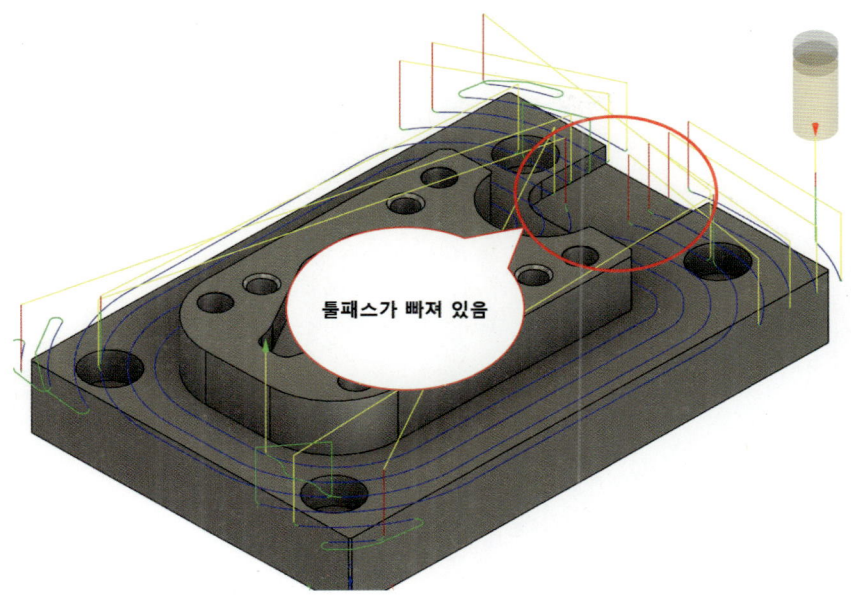

■ 모서리(윤곽선) 선택 방식

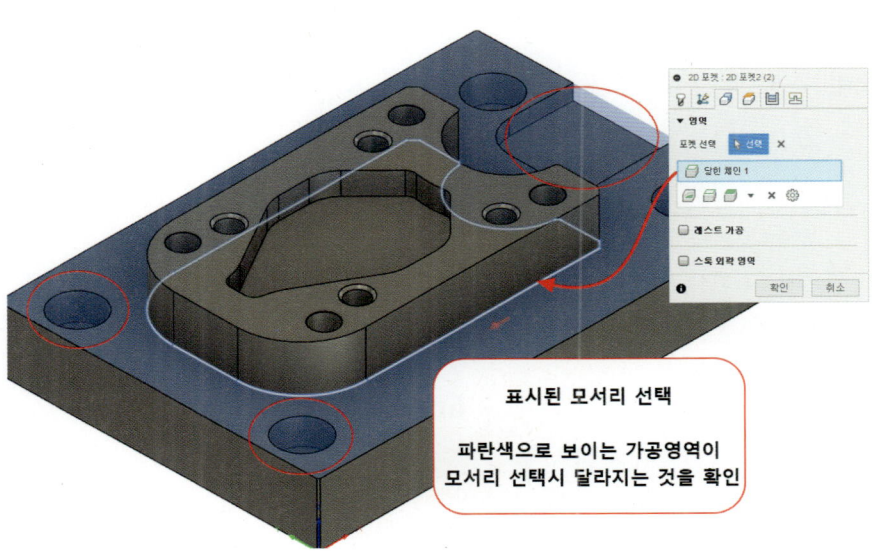

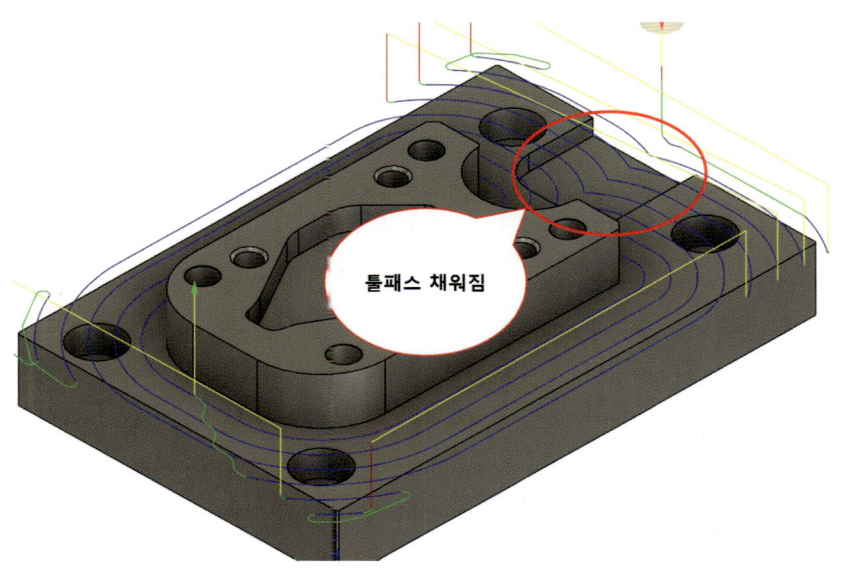

5.5 패스 탭 설정하기

■ 스텝오버(XY방향 간격) 설정

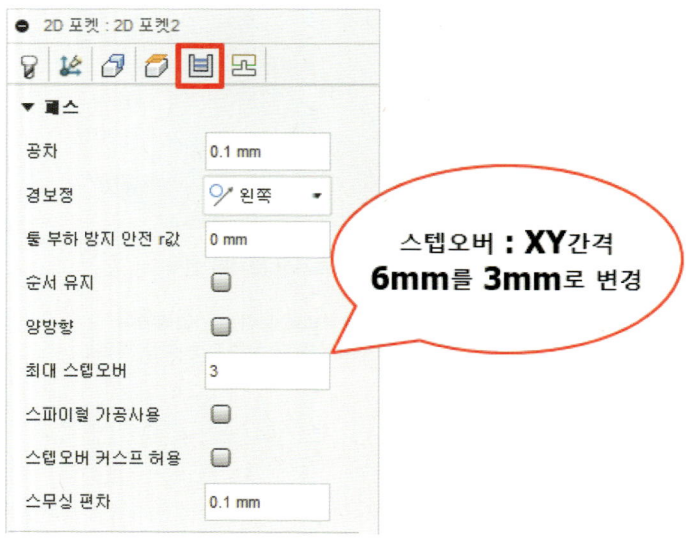

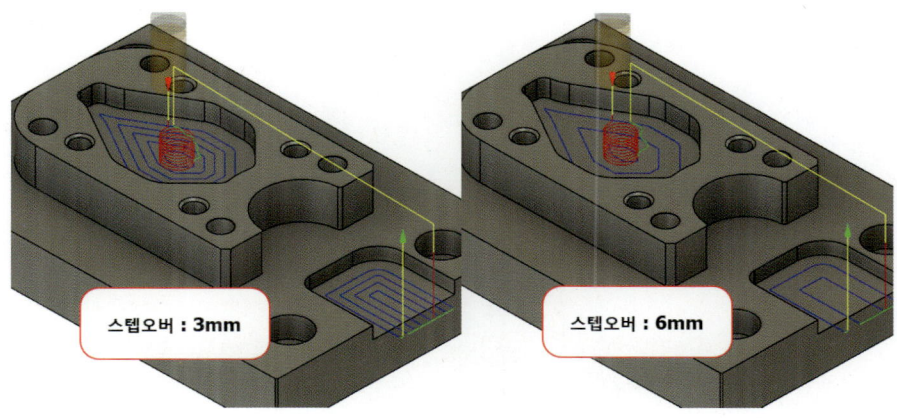

▎ 스텝다운(Z방향 간격) 설정

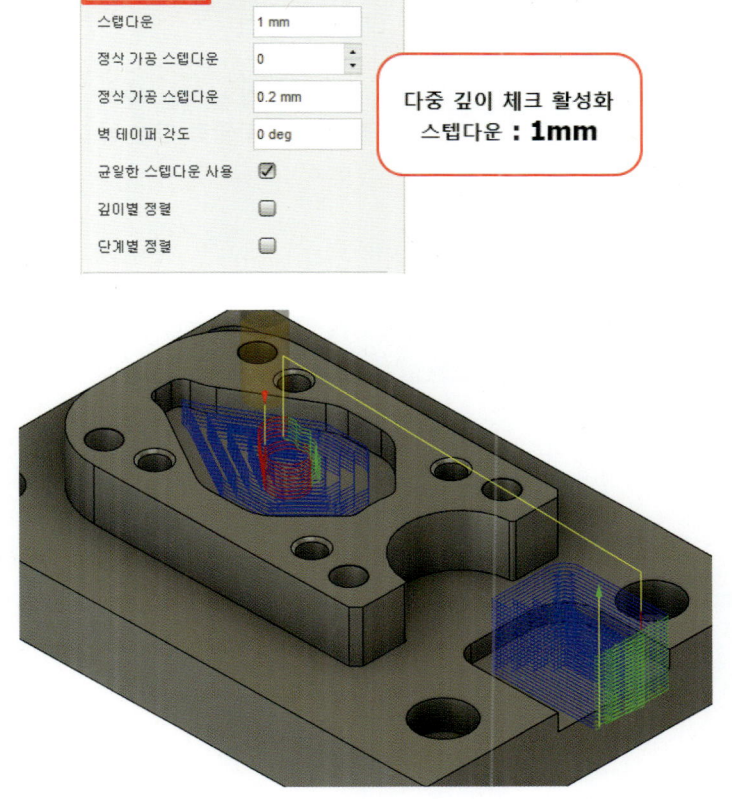

확인을 하여 툴 패스를 생성하면 그림과 같이 스텝다운 (Z간격)이 1mm내려가면서 형성되는 것을 확인할 수 있습니다.

▌가공 여유

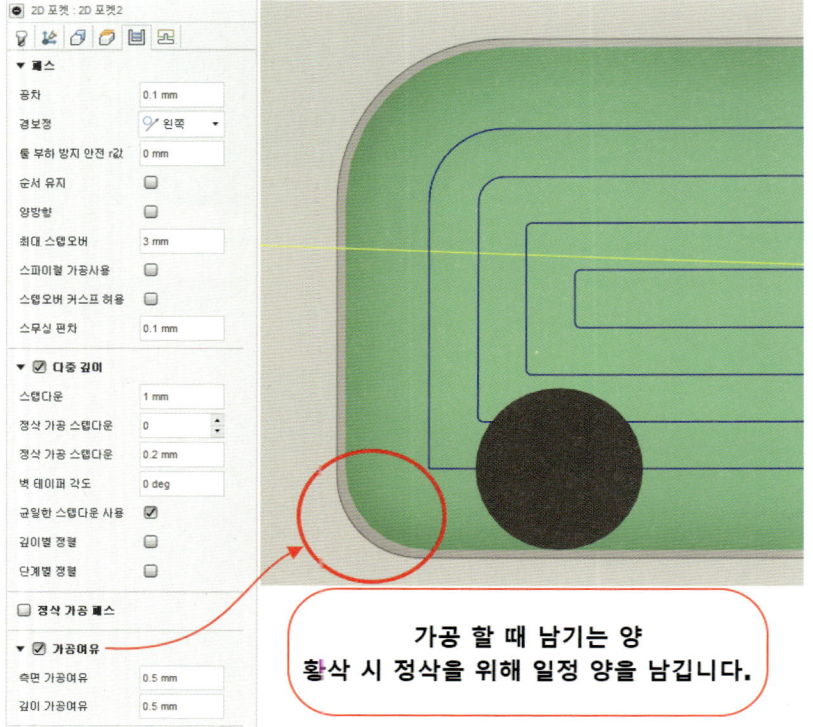

5.6 높이 설정 개념 이해하기

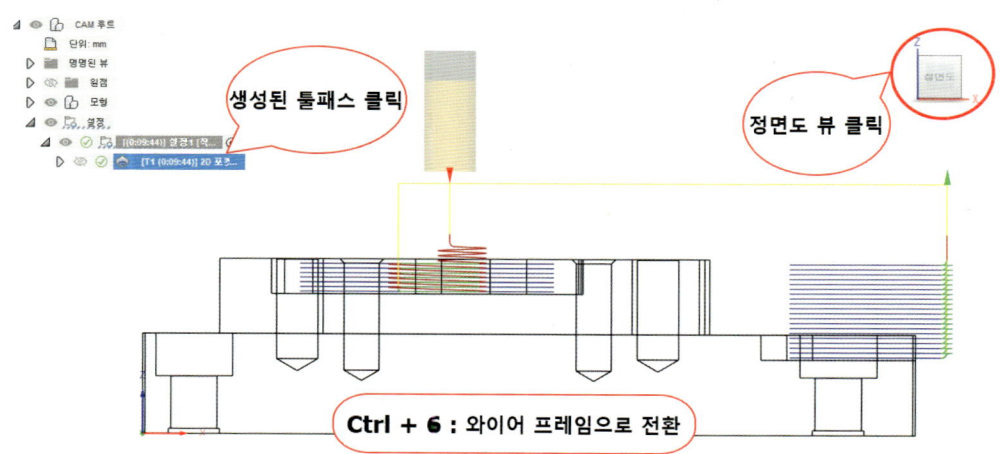

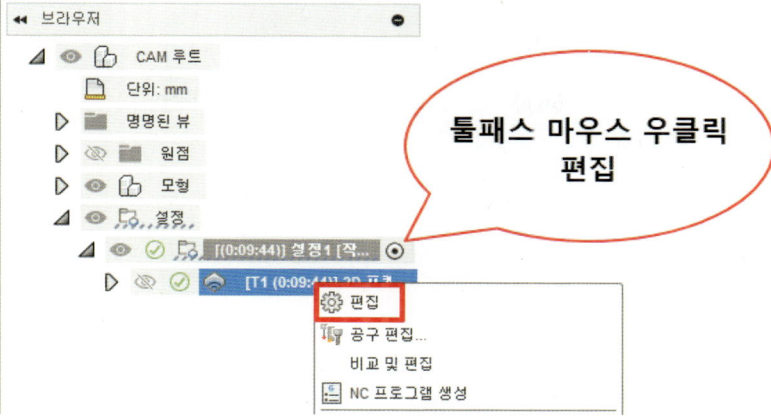

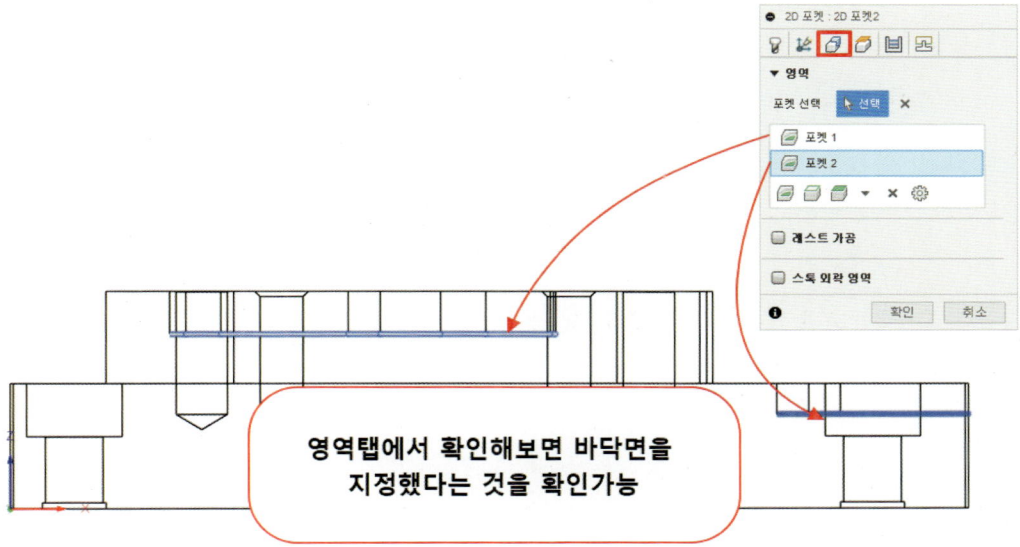

하단 높이를 선택한 윤곽선으로 지정했기 때문에 영역 탭에서 선택한 부분인 바닥면까지 툴 패스가 형성되는 것입니다.

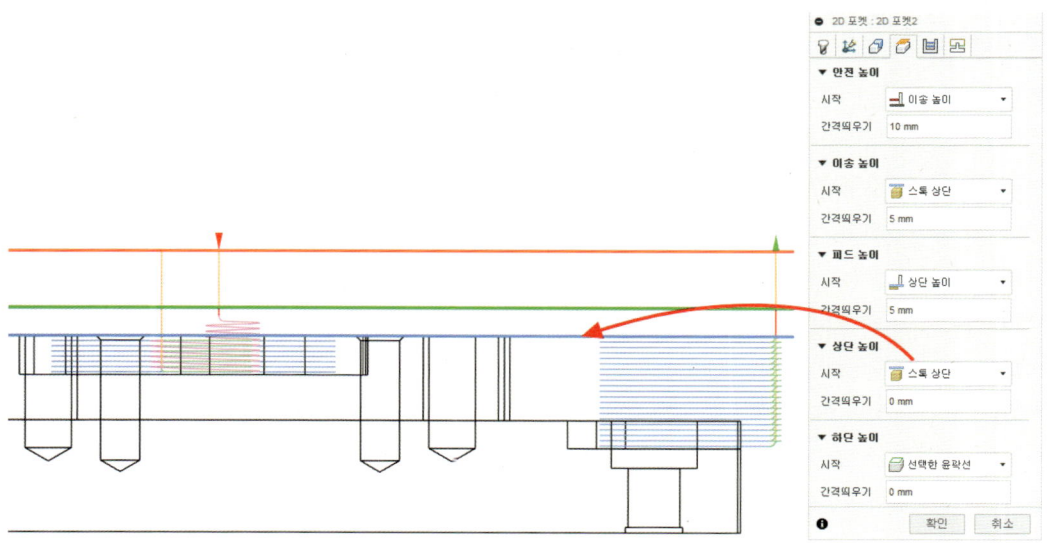

또한 상단 높이가 스톡상단으로 되어 있기 때쿤에 스톡의 상단 부분부터 툴 패스가 형성되는 것입니다.

5.7 링크 설정하기

링크란?

링크는 절삭 패스 사이의 연결방식을 조정하여 효율적인 가공을 지원합니다.

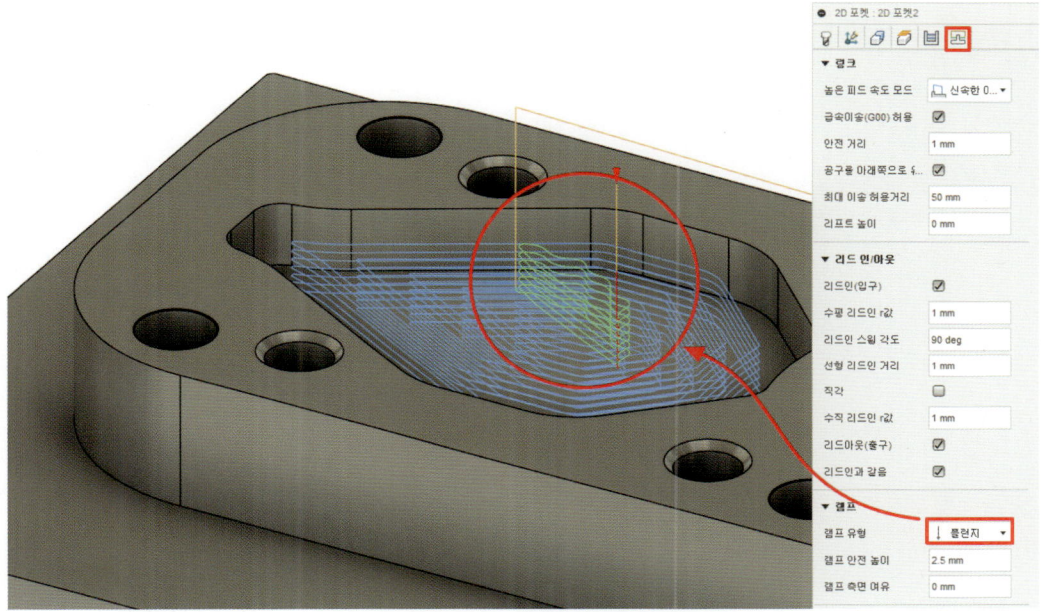

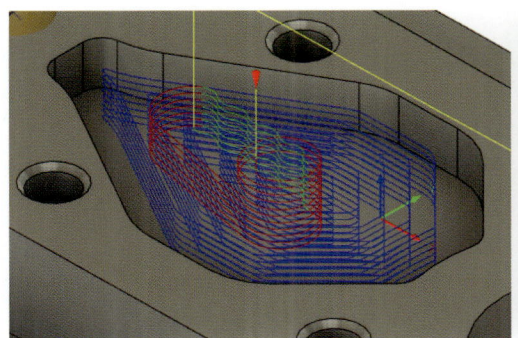
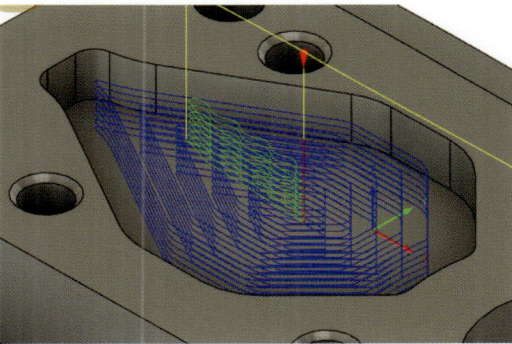

▌램프유형

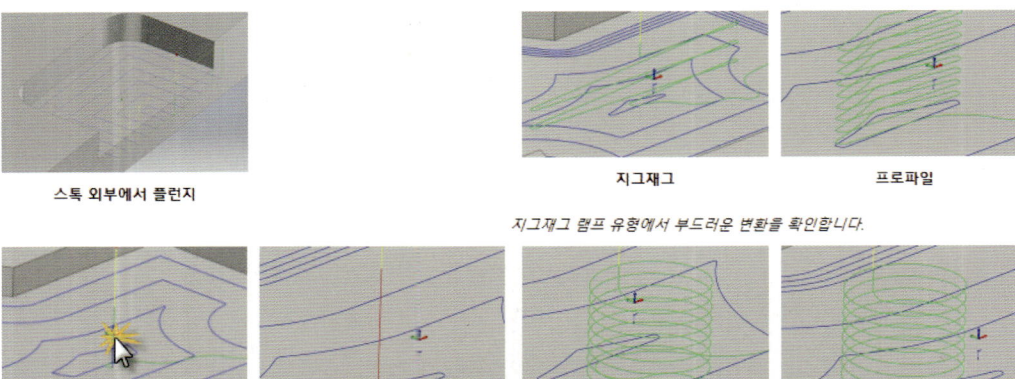

스톡 외부에서 플런지   지그재그   프로파일

지그재그 램프 유형에서 부드러운 변환을 확인합니다.

프리드릴   플런지   부드러운 프로파일   나선

06 2D 윤곽선

6.1 2D 윤곽선 가공이란?

제품의 측벽을 따라 툴 패스를 생성하는 가공 방식으로, 부품의 외곽선을 따라 공구가 이동하며 원하는 형상을 정밀하게 절삭하는 데 사용됩니다.

주로 외곽 및 절단 작업에 적합하며, 여러 개의 정삭 패스를 추가하여 원하는 표면 품질을 확보할 수도 있습니다.

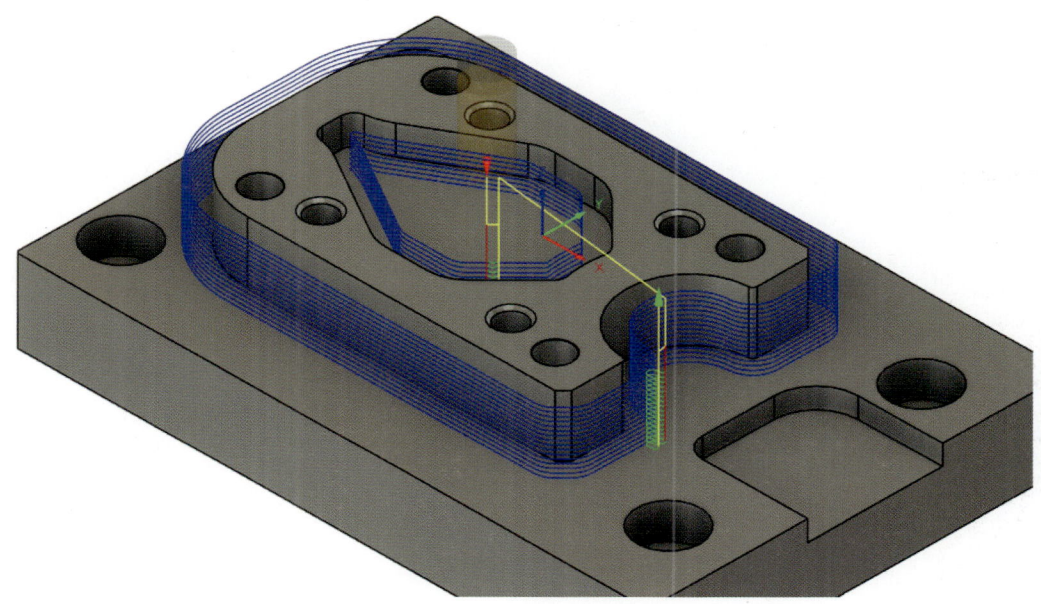

- 샘플위치 : 데이터패널 ➡ CAM Samples ➡ 2D Strategies
- 사용 공구 : ⌀10 플랫 엔드밀

6.2 윤곽선 영역 선택하기

▌2D 윤곽선 툴 패스 생성

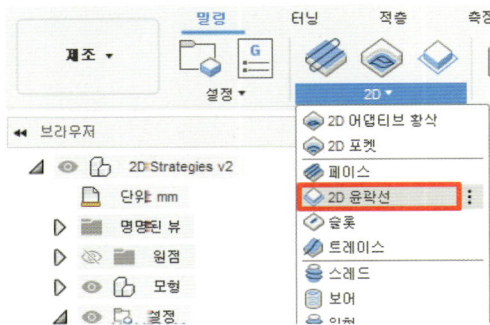

2D 윤곽선을 클릭합니다.

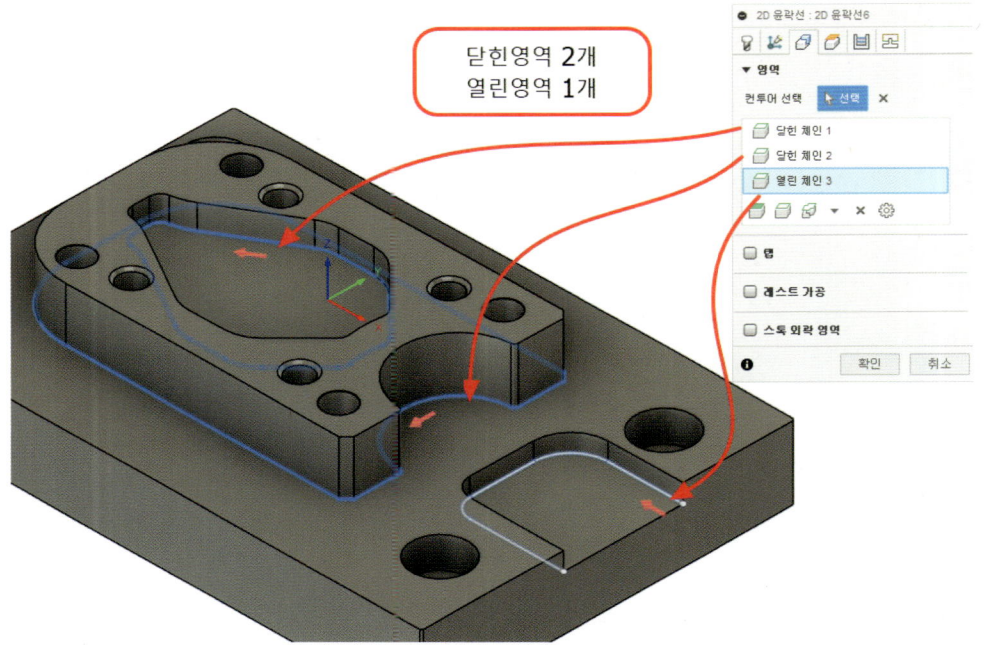

영역 탭에서 그림과 같이 닫힌 영역 2개와 열린 영역 1개를 선택한 후 확인을 눌러 툴 패스를 생성합니다.

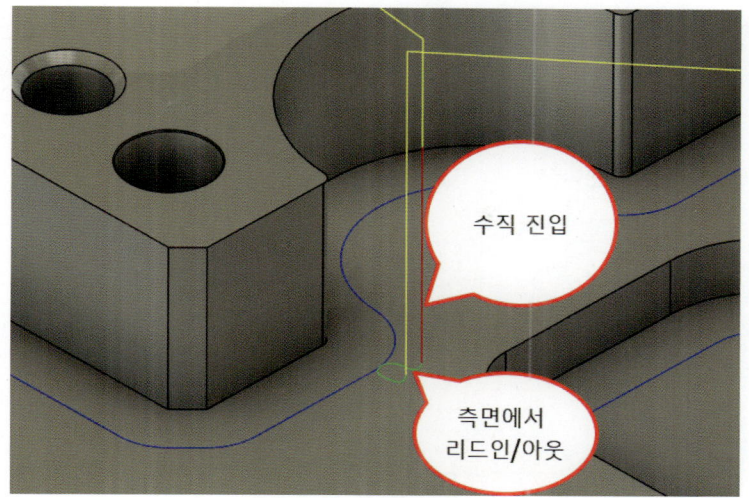

- 결과 : 생성된 툴 패스는 수직으로 진입(빨간색 선)후, 측면으로 리드인(초록색 선) 하여 지정된 영역을 절삭하는 형태입니다.
- 특징 : 2D 윤곽선은 선택한 윤곽선의 라인을 따라서 그대로 가공하는 툴 패스입니다

6.3 절삭 방향 변경하기

▍절삭 방향 수정

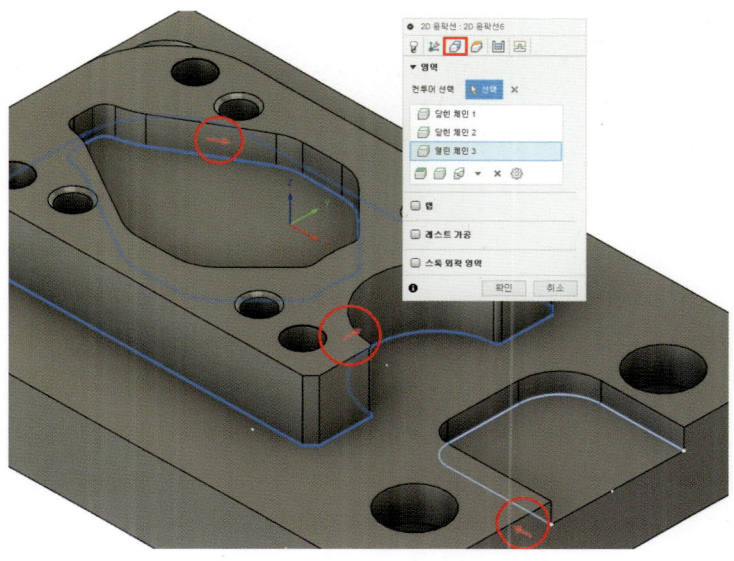

영역 탭으로 들어갑니다.

윤곽선 위에 표시된 화살표를 더블 클릭하겨 반대 방향으로 변경한 후 확인을 눌러 툴 패스를 생성합니다.

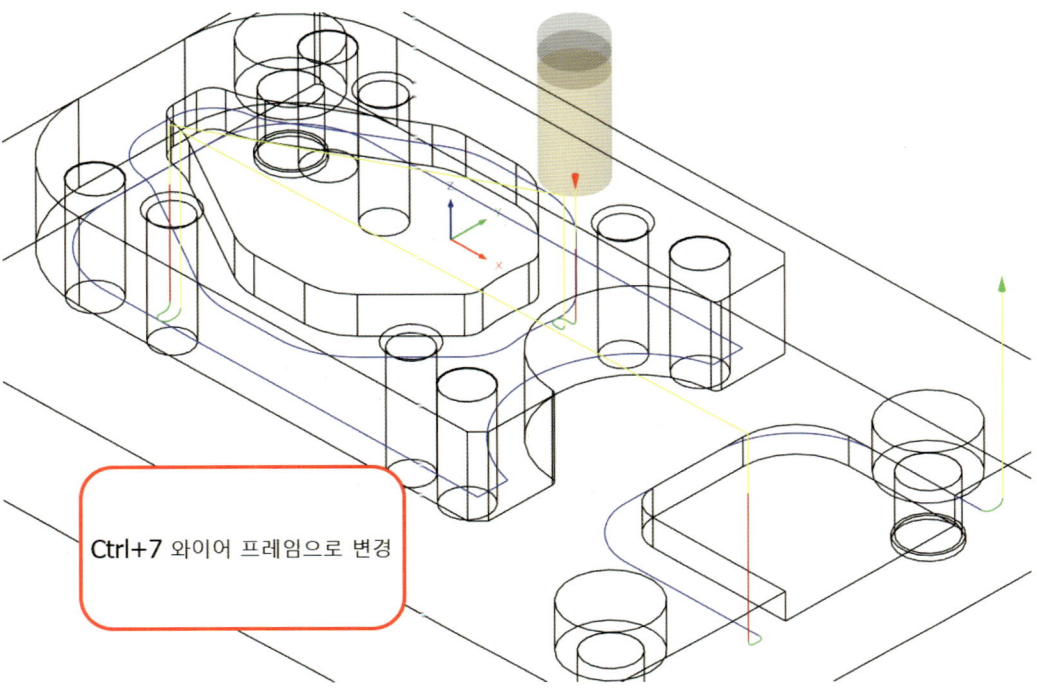

- 결과 : 변경된 화살표 방향대로 툴 패스가 생성됨
- 특징 : 2D 윤곽선은 모델을 인식하는 가공 방식이 아니라 선택한 윤곽선을 그대로 따라가므로, 화살표 방향에 유의해야 합니다.

6.4 다중 깊이 설정하기

Fusion은 깊이별로 나누어 가공할 수 있도록 다중 깊이 옵션을 제공합니다.

▍다중 깊이 적용

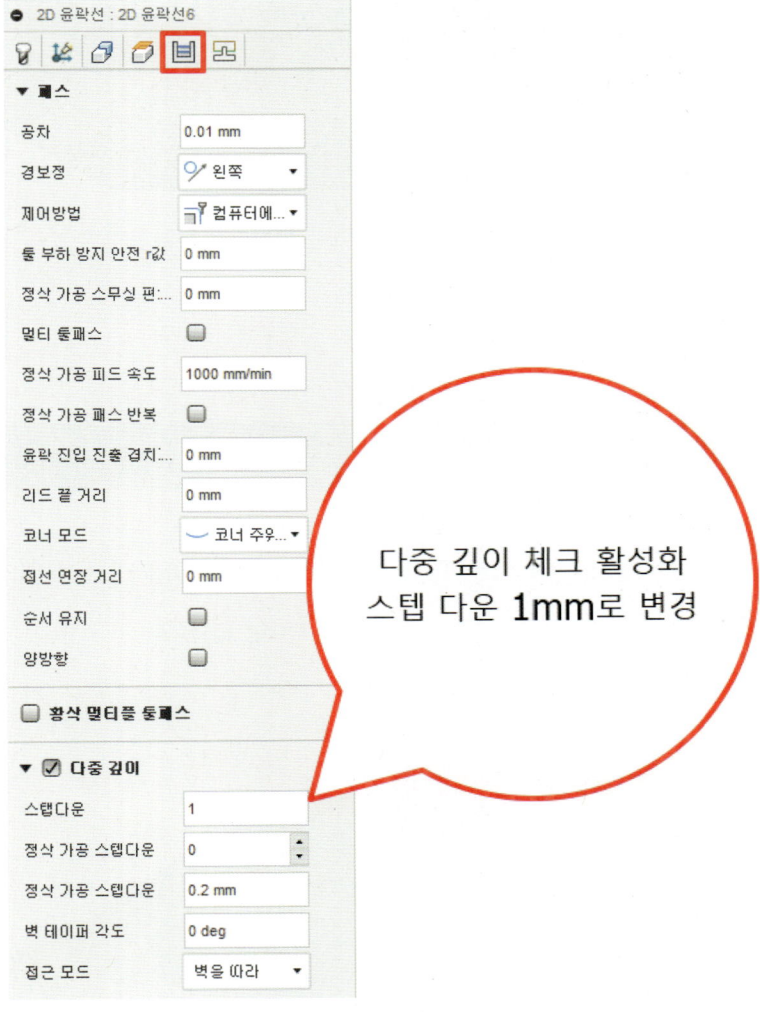

다중 깊이 체크 활성화
스텝 다운 **1mm**로 변경

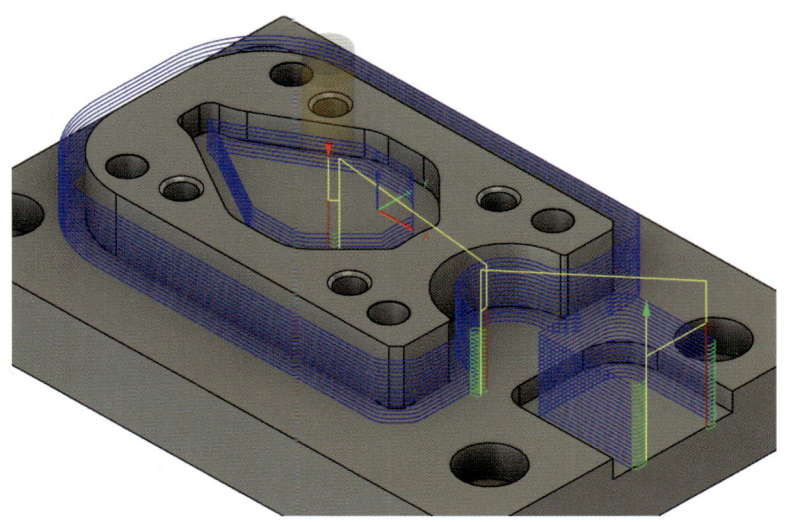

- 결과 : 툴 패스가 Z축 기준으로 1mm씩 내려가며 가공하는 방식으로 변경
- 장점 : 공구 부하를 줄여 가공 안정성을 확보할 수 있음.

6.5 특정 영역의 가공 높이 조정하기

일부 부위는 가공할 필요가 없거나, 특정 영역만 다른 높이에서 가공할 필요가 있을 수 있습니다.

이럴 때는 2D 기능 같은 경우에는 툴 패스를 분리하는 방법 밖에는 없습니다.

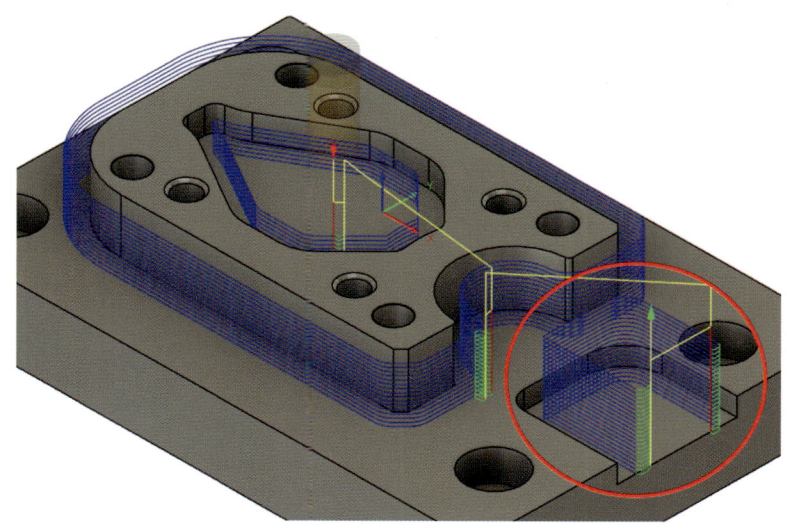

위의 그림을 보면 표시된 곳은 생성된 툴 패스만큼 위에서 가공을 하지 않아도 되는 상황입니다. 따라서 저 부위만 2D 윤곽선 가공 높이를 바꿔보도록 하겠습니다.

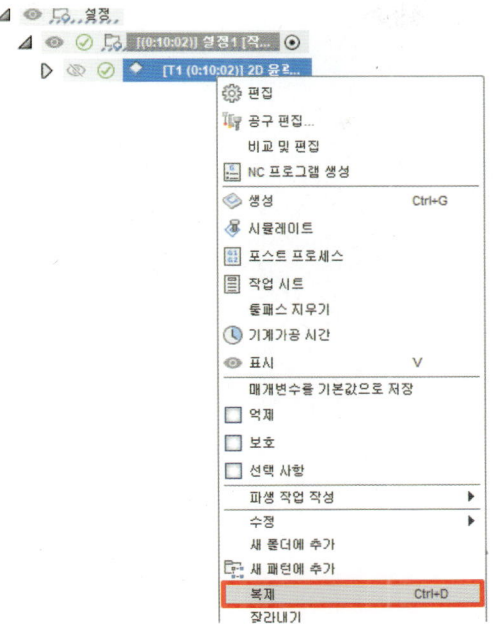

기존 툴 패스를 마우스 우 클릭하여 복제를 누르거나 Ctrl+D로 복제합니다.

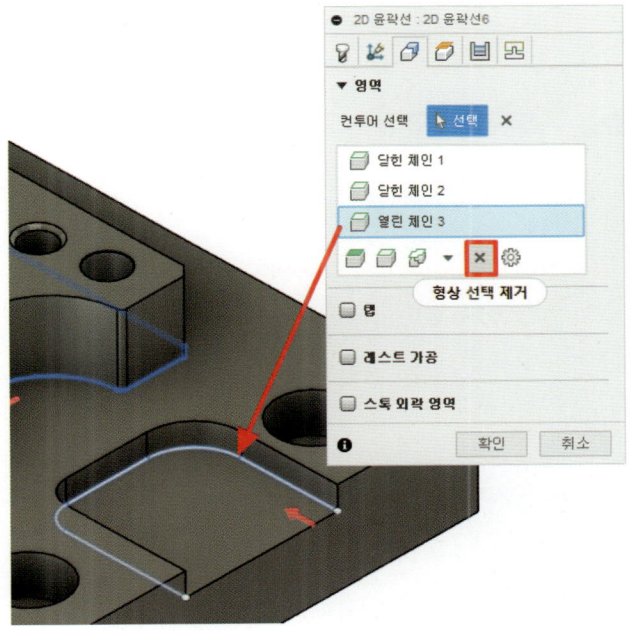

첫 번째 2D 윤곽선에서 3번째 윤곽선을 제거하고 툴 패스를 생성합니다.

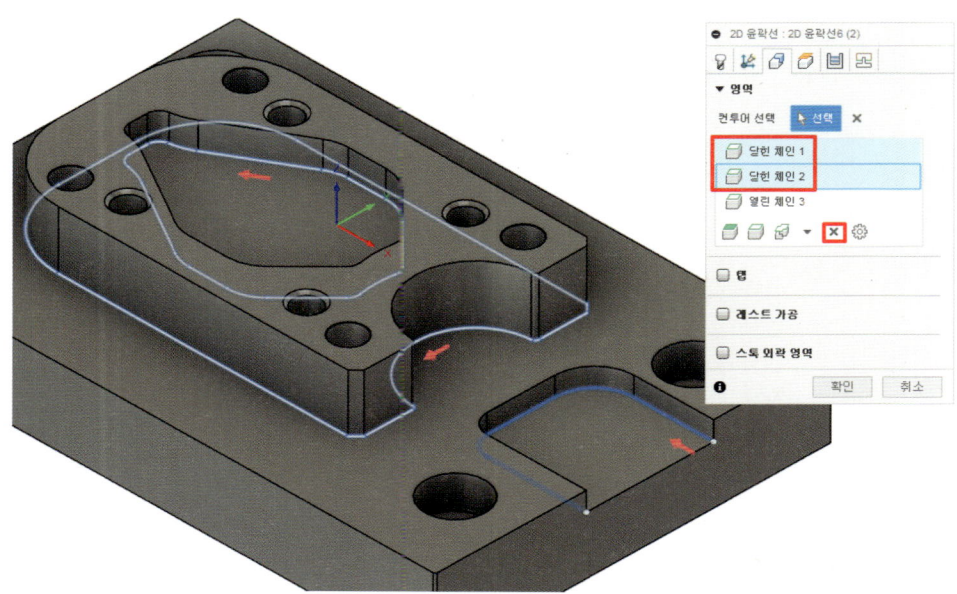

두 번째 2D 윤곽선에서는 1, 2번째 윤곽선을 제거합니다.

▌높이 설정 변경

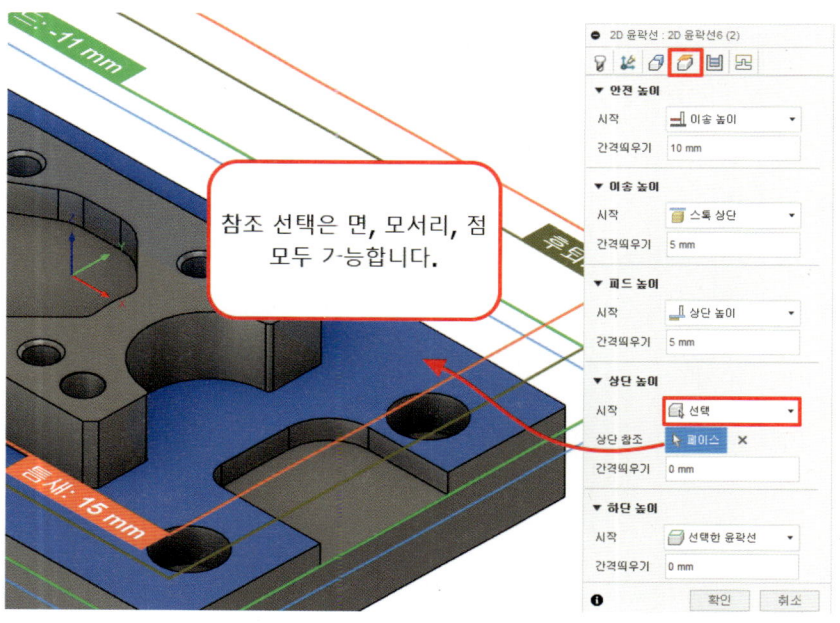

상단 높이를 선택으로 변경하고 상단 참조에서 가공할 상단 면을 지정합니다.

확인을 눌러 툴 패스를 생성합니다.

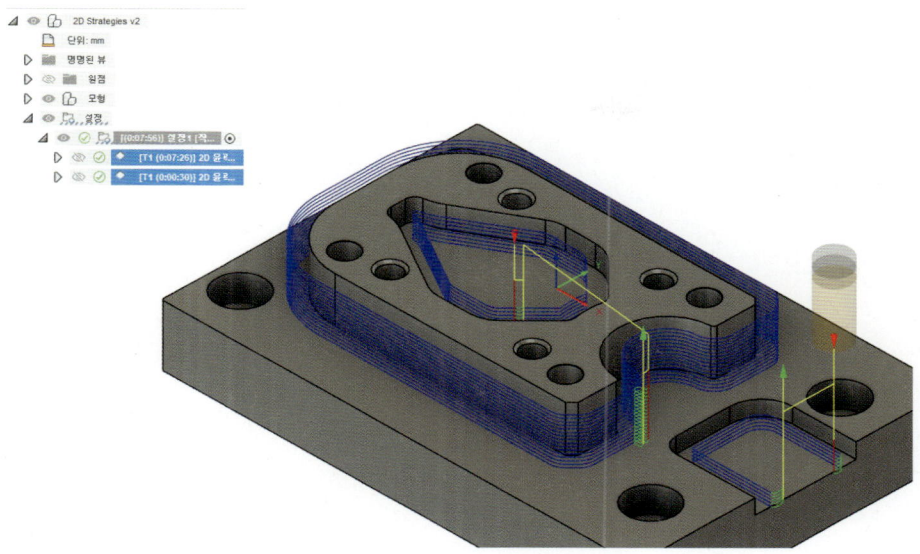

- 결과 : 툴 패스가 두개로 분리되며, 각 높이에 맞는 가공이 적용됨

6.6 윤곽 진입/진출 겹치기

Fusion에서 진입 및 진출 경로를 조정하여 가공 마크를 최소화할 수 있습니다.

▍진입/진출 경로 조정

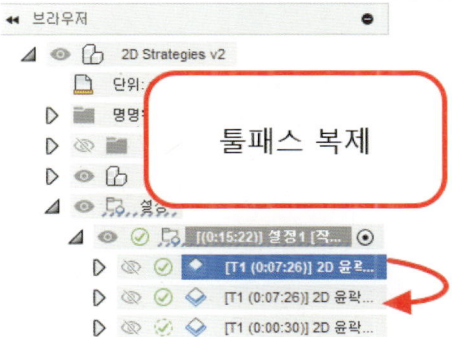

툴 패스를 복제하면서 옵션 별 차이점을 비교하는 것이 좋습니다.

복제한 툴 패스를 편집합니다.

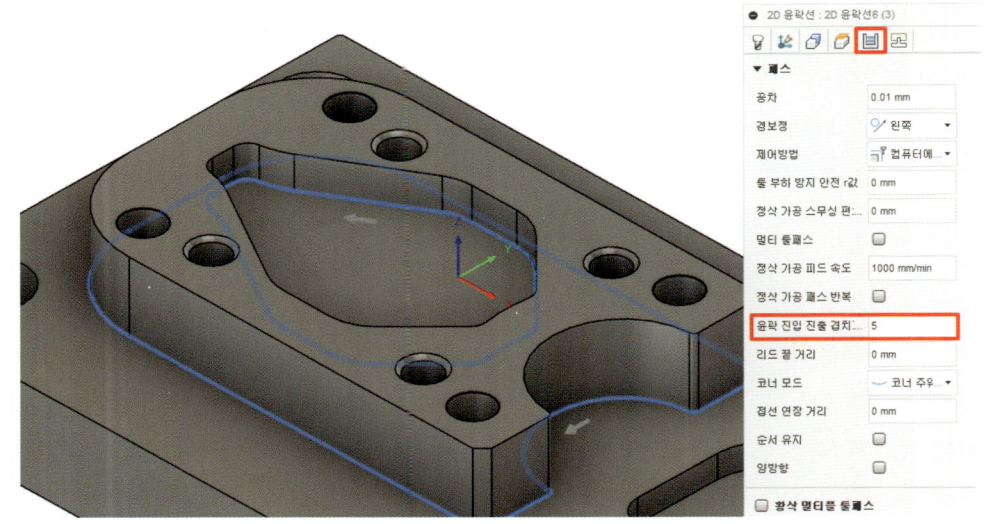

2D윤곽선 ➡ 패스 ➡ 윤곽 진입 진출 겹치기 5mm를 기입한 후 확인을 눌러 툴 패스를 생성합니다.

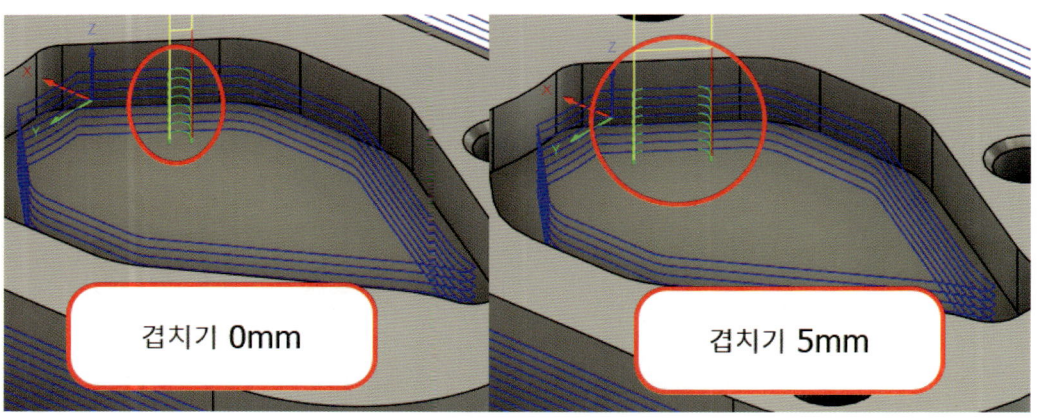

• 결과 : 공구 진출 시 기존 가공경로를 5mm 겹쳐서 진입/진출하여 가공 마크를 줄일 수 있음.

6.7 코너 모드 설정하기

코너 가공 형태를 변경하여 정밀도를 높일 수 있습니다.

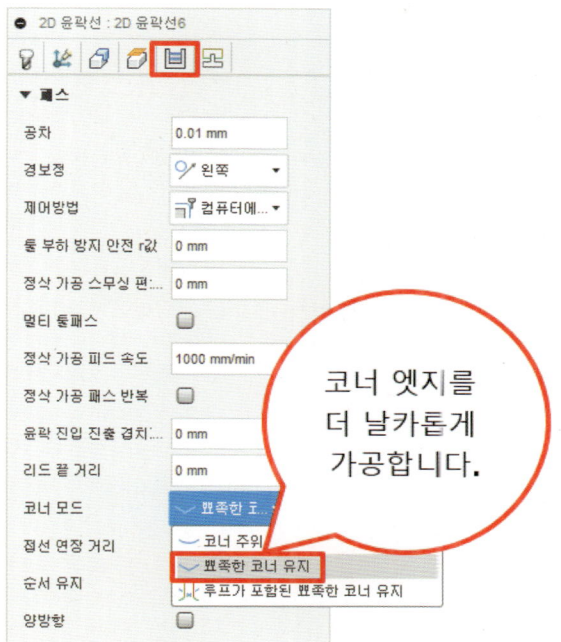

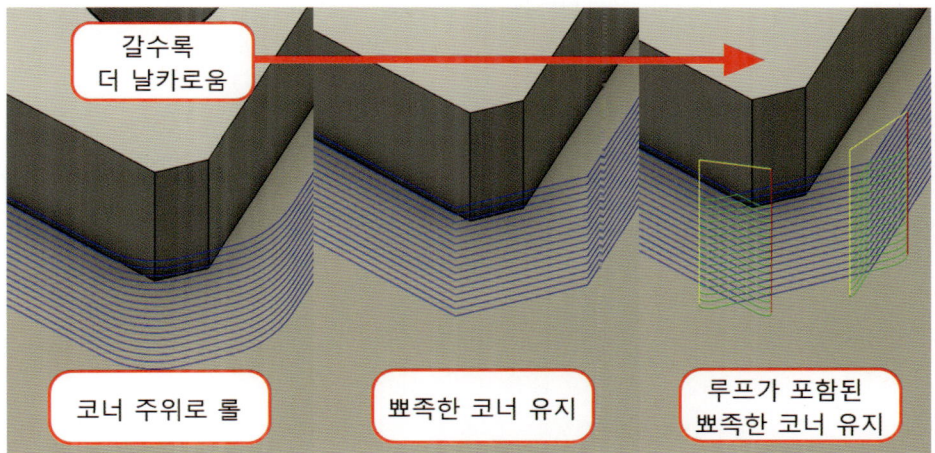

6.8 2D 램프 가공 적용하기

▌램프 가공 적용

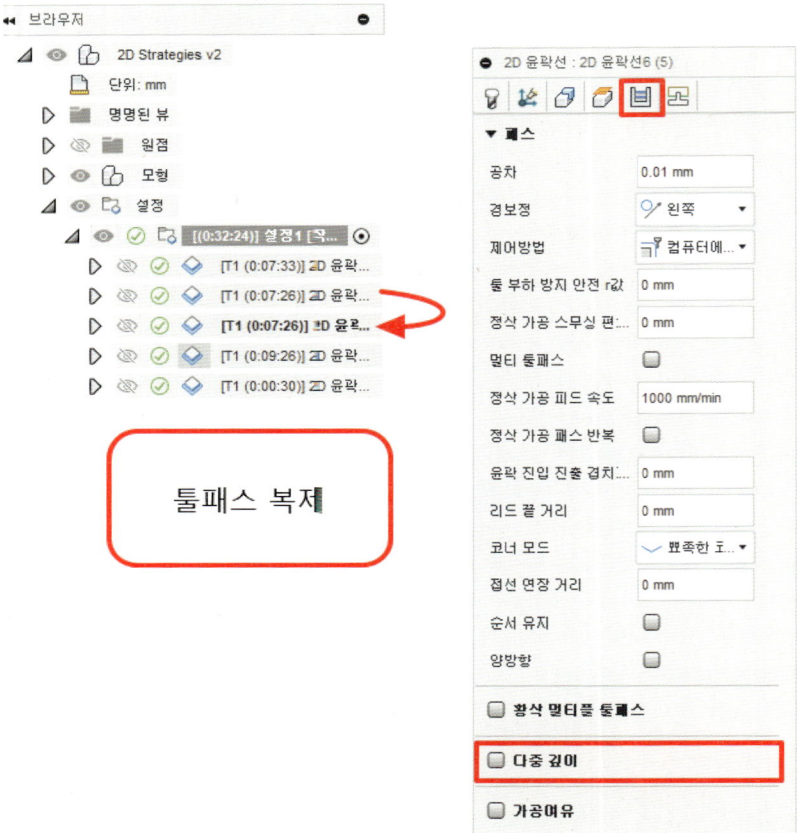

2D 윤곽선 ➡ 패스 ➡ 다중 깊이 체크를 비활성화 합니다.

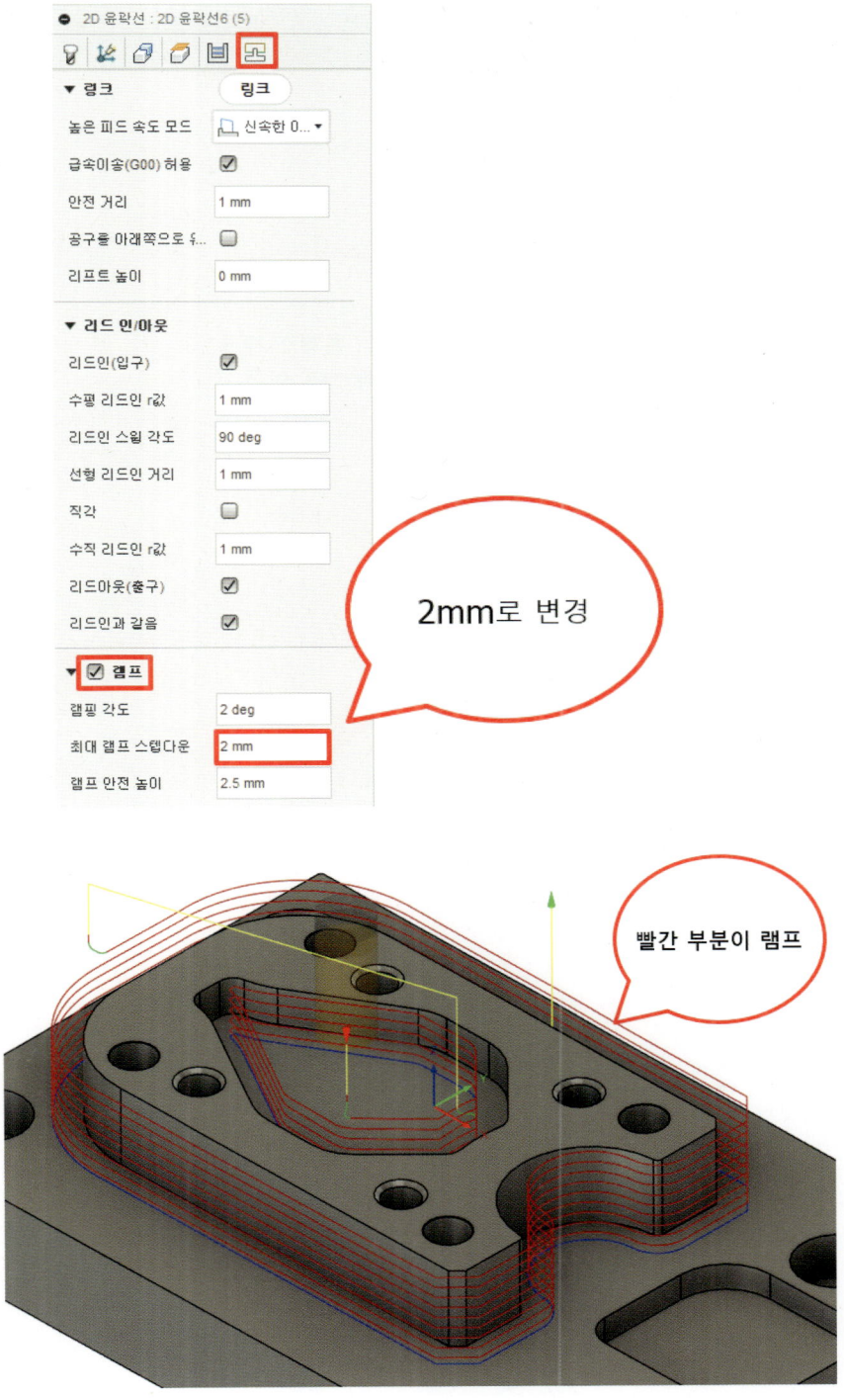

- 결과 : Z레벨로 끊김 없이 쭉 부드럽게 타고 내려가는 툴 패스를 만들 수 있습니다.

6.9 멀티 툴 패스 사용하기

▍멀티 툴 패스 생성

- 결과 : 한 개의 윤곽선에 1mm 간격으로 3개의 툴 패스가 생성됨

이외에도 2D 윤곽선은 다양한 기능이 있지만 현재 소개하는 몇 가지 기능으로도 충분히 가공이 가능합니다.

07 2D 어댑티브 황삭

공구의 옆 날을 이용하여 고절입 황삭 가공에 적합한 툴 패스입니다.

▌특징

- 절삭 부하 일정 유지 : 공구의 과부하 방지 및 공구 수명 연장
- 깊은 스텝다운(Z 방향) : 기존 2D 포켓 가공보다 한 번에 더 많은 재료 제거
- 효율적인 재료 제거 : 황삭 가공 속도 향상
- 충돌 및 부하 감소 : 불필요한 가공 경로 최소화

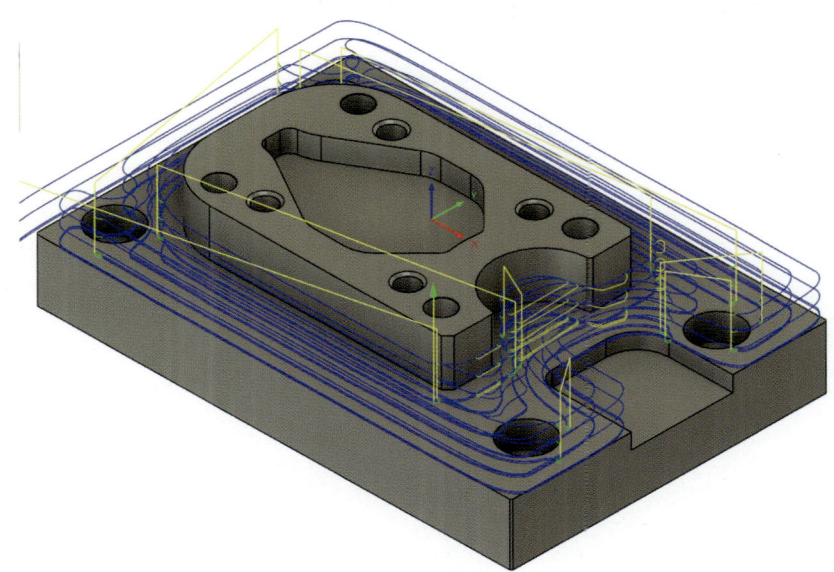

- 샘플위치 : 데이터패널 ➡ CAM Samples ➡ 2D Strategies
- 사용 공구 : ⌀10 플랫 엔드밀

7.1 2D 어댑티브 황삭 툴 패스 생성하기

탭에서 가공할 영역(면 또는 윤곽선)을 선탁한 후 확인을 눌러 툴 패스를 생성합니다.

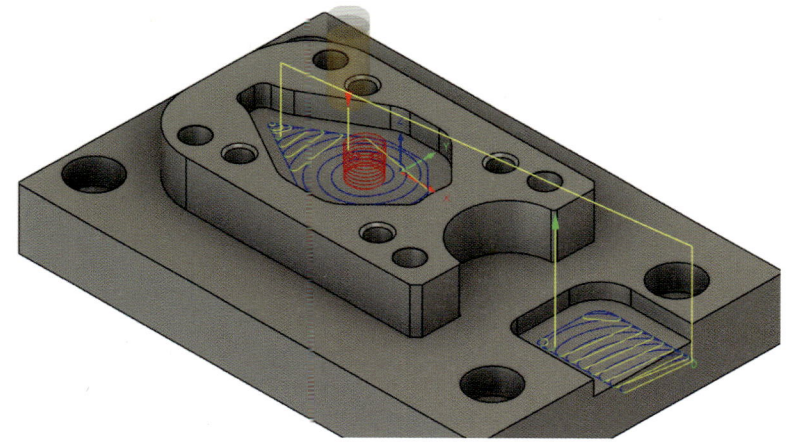

2D 어댑티브 황삭은 2D 포켓과 달리 공구 옆 날을 사용하여 깊이(Z) 방향으로 가공합니다.

7.2 측면 절입량 설정

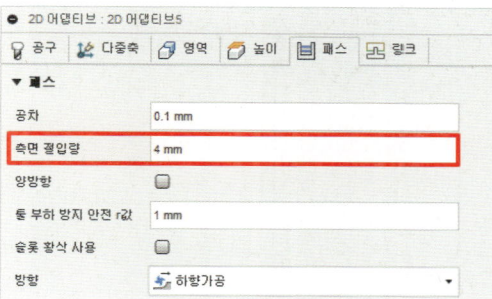

패스 탭에서 측면 절입량을 조절하여 공구의 부하량을 최적화할 수 있습니다. 절입량이 낮을수록 공구 부하가 낮아지지만 가공 시간이 증가합니다.

TIP 〉

어댑티브 황삭은 일반적으로 공구 직경의 10%~20%를 줍니다.

7.3 다중 깊이 사용하기

2D 어댑티브 황삭은 Z 방향으로 가공을 하기 때문에 다중 깊이 설정이 중요합니다.

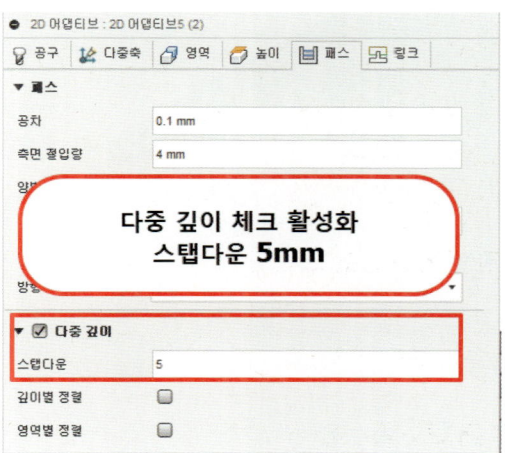

다중 깊이 체크 활성화
스탭다운 5mm

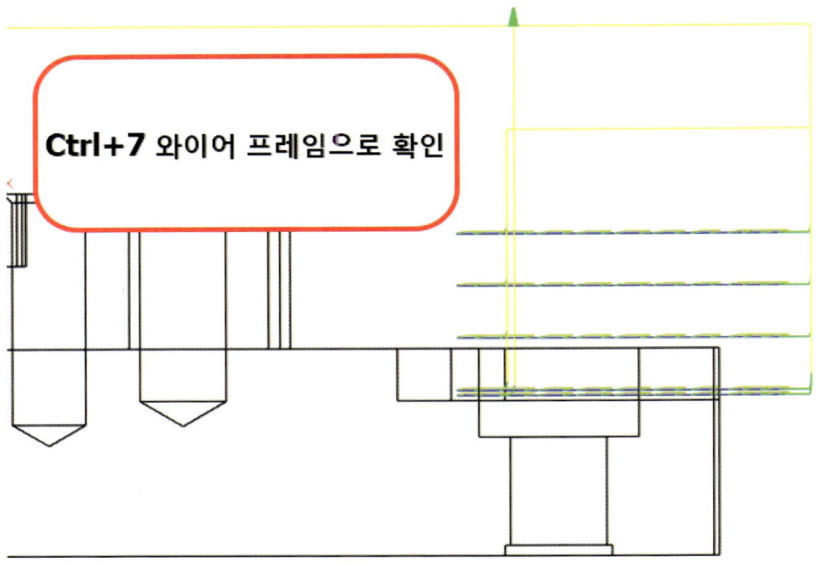

• 결과 : 가공여유 0.5mm를 남기고 5mm씩 Z 방향으로 내려가면서 절삭

7.4 가공 영역 선택하기

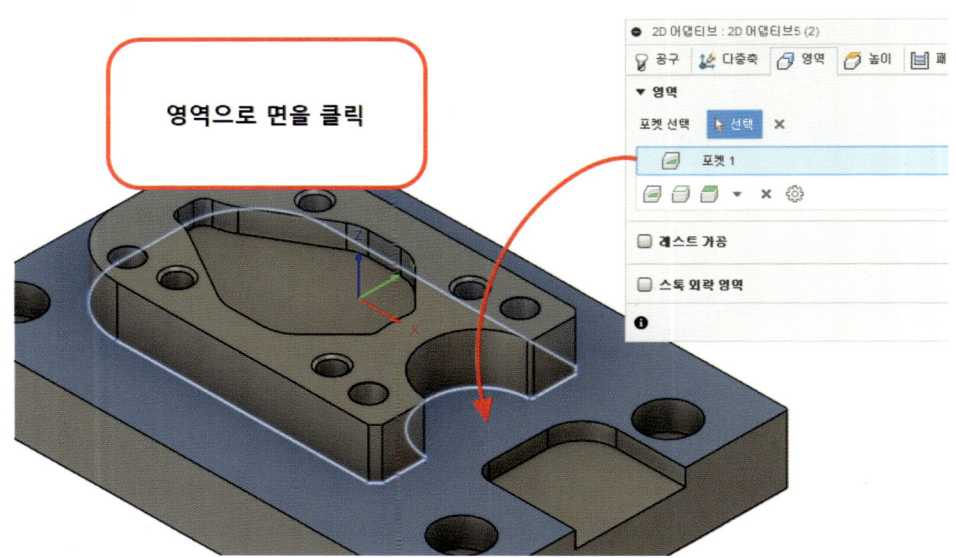

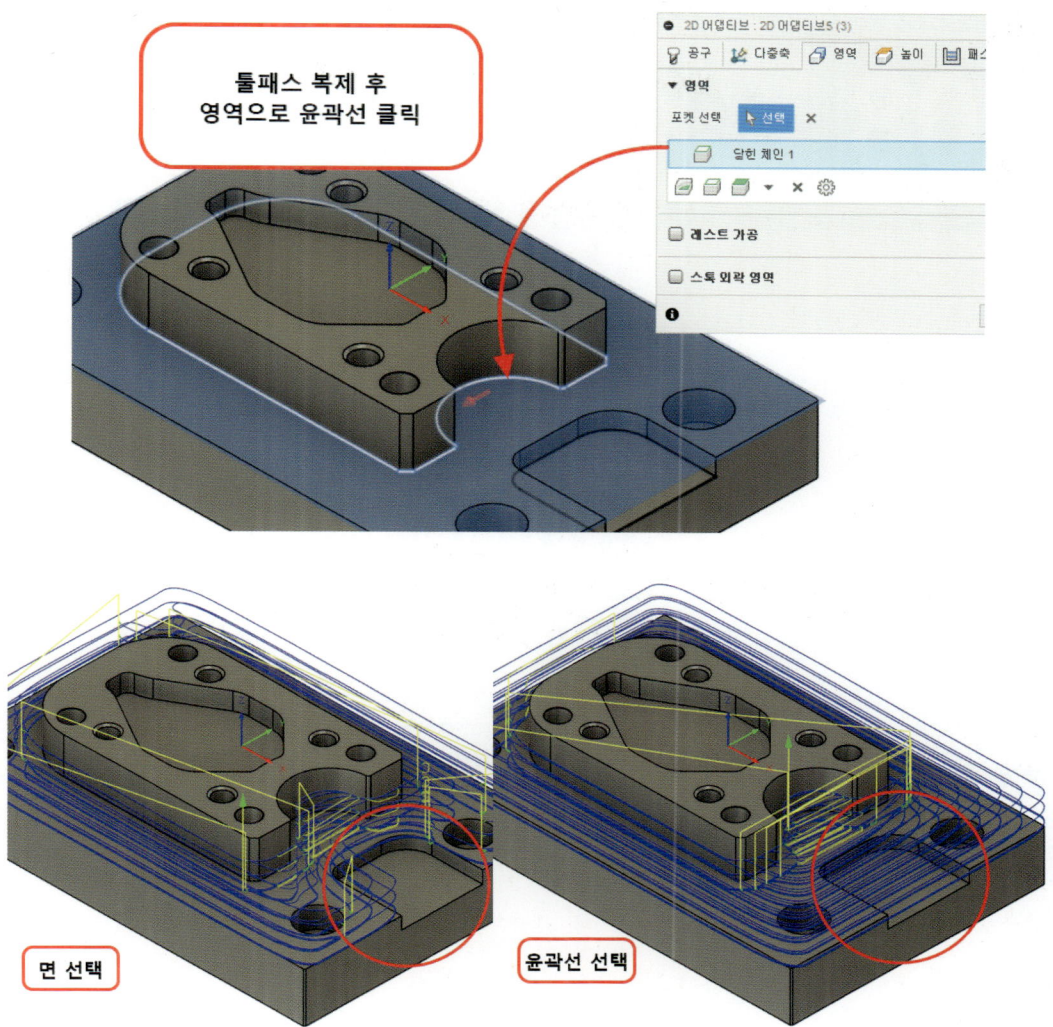

AUTODESK Fusion 360 밀링 기본편

08 슬롯

▍슬롯 가공이란?

슬롯 가공은 공구가 슬롯(홈)의 중심을 따라 이동하면서 원하는 형상의 홈을 가공하는 툴 패스입니다. 이 방법은 공구 크기와 관계없이 슬롯의 중심선을 기준으로 툴 패스를 형성하며, 균일한 홈 폭과 깊이를 유지하는 것이 특징입니다.

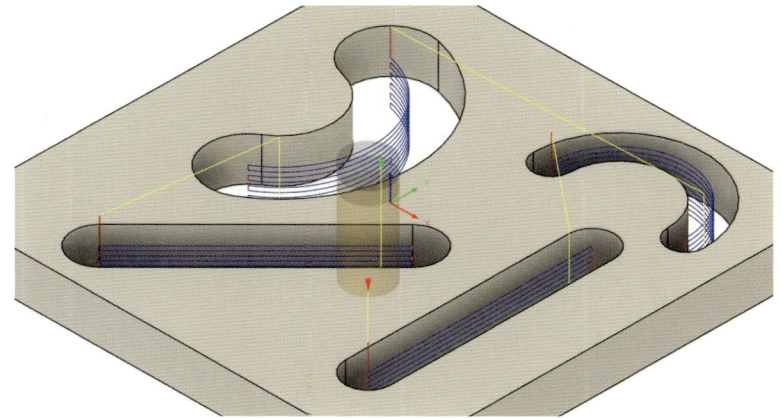

▫ 샘플위치 : QR코드 스캔

▫ 사용공구 : ⌀10 플랫 엔드밀

8.1 슬롯 툴 패스 생성하기

■ 영역 지정하기

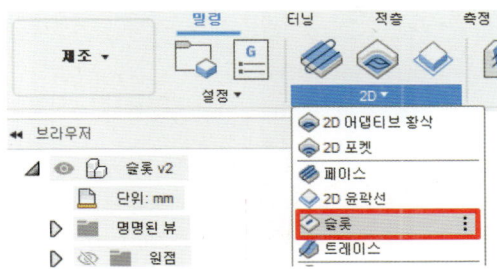

슬롯을 클릭합니다.

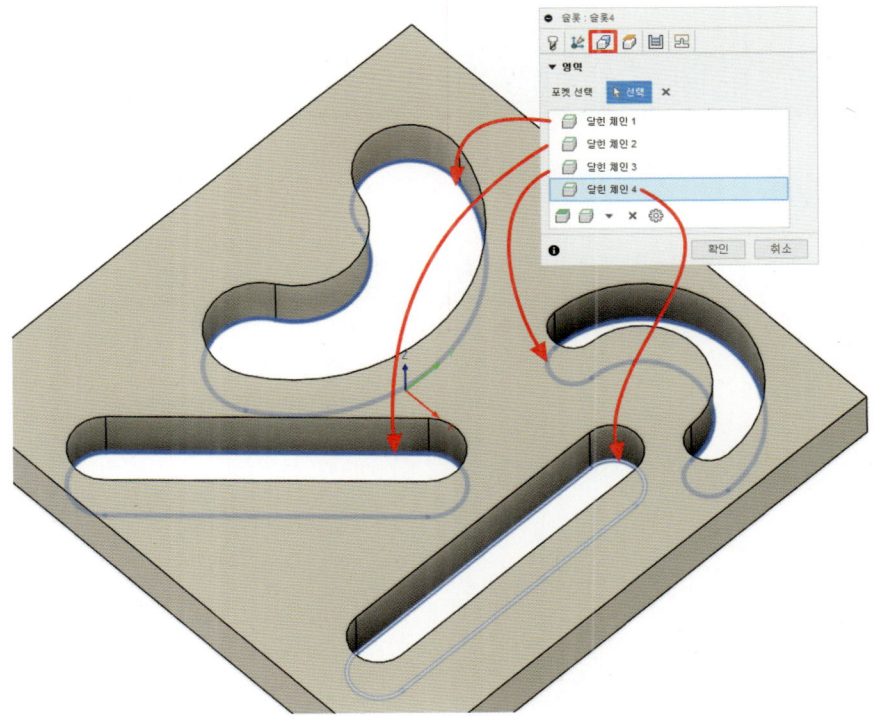

영역 탭에서 4개의 슬롯 바닥의 윤곽선을 선택합니다.

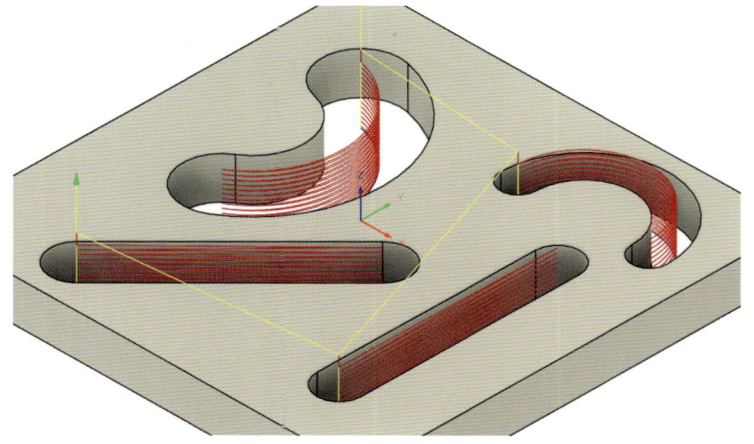

• 결과 : 슬롯 윤곽을 선택하면, 슬롯의 중심을 기준으로 툴 패스가 자동 생성됩니다.

8.2 백 오프 거리 설정하기

▌백 오프 거리란?

공구가 마지막 가공 후, 일정 거리만큼 후퇴(백 오프)한 후 상승하는 설정입니다.

T커터를 이용한 슬롯 가공에서 유용하게 사용됩니다.

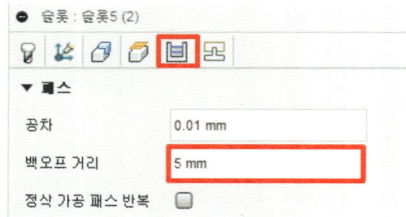

패스 탭에서 백 오프 거리 5mm 기입 후 확인을 눌러 툴 패스를 생성합니다.

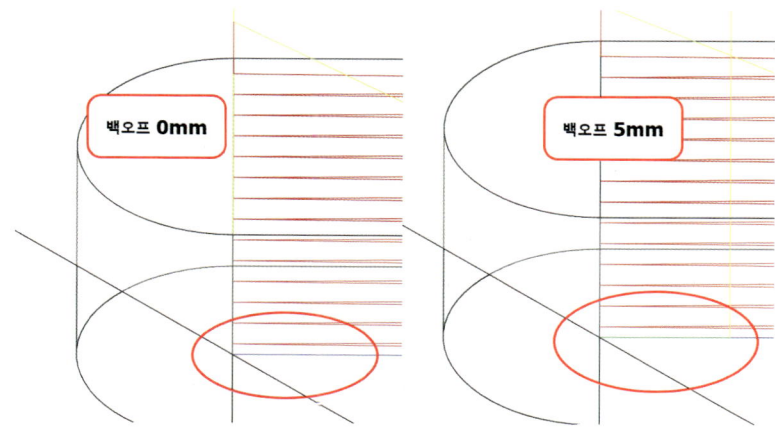

8.3 다중 깊이 사용하기

기본적으로 슬롯 가공은 링크를 이용한 절삭으로 깊이를 가공하지단, 깊이가 깊을 경우 다중 깊이 설정을 통해 단계별로 가공할 수 있습니다.

패스 탭에서 다중 깊이 스탭다운 값 1mm를 기입합니다. 링크 탭에서 램프 유형을 플런지로 변경한 후 확인을 눌러 툴 패스를 생성합니다.

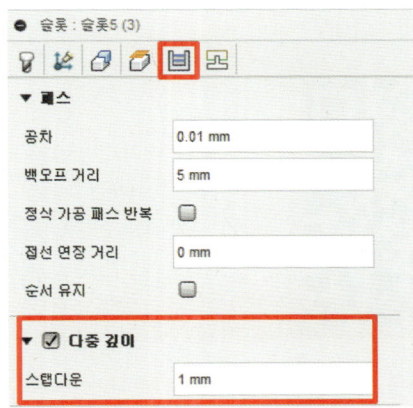 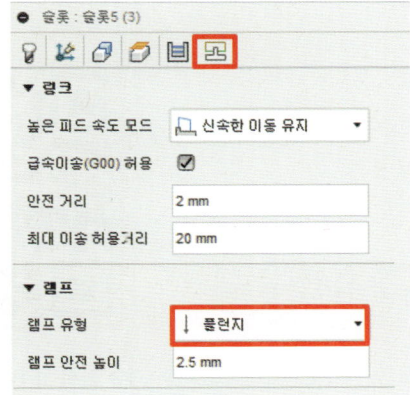

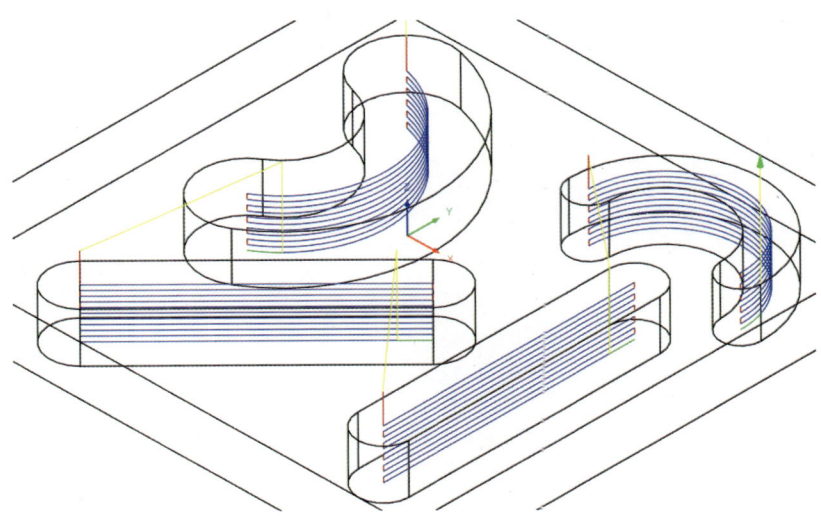

툴 패스를 생성하면 그림과 같이 파란색으로 가공패스가 나오며 Z방향으로 찍어 내려가는 형태의 툴 패스가 형성됩니다.

09 트레이스

트레이스는 2D 가공 툴 패스이지만, 3D 형상의 윤곽선을 따라 움직이는 특수한 툴 패스입니다. 일반적으로 3D 형상 위의 텍스트, 패턴, 모따기 등의 작업에 활용됩니다.

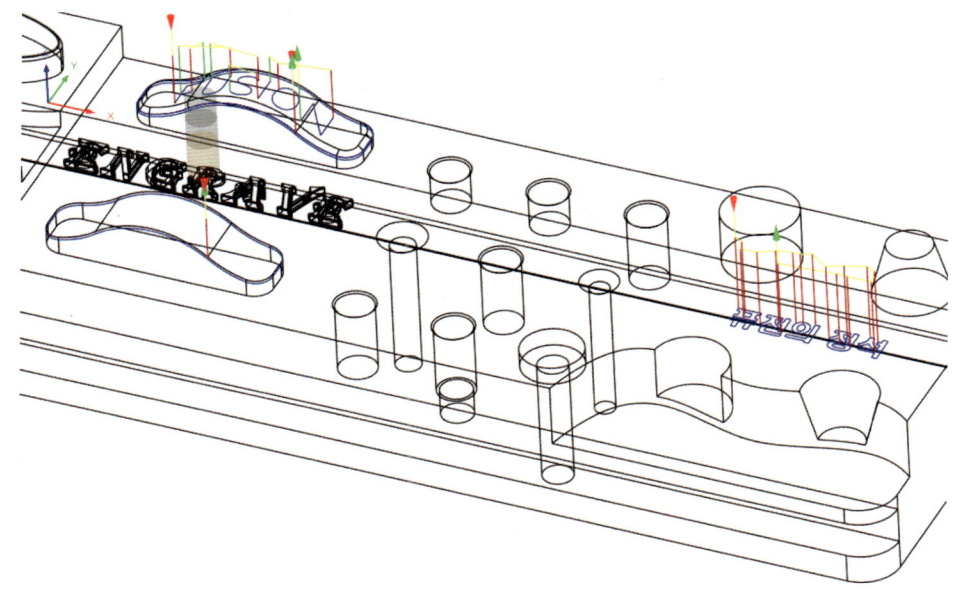

- 샘플위치 : QR코드 스캔
- 사용 공구 : ⌀10 모따기 밀

9.1 트레이스 툴 패스 생성하기

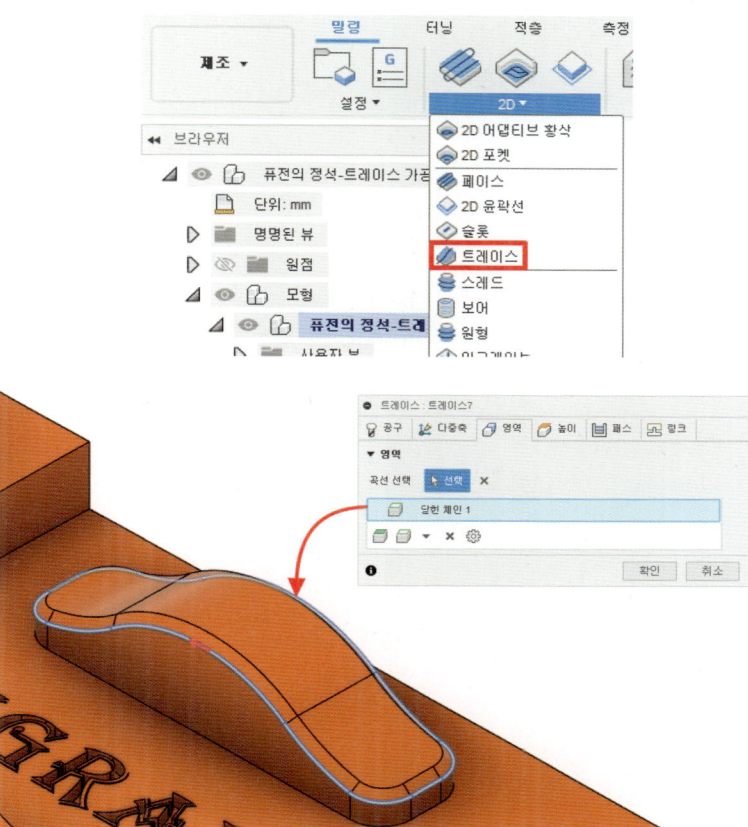

영역 탭에서 윤곽선을 클릭하여 영역을 지정한 후 확인을 눌러 툴 패스를 생성합니다.

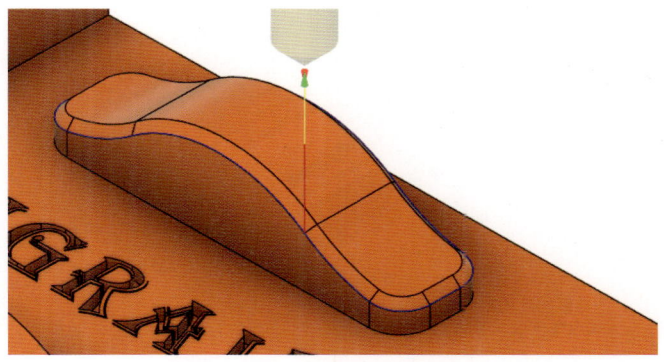

- 결과 : 윤곽선을 따라 그대로 이동하는 툴 패스를 확인 가능합니다.

9.2 시뮬레이션 실행하기

트레이스 툴 패스가 정상적으로 생성되었는지 확인하려면 시뮬레이션 기능을 활용합니다.

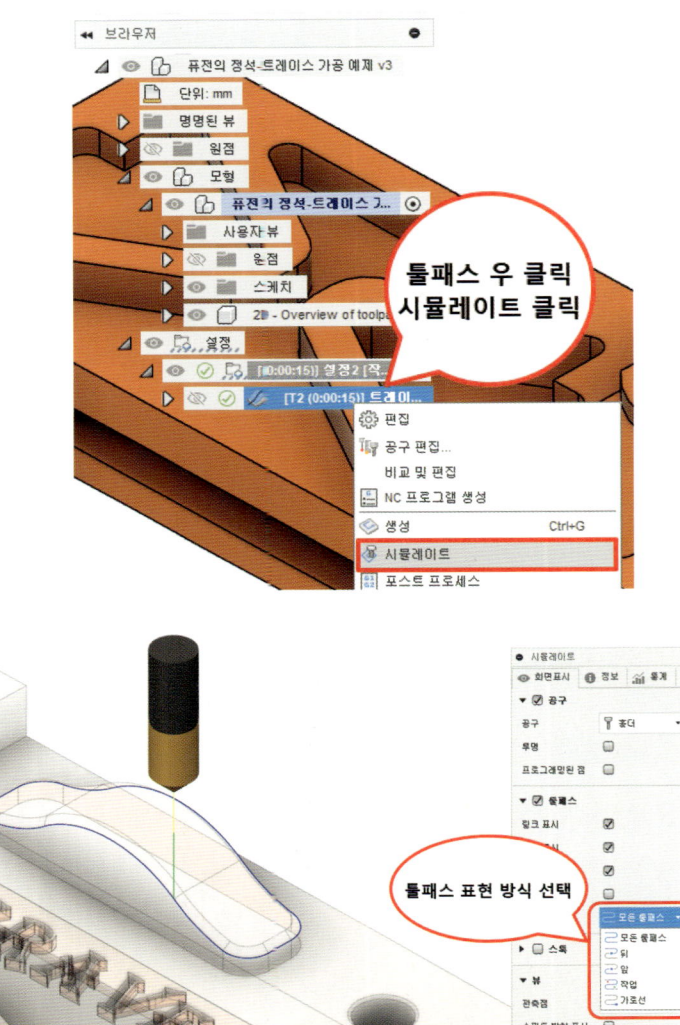

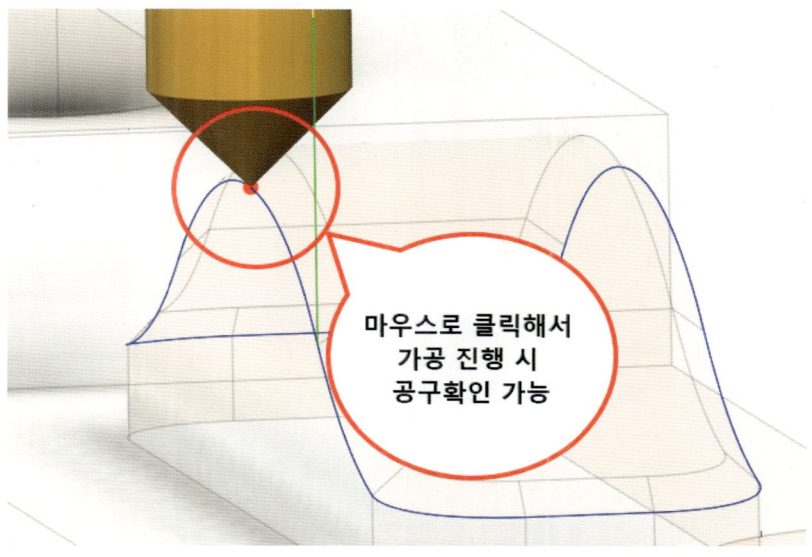

9.3 모따기 가공

모따기 툴 패스 생성하기 1

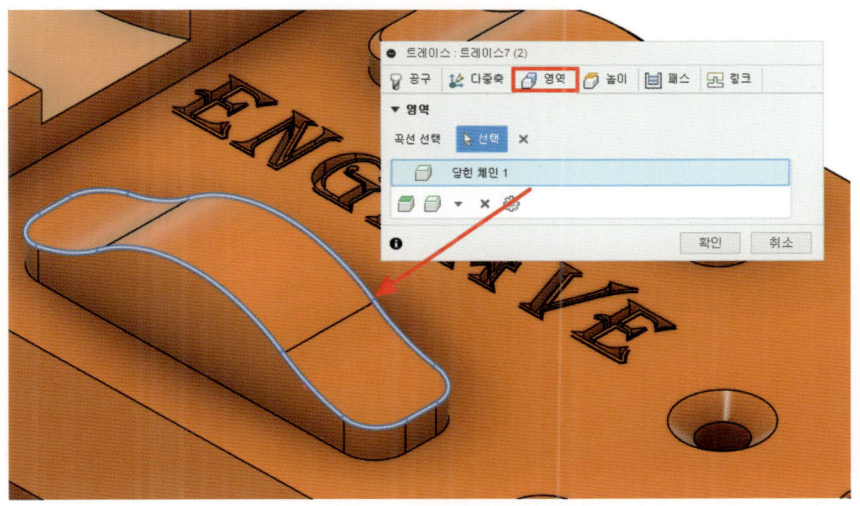

영역 탭에서 모따기 할 윤곽선을 선택합니다.

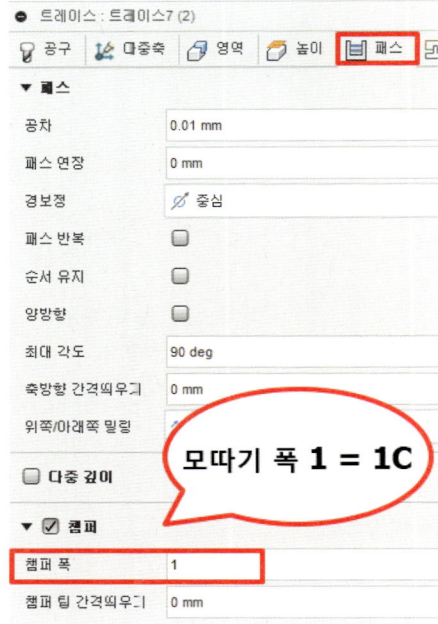

모따기 밀 공구를 선택하면 자동으로 모따기 옵션이 활성화됩니다.

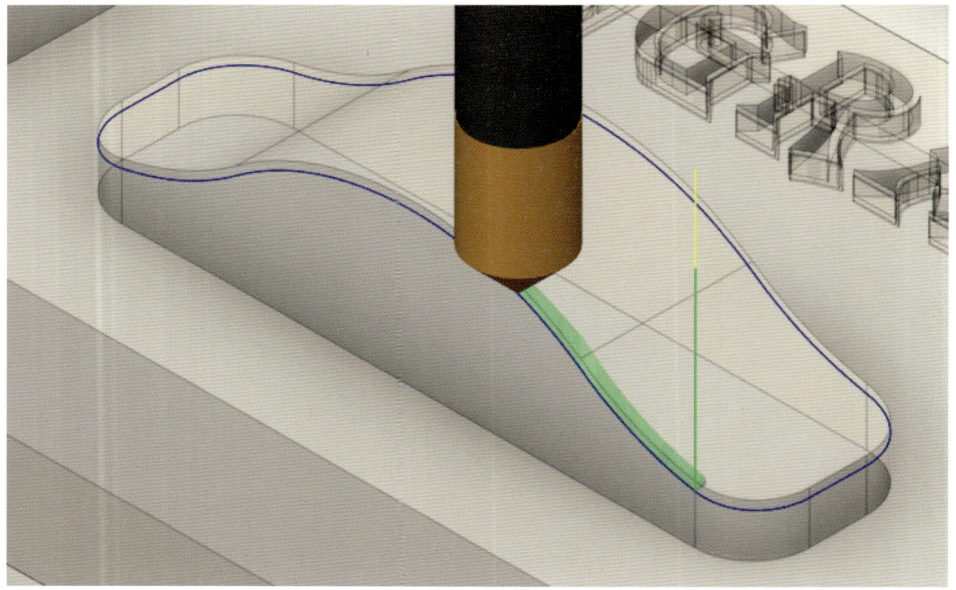

시뮬레이션을 들어가보면 그림과 같이 1C 모따기가 되는 것을 볼 수 있습니다.

TIP > 기존 모따기가 있는 형상에서 추가 모따기 주의점

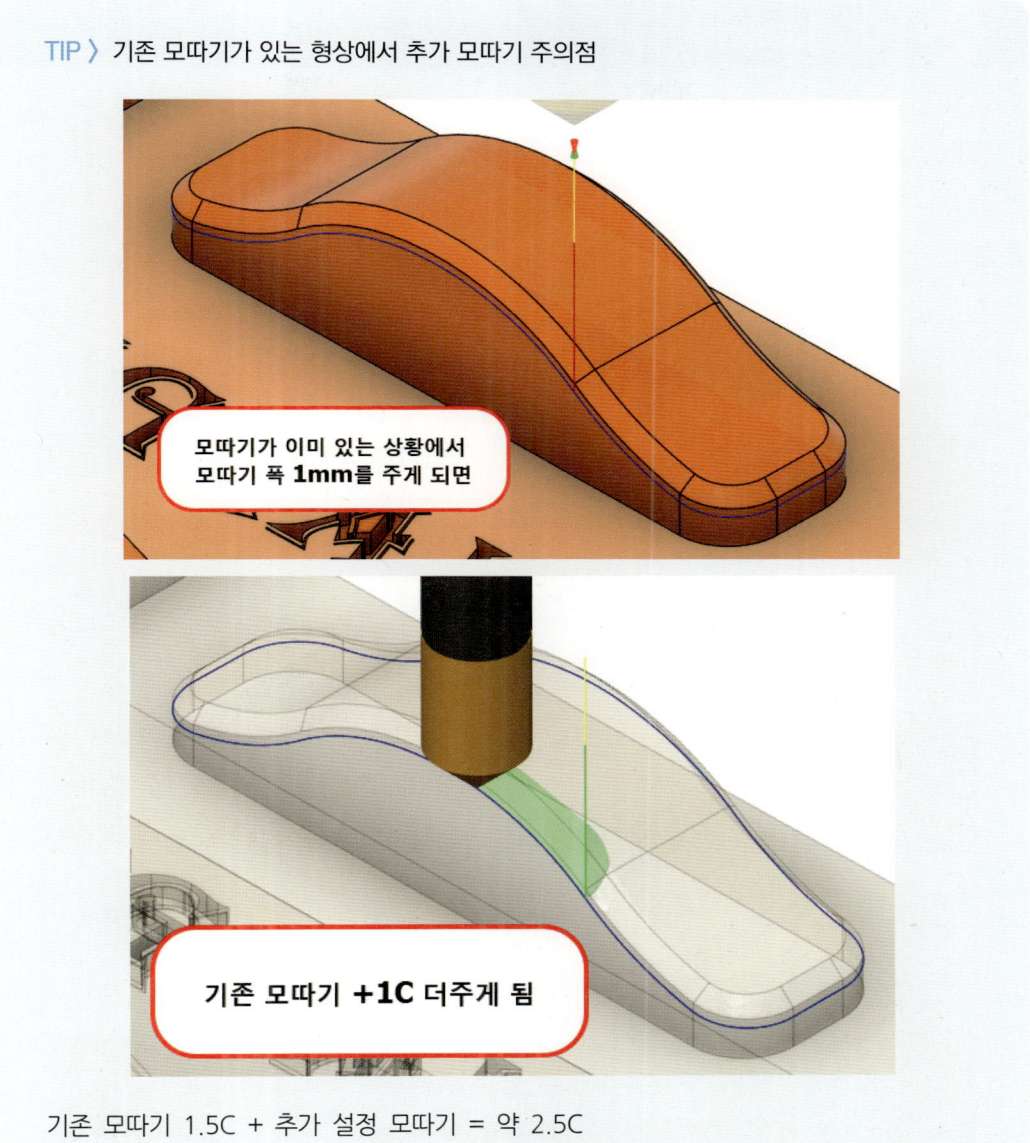

기존 모따기 1.5C + 추가 설정 모따기 = 약 2.5C

9.4 문자 가공하기

형상 위에 스케치 된 단일 선 글꼴을 따라 공구를 이동시켜 문자 가공을 할 수 있습니다.

▌문자 가공 툴 패스 생성하기

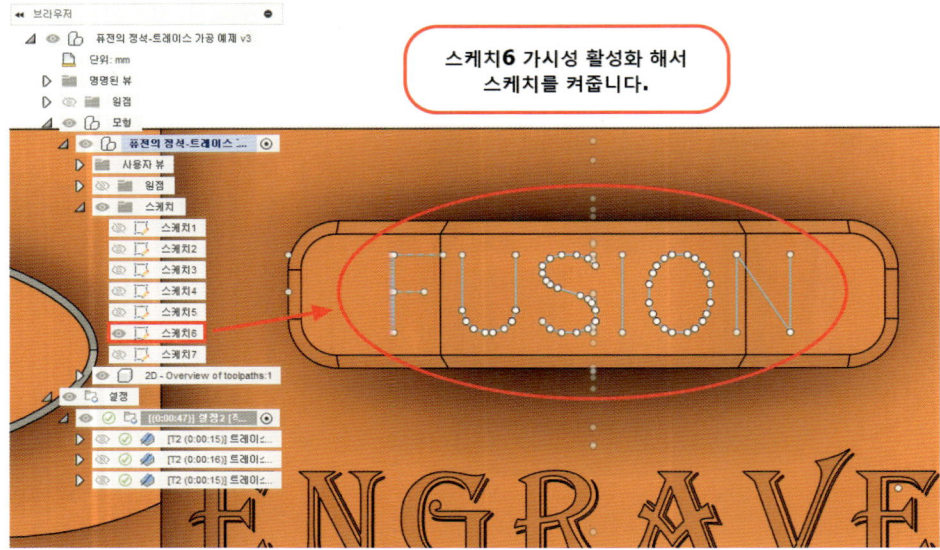

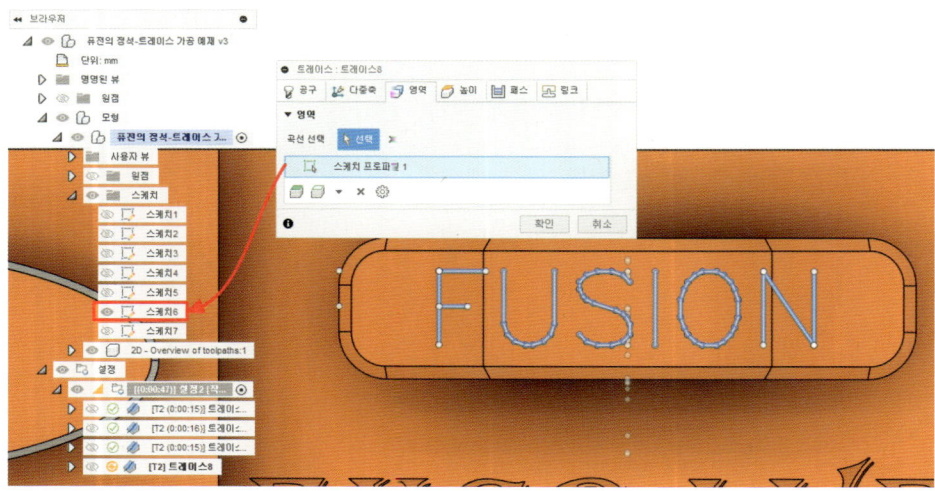

영역 탭에서 곡선을 스케치6으로 선택합니다.

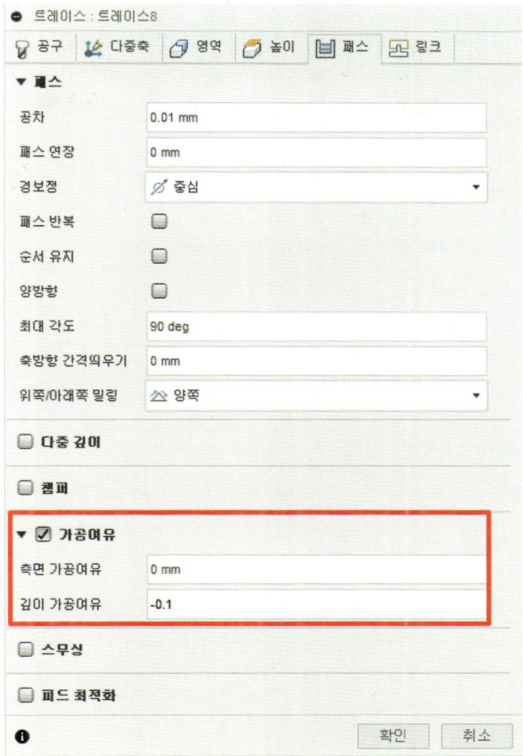

패스 탭에서 깊이 가공여유 -0.1mm를 입력한 후 확인을 눌러 툴 패스를 생성합니다.

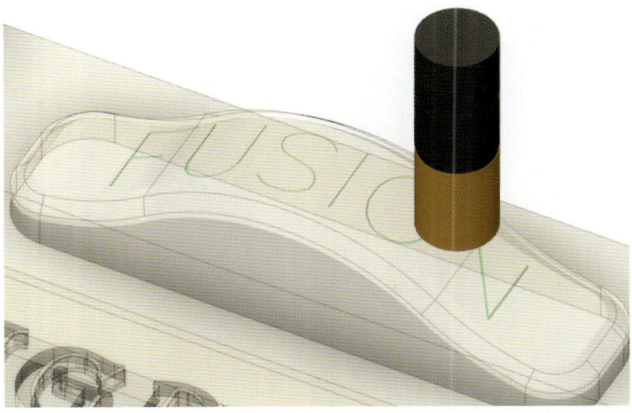

그림과 같이 3D 형태의 면에 투영된 윤곽선을 따라서 문자가 가공이 되는 것을 볼 수 있습니다.

TIP 〉

트레이스는 단일 라인의 문자에 적합합니다.

▍모따기 툴 패스 생성하기2

영역 탭으로 들어가 해당 문자를 클릭합니다.

글자를 클릭하게 되면 외곽선이 자동으로 잡히게 됩니다.

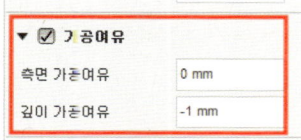

이번에는 깊이 가공여유를 -1mm로 지정하겠습니다.

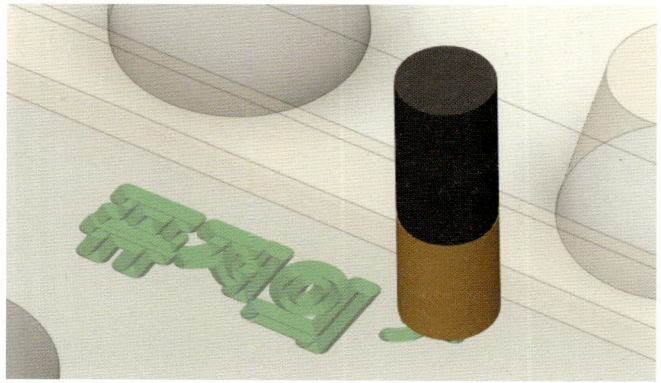

시뮬레이션을 하면 그림과 같이 문자의 윤곽선을 따라 가공되는 것을 볼 수 있습니다.

> TIP ⟩
>
> 트레이스는 폭이 일정하지 않은 글꼴에는 터질 수가 있기 때문에 적합하지 않습니다.

10 스레드

스레드는 직선 또는 각도가 있는 구멍과 원통에 나사산을 내는 데 적합한 툴 패스입니다.

일반적인 나사산 가공과 달리, 스레드 밀링 기법을 활용하면 공구 하나로 여러 나사 규격을 가공할 수 있어 유연성이 높습니다.

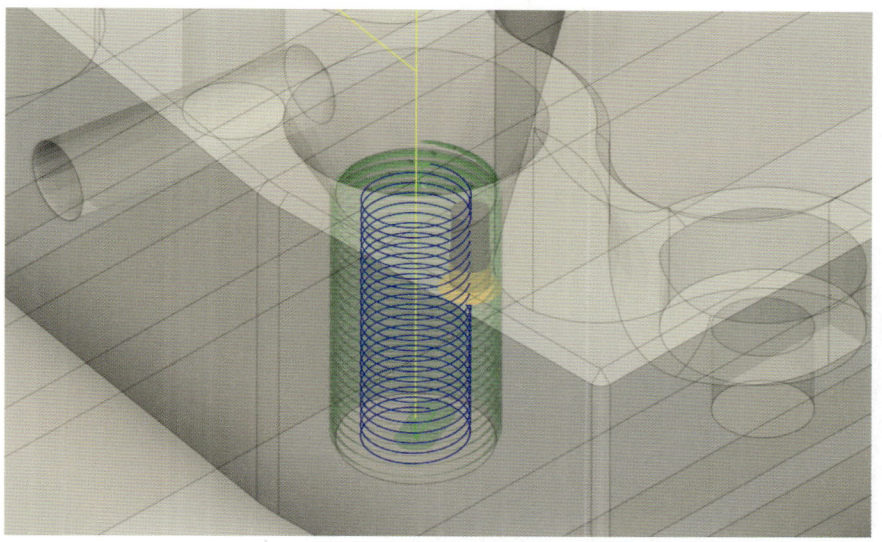

❑ 샘플위치 : 데이터패널 ➡ CAM Samples ➡ Intro to 2.5 Axis

10.1 스레드 밀 공구 만들기

스레드 가공을 위해 공구라이브러리에서 스레드 밀 공구를 생성해야 합니다.

공구라이브러리 ➡ 새 도구 ➡ 스레드 밀을 클릭합니다.

위의 그림을 참고하여 공구 형상 값을 기입합니다.

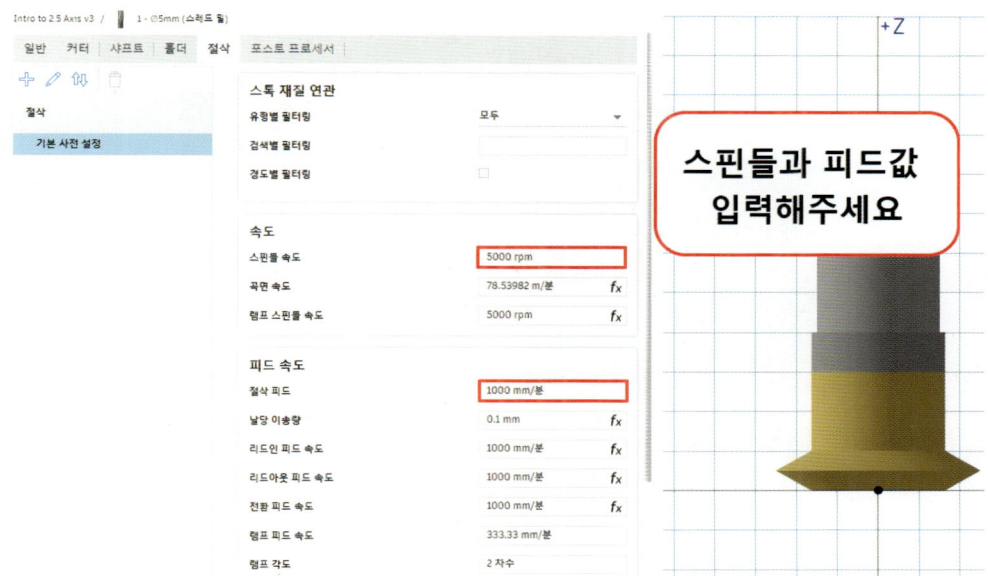

10.2 영역 선택 모드

이제 스레드 가공을 적용할 영역을 선택합니다.

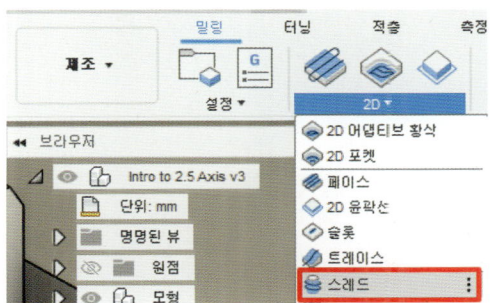

스레드를 클릭합니다.

영역 탭에서 가공할 홀을 선택해줍니다.

TIP 〉

추가로, 구멍의 깊이가 같은 스레드 / 스레드의 상단 높이가 같은 부분을 자동으로 생성하는 기능도 있으니 참고바랍니다.

10.3 패스 설정

스레드 가공의 정확도를 높이기 위해 절삭 조건을 조정합니다.

▋시작 각도 조정

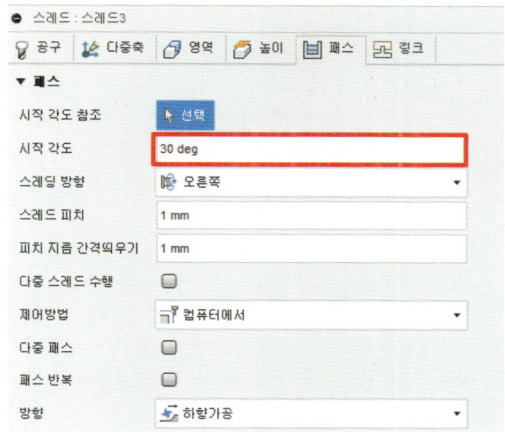

패스 탭에서 시작각도 값을 30으로 설정합니다.

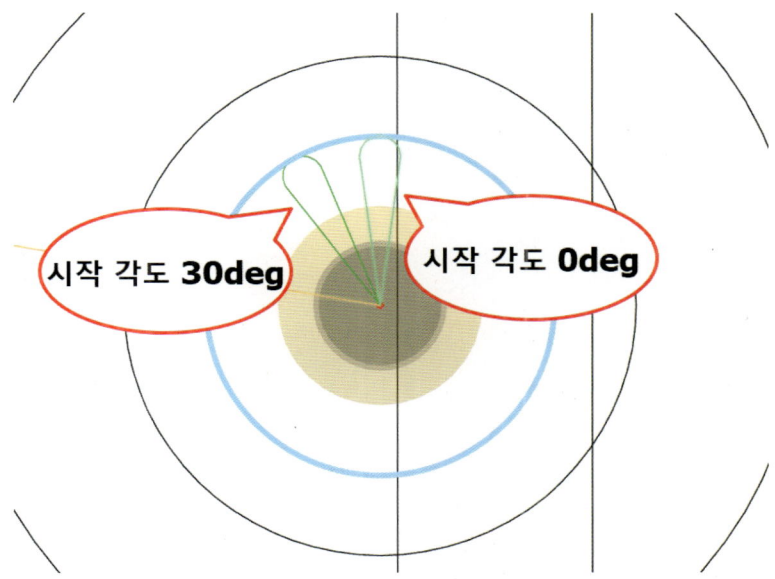

시작 각도를 조절하면 스레드 가공을 원하는 위치에서 시작할 수 있습니다.

▌피치 지름 간격 띄우기

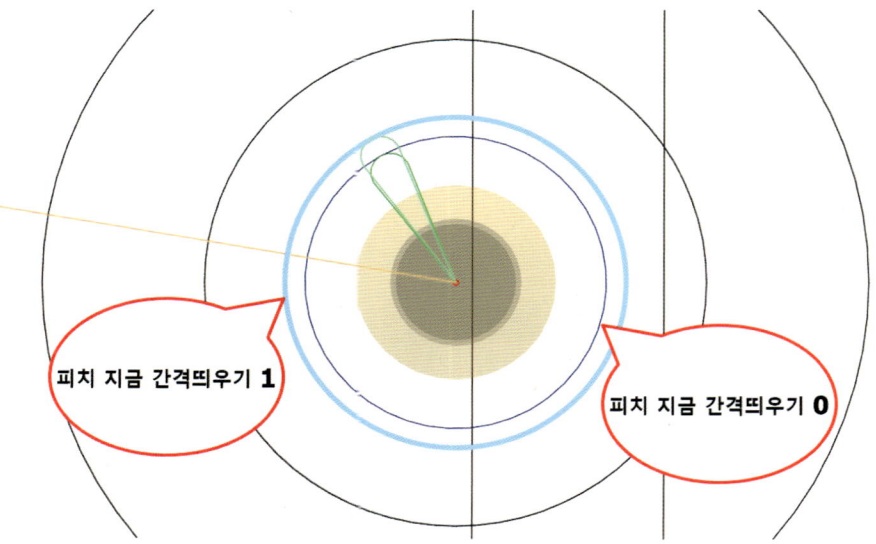

피치 지름 간격 띄우기를 1로 하면 1mm만큼 구멍이 확공 가능합니다.

▌다중 패스

공구 부하를 줄이기 위해 다중 절삭 옵션을 활성화합니다.

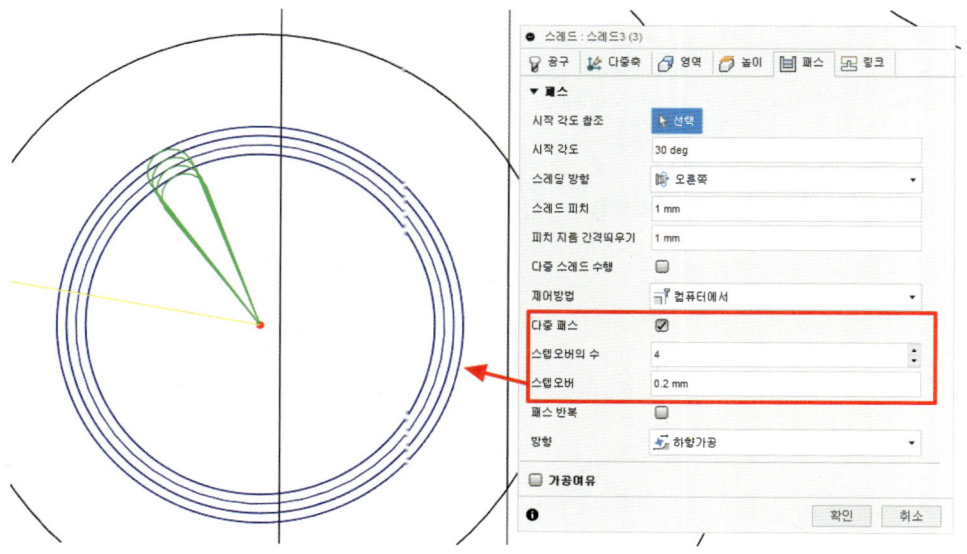

자, 그러면 해당 그림처럼 0.2mm 스텝오버 값을 주며 4번을 가공하게 됩니다.

한 번에 스레드를 치기엔 공구 부하가 걱정될 때 다중 절삭조건을 주어 부하를 줄이도록 합니다.

11 보어

보어 가공은 직선 또는 테이퍼 벽이 있는 보스 또는 구멍을 나선형 툴 패스로 가공하는 데 적합한 기능입니다.

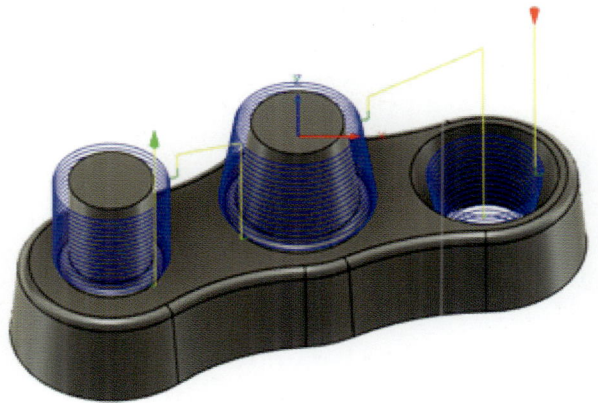

❏ 샘플위치 : 데이터패널 ➡ CAM Samples ➡ Intro to 2.5 Axis
❏ 사용공구 : ⌀10 플랫 엔드밀

11.1 보어 툴 패스 생성하기

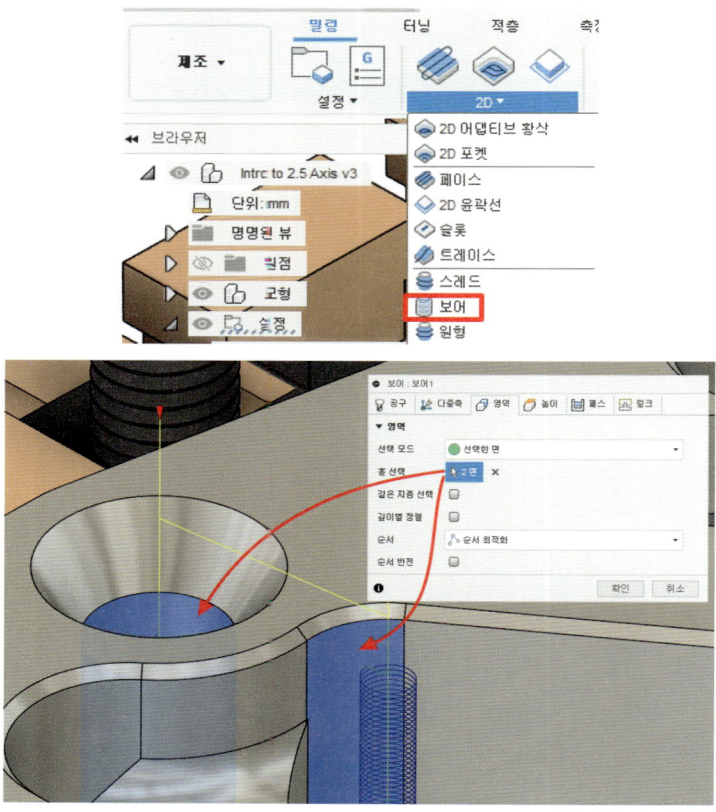

영역 탭 홀 선택에서 원하는 면을 클릭합니다.

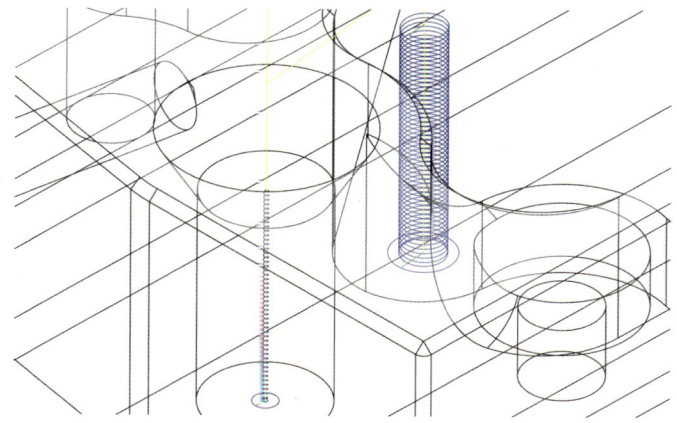

해당 툴 패스는 나선형(Helical) 방식으로 공구가 빙글빙글 회전하며 하강하는 형태로 생성됩니다.

> **TIP**
> R구간을 나선형 방식으로 빙글빙글 타고 내려가는 가공을 하는 데에 적합하게 사용할 수 있습니다. (드릴 공구 없이 가공 혹은 자리파기)

11.2 영역지정하기

보어 툴 패스도 스레드와 동일하게 같은 지름 선택, 같은 홀 깊이, 같은 Z 상단 높이만을 지정할 수 있습니다.

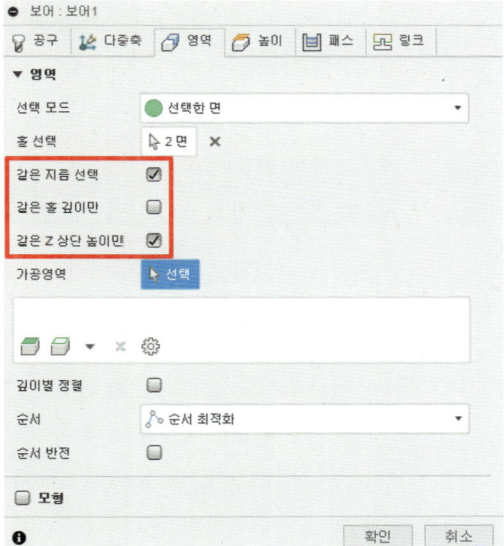

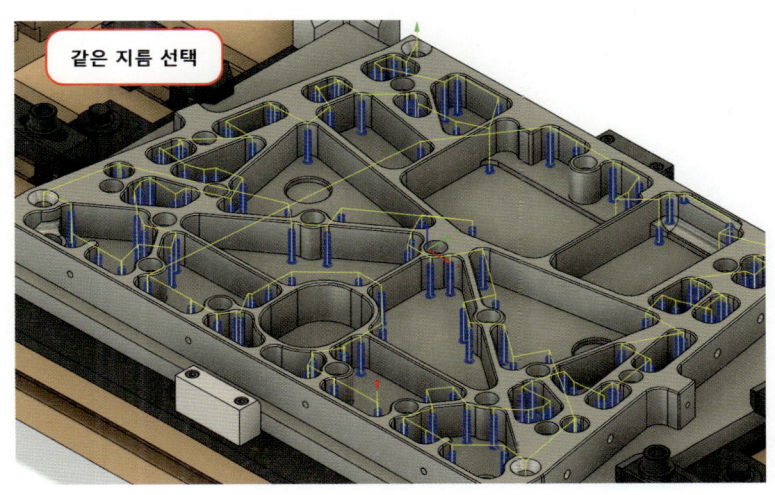

같은 지름 선택

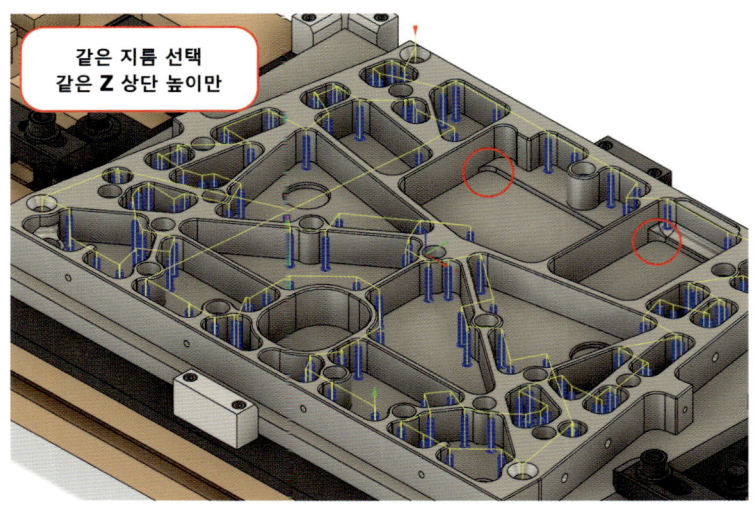

11.3 패스 탭

▌램프 각도 사용

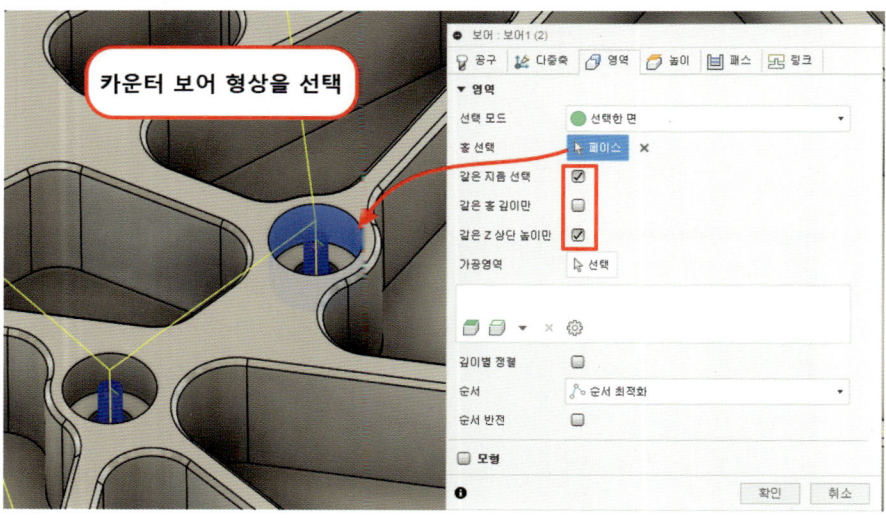

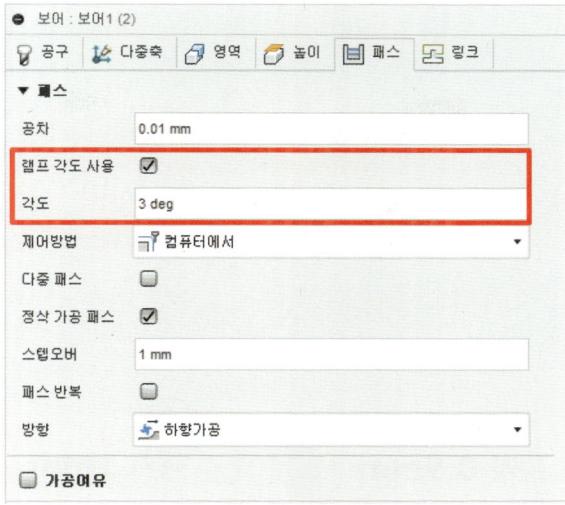

패스 탭에서 램프 각도 사용 체크활성화 ➡ 각도 3deg를 지정합니다.

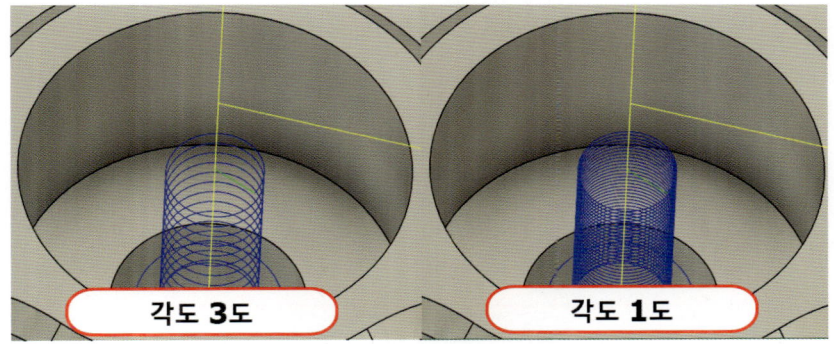

▌피치 사용

램프 각도를 사용하지 않을 경우, 피치 값을 설정하여 절삭 깊이를 조절할 수 있습니다.

패스 ➡ 램프 각도 사용 체크 비활성화 ➡ 피치 0.5mm를 입력합니다.

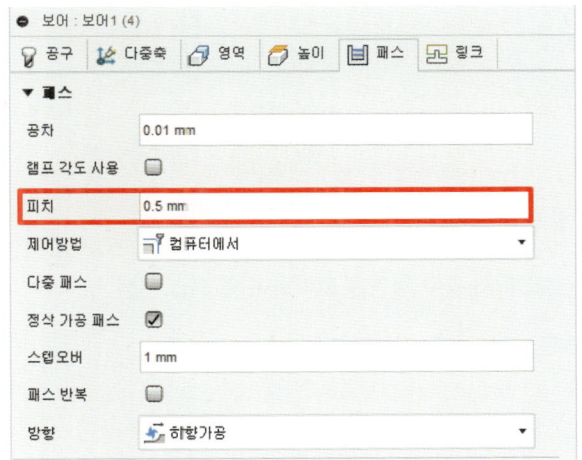

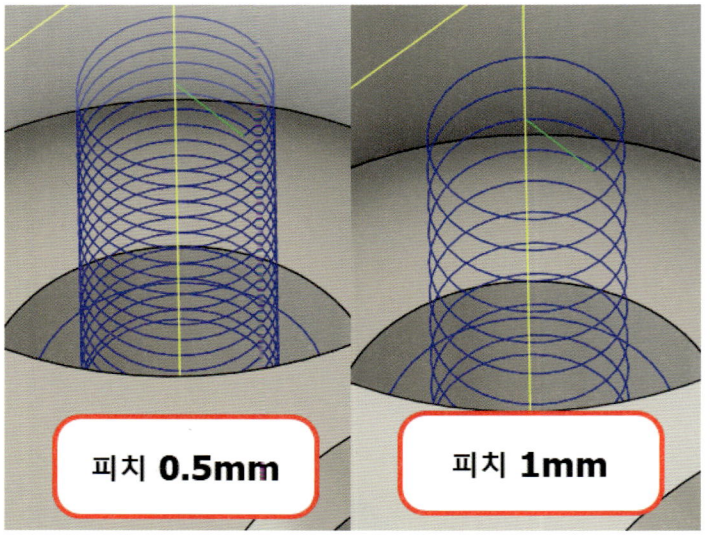

▌제어방법

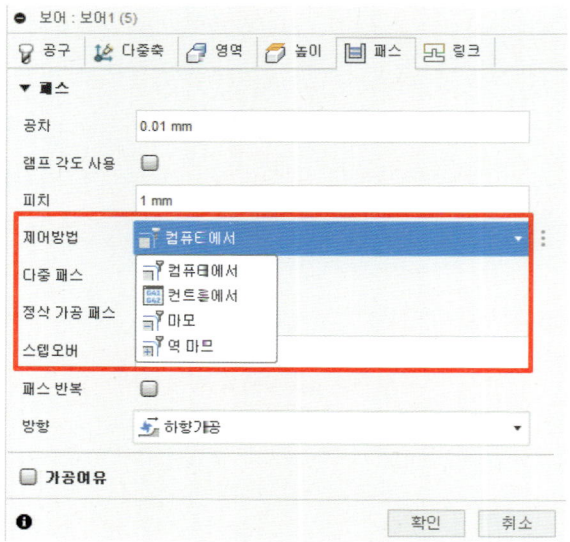

▌컴퓨터에서

CAM에서 공구 직경을 고려하여 툴 패스 생성

보정 값을 자동 계산하여 가공

▍컨트롤에서

CAM에서 직경 보정을 적용하지 않고, CNC 컨트롤러에서 직접 보정 값을 적용하도록 설정

일반적으로 G41/G42 보정 코드를 사용

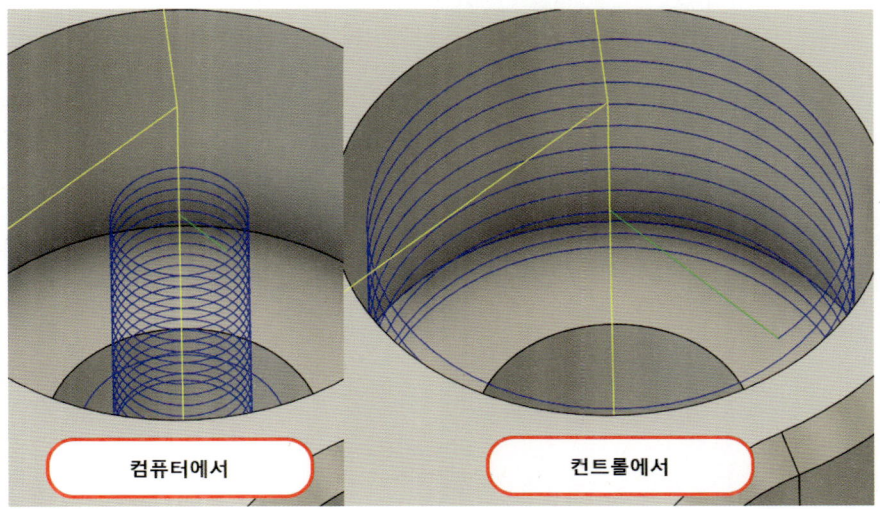

▍다중 패스

한 번에 너무 깊이 절삭하면 공구 부하가 증가할 수 있으므로, 다중 패스를 설정하여 단계적으로 가공할 수 있습니다.

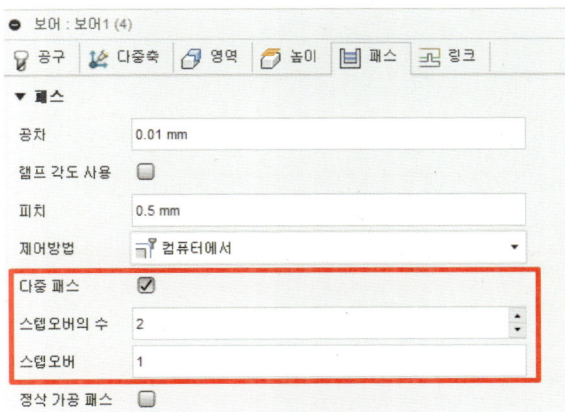

다중패스 체크활성화 ➡ 스텝오버 수 2 ➡ 스텝오버 1을 지정합니다.

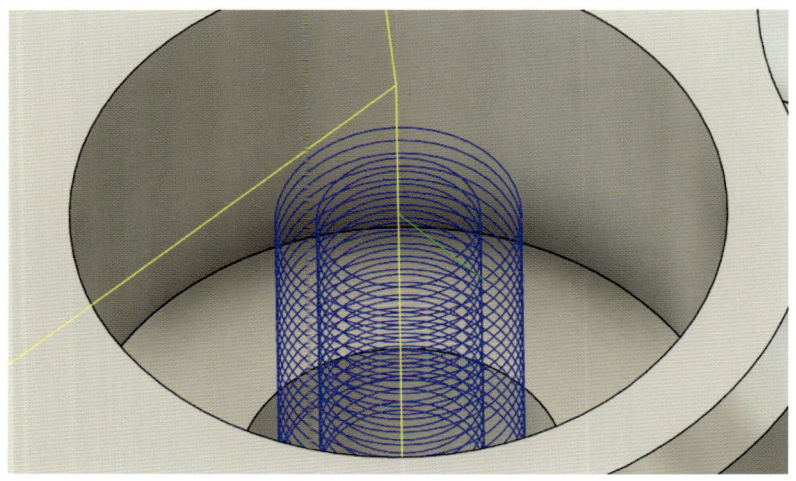

그림과 같이 스텝오버 1mm씩 2개로 계산하여 툴 패스를 생성합니다.

▌정삭 가공 패스

홀 가공의 정밀도를 높이기 위해 마지막 정삭을 설정합니다.

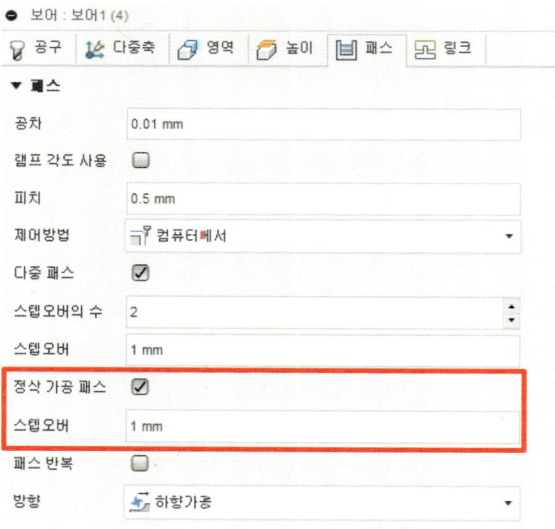

마무리패스 체크활성화 ➡ 스텝오버1mm를 지정합니다.

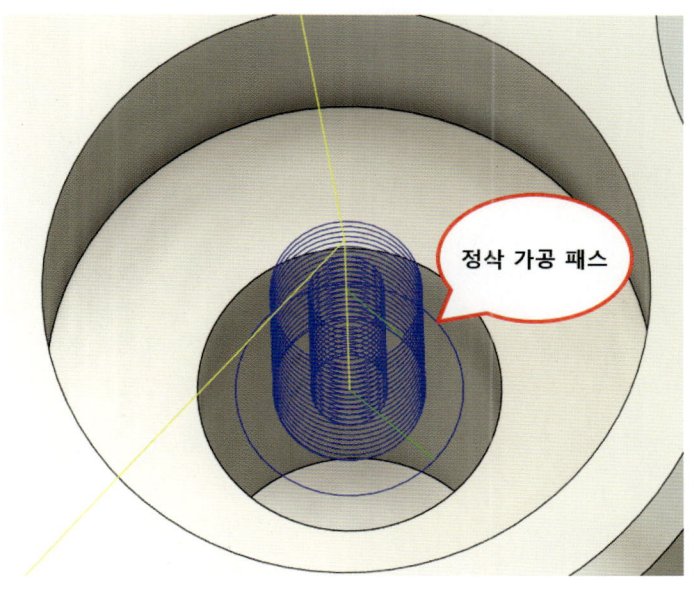

11.4 링크 탭

▌중심으로 리드

보어 툴 패스를 생성할 때, 공구가 홀 중심에서 리드인/아웃 하도록 설정할 수 있습니다.

링크 ➡ 중심으로 리드 체크 활성화

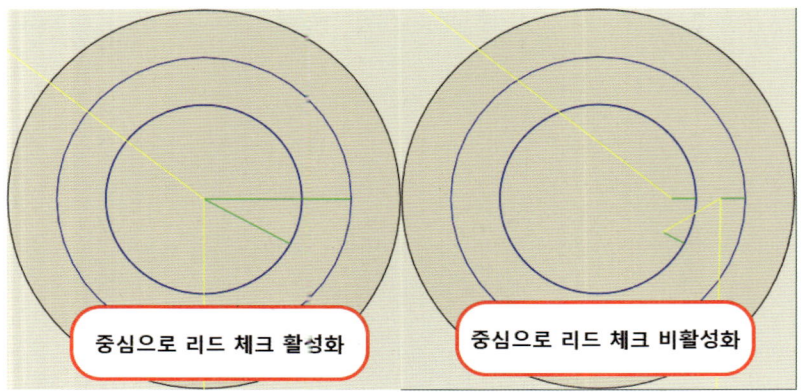

보어 가공을 시작하는 홀 좌표 값을 쉽게 알 수 있어 현장에서 어디를 가공하는지 손쉽게 알 수 있습니다.

▎리드 인/아웃 설정

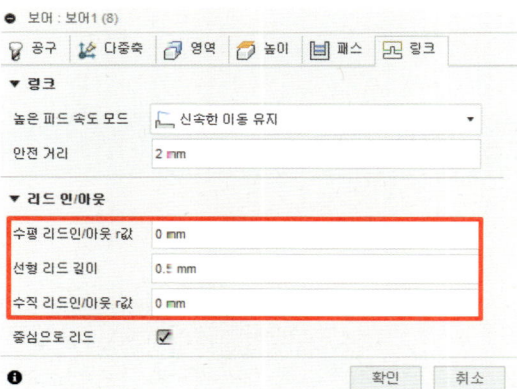

수평 리드인/아웃 R값을 0으로 지정합니다.

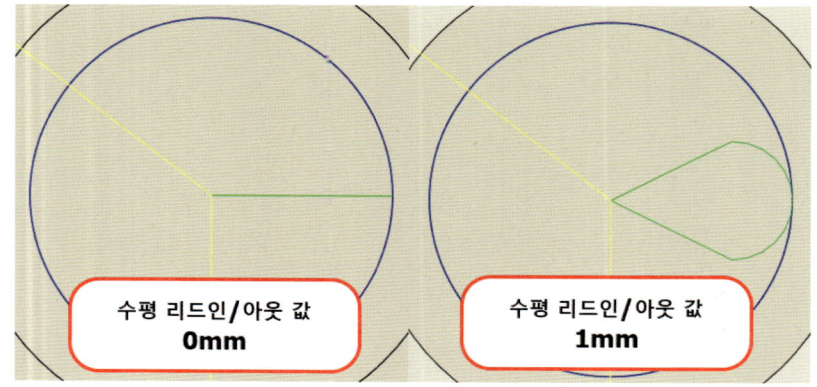

리드인/아웃이 불필요하다 생각할 때 0으로 설정하면 위의 그림처럼 깔끔한 툴 패스가 가능합니다.

12 잉그레이브

잉그레이브 툴 패스는 문자 및 세밀한 음각 가공에 적합합니다. 주로 각인작업에 사용되며, 모따기밀 또는 오목밀을 활용합니다.

❏ 샘플위치 : 데이터패널 ➡ CAM Samples ➡ 2D - Overview of toolpaths
❏ 사용공구 : ⌀10 모따기밀

12.1 잉그레이브 개념

2D ➡ 잉그레이브를 클릭합니다.

TIP 〉

잉그레이브 툴 패스는 모따기밀, 오목밀만 사용 가능합니다.

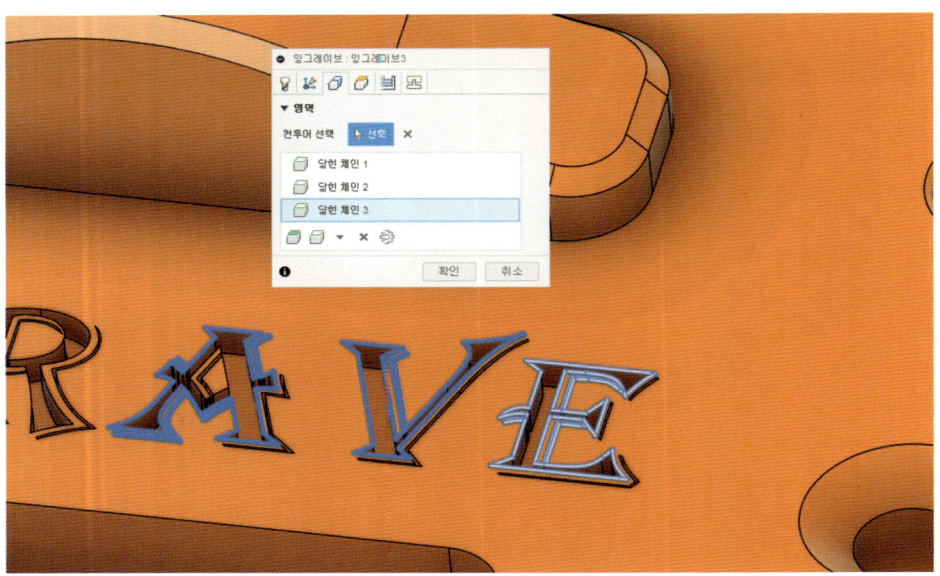

문자의 외곽선을 클릭하여 영역을 지정합니다.

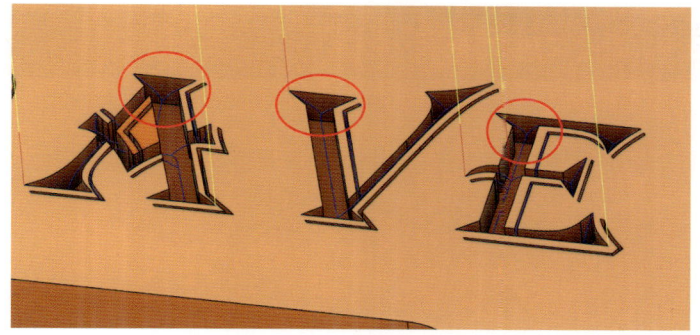

툴 패스를 생성하면 글자의 음각을 표현하기 위해 파내는 형태의 경로가 생성됩니다.

12.2 영역 지정하기

잉그레이브 영역을 지정할 때 윤곽선의 상단 부분을 필수로 지정해야 합니다.

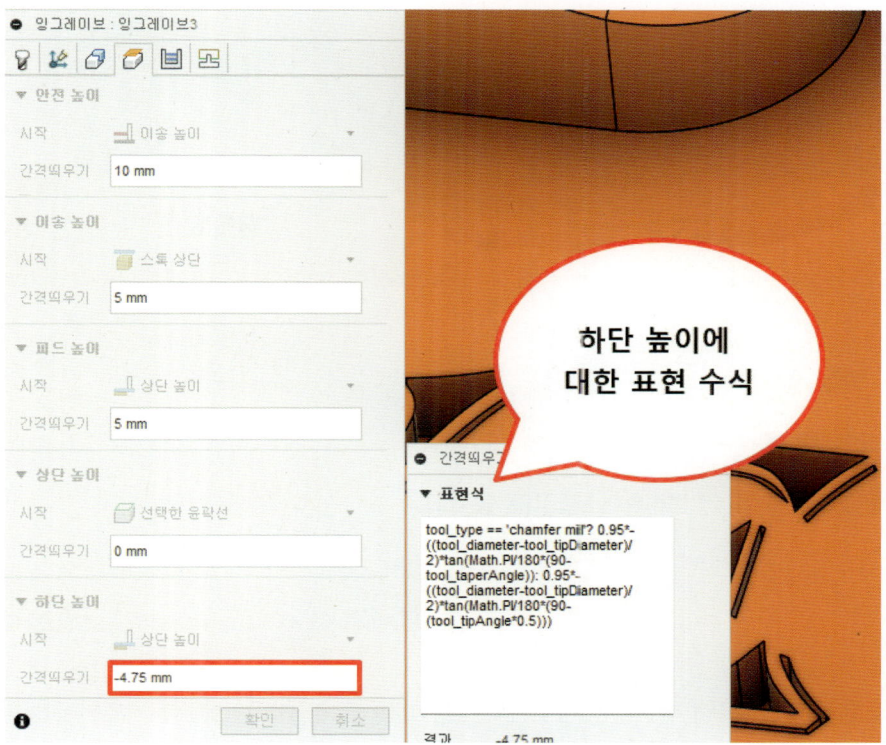

하단 높이에 대한 표현 수식

이유는 높이(Heights) 탭에서 하단 높이(Bottom Height)가 자동 수식으로 적용되기 때문입니다.

12.3 코너 툴 패스 각도지정

툴 패스가 코너에서 어떻게 형성될지 각도를 조정하여 가공 품질을 최적화할 수 있습니다.

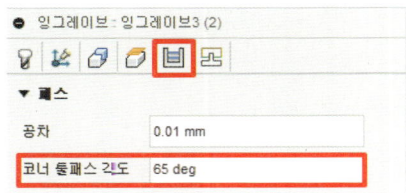

잉그레이브 ➡ 패스 ➡ 코너 툴 패스 각도 65deg로 지정합니다.

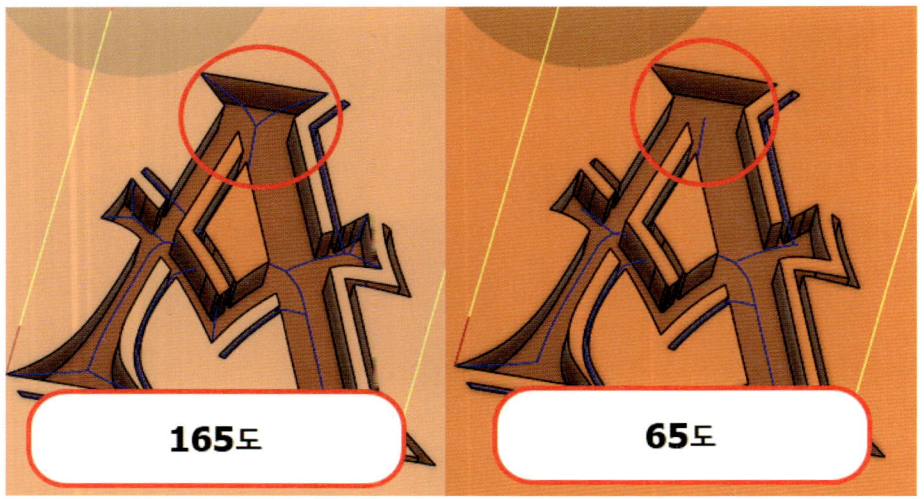

▌각도 설정 예시

165도 : 모든 코너를 예리하게 가공

65도 : 툴 패스를 간결하게 정리하여 부드러운 음각 효과

> **TIP** ⟩
>
> 각도를 낮추면 툴 패스가 더 단순해지고, 높은 각도를 적용하면 세밀한 각인이 가능하지만 공구 부하가 증가할 수 있습니다.

13 2D 챔퍼

2D 챔퍼 툴 패스는 모따기 형상을 가공하는 데 적합한 툴 패스입니다.

주로 모서리를 다듬거나 부드럽게 처리할 때 사용하며, 모따기 밀을 활용합니다.

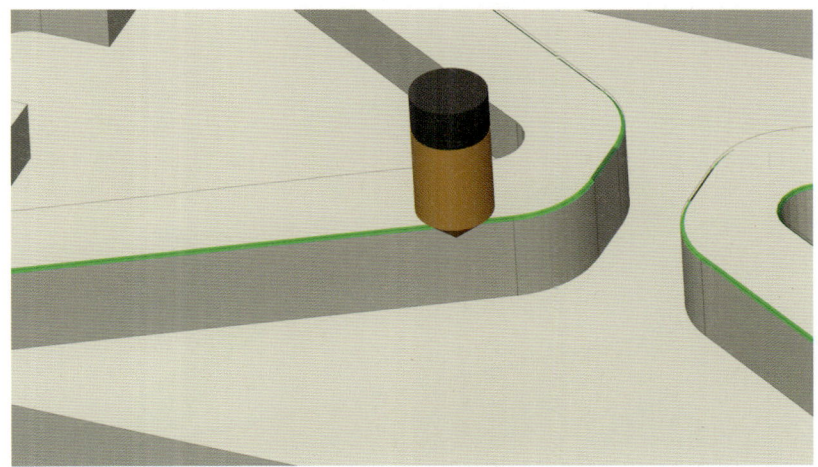

❏ 샘플위치 : 데이터패널 ➡ CAM Samples ➡ 2D - Overview of toolpaths
❏ 사용공구 : ⌀10 모따기밀

13.1 2D 챔퍼 개념

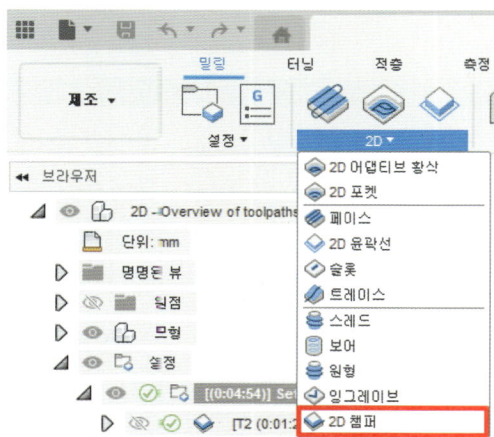

2D 챔버를 클릭합니다.

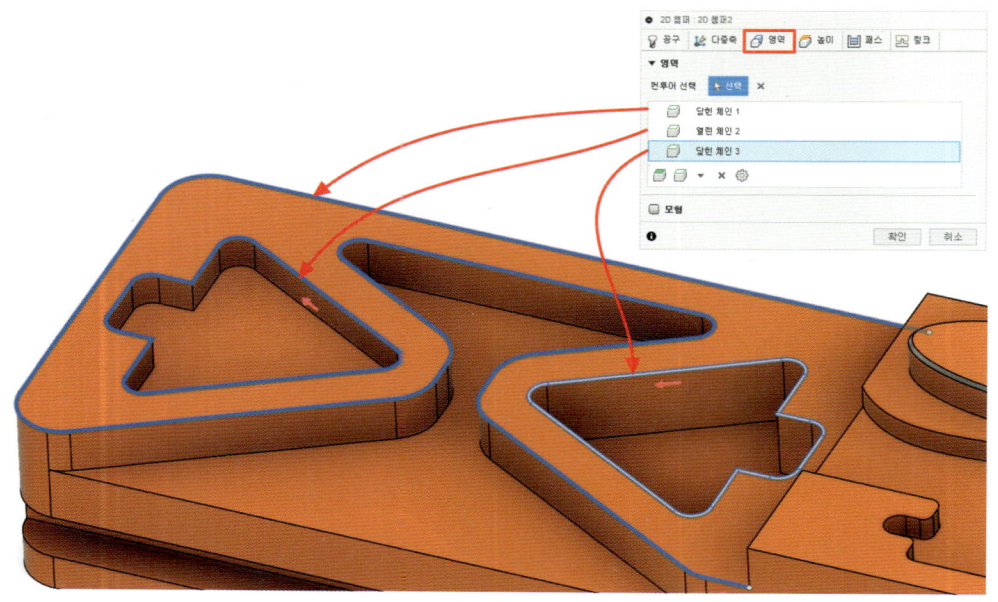

영역에서 모따기가 되지 않는 모서리의 윤곽선을 3개 클릭하여 지정합니다.

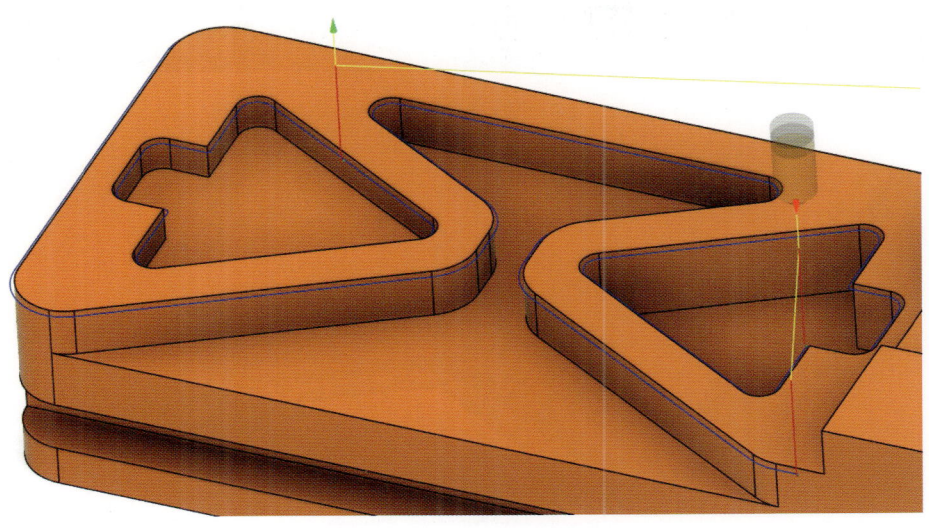

툴 패스를 생성하면 모따기 툴 패스가 형성됩니다.

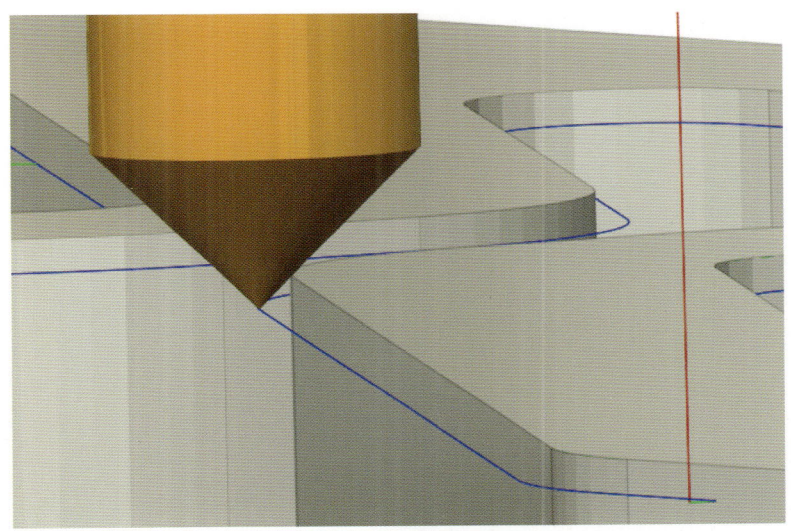

시뮬레이션을 보면 모따기가 전혀 가공되지 않고 있는 것도 확인이 가능합니다.

13.2 모따기 폭 지정하기

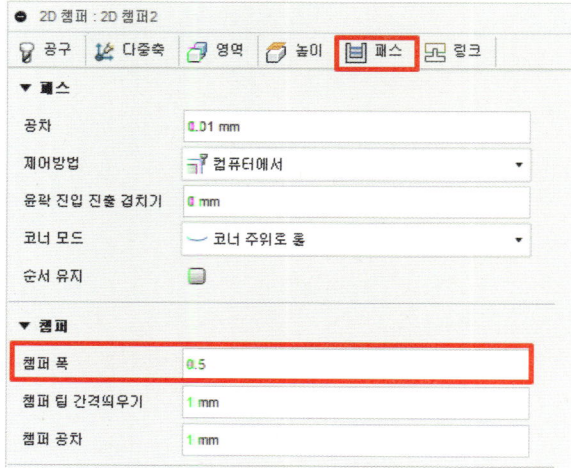

패스 탭으로 들어가 모따기 폭을 0.5로 지정합니다.

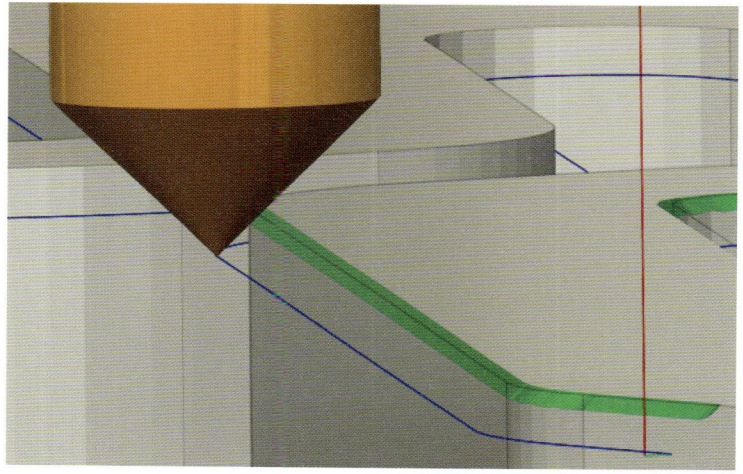

시뮬레이션으로 확인해보면 이전과는 다르게 모따기가 되고 있음을 확인할 수 있으며 해당 모따기는 C0.5로 가공됩니다.

> **TIP 〉**
>
> 모따기 폭은 챔퍼 C값을 말합니다.

13.3 모따기 팁 간격 띄우기

모따기 공구가 가공 표면에서 얼마나 떨어져야 하는지 설정하는 옵션입니다.

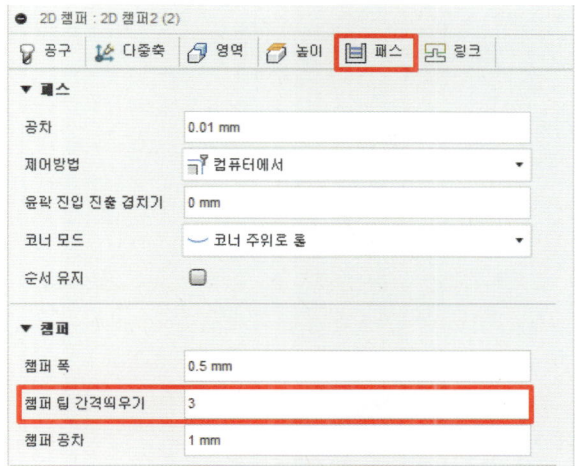

패스 탭에서 모따기 팁 간격 띄우기를 3으로 지정해 봅니다.

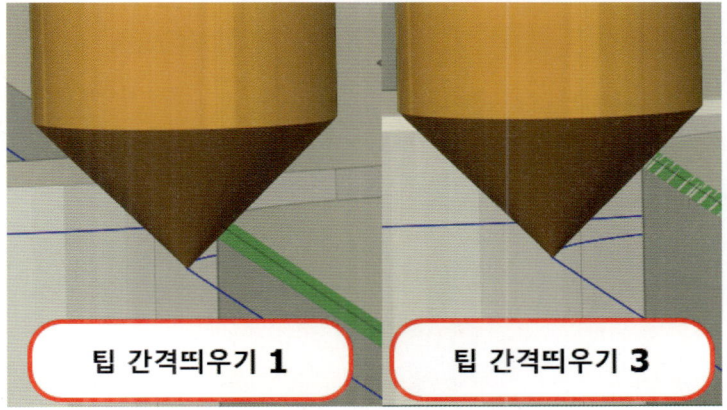

시뮬레이션으로 확인해보면 이전보다 Z 방향으로 공구가 더 내려가서 가공하는 것을 볼 수 있습니다.

> **TIP**
>
> 공구는 회전중심이 더 약하기 때문에 회전중심보다 측면부분으로 가공을 원할 때에 사용하도록 합니다.

13.4 모따기 공차

모따기 가공에서 공구가 어디서부터 가공을 시작할지 조절하는 옵션입니다.

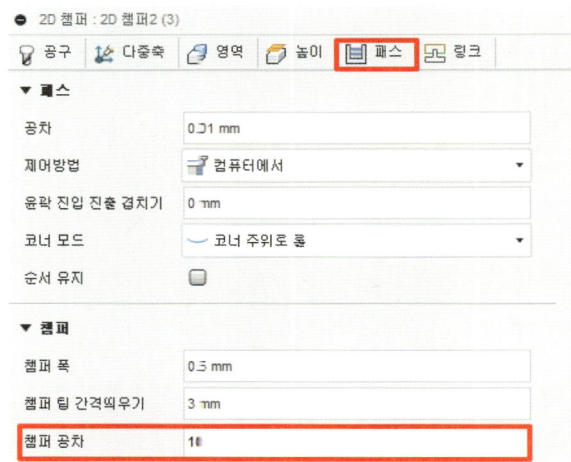

패스 탭에서 모따기 공차 10mm 지정합니다.

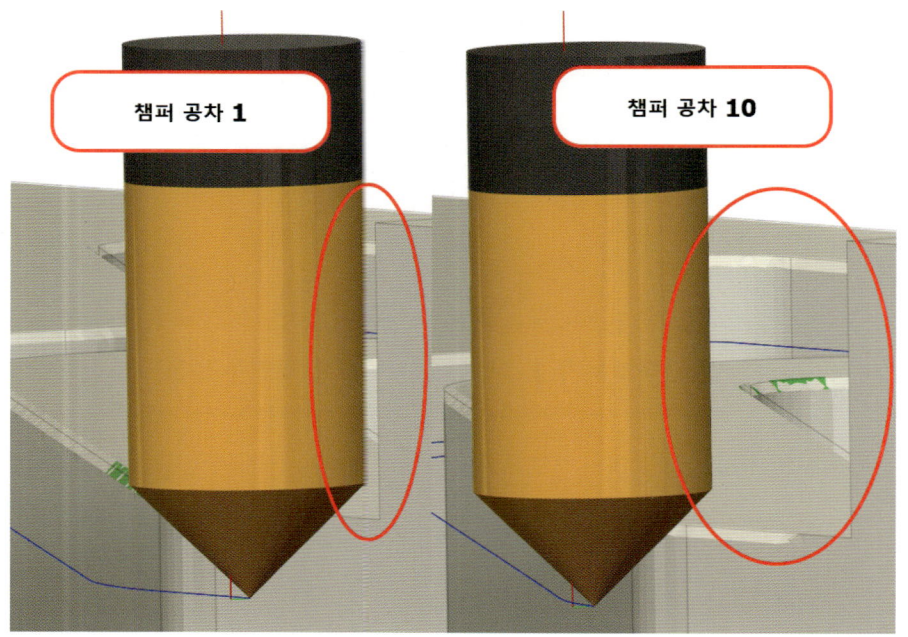

시뮬레이션으로 확인을 해보면 모따기 공차를 10mm로 지정했을 때 벽 쪽에서 공구가 더 멀어진 것을 확인할 수 있습니다.

TIP > 모형에 모따기가 되어있는 경우 주의할 점

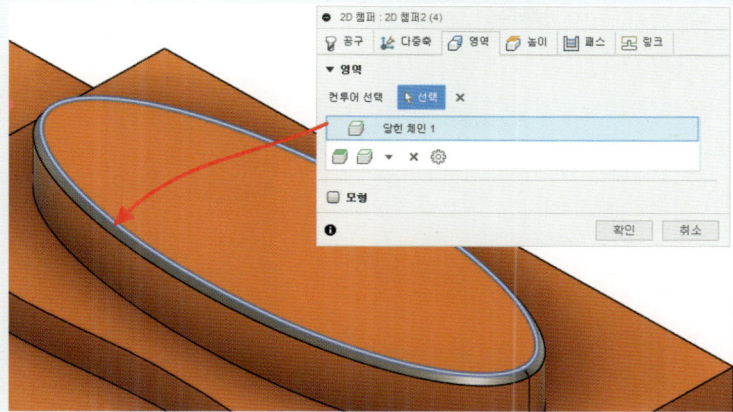

모따기가 되어있는 경우 모따기의 위쪽에 위치한 윤곽선을 지정하도록 합니다.

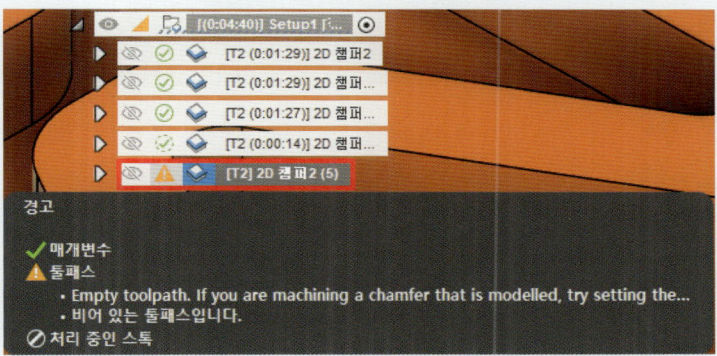

만약 아래쪽 윤곽선을 지정할 경우 해당그림처럼 오류가 발생하니 참고바랍니다.

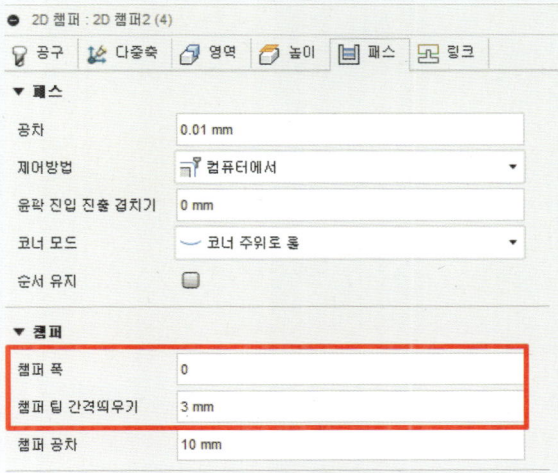

모따기가 되어있는 경우 모따기 폭은 0mm로 지정하고 팁 간격 띄우기만 사용하시면 됩니다.

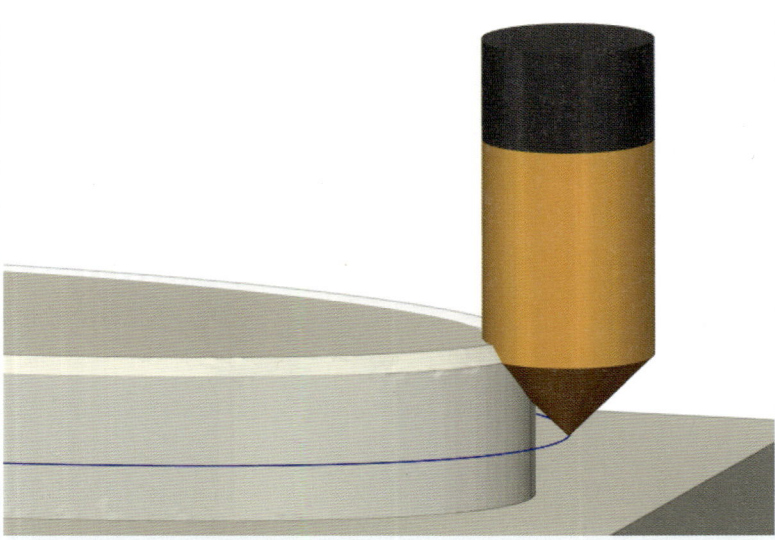

만약 모따기 폭에 값을 주면 값만큼 더 가공하게 되어 과삭이 나기 때문에 주의하도록 합니다.

14 드릴(Legacy Drilling)

구멍을 뚫거나 기존 홀을 가공하는 데 사용됩니다.

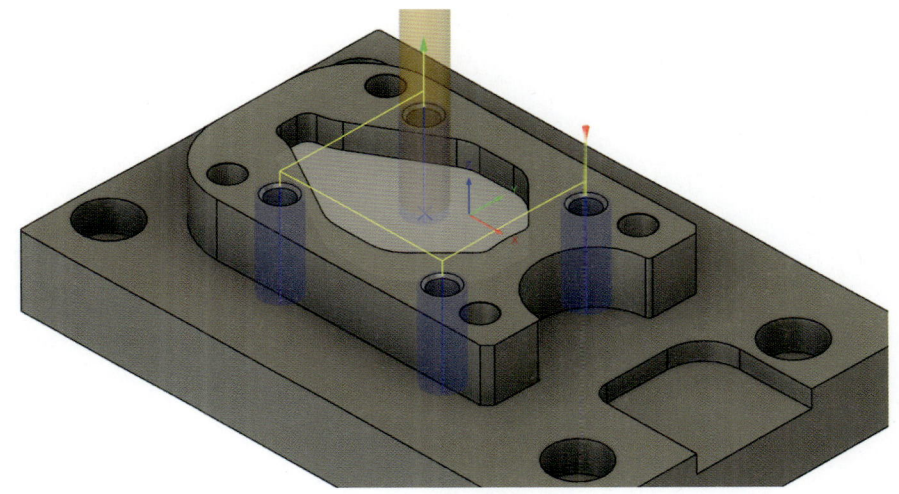

- 샘플위치 : 데이터패널 ➡ CAM Samples ➡ 2D Strategies
- 사용공구 : 6 중심드릴 (센터드릴), 10 드릴, 10 우 나사 탭

TIP 〉 드릴 가공 시작 전 설정 사항

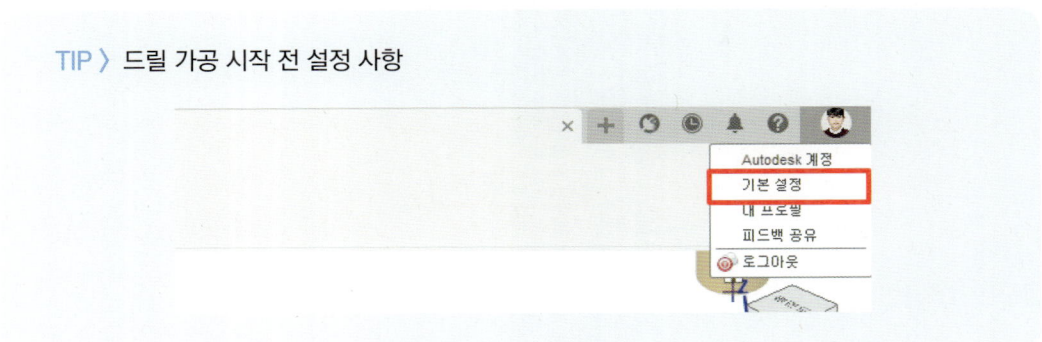

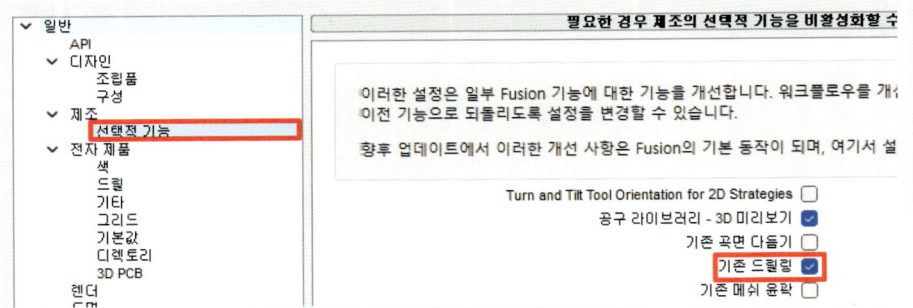

기존 드릴링을 꼭 체크 해주 셔야 허당 기능을 사용할 수 있습니다.

현재 Fusion 드릴링이 가우징이라는 기능 업데이트로 인해서 기존에 사용하던 방식이랑 조금 달라졌습니다.

가장 큰 차이는 모델을 인지하게 되어서 모델링 없이는 드릴 가공을 할 수 없게 되었습니다.

본 교재에서는 모델링 없이 도면만으로도 가공을 하시는 분들이 있기 때문에 기존 드릴링으로 알려드리고자 합니다.

14.1 ⌀6 센터드릴 가공

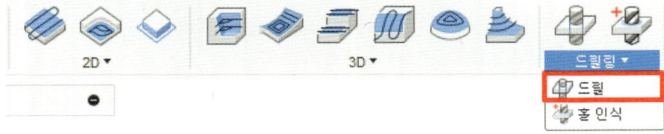

드릴을 선택합니다.

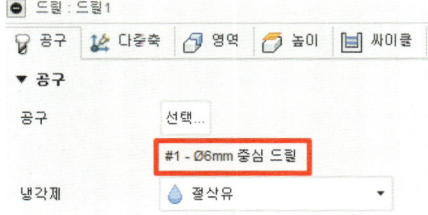

공구는 ⌀6 중심드릴을 선택합니다.

▌드릴 가공 영역 설정

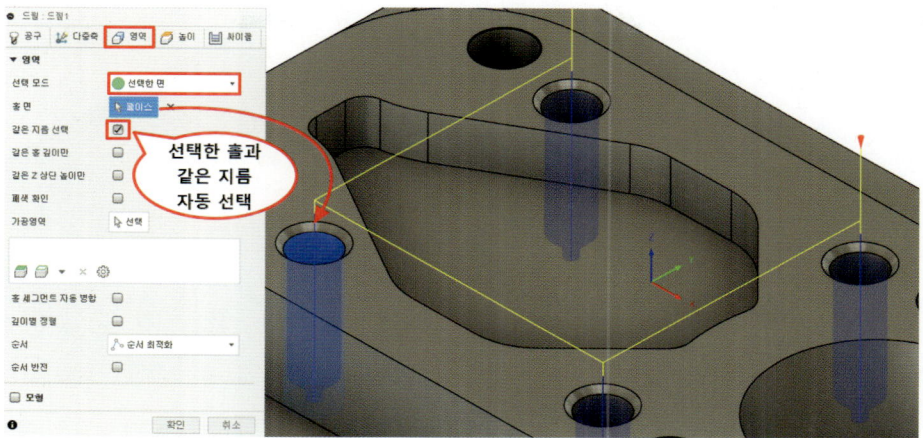

같은 지름 선택은 동일한 크기의 홀을 자동으로 감지하여 툴 패스를 생성합니다.

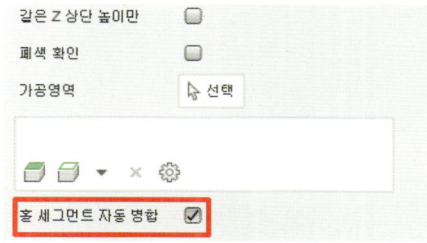

홀에 모따기나 카운터 보어가 있는 경우 해당 구조를 하나의 홀로 인식하여 툴 패스를 생성합니다.

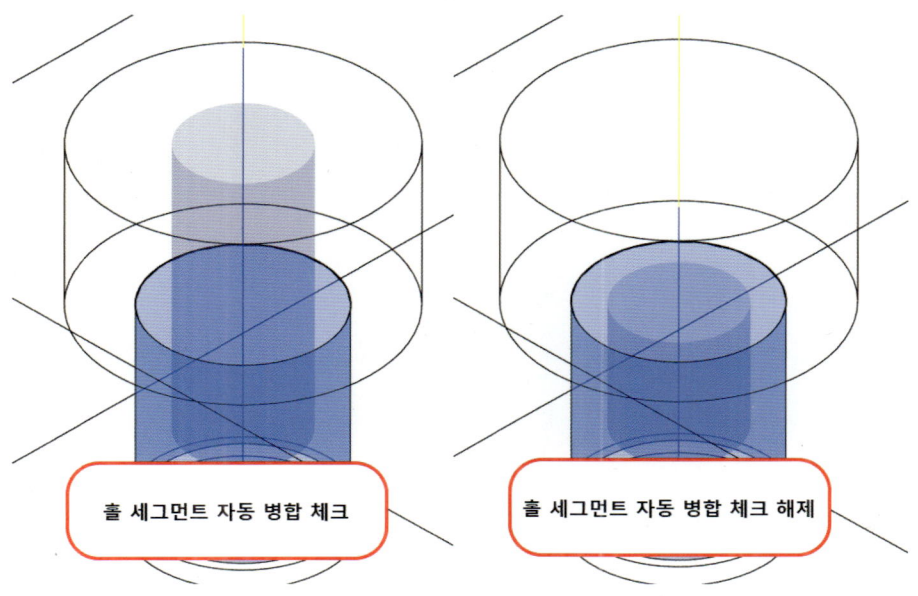

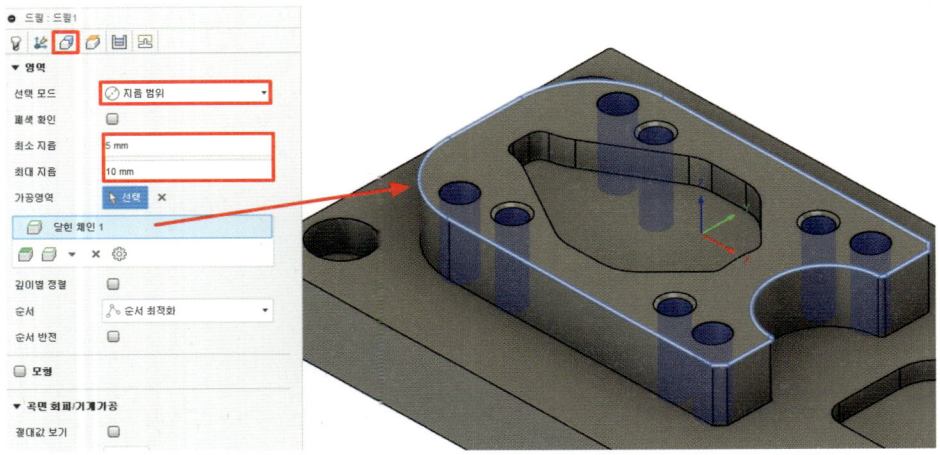

지름 범위는 5~10파이 안에 모든 홀을 선택하도록 하며, 가공영역을 지정하면 그 안에서 드릴 툴 패스가 생성됩니다.

지름범위에서는 홀 세그먼트 자동병합이 둘가능합니다.

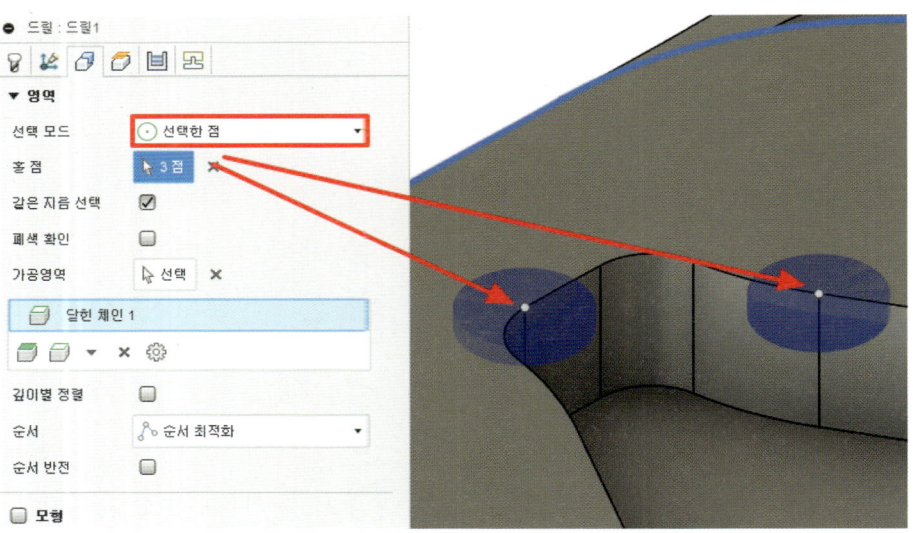

선택한 점은 점을 찍어 해당 지점에 툴 패스를 생성합니다.

주로 2D 도면을 불러온 상태에서 사용됩니다.

보통은 선택한 면을 가장 많이 사용함으로 본 교재에서는 선택한 면을 사용했습니다.

▌드릴 높이 설정

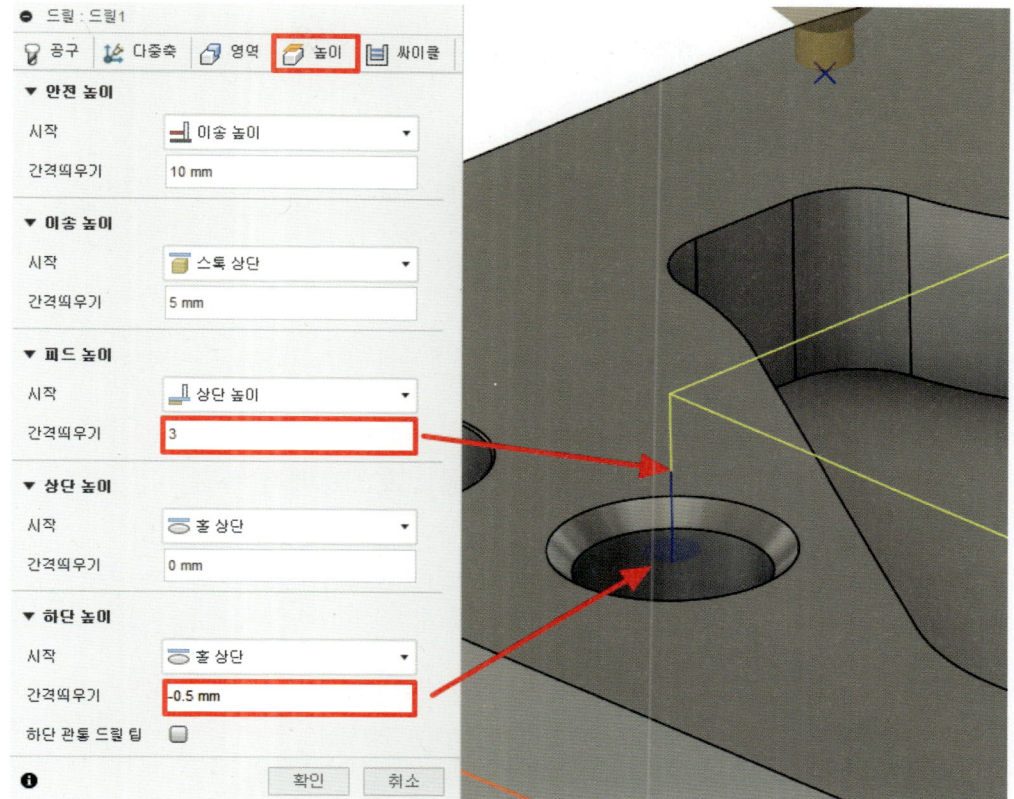

피드 높이에서 상단 높이 기준 3mm는 R3을 의미합니다.

하단 높이에서 홀 상단을 기준으로 -0.5mm 만큼 센터드릴 가공을 하게 됩니다.

▌드릴 사이클 설정

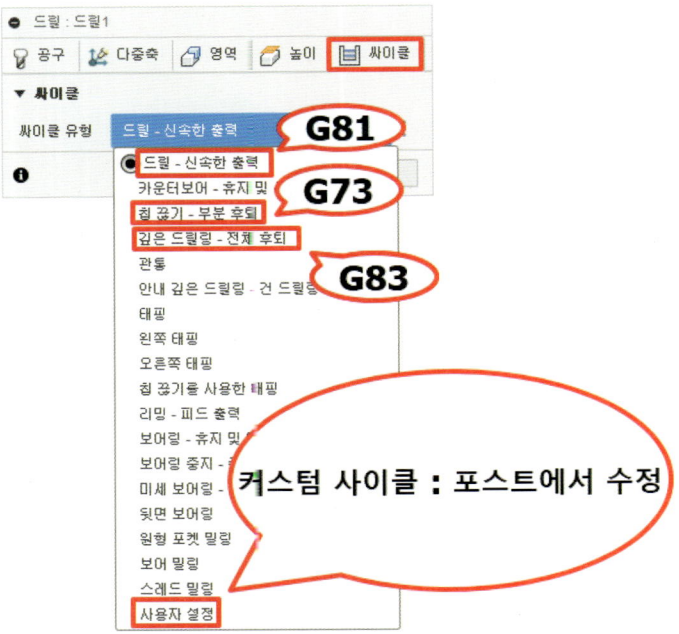

센터드릴에서는 드릴-신속한 출력으로 설정합니다.

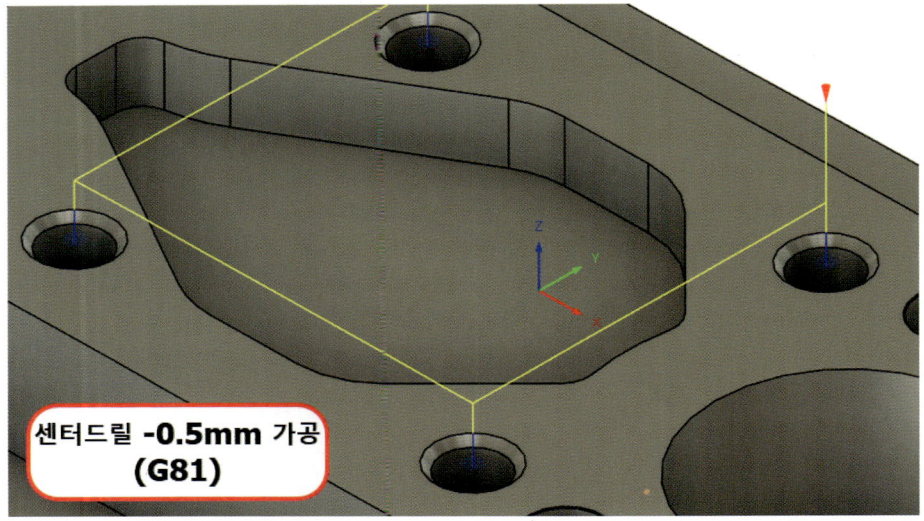

14.2 ⌀10 드릴 가공

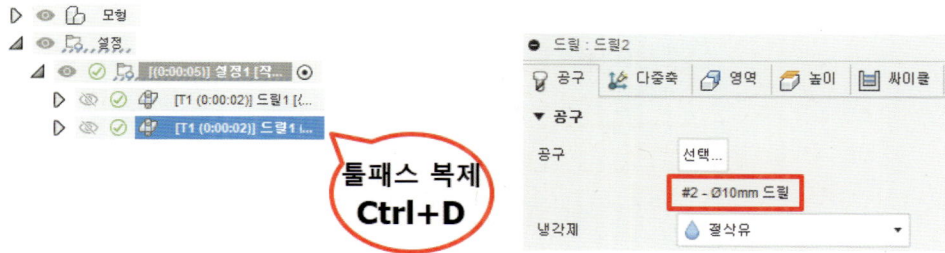

드릴 높이 설정

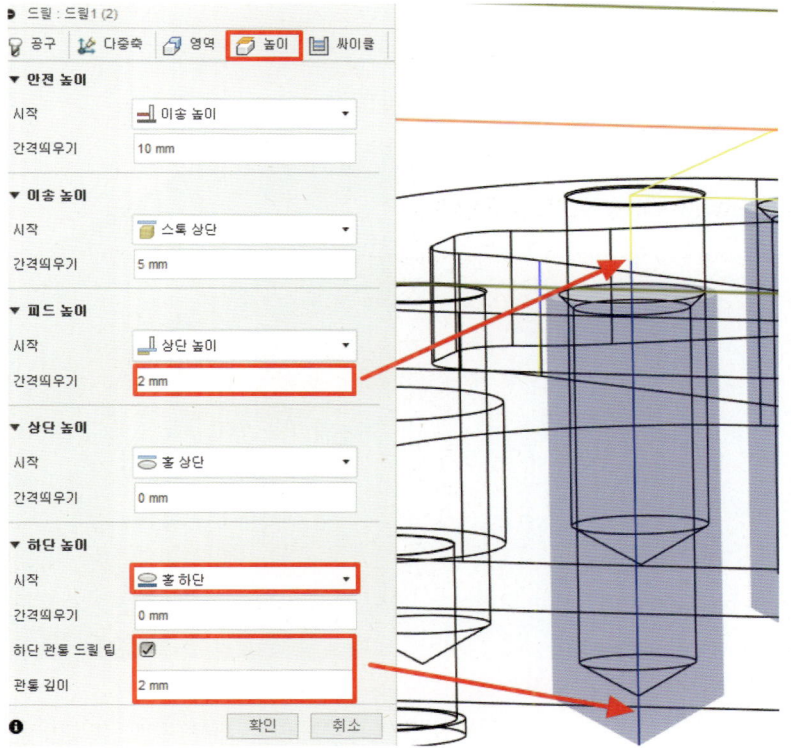

피드 높이에서 상단 높이 기준으로 2mm는 R2를 의미합니다.

하단 높이에서 홀하단으로 설정을 하고 하단 관통 드릴 팁을 체크하면 홀을 관통하거나 관통홀이 아니라면 끝까지 들어가도록 설정합니다.

거기서 관통 깊이를 양수로 더 입력하게 되면 입력한 값만 큼 더 들어가게 됩니다.

▮ 드릴 사이클 설정

펙 깊이는 한번 가공할 때 들어가는 양을 으미합니다.

칩 끊기 거리는 칩을 끊기 위해 위로 올라가는 양을 의미합니다.

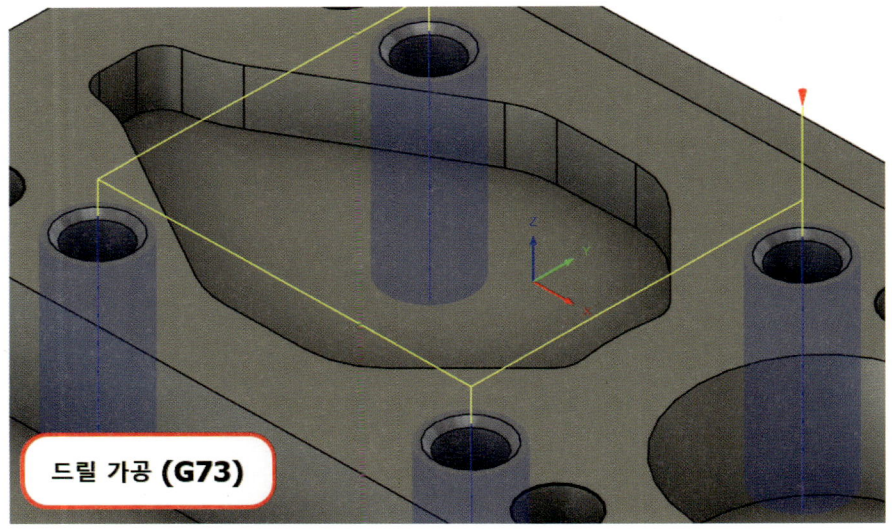

14.3 ∅10 탭 가공

공구가 우 나사 탭인지 좌 나사 탭인지에 따라 자동으로 해당 공구에 맞는 태핑 싸이클로 생성합니다.

휴지기간은 Dwell 값을 의미합니다.

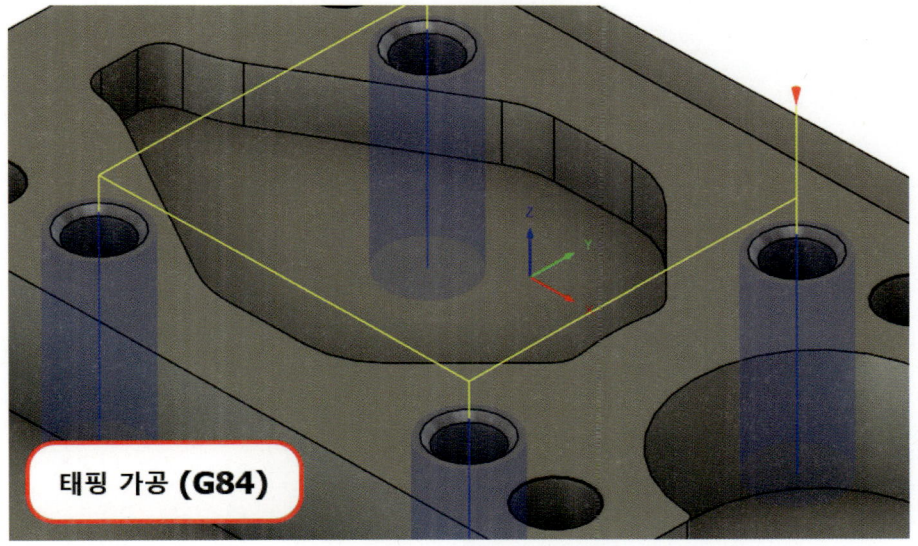

15 포스트프로세스

15.1 포스트프로세스 출력 유형

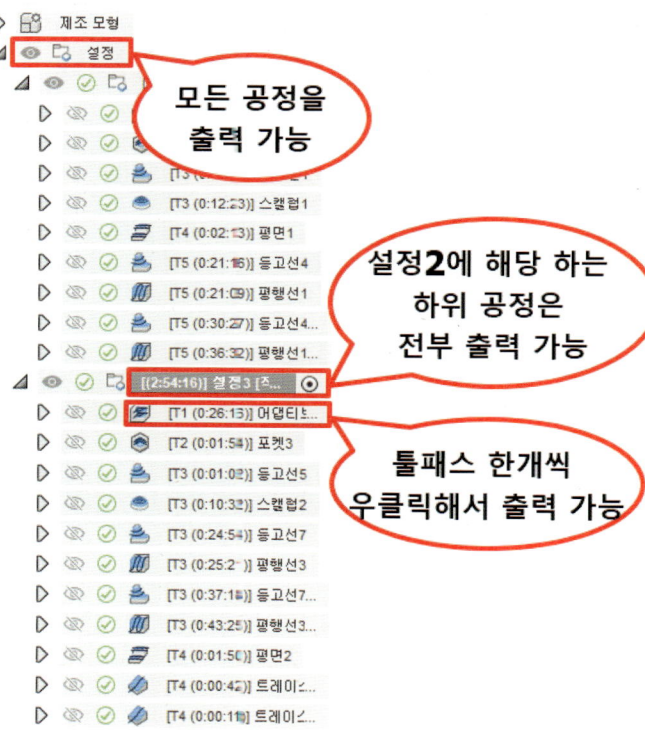

15.2 포스트 프로세스 실행하기

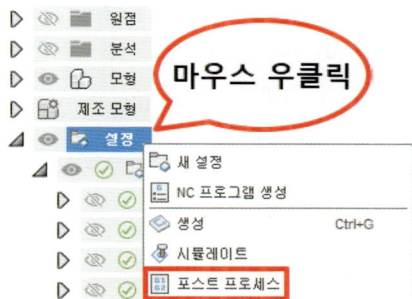

15.3 포스트프로세스 선택 및 설정

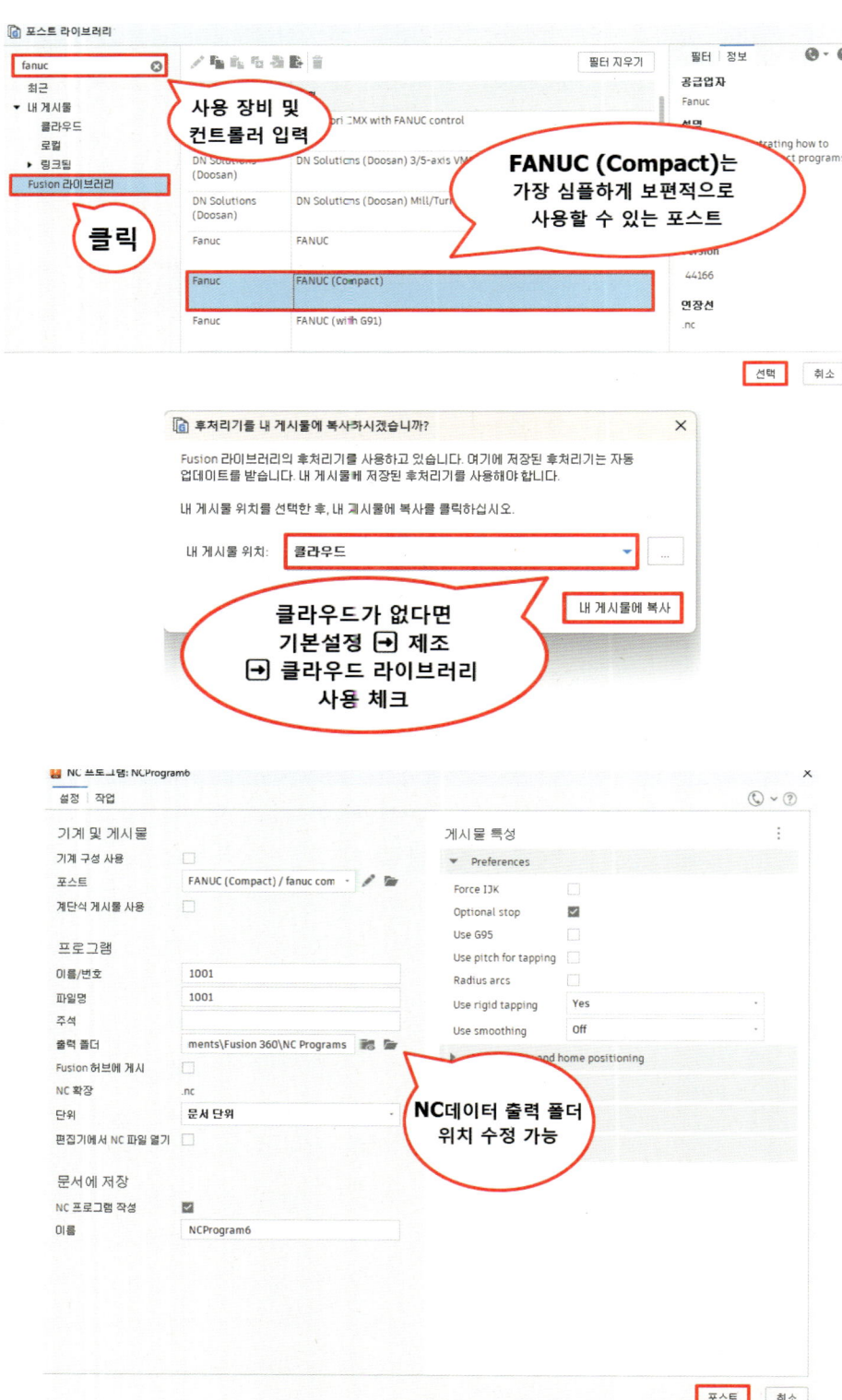

Chapter 04 | Fusion CAM 툴 패스 – 2D 기능

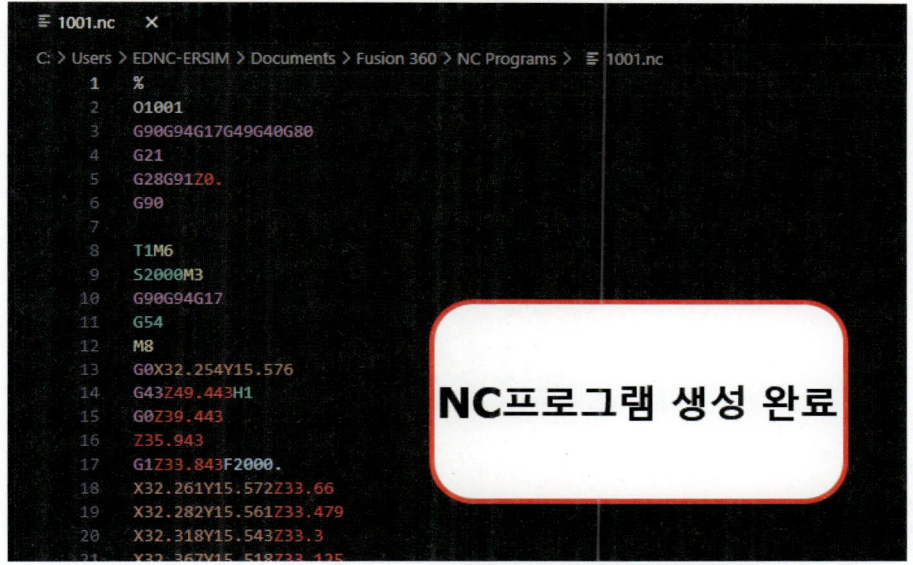

AUTODESK Fusion 360 밀링 기본편

16 2D 기능으로 실가공하기

실제 사례 제품을 가지고 실가공을 할 수 있는 예제입니다.

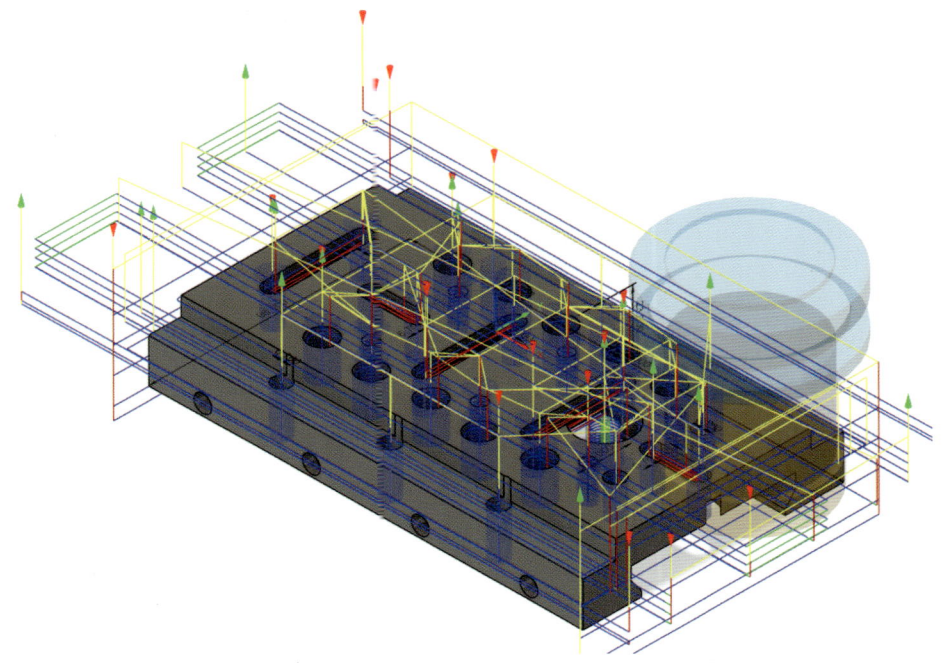

❏ 샘플위치 : QR코드 스캔

16.1 툴 패스 생성 전 준비하기

▌소재크기 측정하기

▌언더컷 분석하기

▌최소 반지름R 측정하기

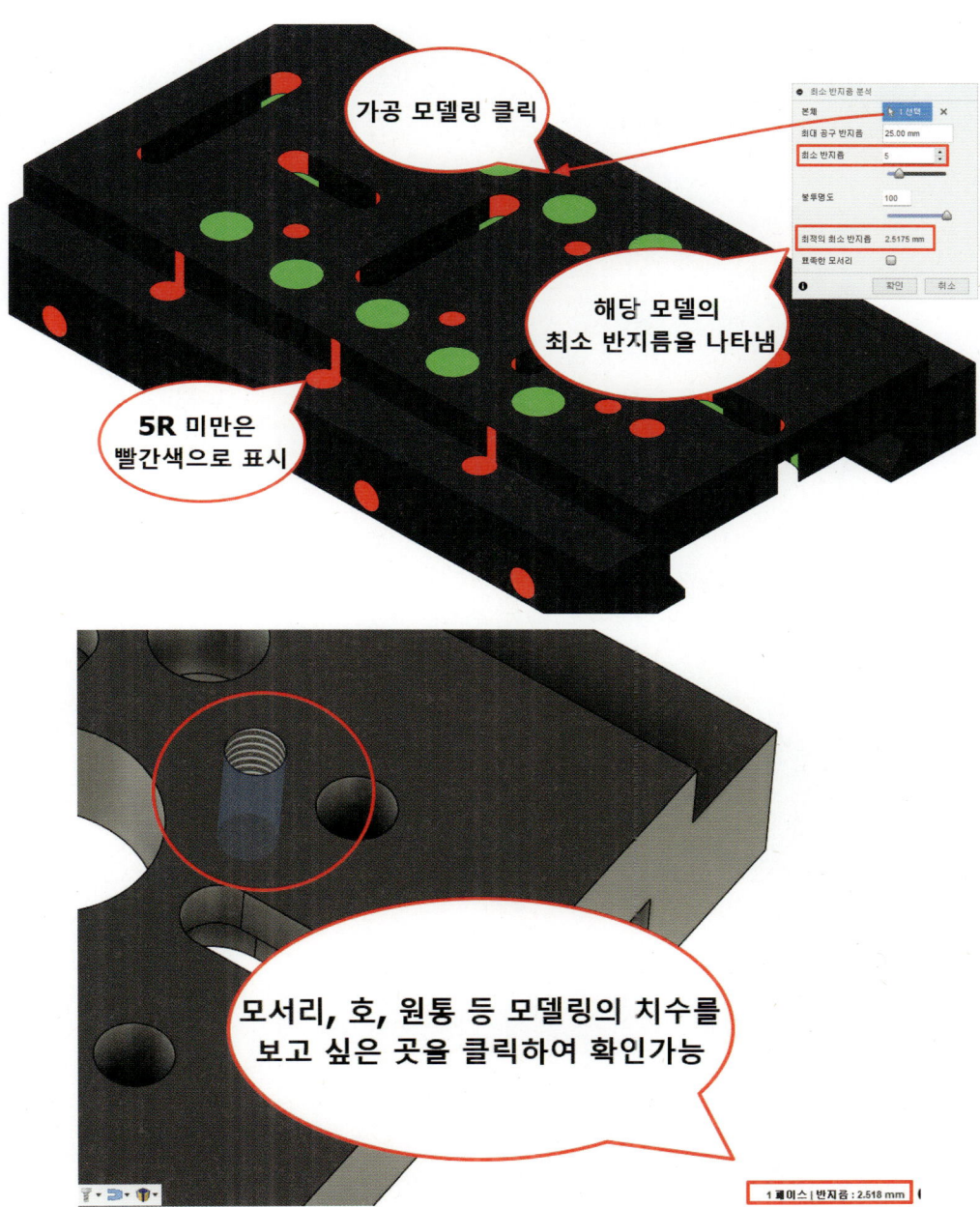

16.2 작업 좌표계 및 스톡 설정하기 - 1차 가공

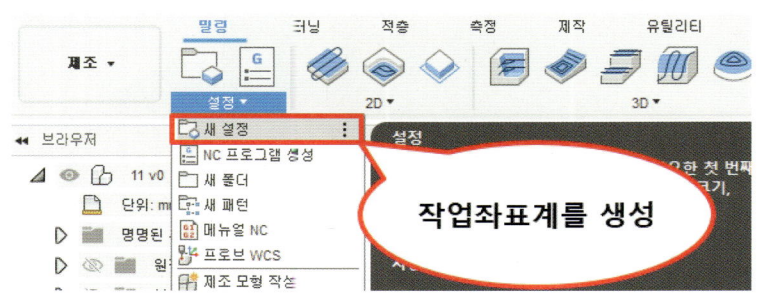

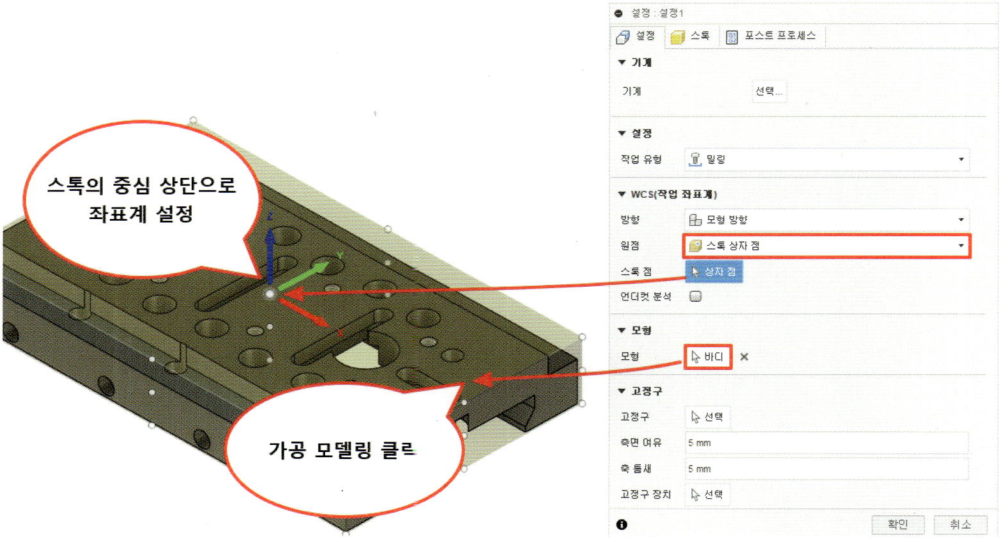

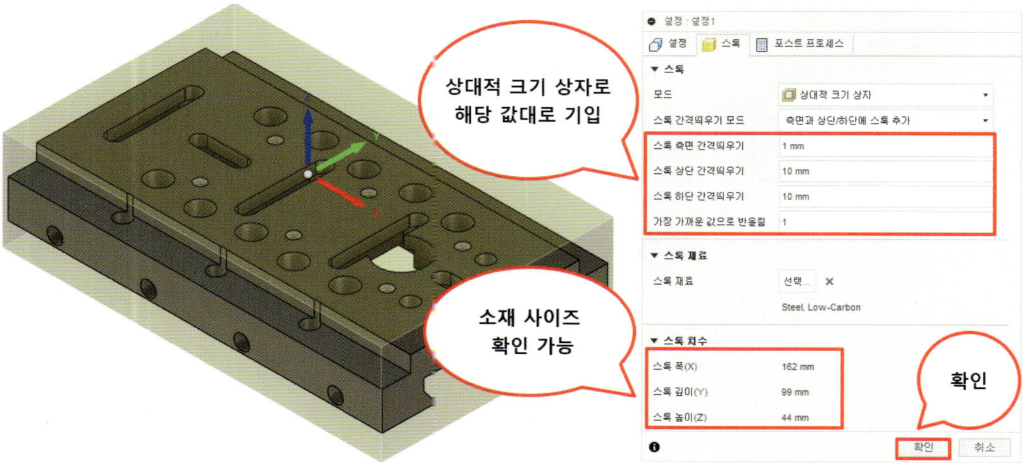

작업좌표계를 생성

스톡의 중심 상단으로 좌표계 설정

가공 모델링 클릭

상대적 크기 상자로 해당 값대로 기입

소재 사이즈 확인 가능

확인

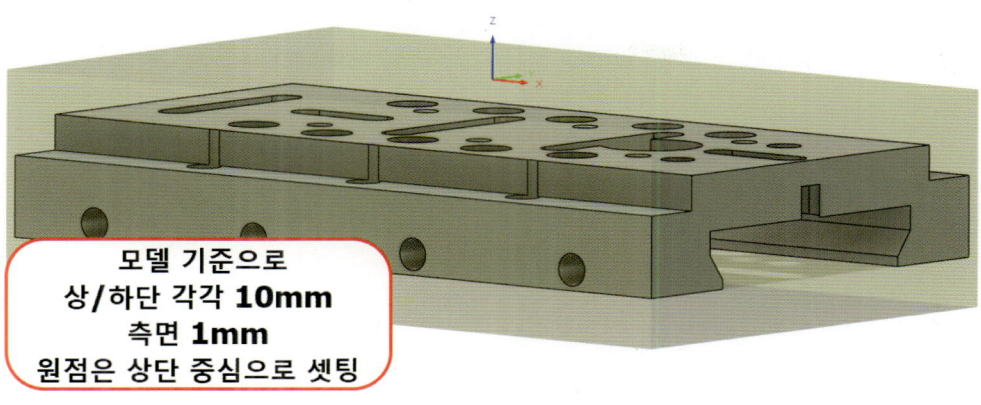

모델 기준으로
상/하단 각각 **10mm**
측면 **1mm**
원점은 상단 중심으로 셋팅

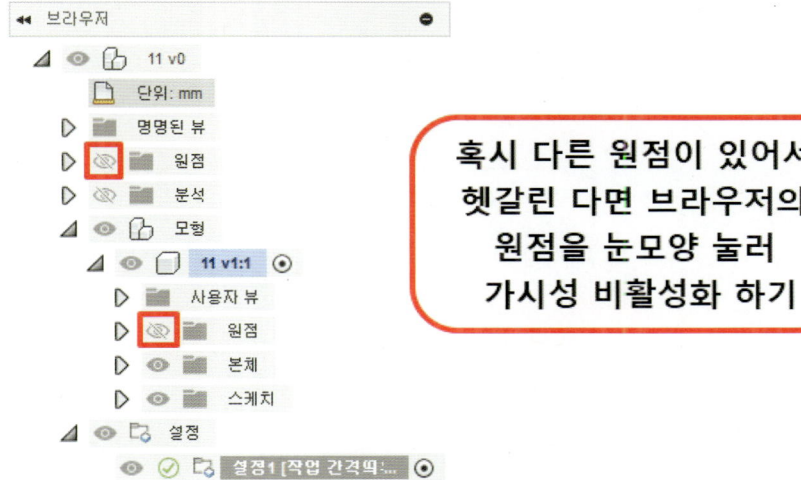

혹시 다른 원점이 있어서
헷갈린 다면 브라우저의
원점을 눈모양 눌러
가시성 비활성화 하기

16.3 3D 치수 (매뉴얼 측정) 기입하기

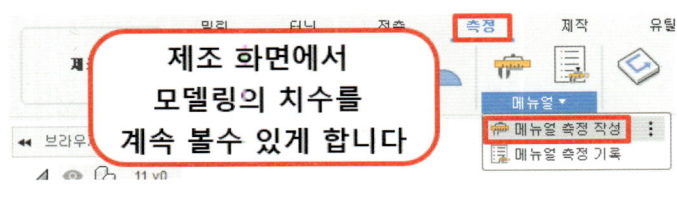

16.4 공구 생성하기

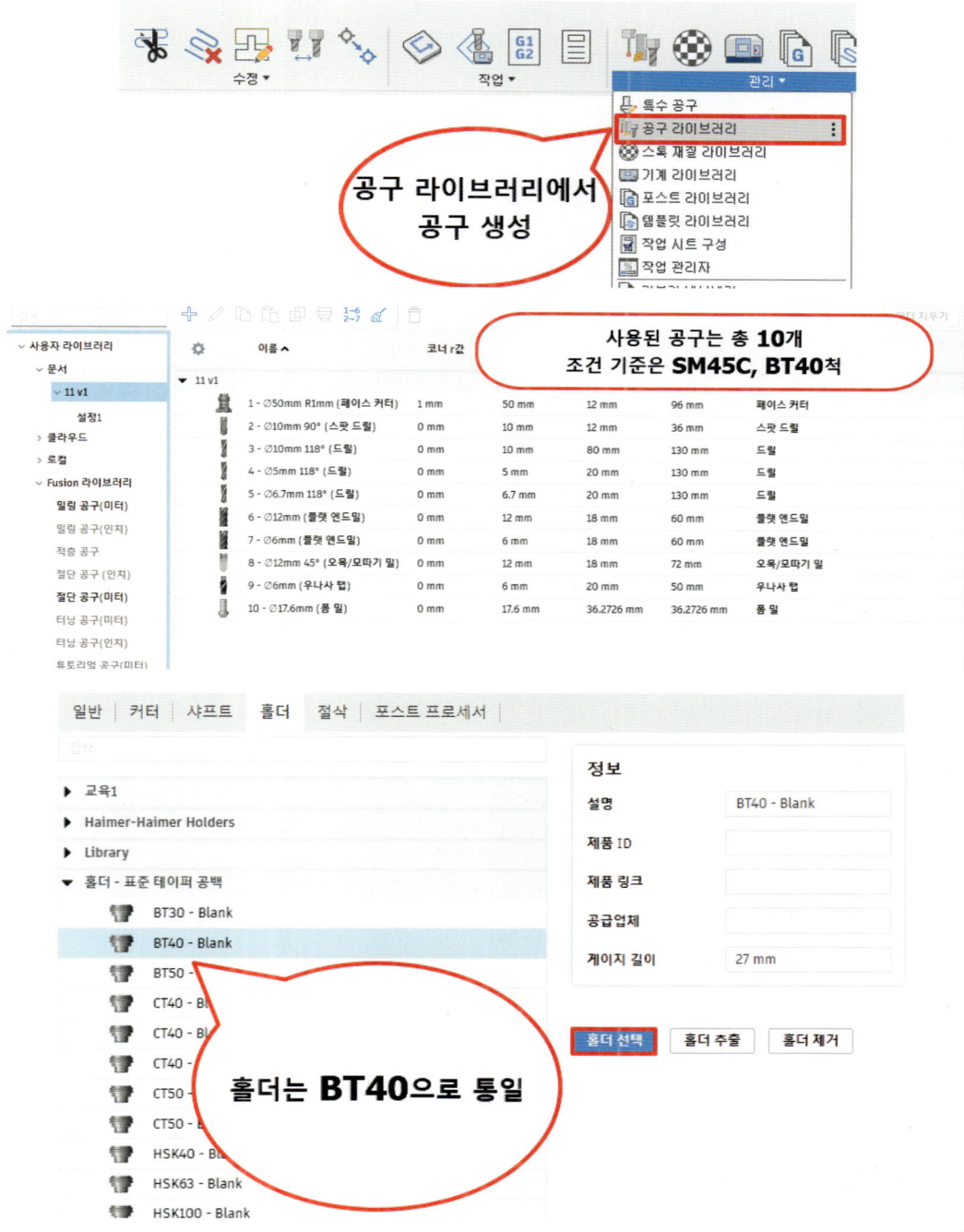

AUTODESK Fusion 360 밀링 기본편

11 v1 / 1 - ⌀50mm R1mm (페이스 커터)

일반 | 커터 | 샤프트 | 홀더 | 절삭 | 포스트 프로세서

유형	페이스 커터
단위	밀리미터
시계 방향 스핀들 회전	✓
플루트의 수	6
재료	HSS

형상

지름	50 mm
샤프트 지름	45 mm
전체 길이	96 mm
홀더 아래 길이	48 mm
숄더 길이	12 mm
플루트 길이	12 mm
코너 r값	1 mm
테이퍼 각도	0 차수

공구 조립품

게이지 길이	75 mm

속도

스핀들 속도	600 rpm
곡면 속도	94.24778 m/분
램프 스핀들 속도	600 rpm

피드 속도

절삭 피드	1080 mm/분
날당 이송량	0.3 mm
리드인 피드 속도	1080 mm/분
리드아웃 피드 속도	1080 mm/분
전환 피드 속도	1080 mm/분
램프 피드 속도	333.33 mm/분
램프 각도	2 차수

수직 피드 속도

플런지 피드 속도	333.33 mm/분
회전당 플런지 피드	0.55556 mm

패스 및 링크

스텝다운 사용	✓
스텝다운	3 mm
스텝오버 사용	✓
스텝오버	30 mm

공구 1번 : 50-1R 페이스 커터

11 v1 / 2 - ⌀10mm 90° (스팟 드...)

일반 | 커터 | 샤프트 | 홀더 | 절삭 | 포스트 프로세서

유형	스팟 드릴
단위	밀리미터
시계 방향 스핀들 회전	✓
플루트의 수	2
재료	HSS

형상

지름	10 mm
샤프트 지름	10 mm
팁 지름	0 mm
팁 각도	90 차수
전체 길이	36 mm
홀더 아래 길이	35 mm
숄더 길이	15 mm

속도

스핀들 속도	2000 rpm
곡면 속도	62.83185 m/분

피드 속도

절삭 피드	600 mm/분
날당 이송량	0.15 mm
리드인 피드 속도	600 mm/분
리드아웃 피드 속도	600 mm/분
전환 피드 속도	600 mm/분
램프 피드 속도	333.33 mm/분

수직 피드 속도

회전당 피드 사용	☐
플런지 피드 속도	300 mm/분
회전당 플런지 피드	0.15 mm
후퇴 피드 속도	333.33 mm/분
회전 당 후퇴 피드 속도	0.16667 mm

공구 2번 : 10파이 스팟 드릴

공구 3번 : 10파이 드릴

공구 4번 : 5파이 드릴

AUTODESK Fusion 360 밀링 기본편

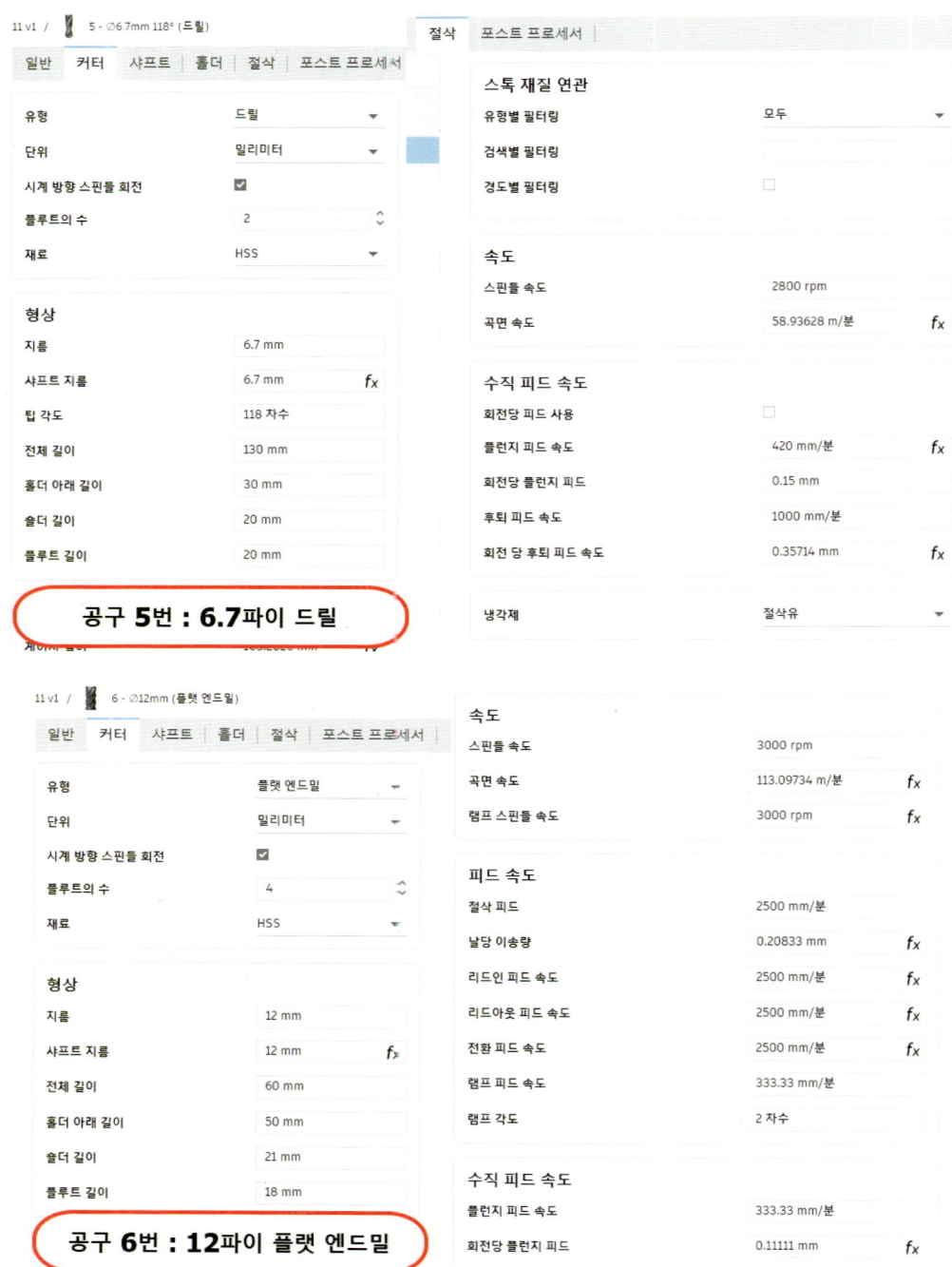

공구 5번 : 6.7파이 드릴

공구 6번 : 12파이 플랫 엔드밀

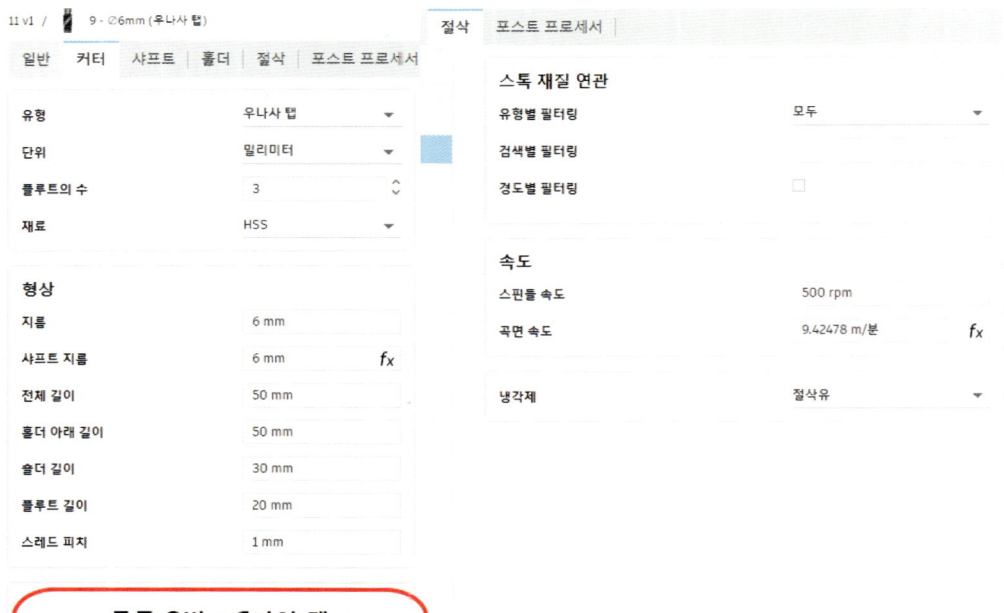

공구 9번 : 6파이 탭

공구 10번 : 특수공구

▌특수 공구 만들기

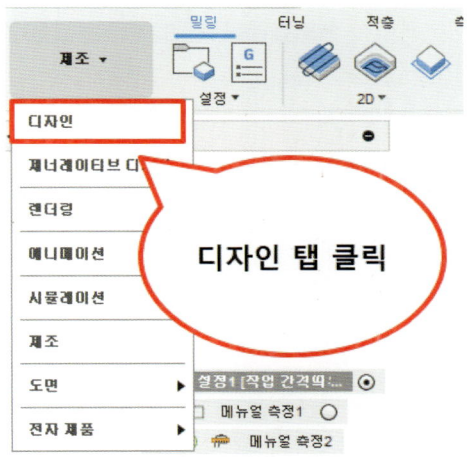

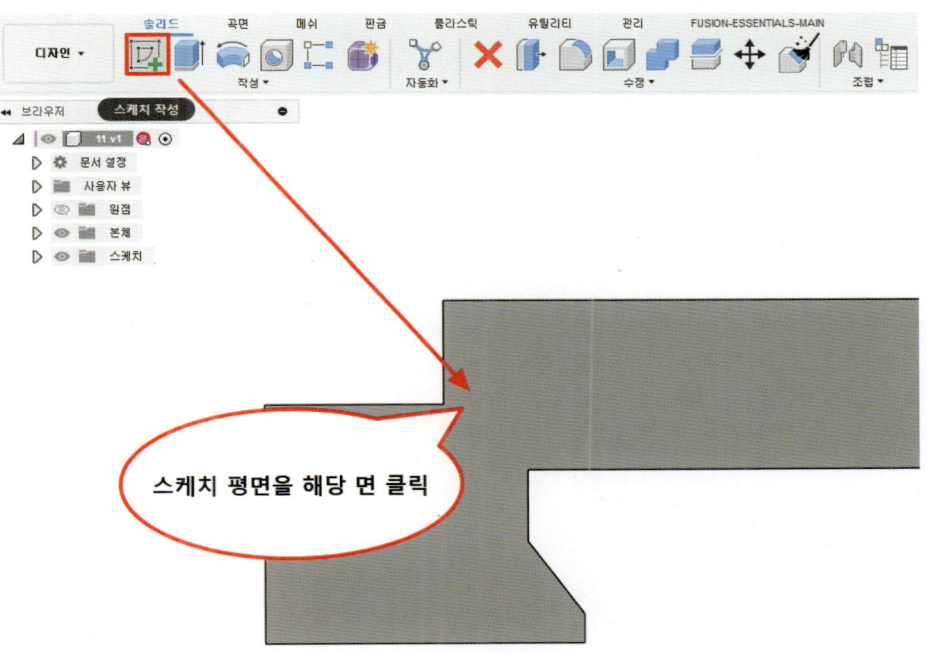

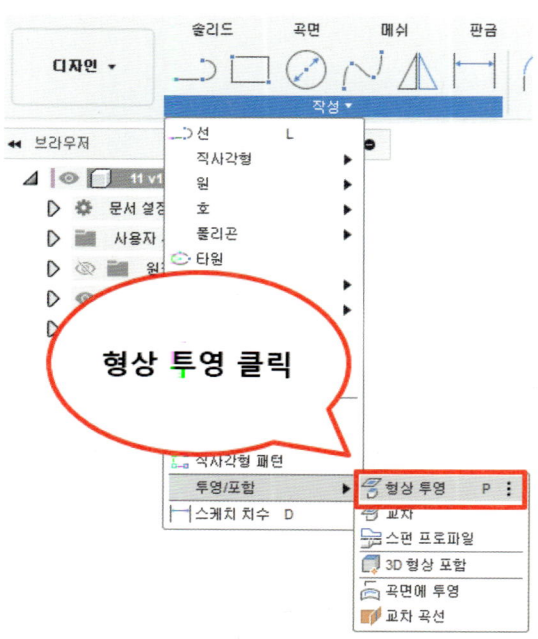

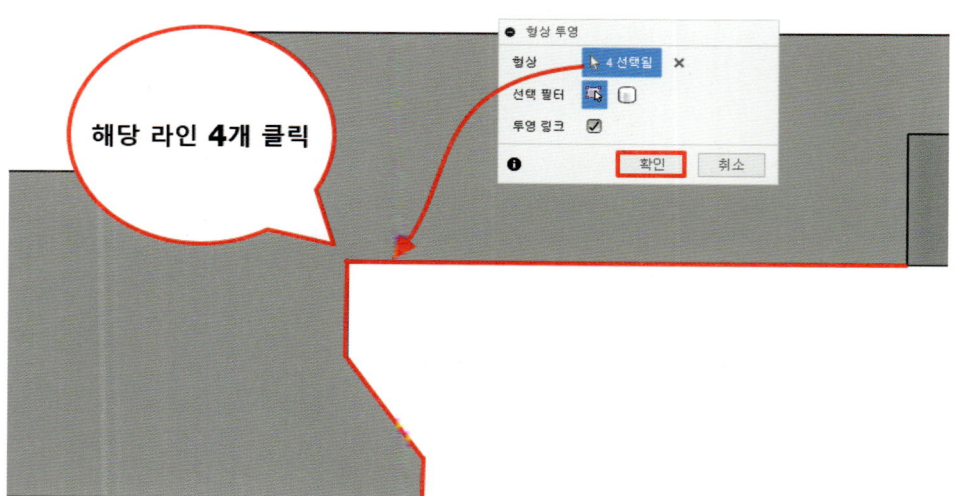

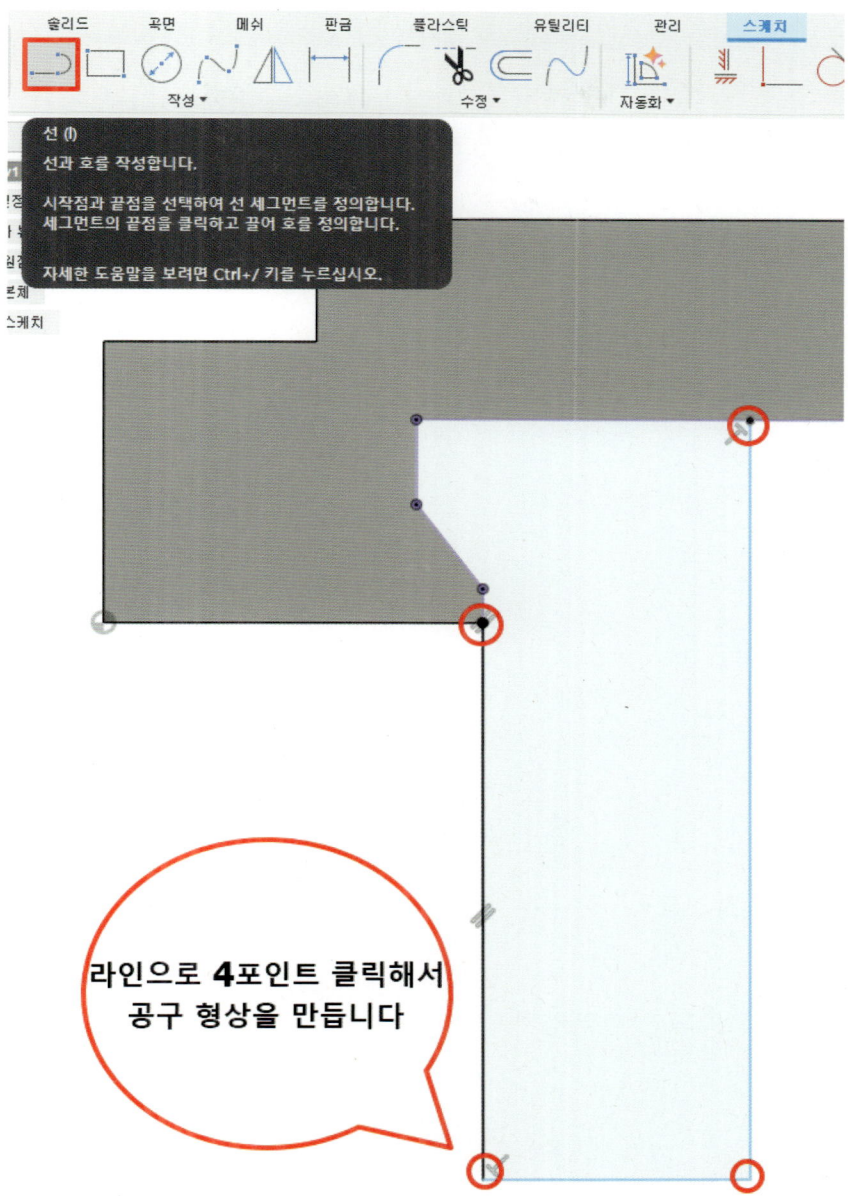

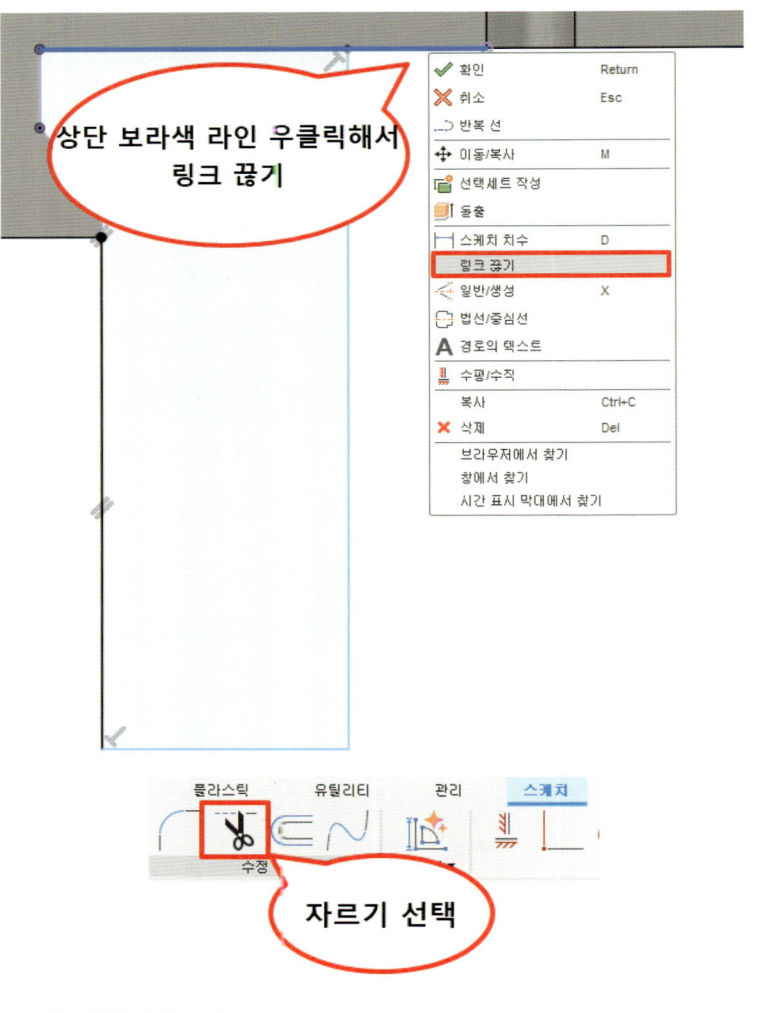

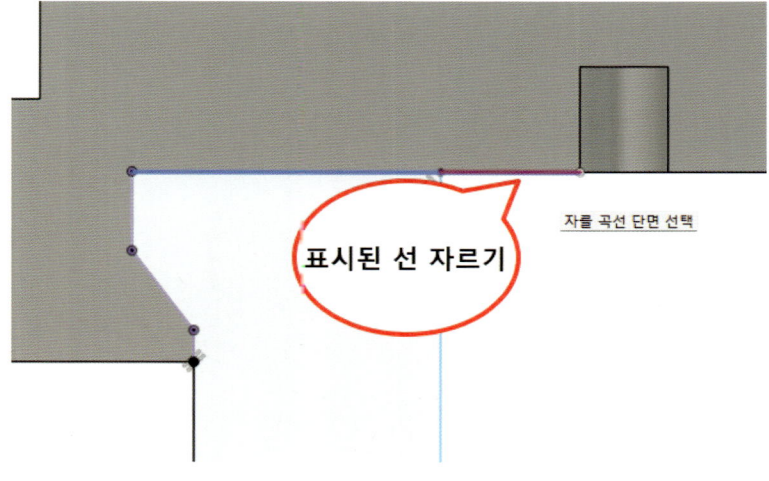

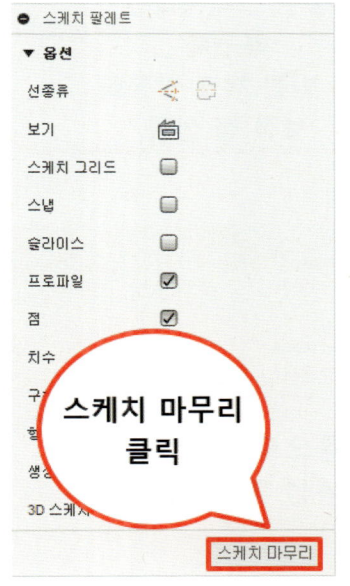

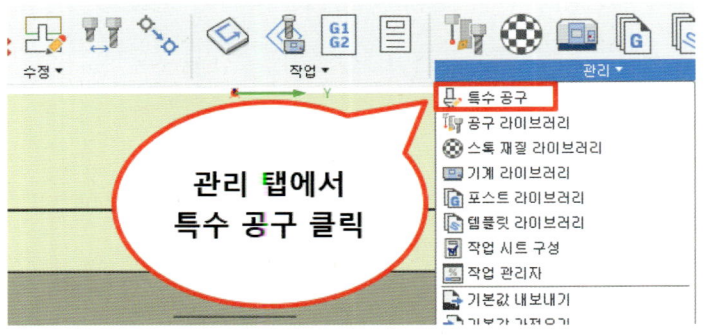

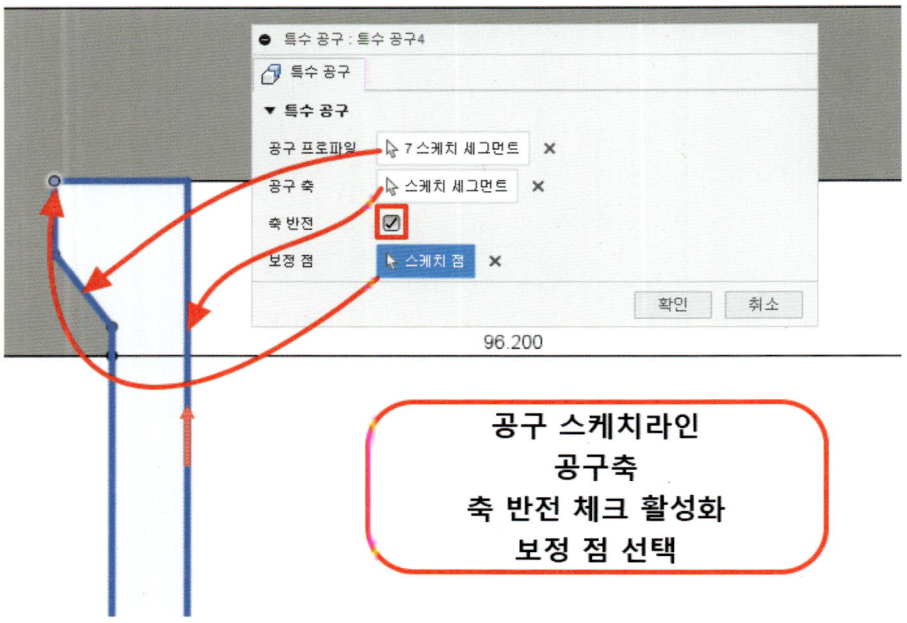

16.5 툴 패스 생성하기 - 1차 가공

■ 페이스 툴 패스 (상단 면 가공) - 황삭

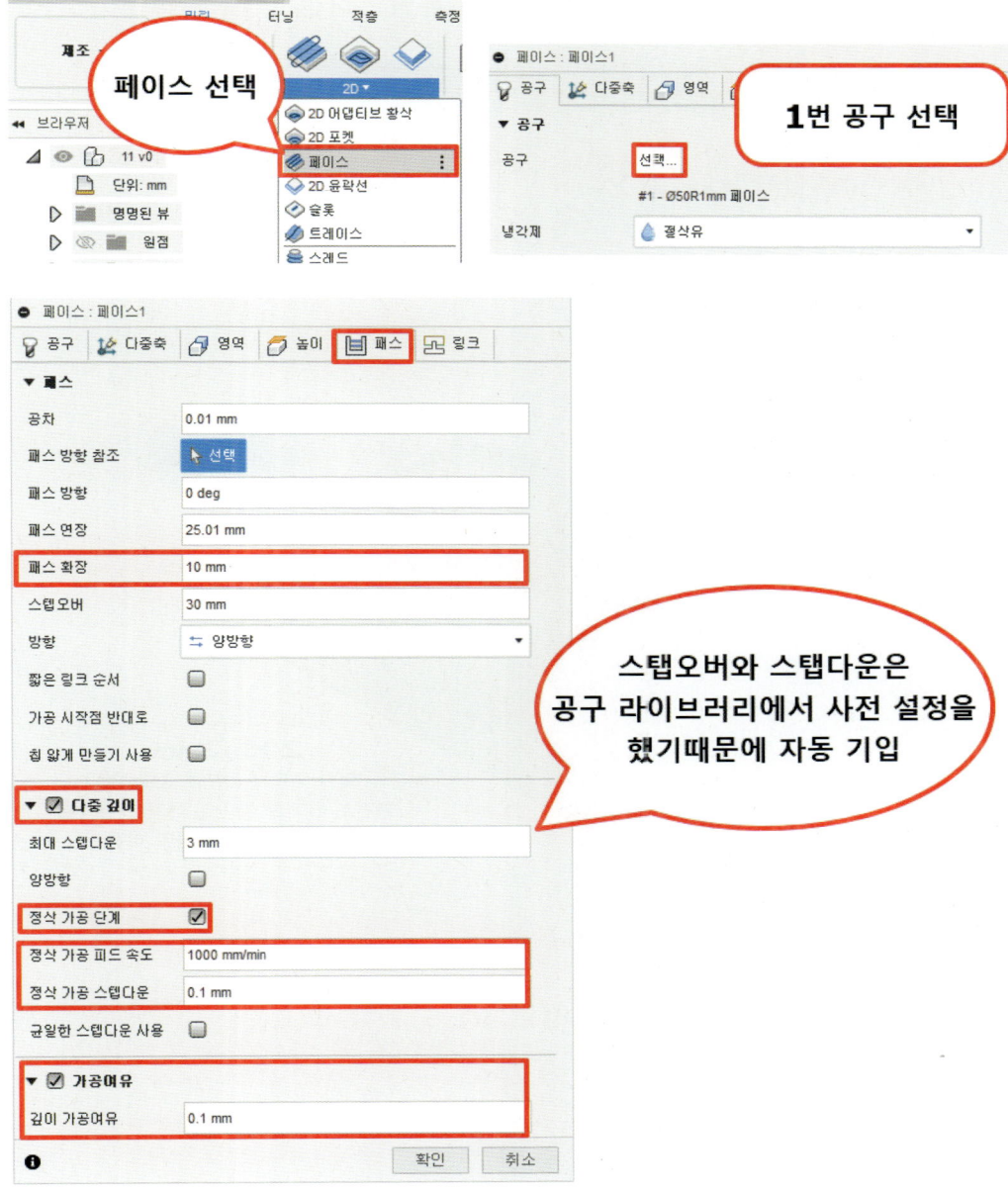

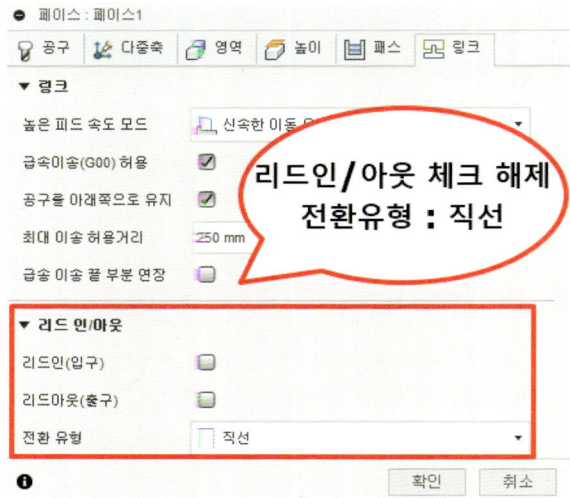

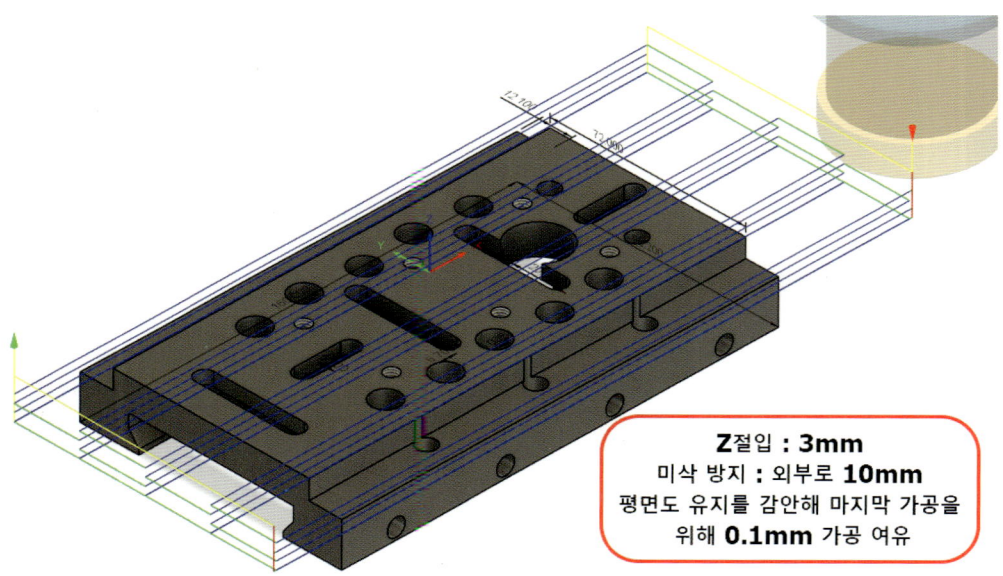

2D 윤곽선 가공 – 측벽 및 바닥 황삭

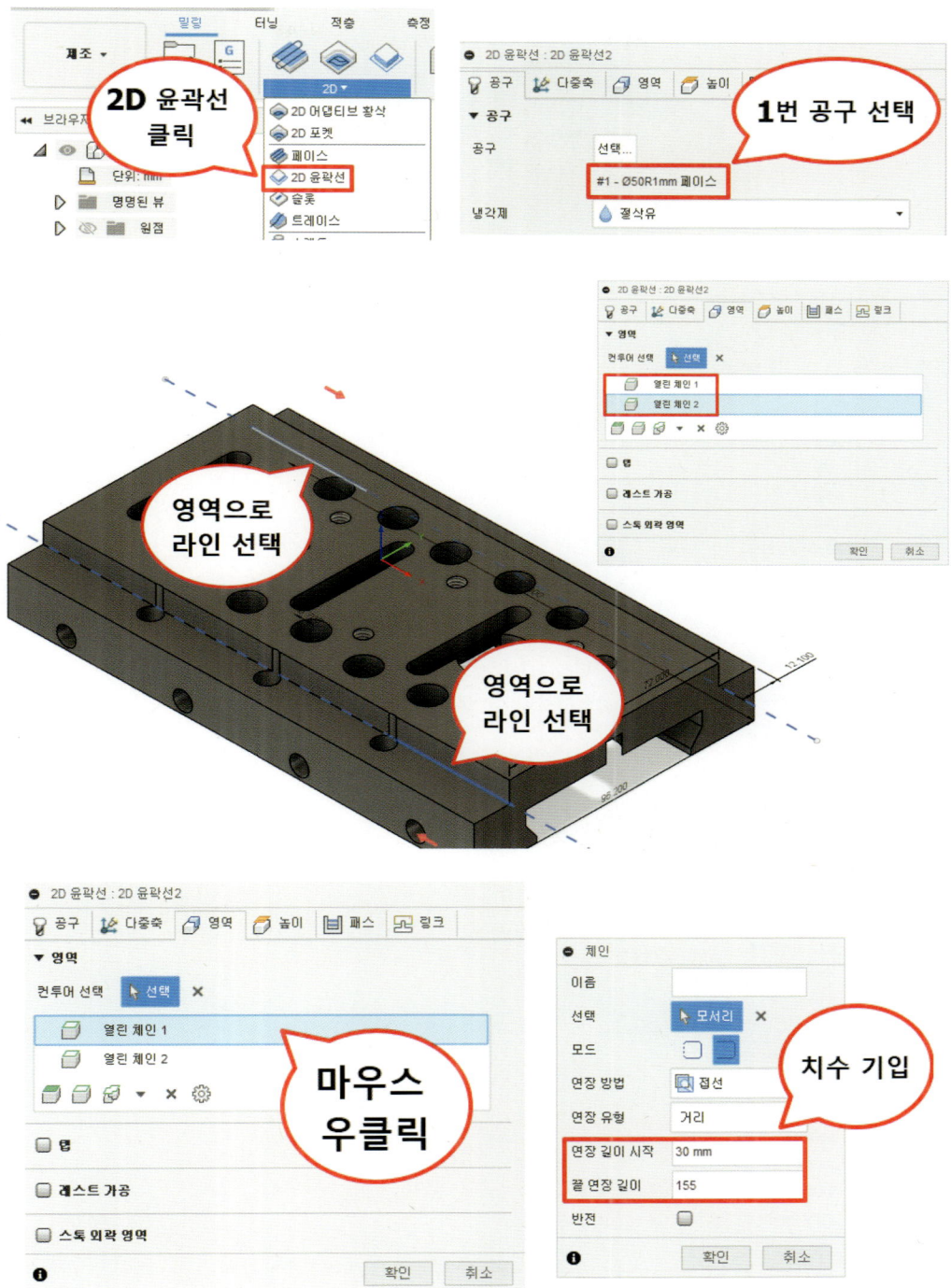

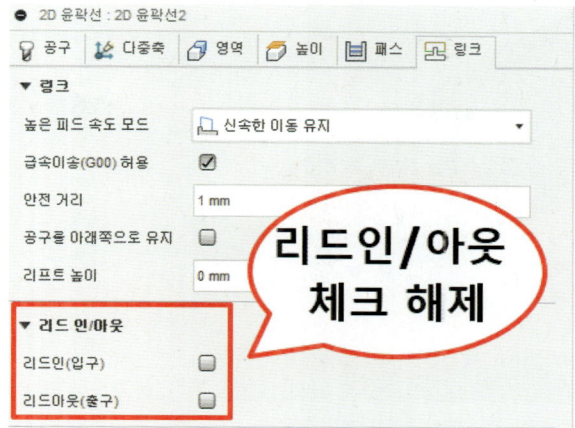

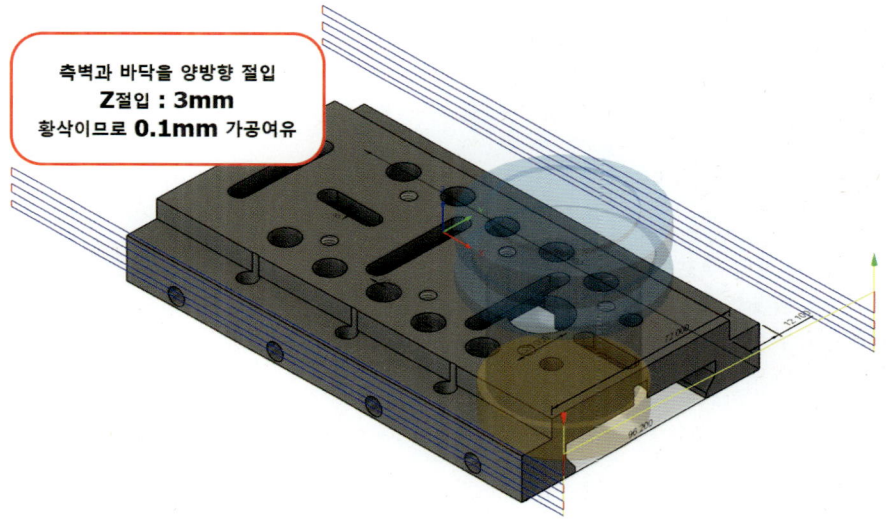

2D 보어 - 자리파기

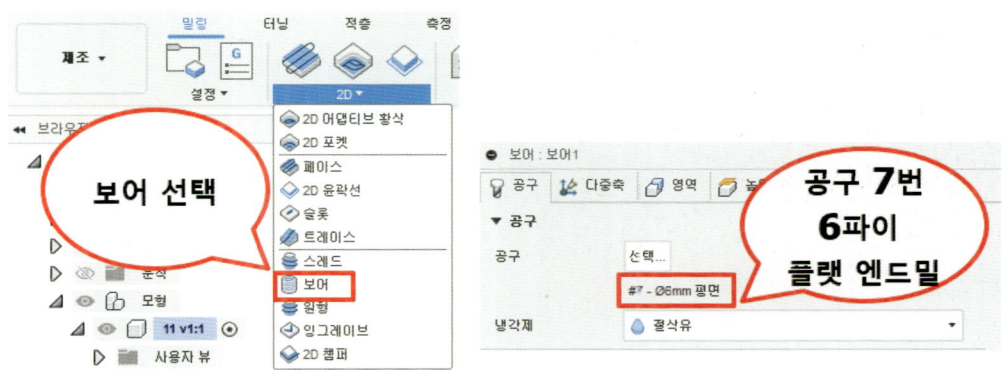

| Chapter 04 | Fusion CAM 툴 패스 – 2D 기능 |

▎드릴 – 센터 드릴

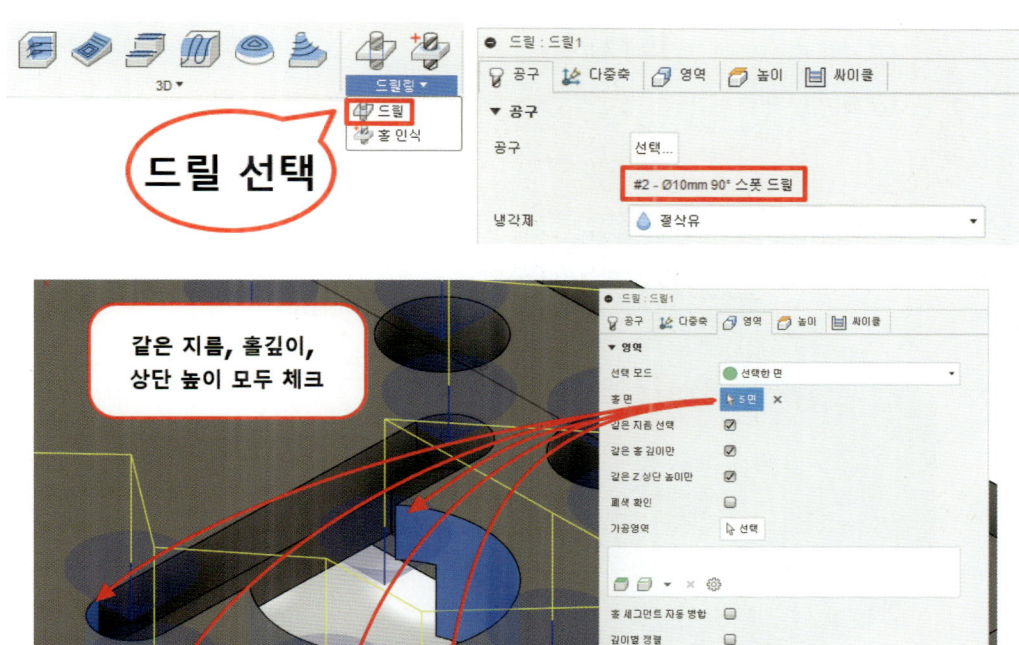

227

▌드릴 – 10파이 홀 가공

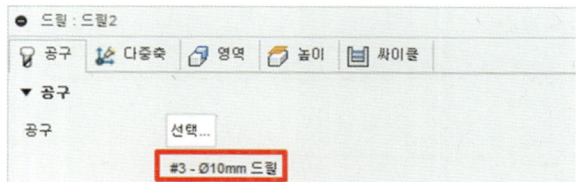

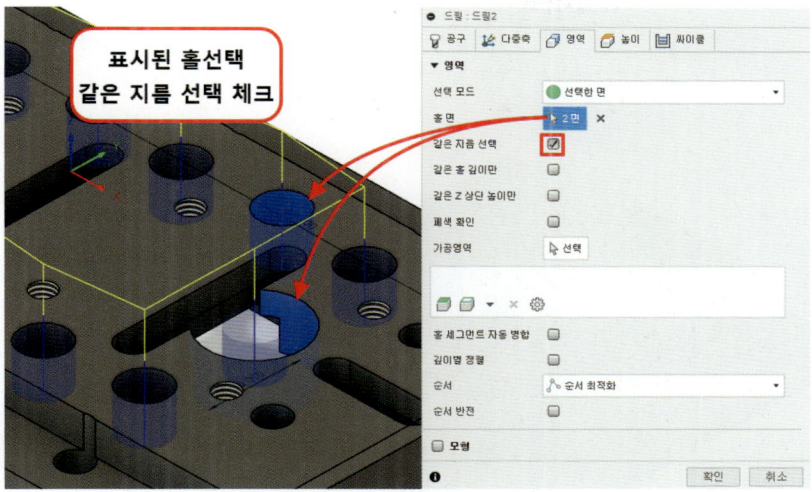

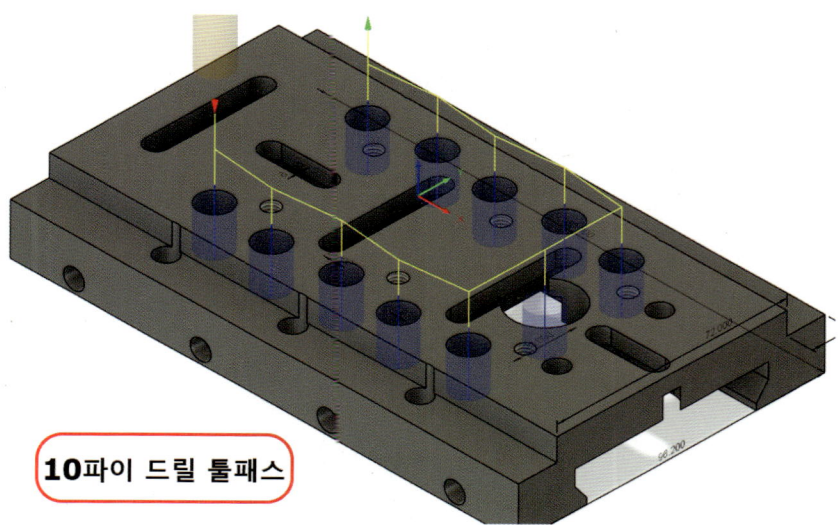

10파이 드릴 툴패스

드릴 - 5파이 홀 가공

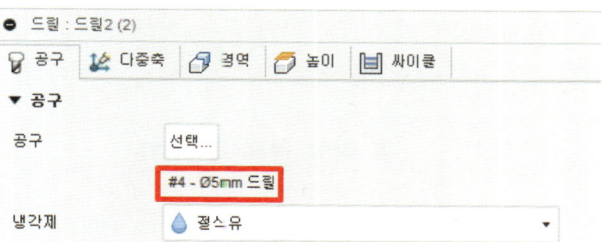

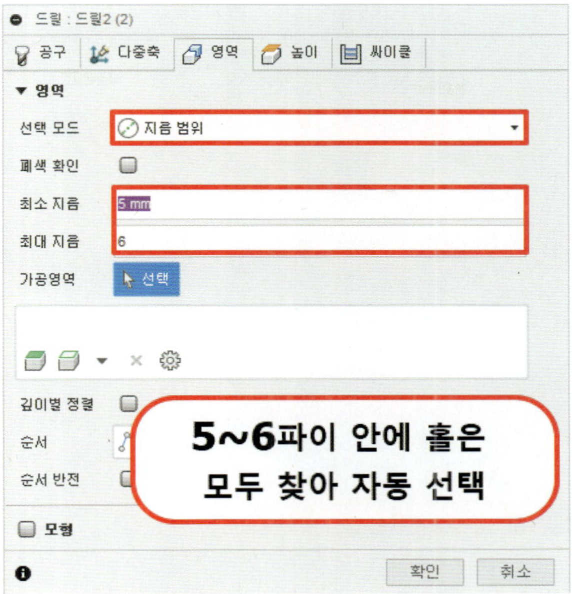

드릴 - 6.7파이 홀 가공

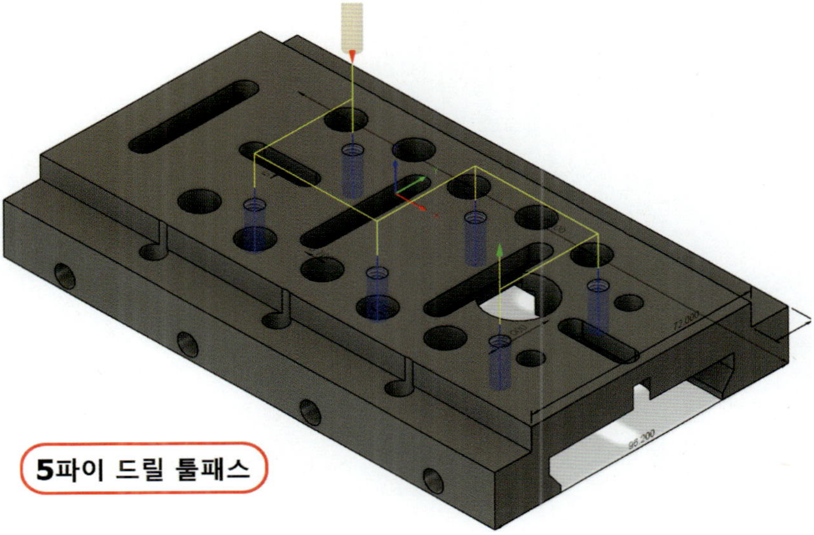

231

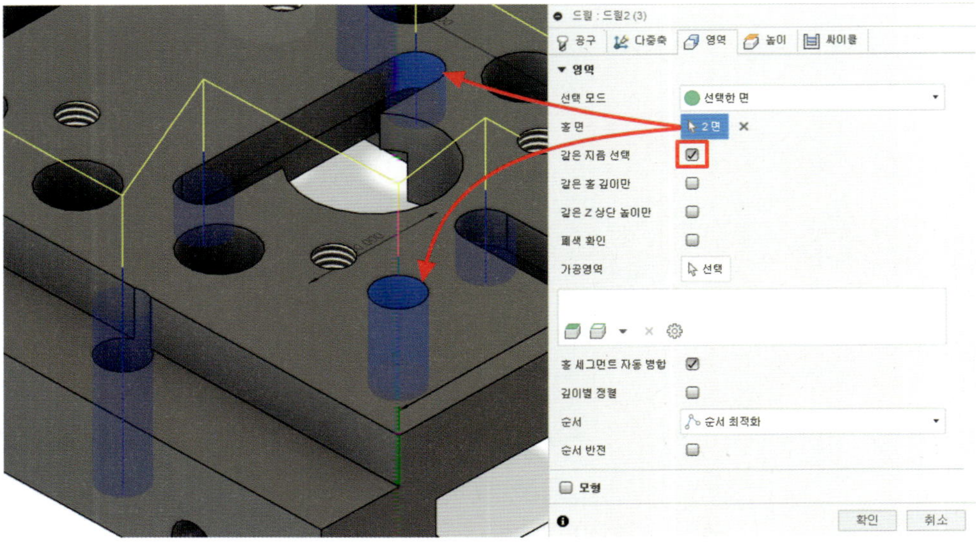

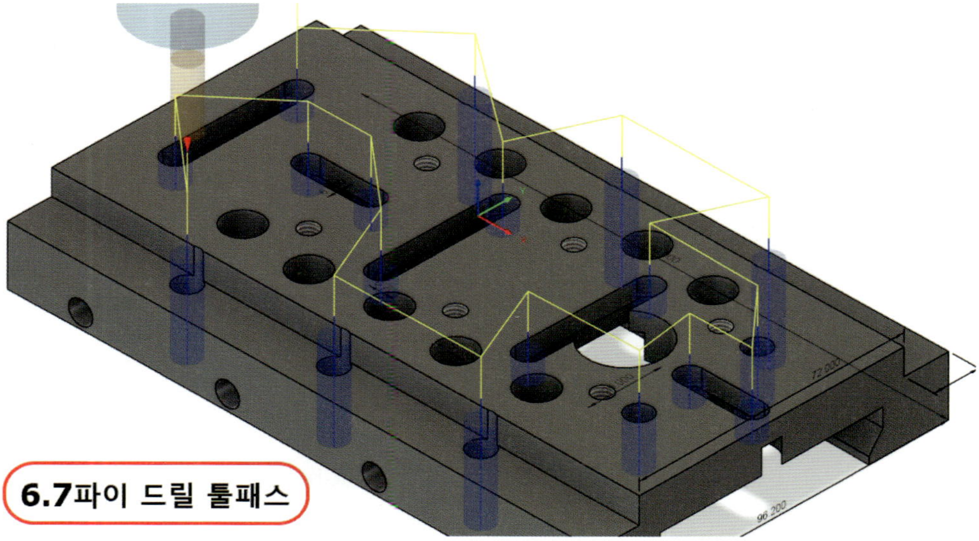

6.7파이 드릴 툴패스

드릴 - 6파이 탭 가공

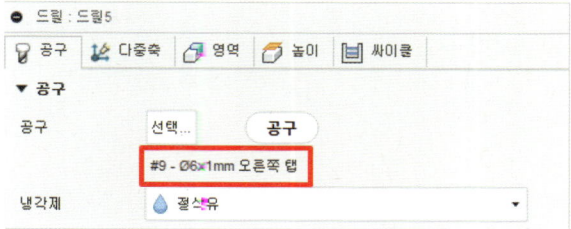

Chapter 04　　　　Fusion CAM 툴 패스 - 2D 기능

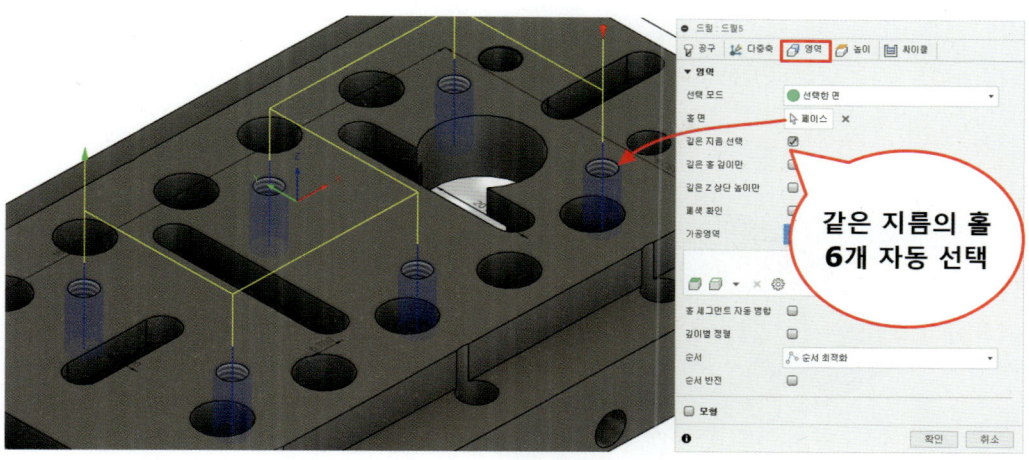

같은 지름의 홀 6개 자동 선택

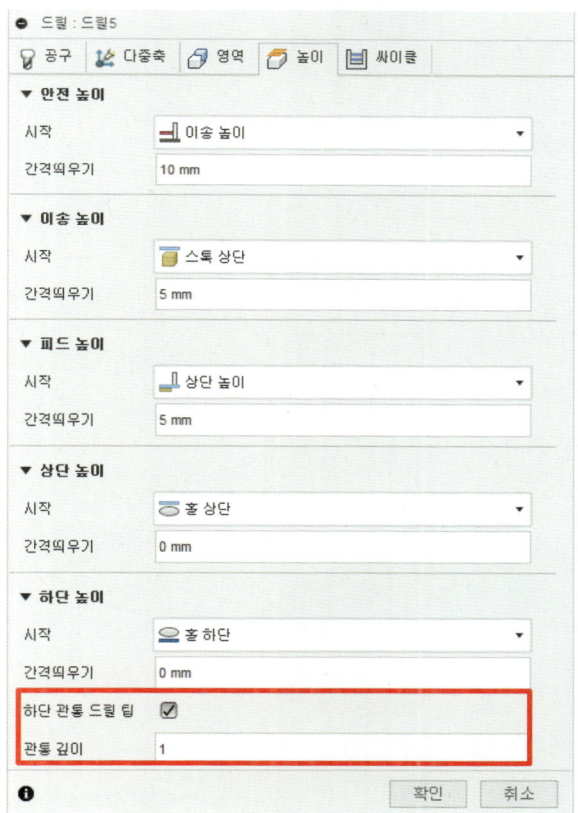

AUTODESK Fusion 360 밀링 기본편

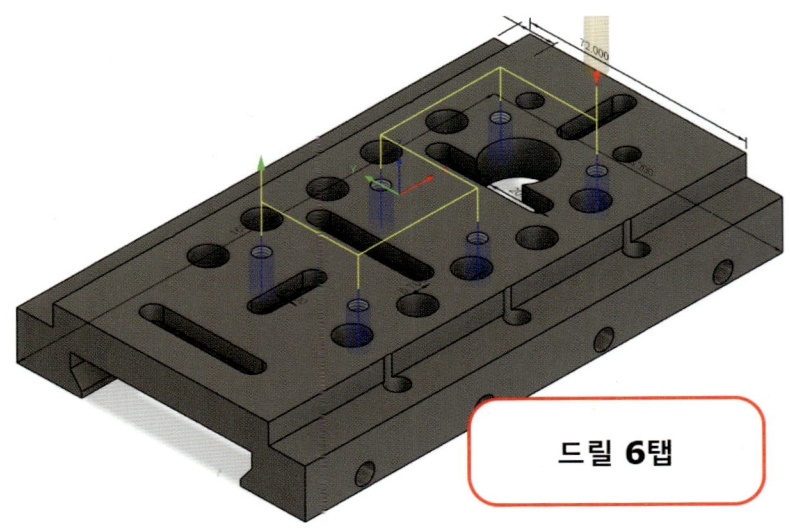

드릴 6탭

▌2D 윤곽선 – 램프를 이용한 포켓 가공

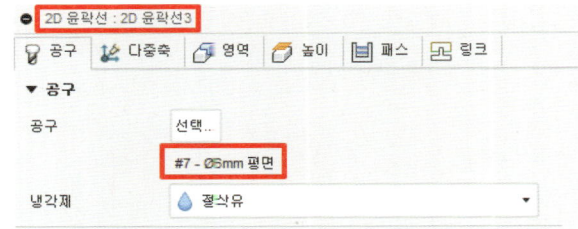

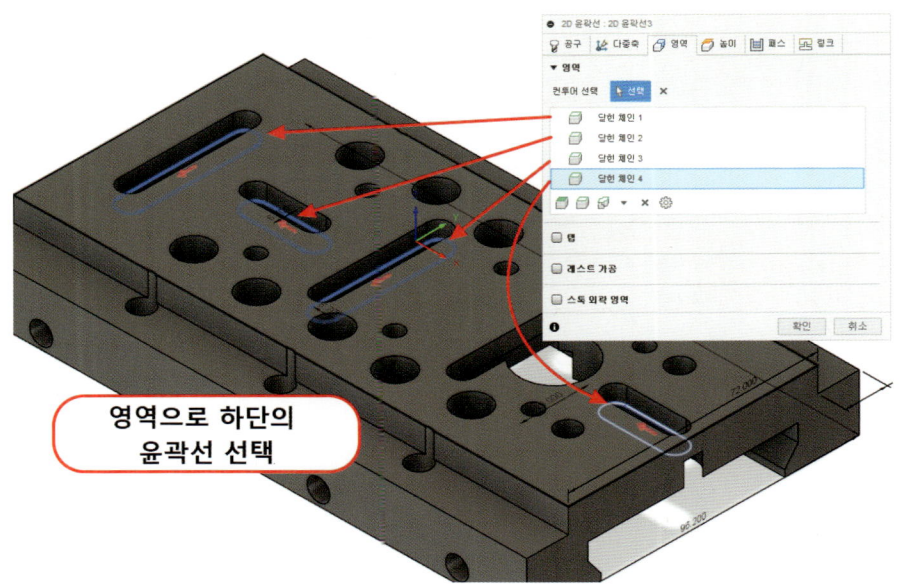

영역으로 하단의
윤곽선 선택

램프 진입을 가공툴패스로
사용한 윤곽선 가공

2D 윤곽선 – 램프를 이용한 포켓 가공 2

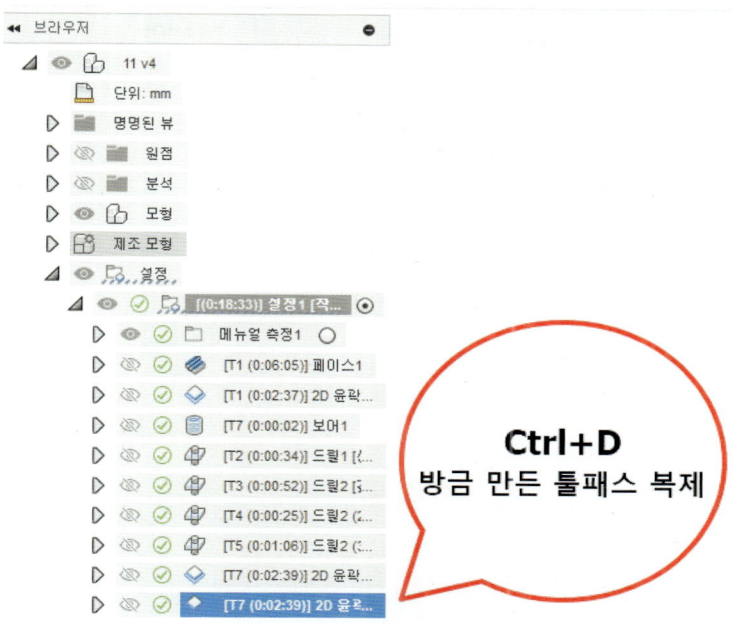

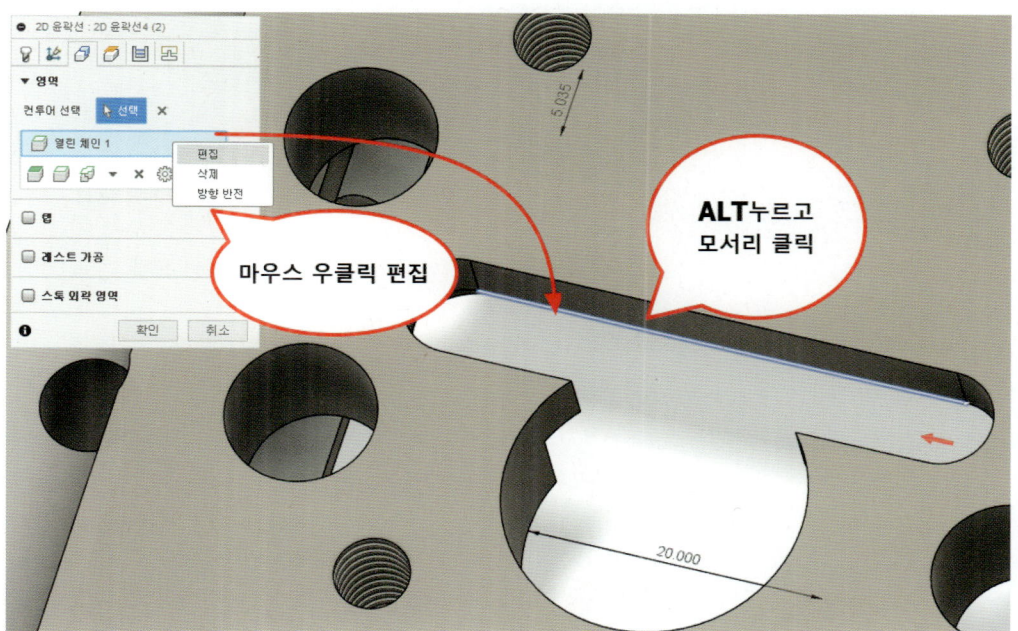

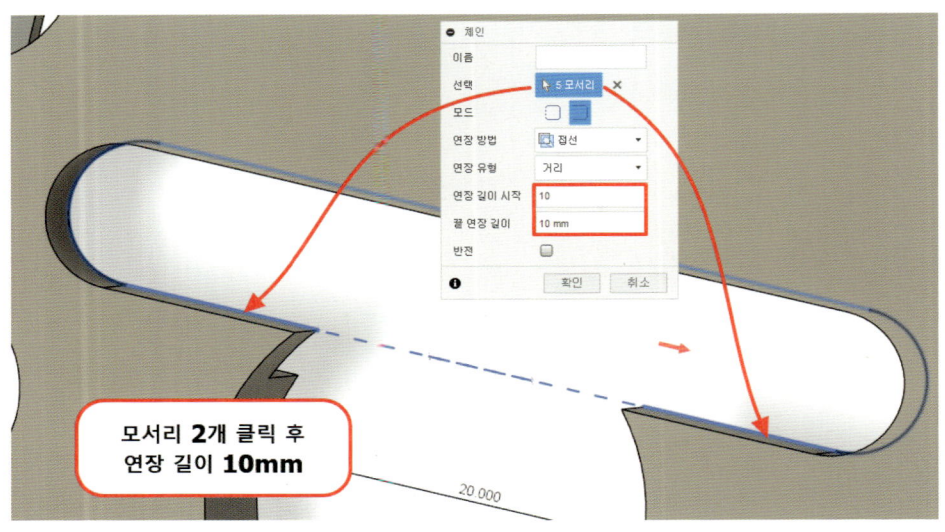

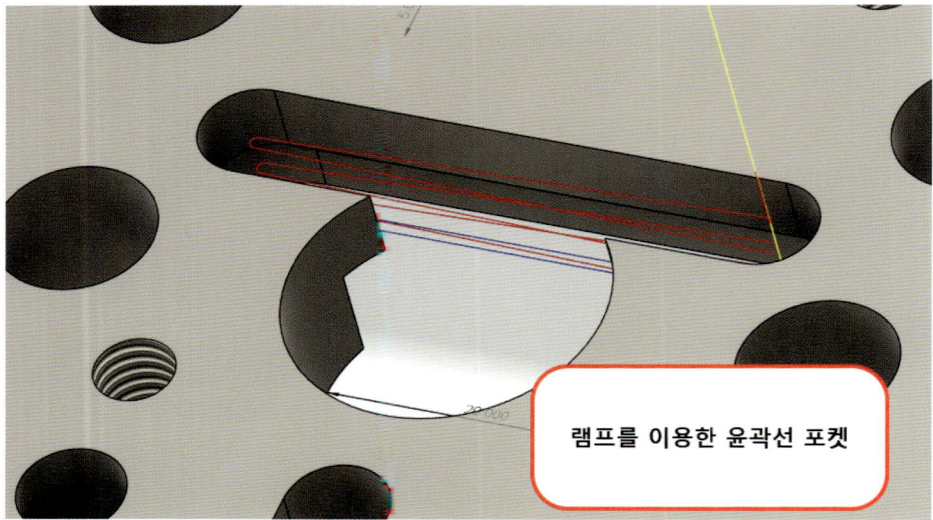

2D 윤곽선 - 측벽 가공하기

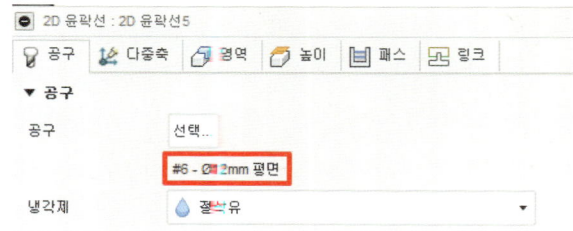

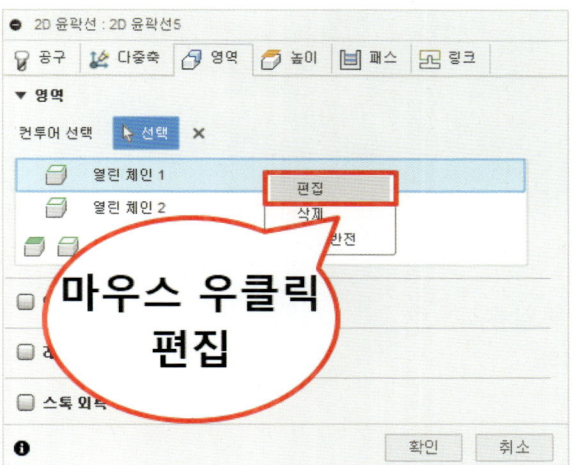

가공하고자 하는 전체 라인을 그리기 위해 라인 끝부분을 선택합니다.

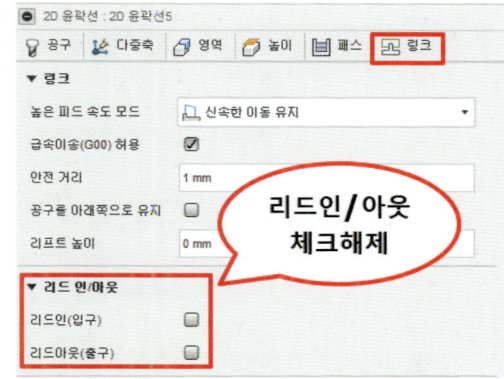
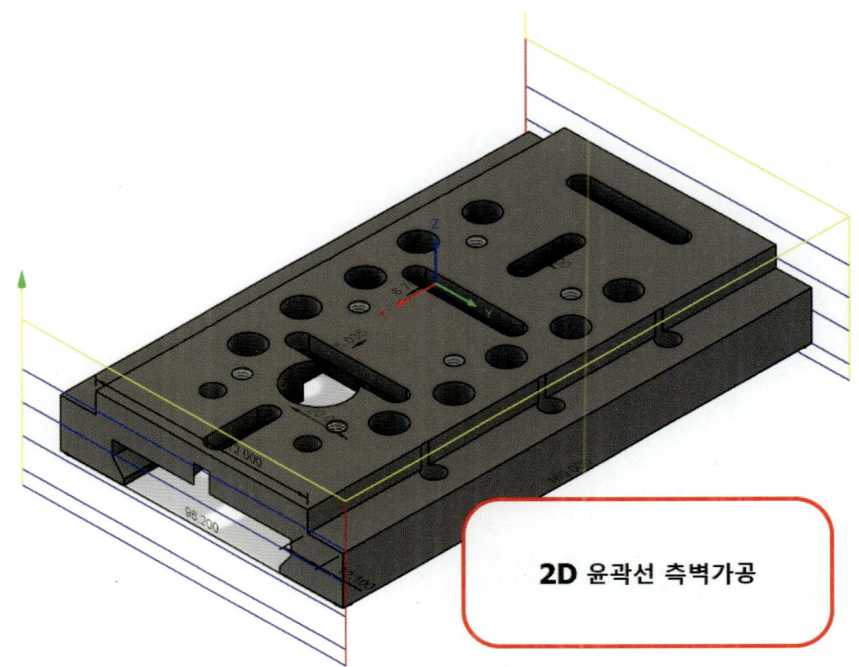

▌2D 윤곽선 - 멀티 툴 패스

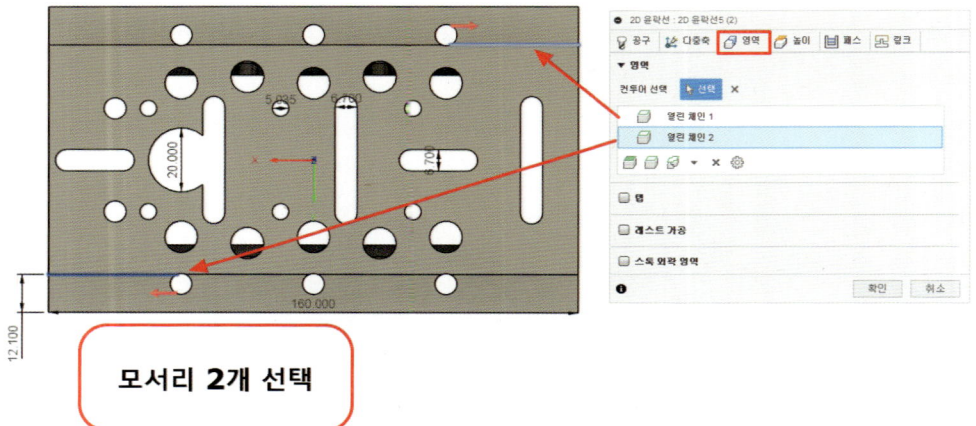

모서리 2개 선택

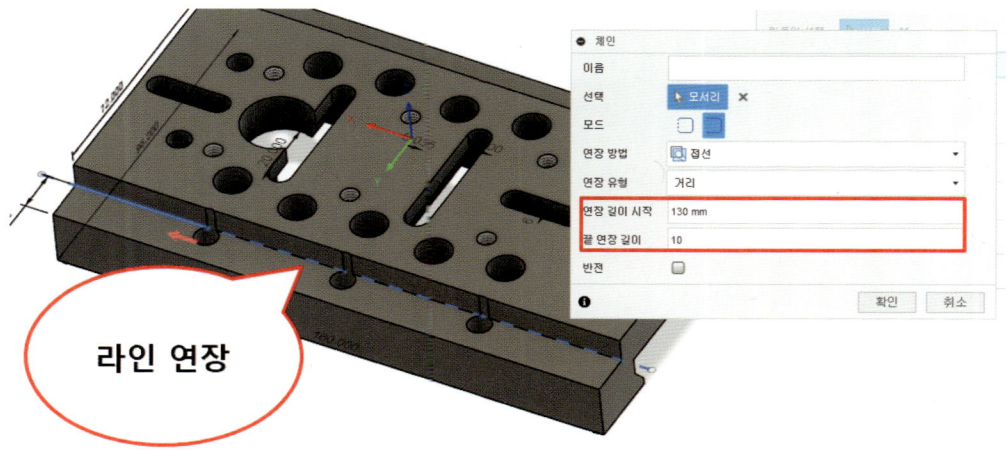

라인 연장

| Chapter 04 | Fusion CAM 툴 패스 – 2D 기능 |

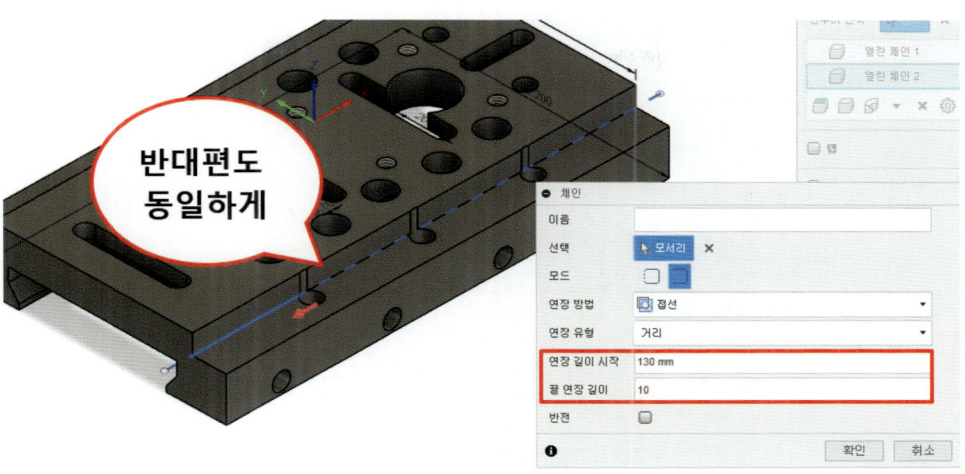

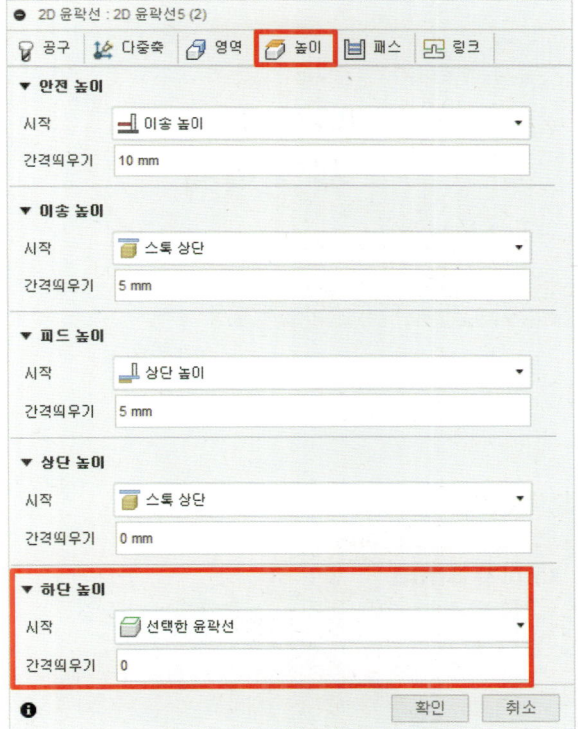

243

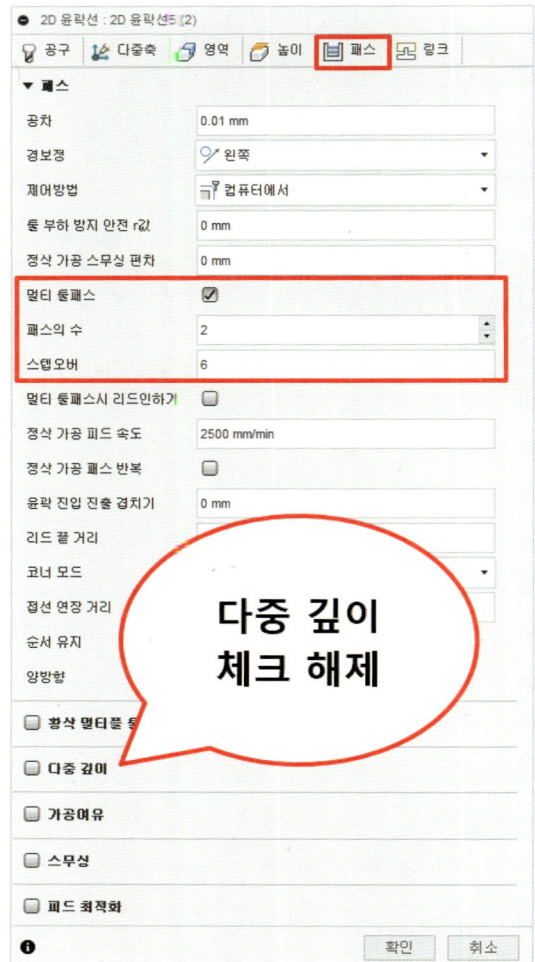

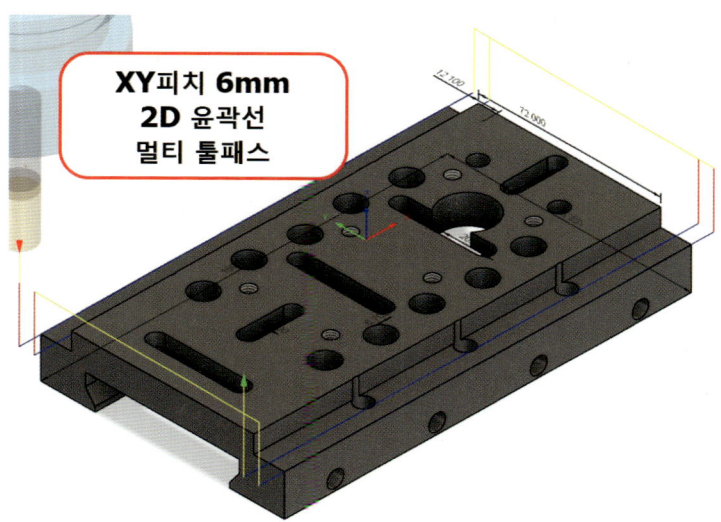

▎원형 – 원형 포켓 가공

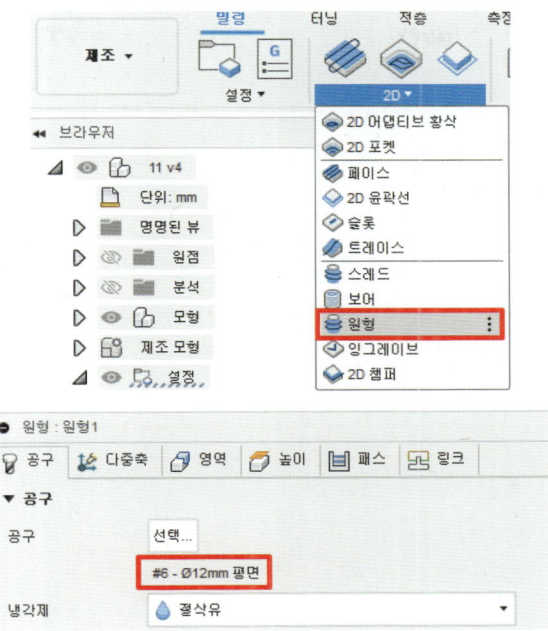

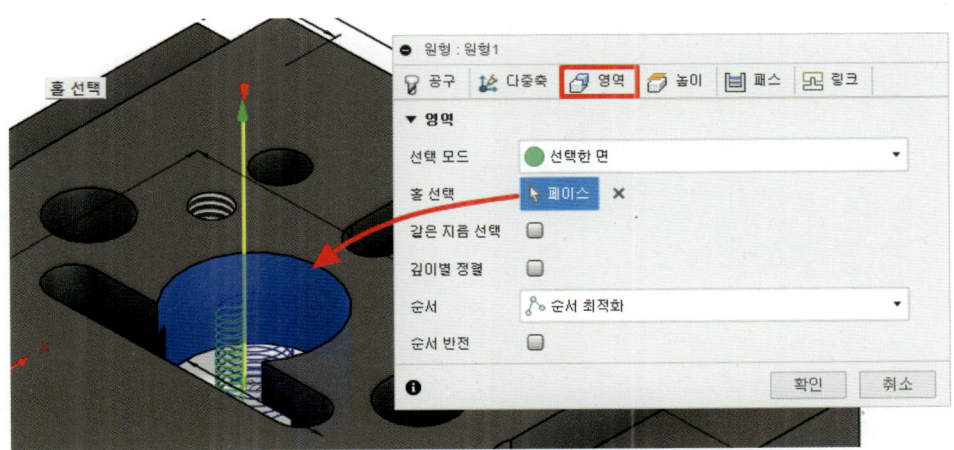

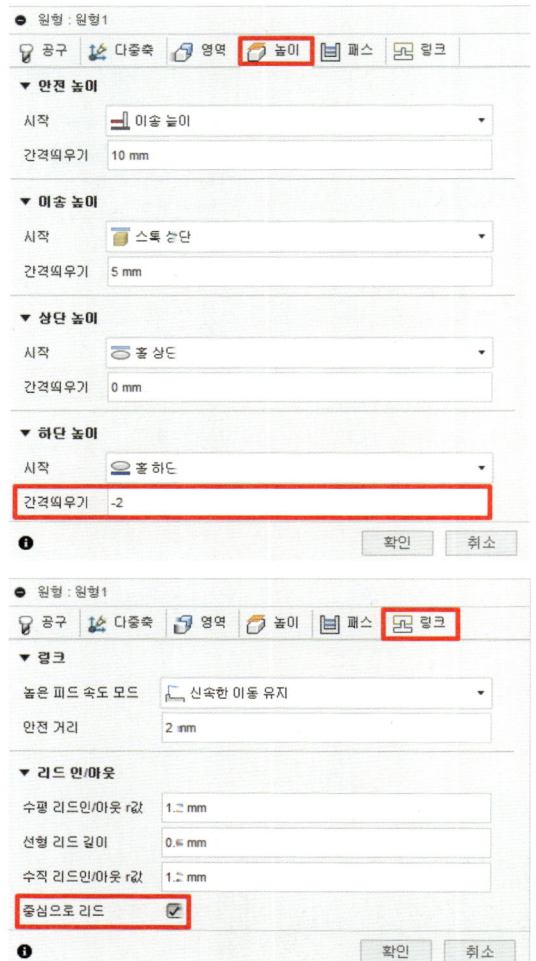

원형 포켓 가공

■ 2D 챔퍼 - 상단 0.5C

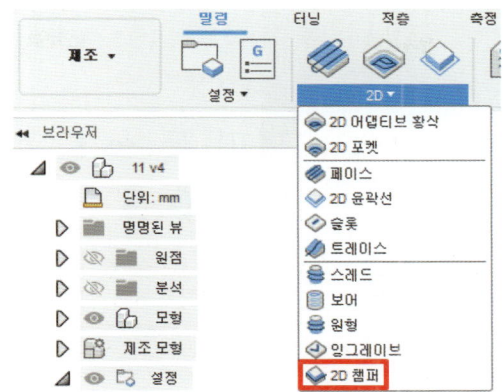

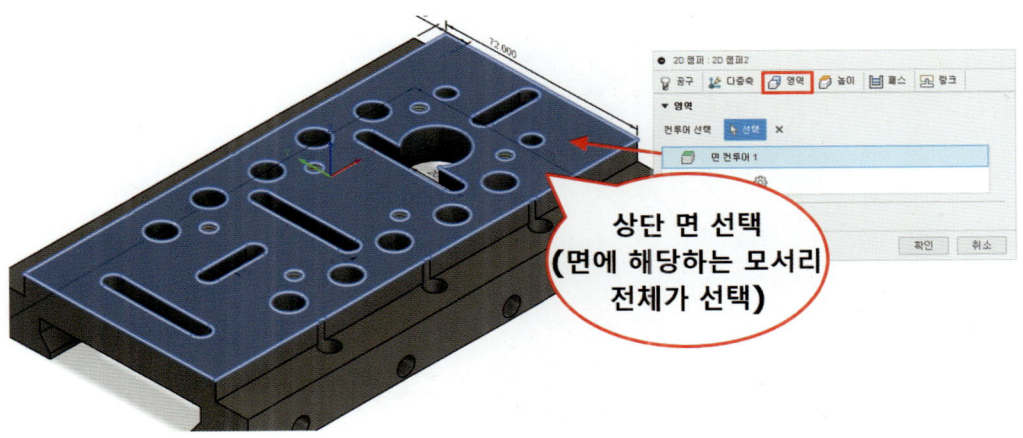

상단 면 선택
(면에 해당하는 모서리 전체가 선택)

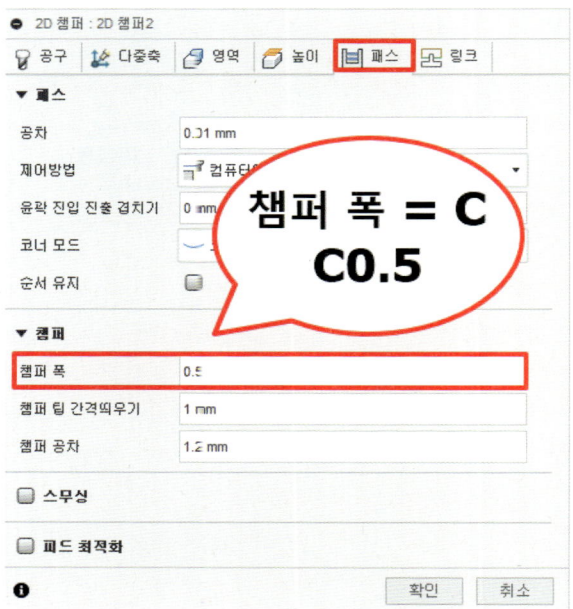

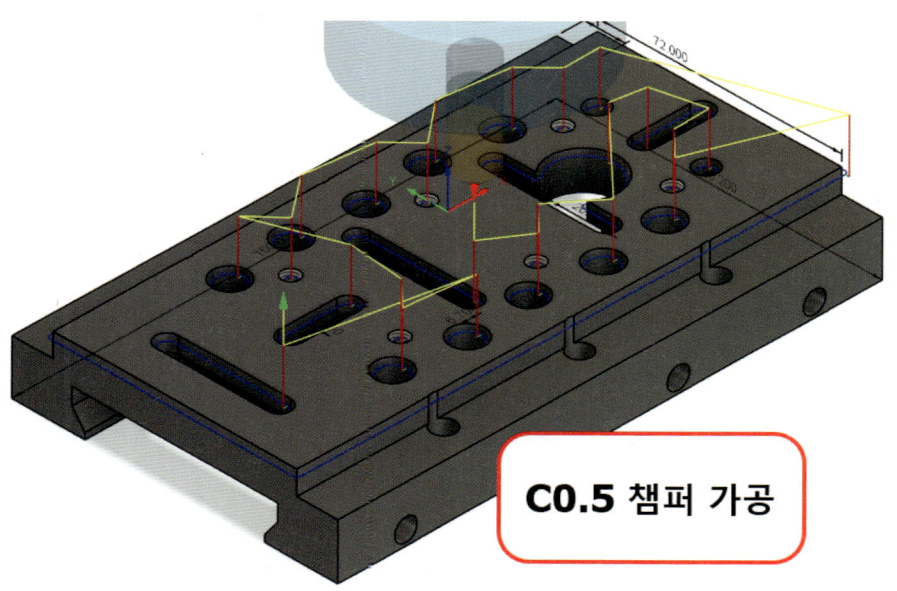

C0.5 챔퍼 가공

2D 챔퍼 – 중단 0.5C

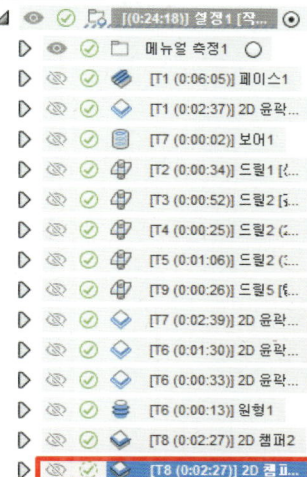

방금 만든 툴패스 복제

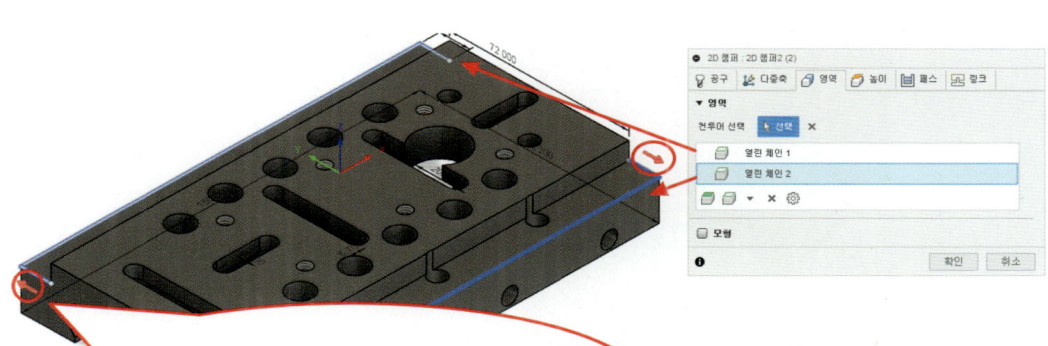

화살표 방향이 지금 처럼 라인 바깥쪽을 향하게 만약 안쪽으로 되어있다면 화살표 더블클릭

▍페이스 – 상면 정삭

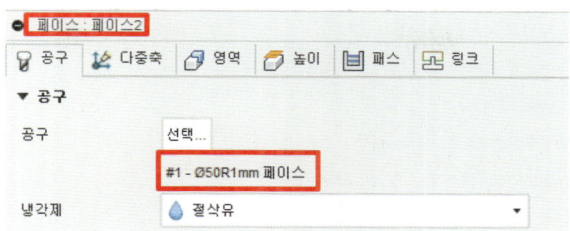

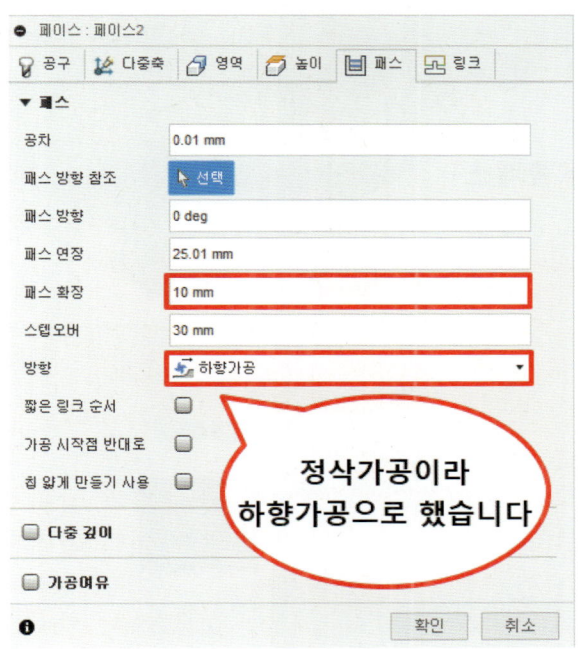

정삭가공이라 하향가공으로 했습니다

251

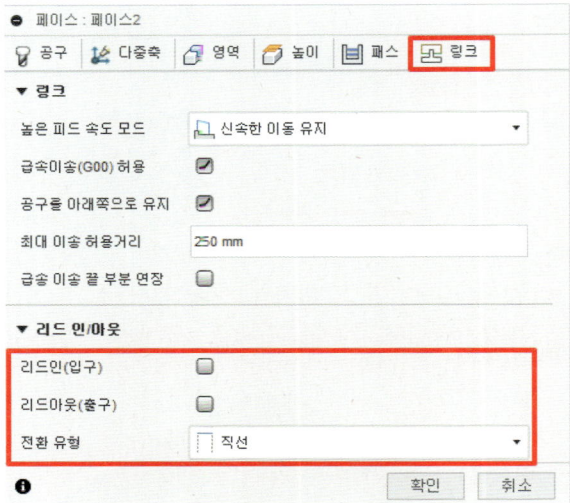

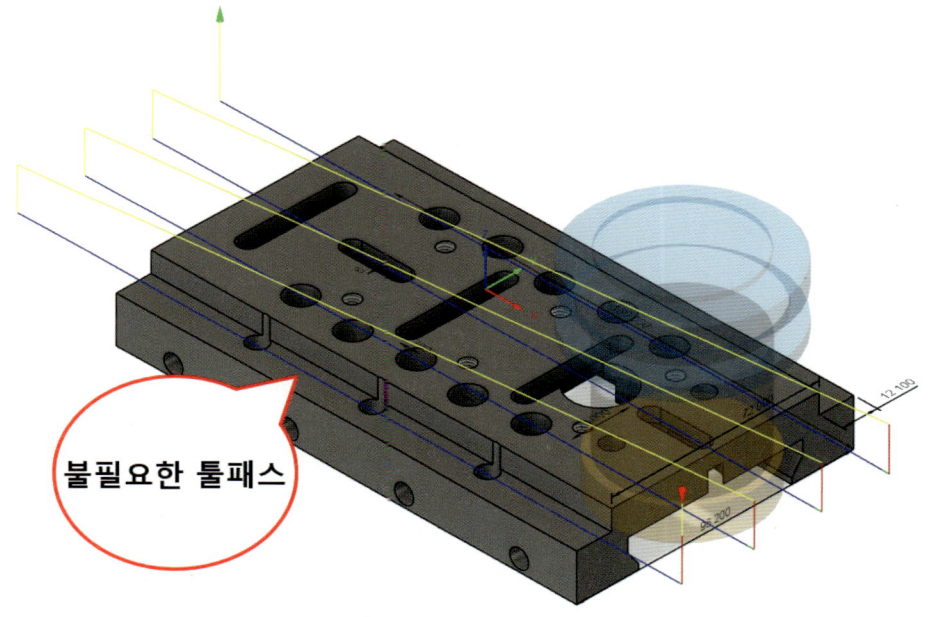

불필요한 툴패스

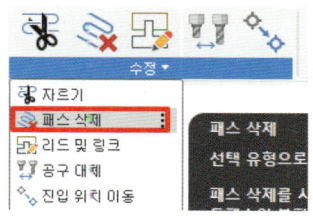

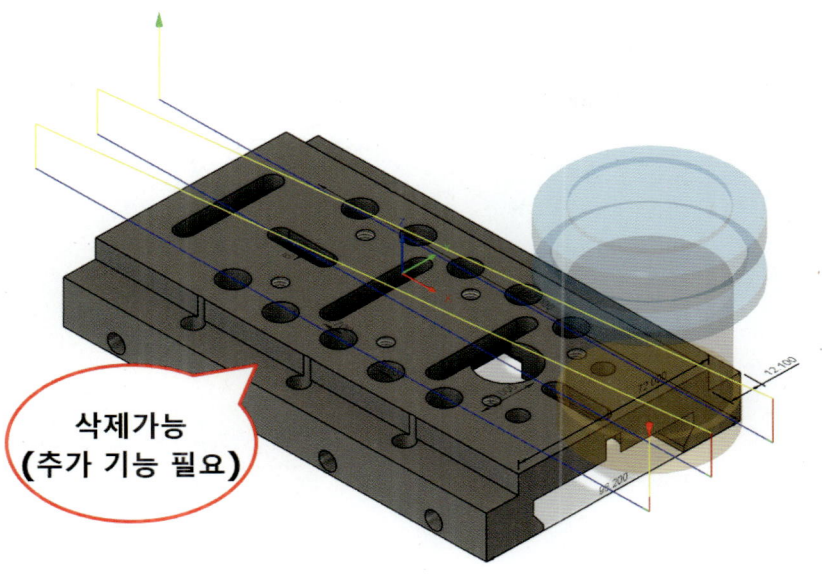

16.6 툴 패스 생성하기 - 2차 가공

■ 좌표계 및 스톡 설정하기

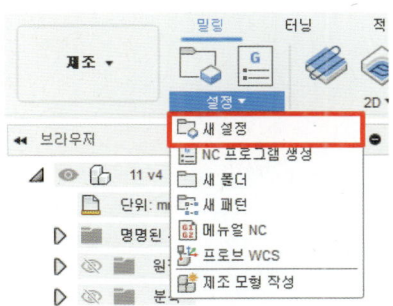

AUTODESK Fusion 360 밀링 기본편

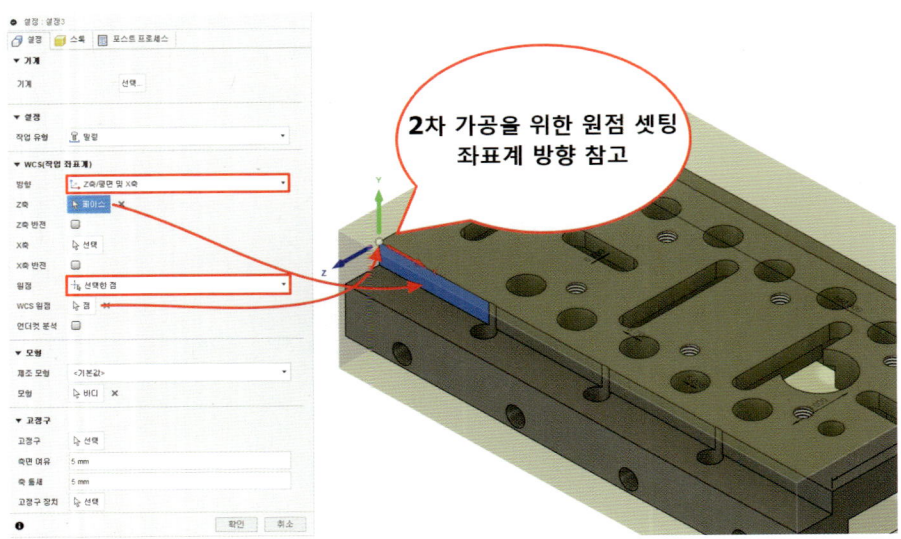

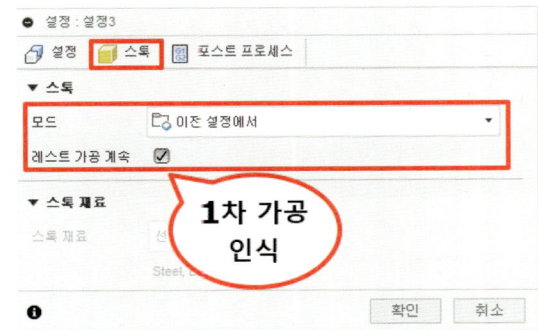

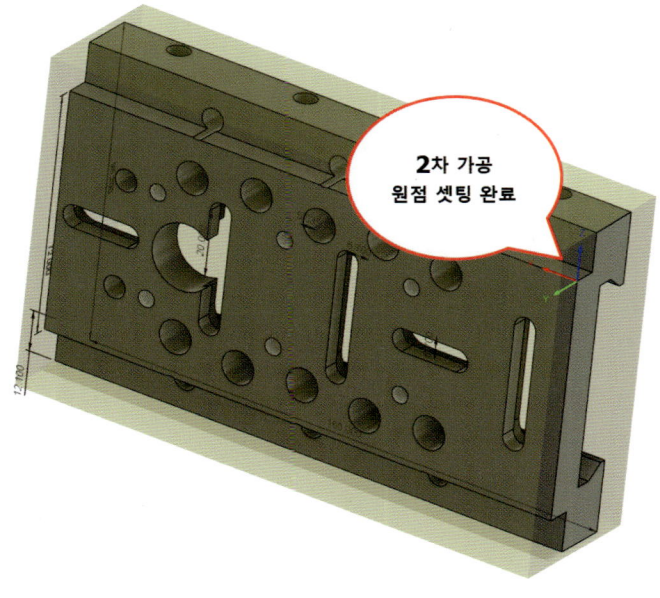

▌페이스 가공하기

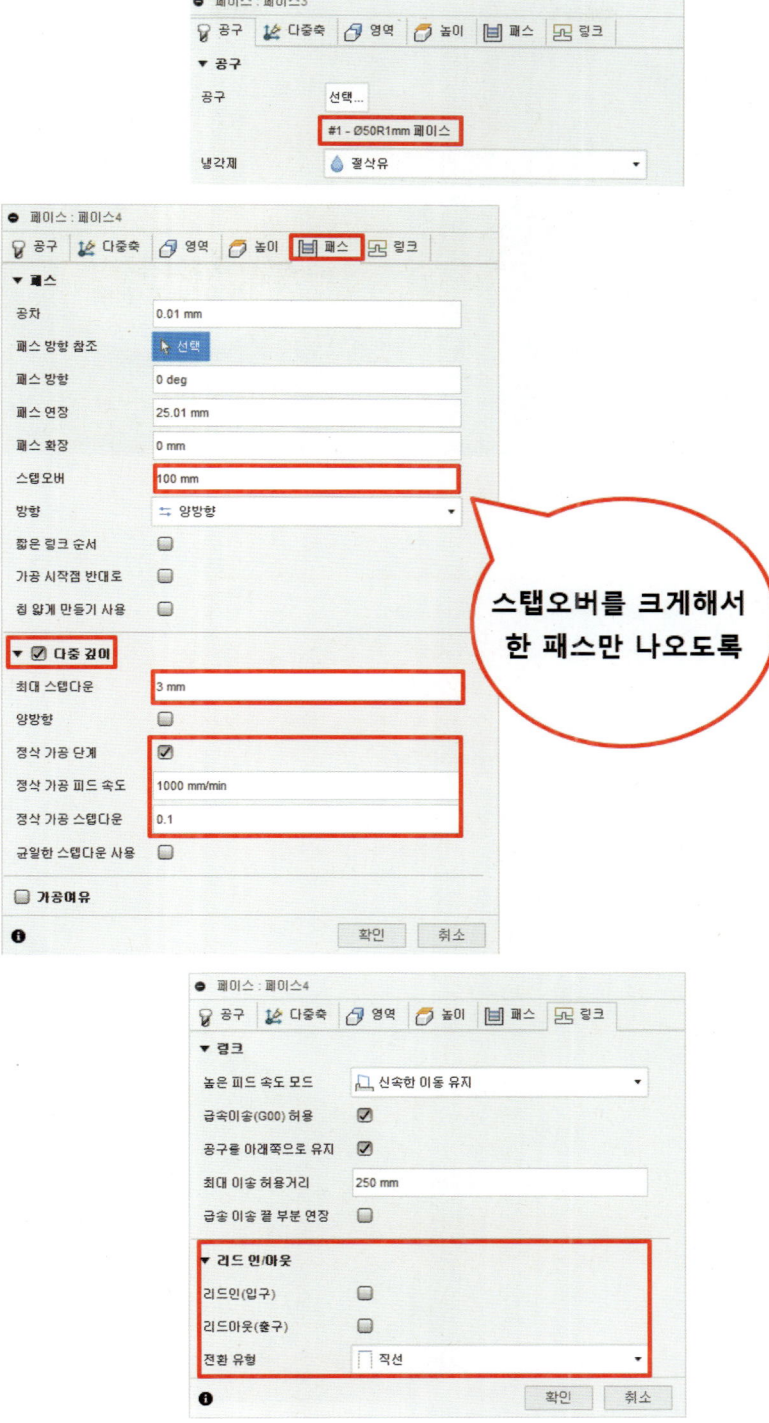

스탭오버를 크게해서 한 패스만 나오도록

▍드릴 - 센터드릴

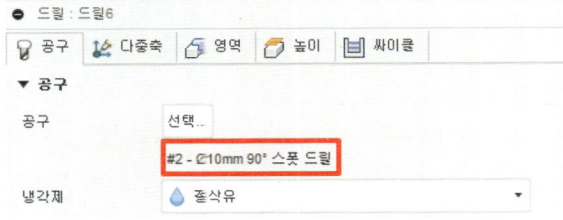

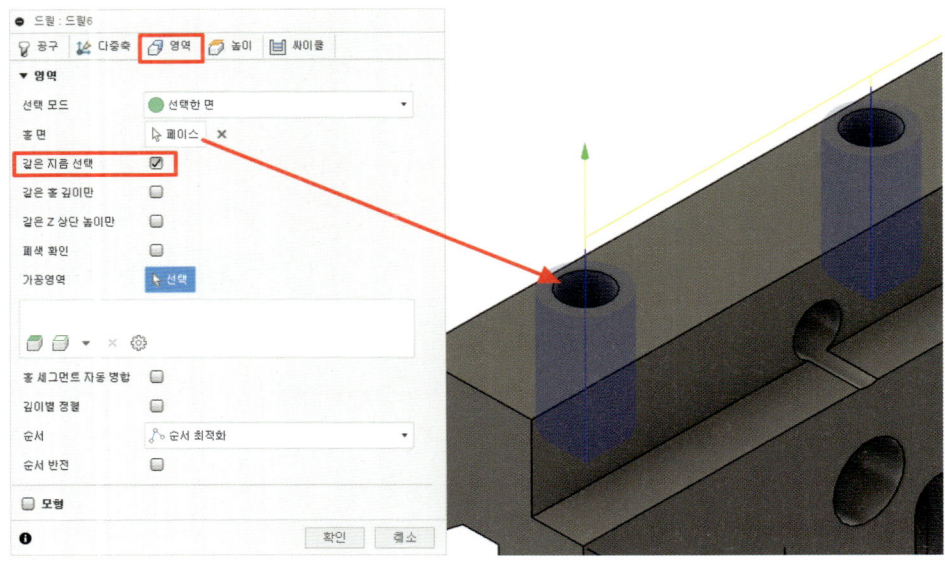

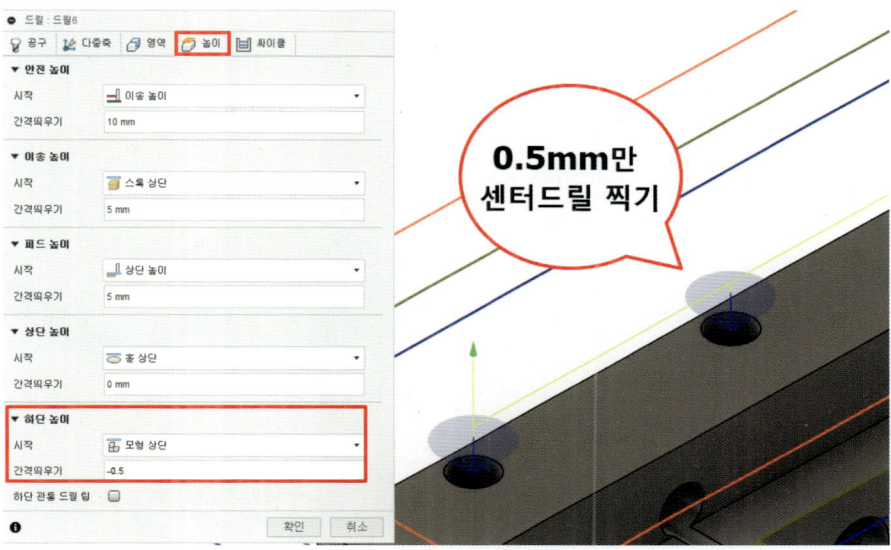

▌드릴 - 6.7파이 홀 가공

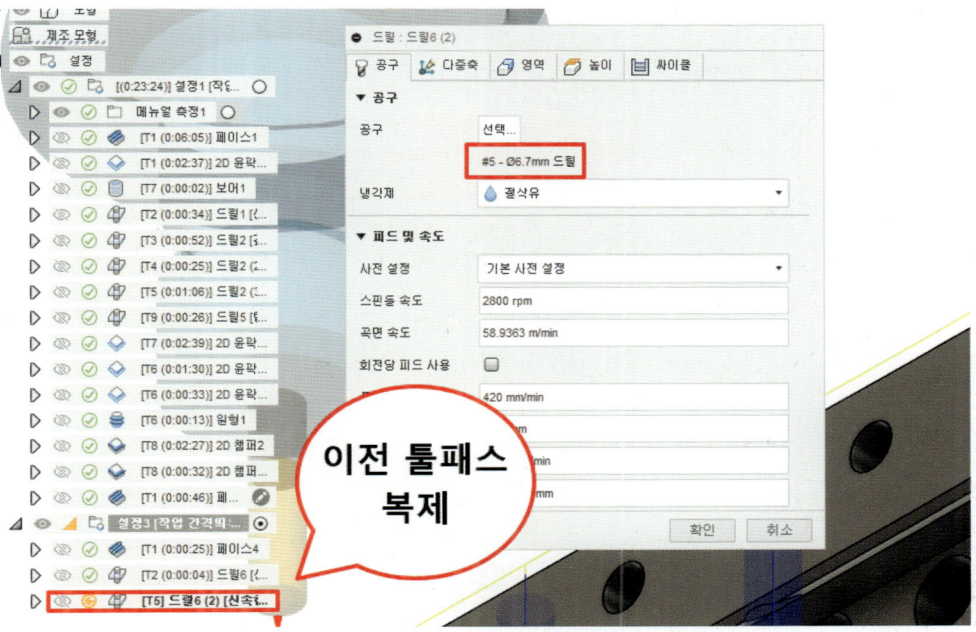

AUTODESK Fusion 360 밀링 기본편

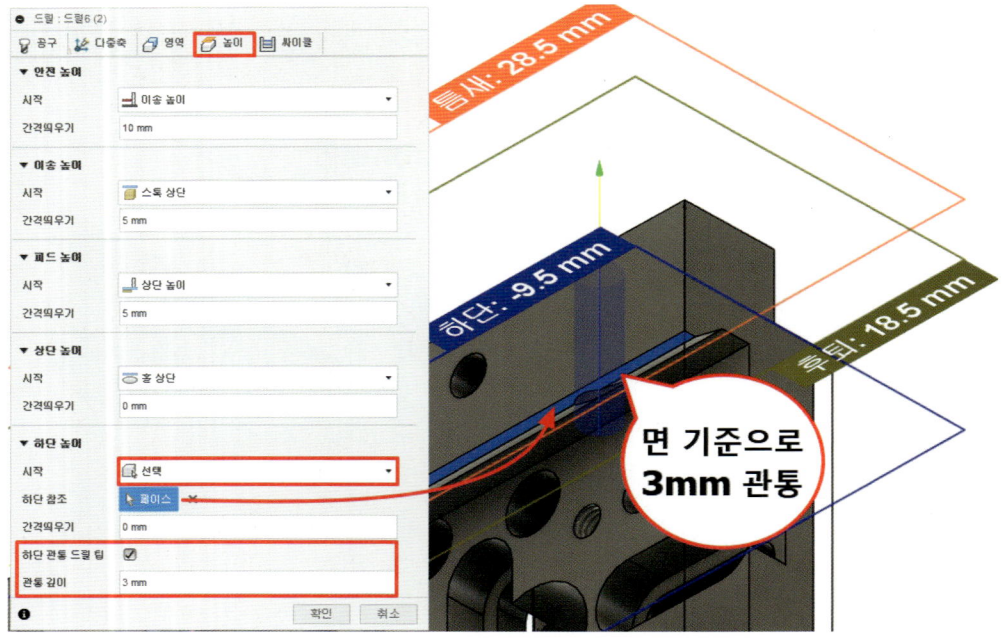

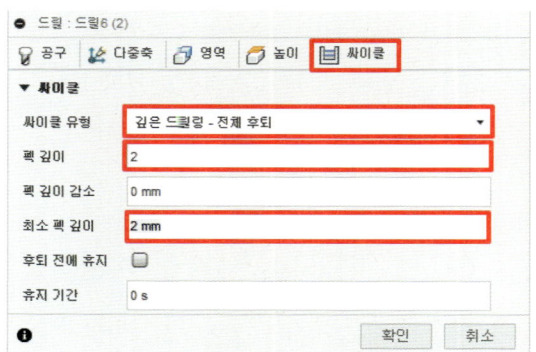

16.7 툴 패스 생성하기 – 3차 가공

▌작업 좌표계 및 스톡 설정하기

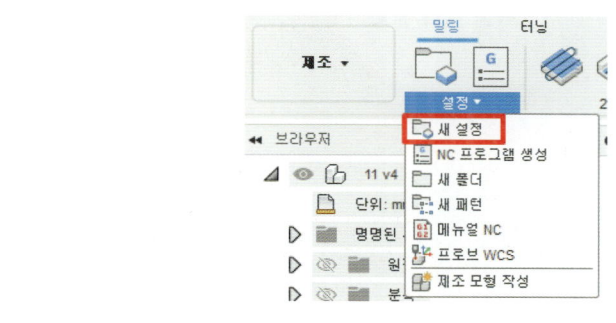

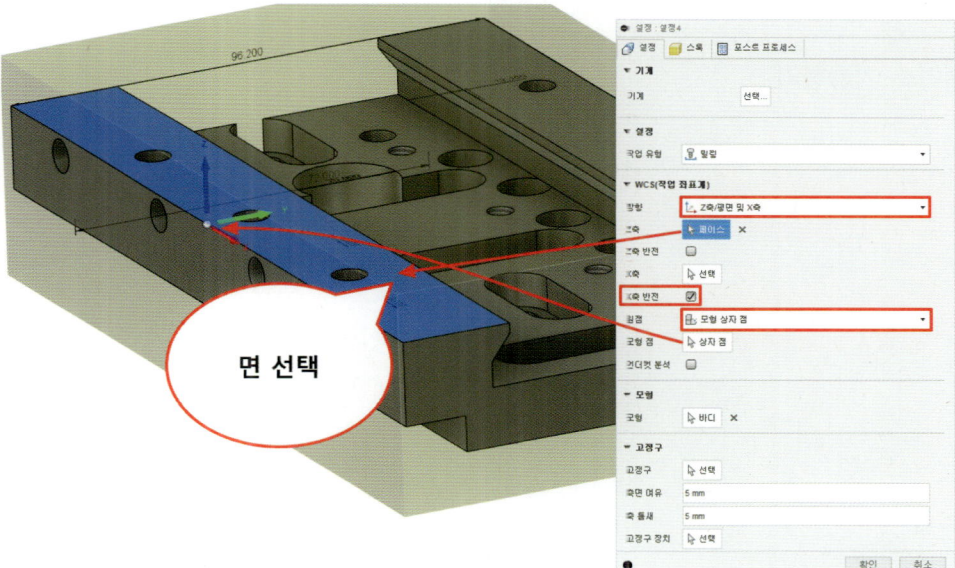

면 선택

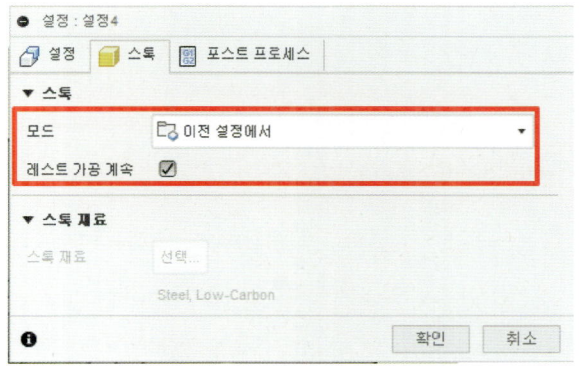

259

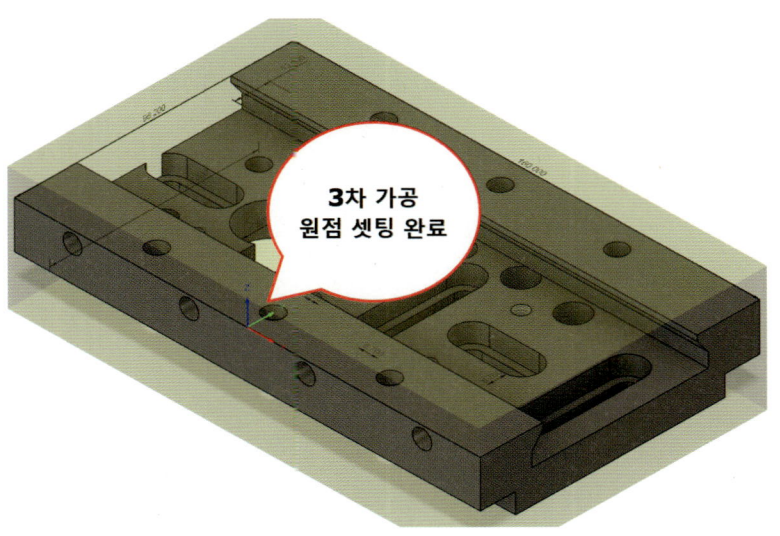

▌페이스 가공하기

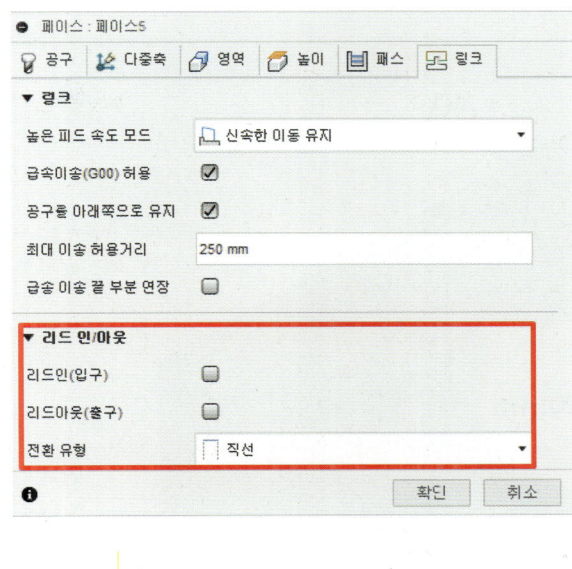

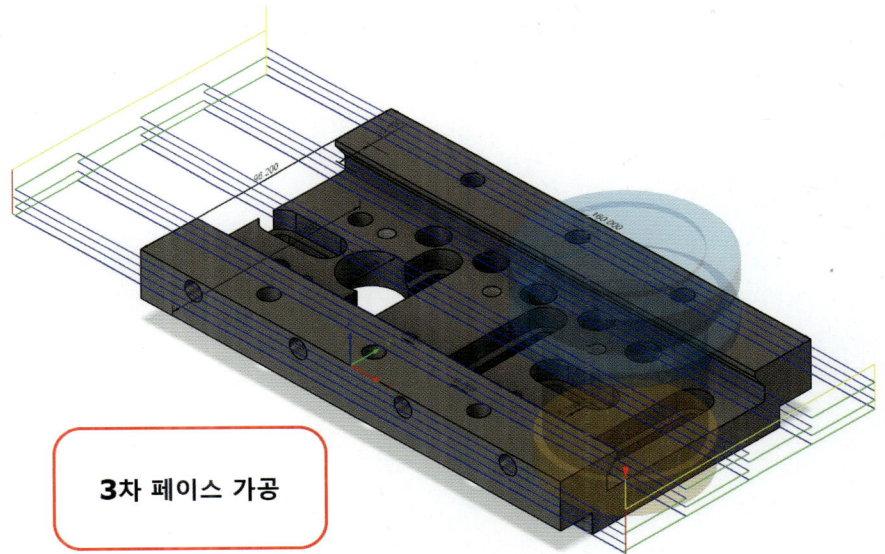

3차 페이스 가공

2D 윤곽선 - 황삭

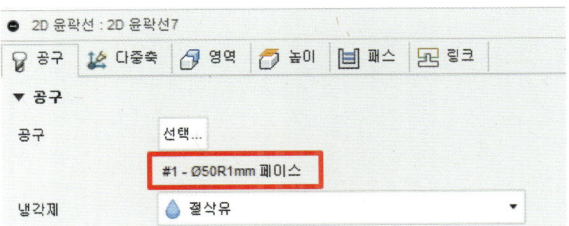

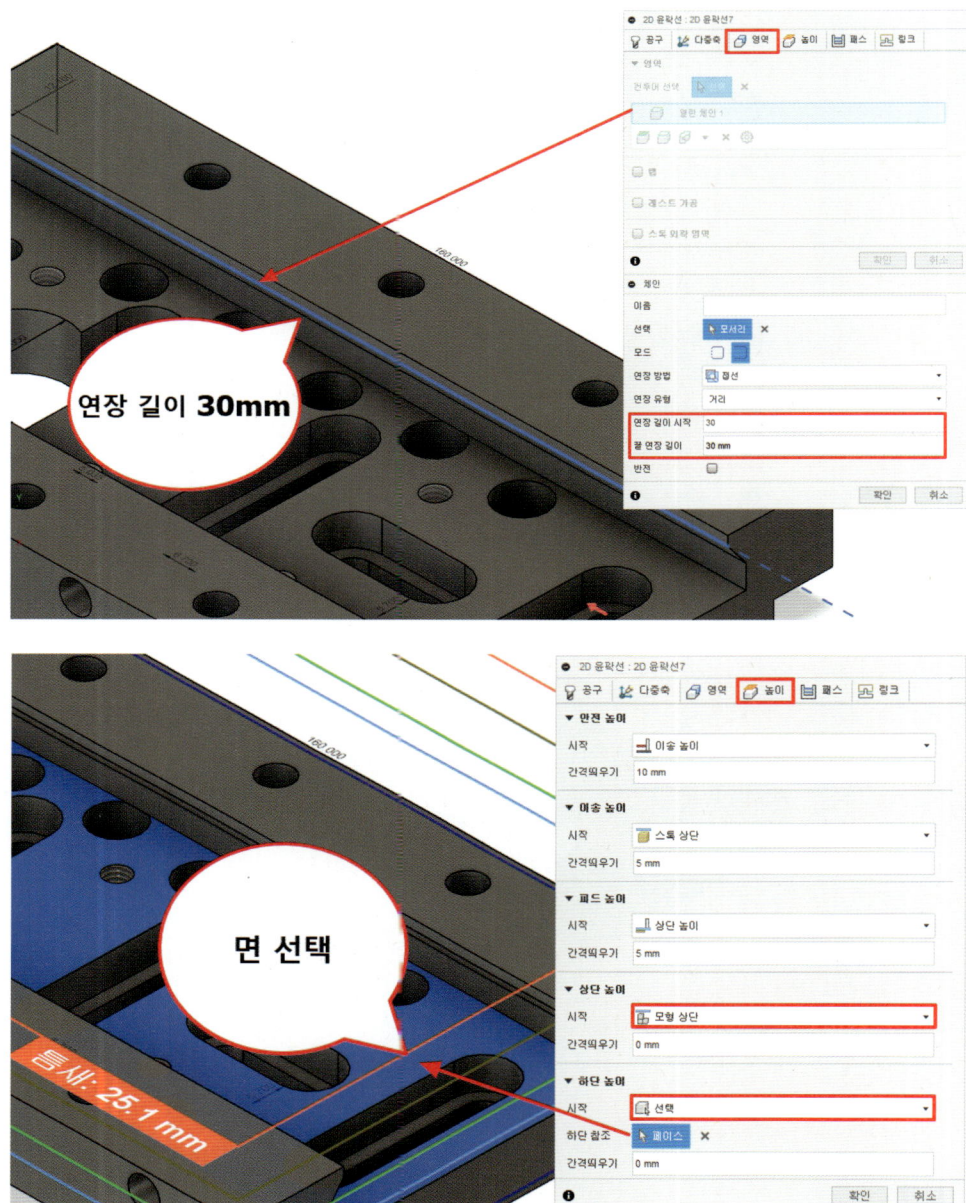

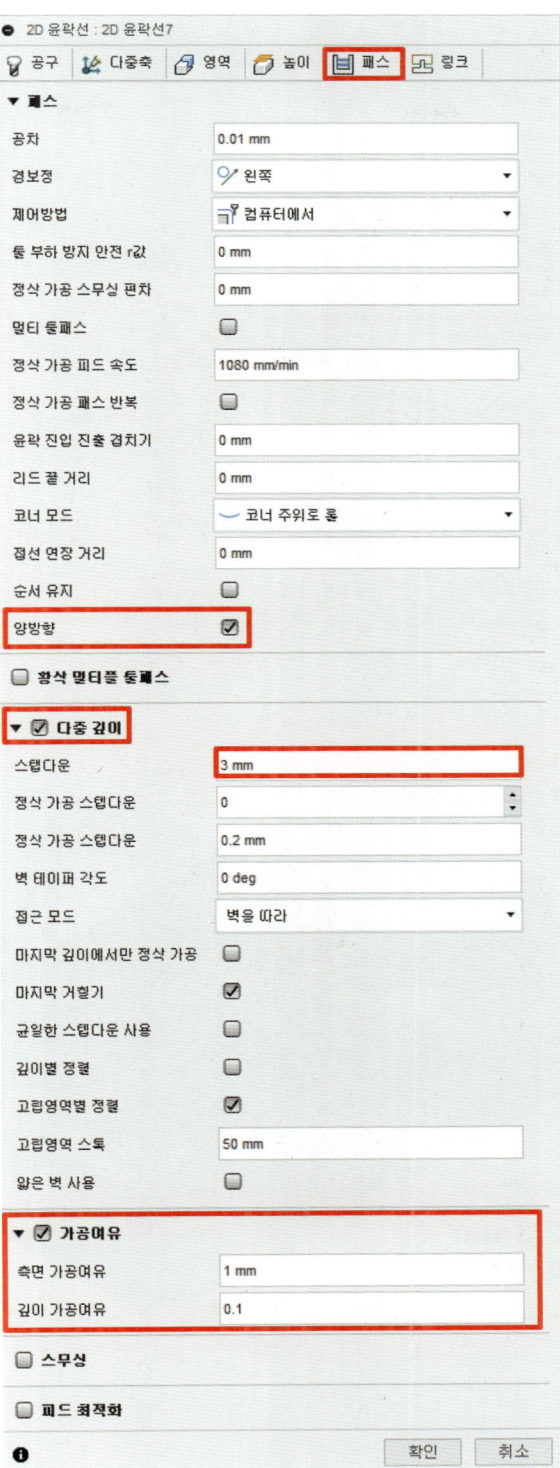

AUTODESK Fusion 360 밀링 기본편

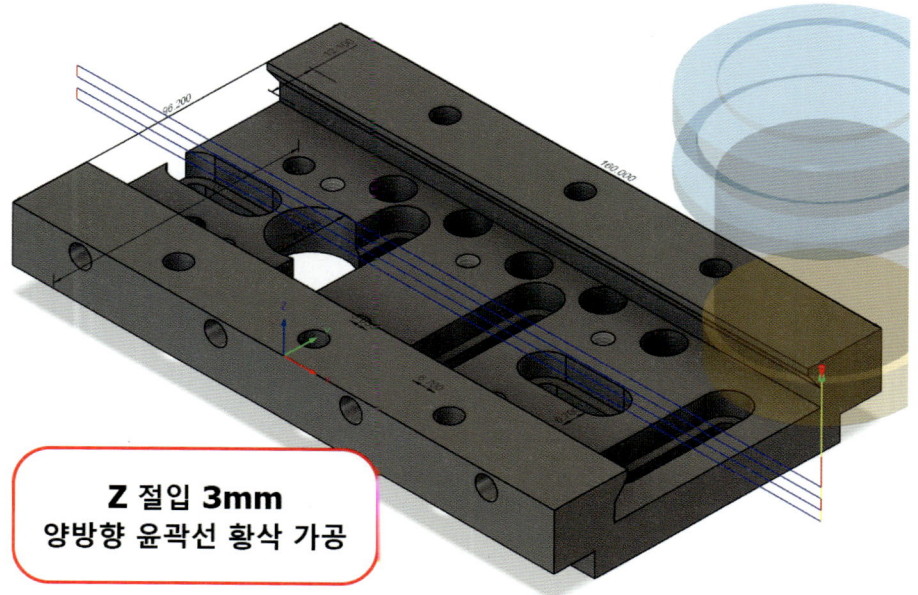

Z 절입 3mm
양방향 윤곽선 황삭 가공

▌2D 윤곽선 - 측벽 정삭

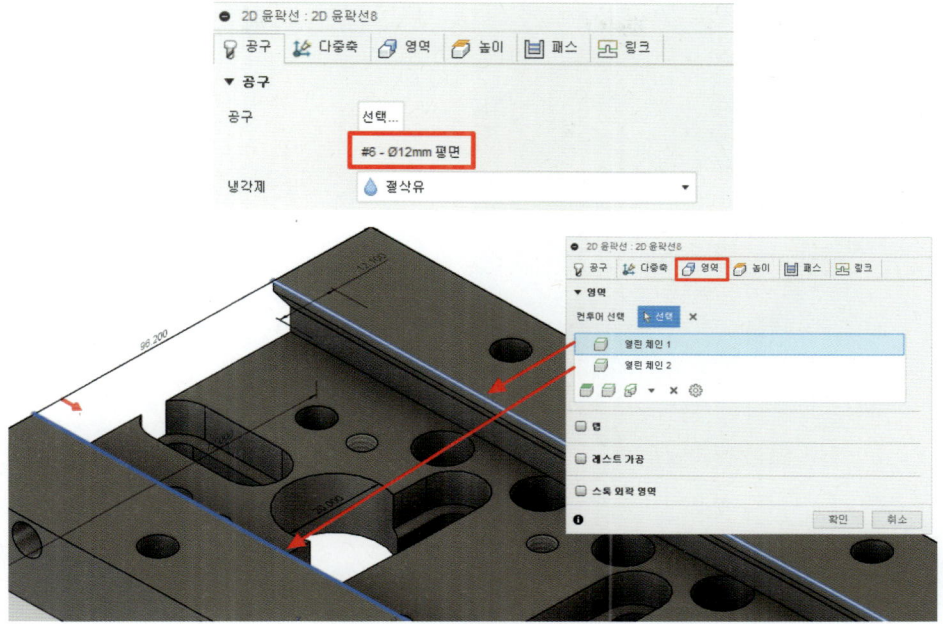

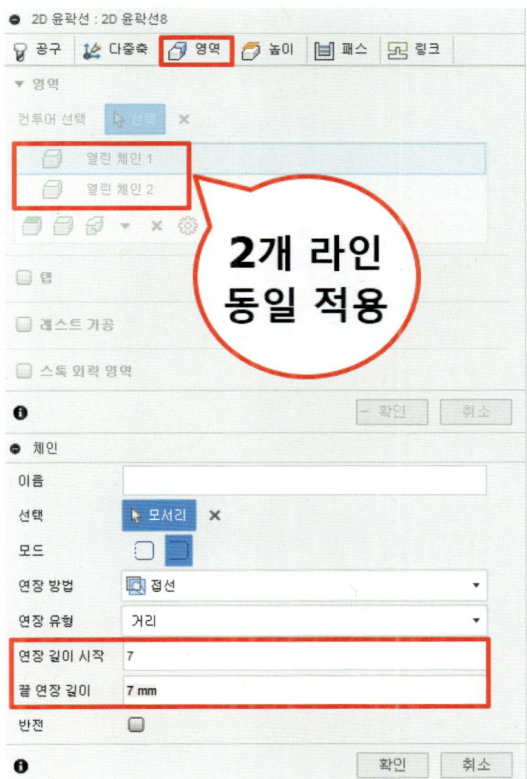

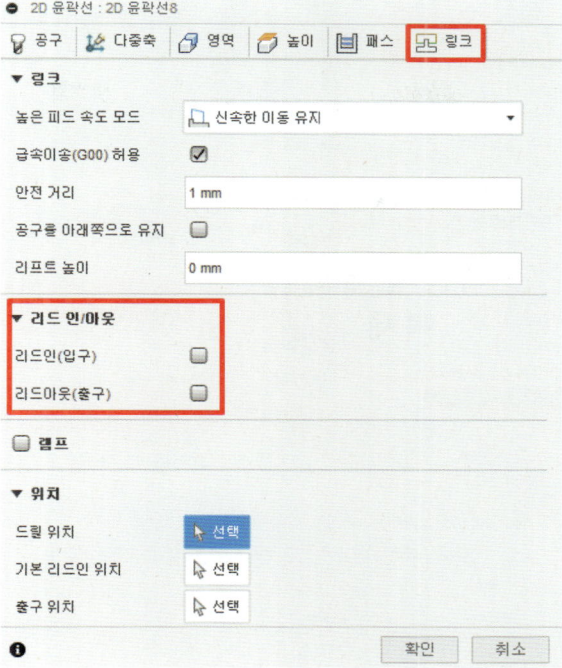

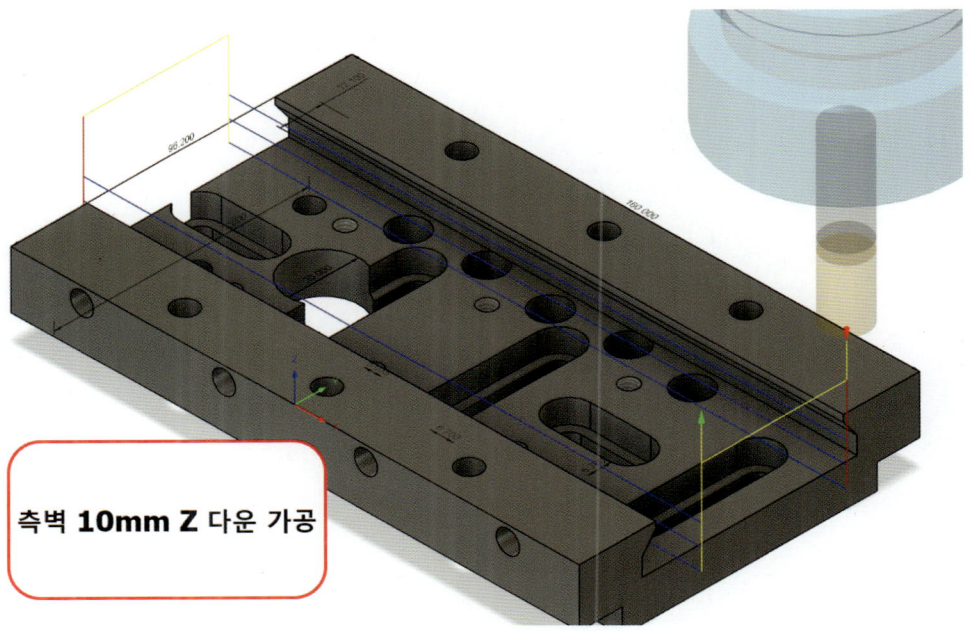

측벽 10mm Z 다운 가공

■ 2D윤곽선 - 바닥 정삭

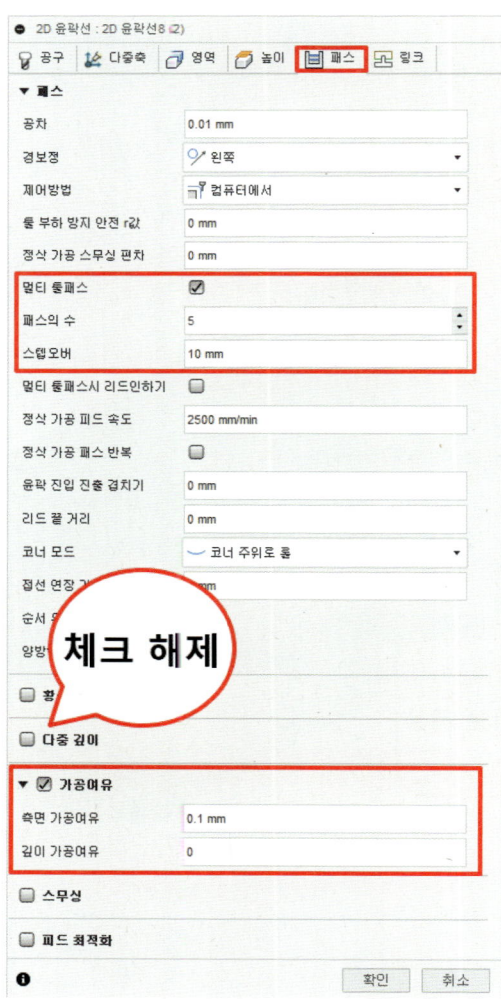

| Chapter 04 | Fusion CAM 툴 패스 – 2D 기능 |

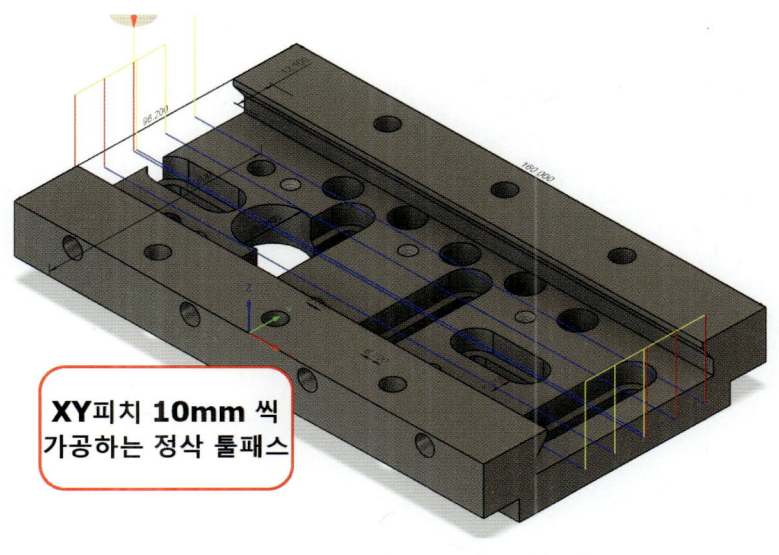

XY피치 **10mm** 씩 가공하는 정삭 툴패스

추가 기능 사용시 불필요한 툴패스 삭제 가능

패스 삭제 기능 사용한 최종 툴패스

2D슬롯

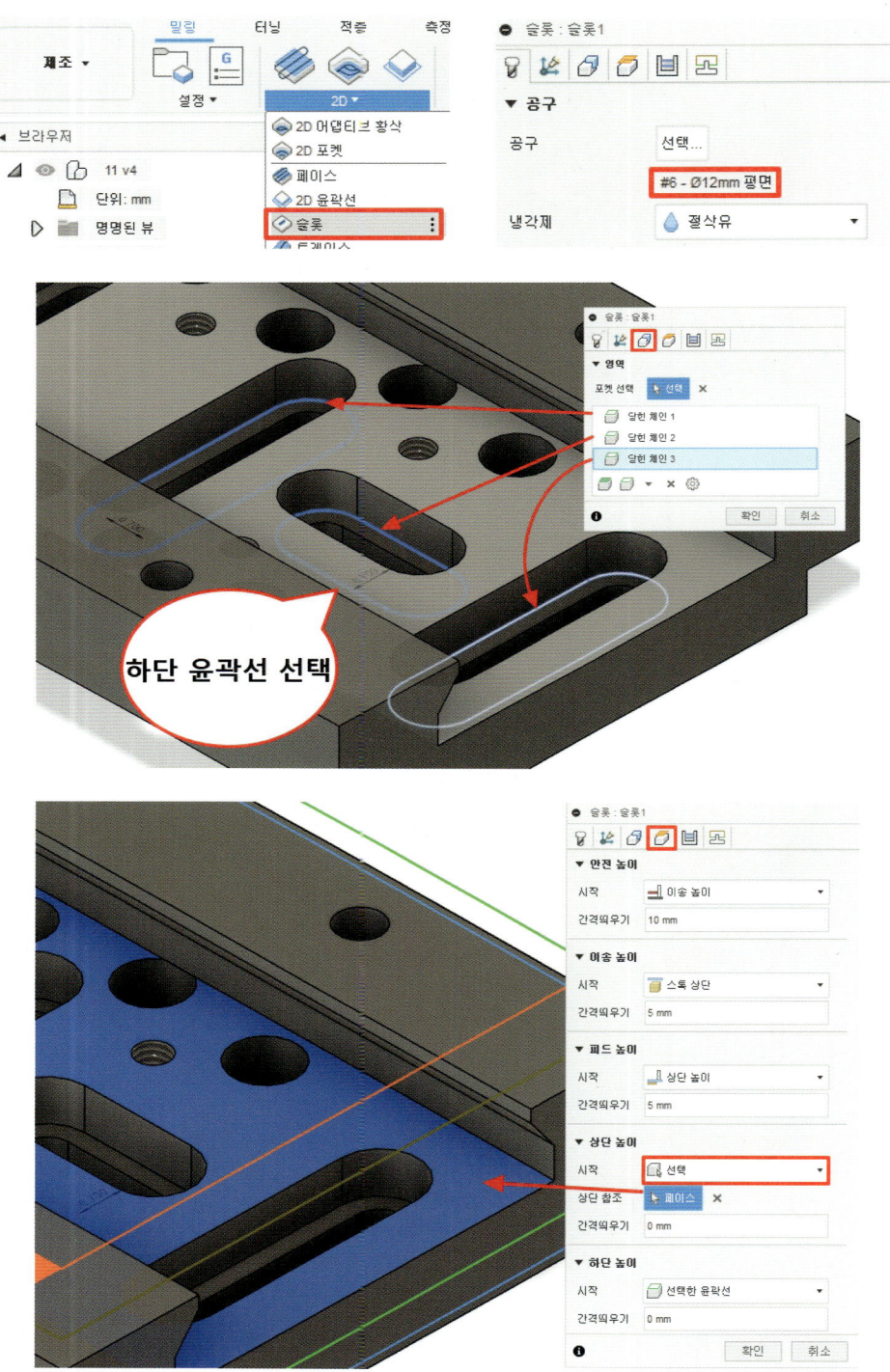

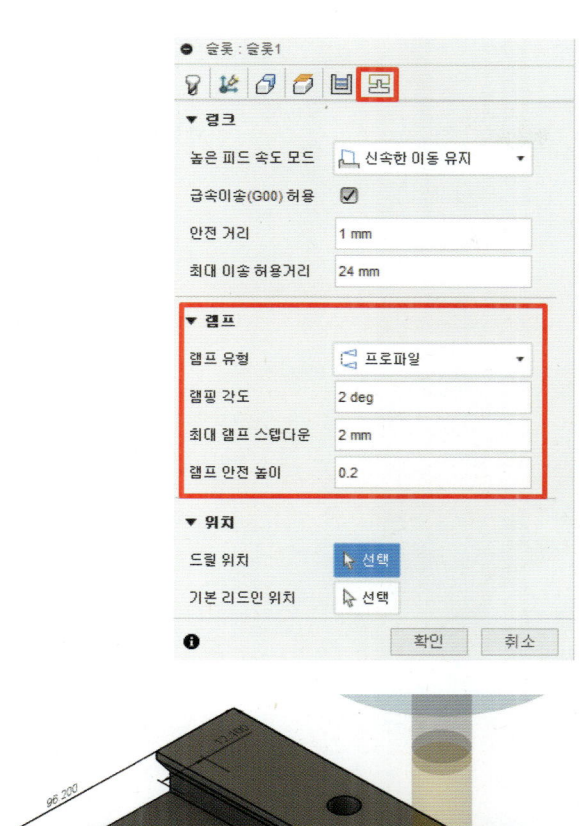

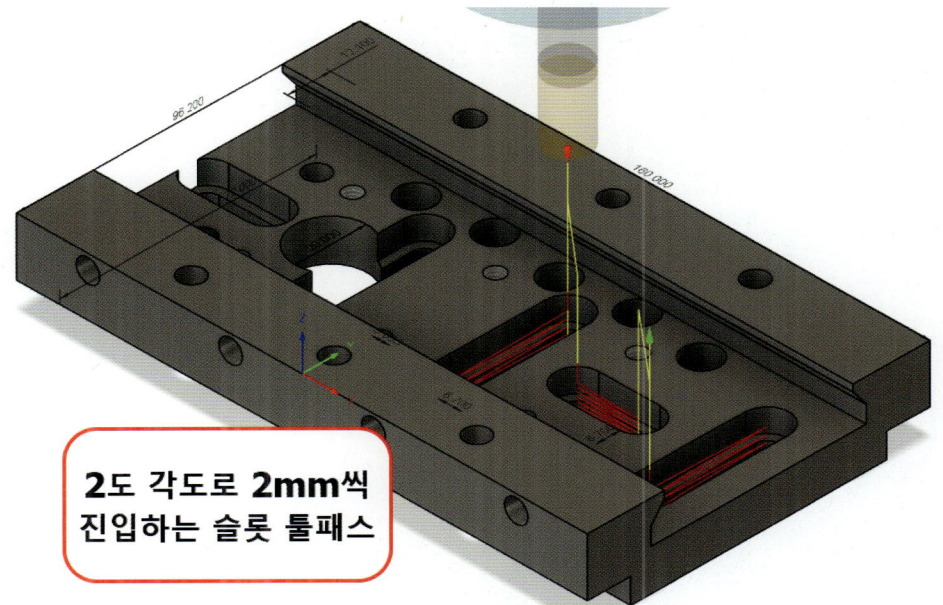

2도 각도로 **2mm**씩 진입하는 슬롯 툴패스

▌2D 윤곽선 - 슬롯 가공

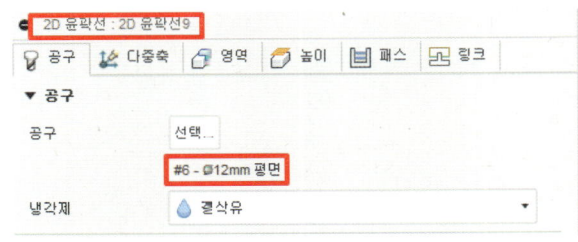

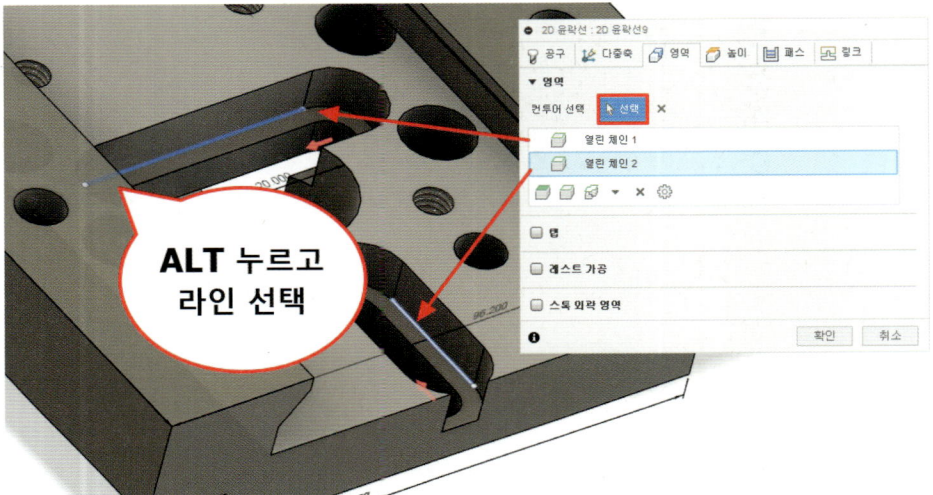

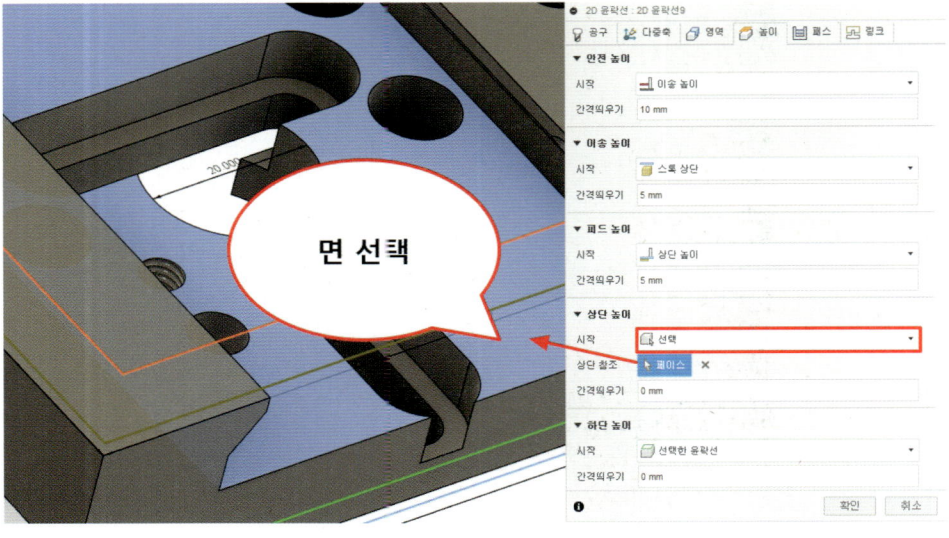

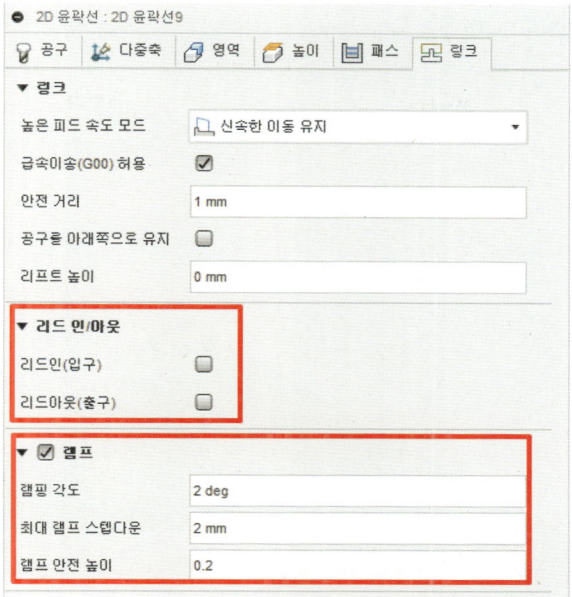

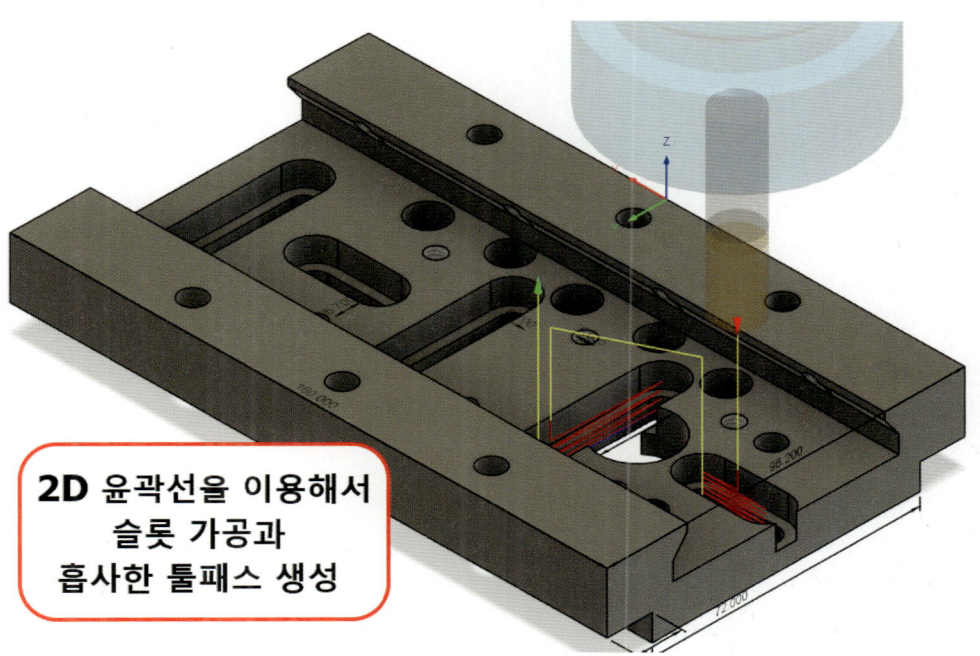

2D 윤곽선을 이용해서 슬롯 가공과 흡사한 툴패스 생성

▌2D 윤곽선 - 특수공구 사용

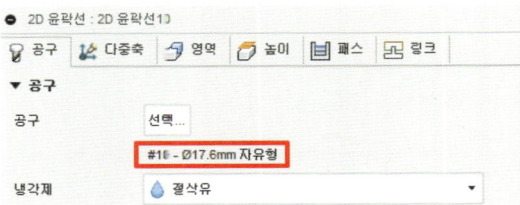

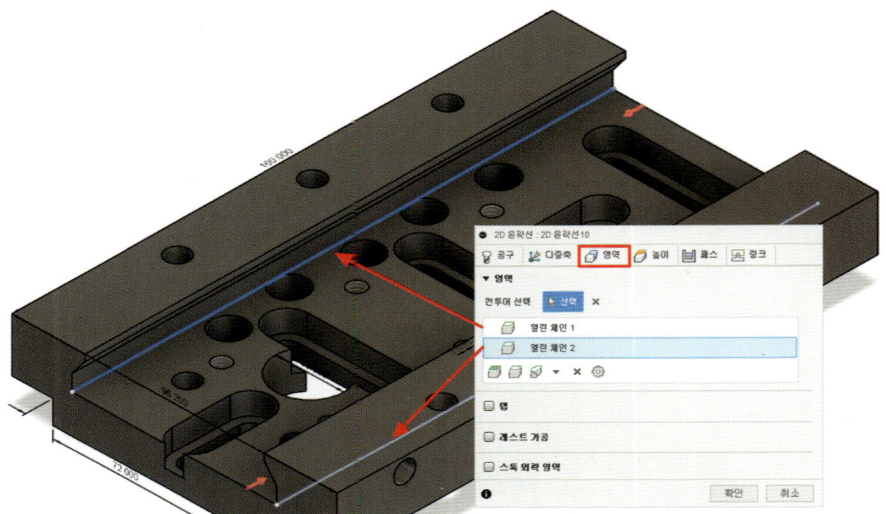

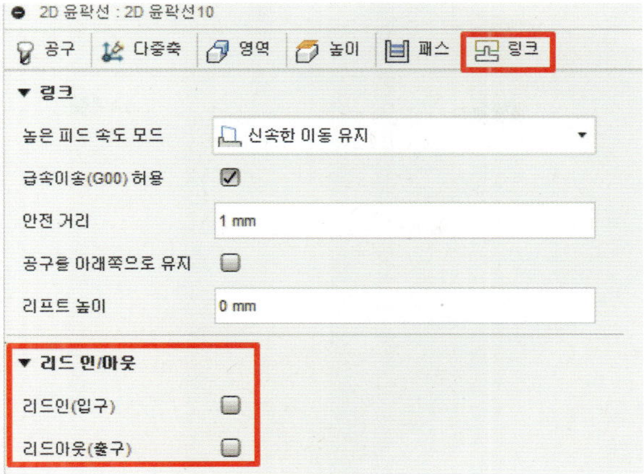

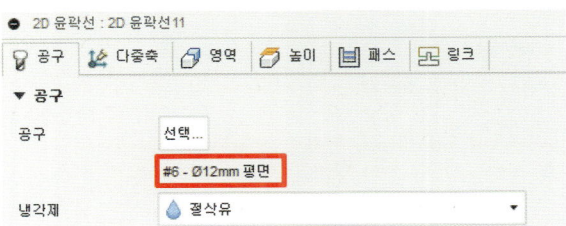

특수 공구를 사용한
2D 윤곽선 언더컷 가공

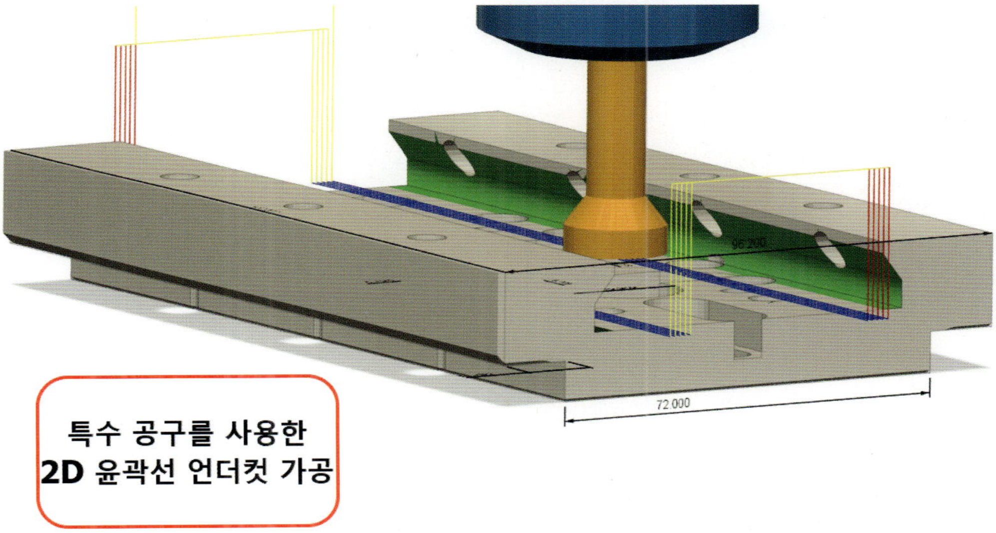

2D윤곽선 – 측벽

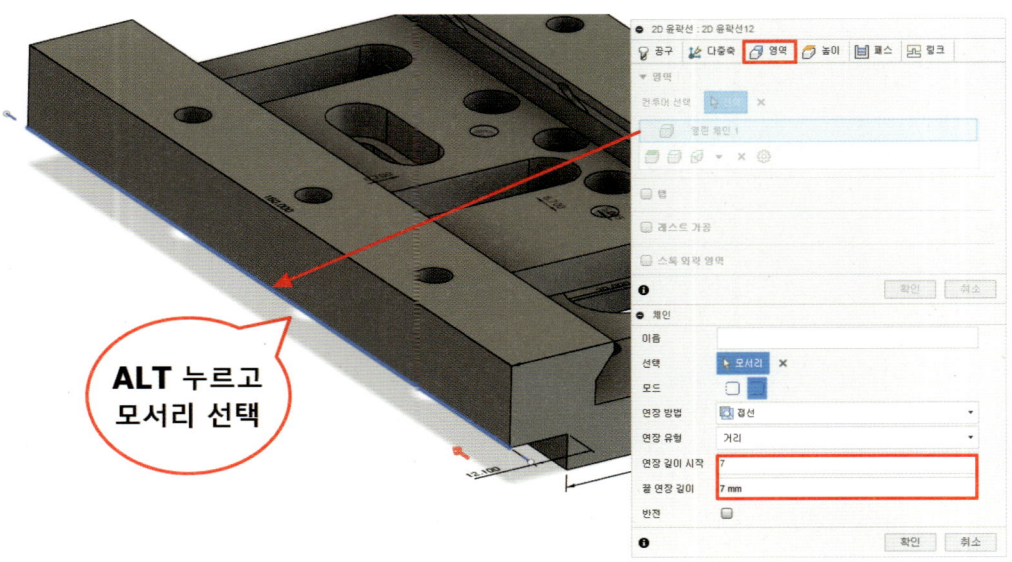

| Chapter 04 | Fusion CAM 툴 패스 – 2D 기능 |

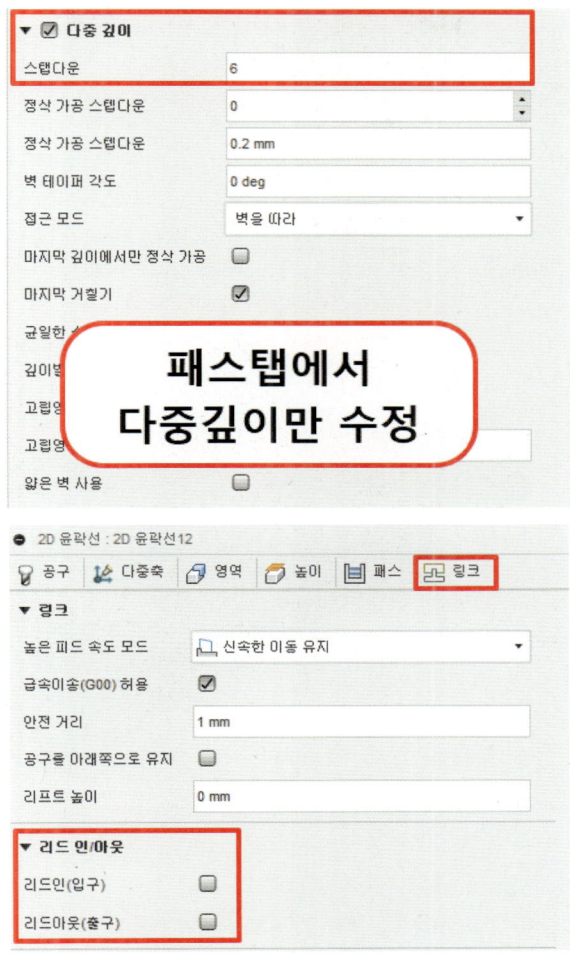

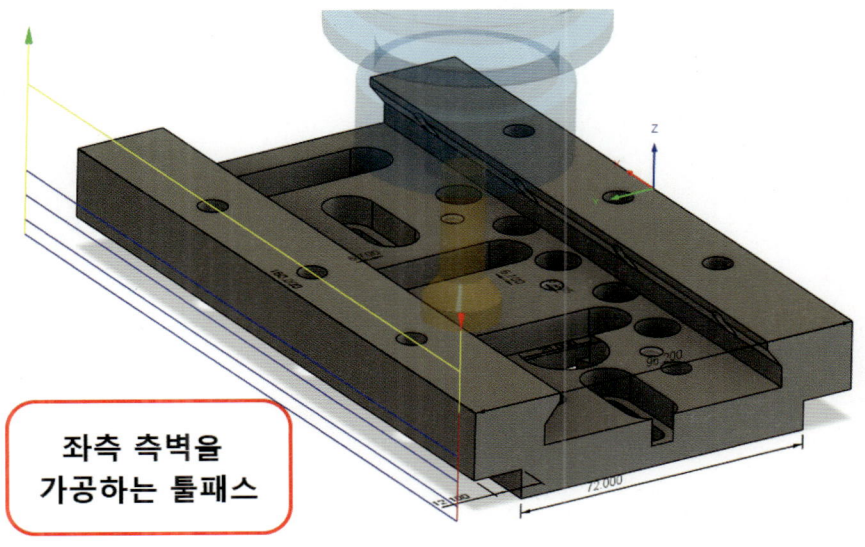

2D 챔퍼

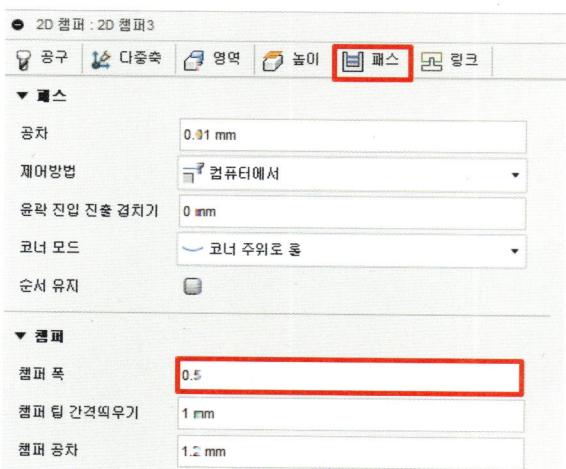

| Chapter 04 | Fusion CAM 툴 패스 - 2D 기능 |

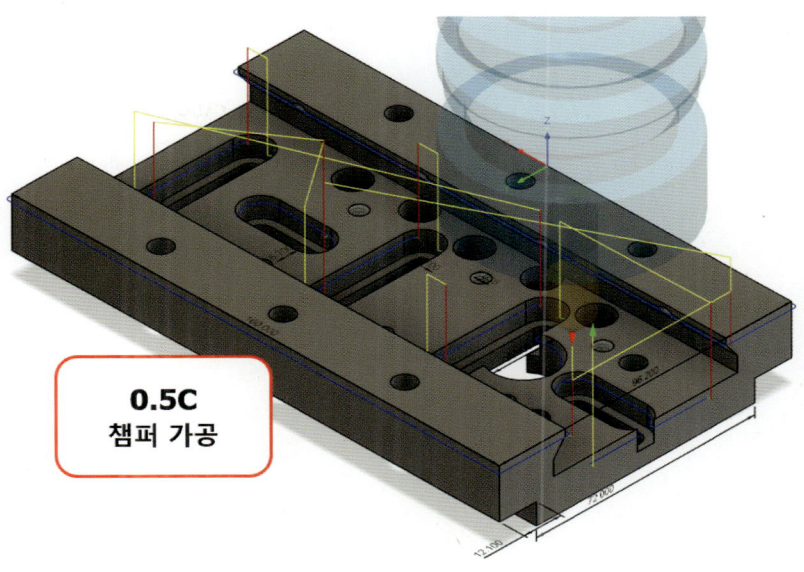

0.5C 챔퍼 가공

16.8 CAM 시뮬레이션

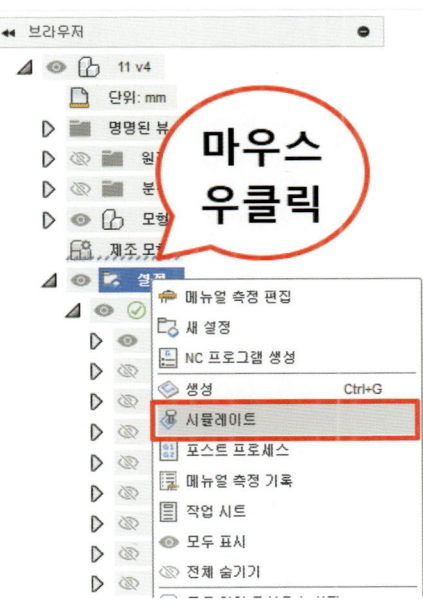

마우스 우클릭

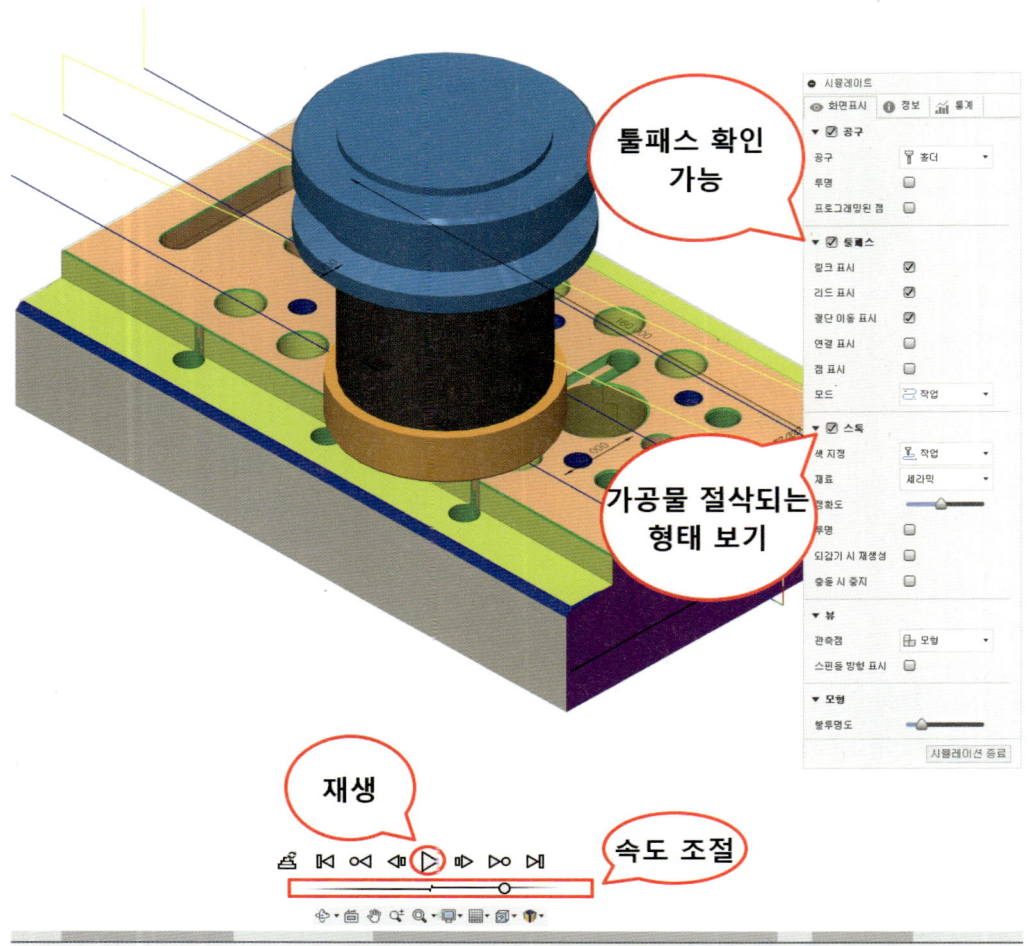

Chapter 05

Fusion CAM 툴 패스 – 3D 기능

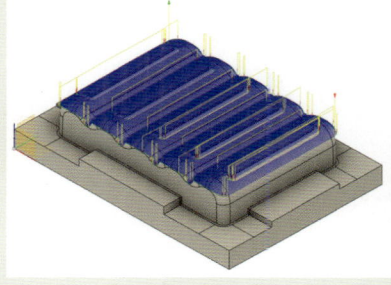

AUTODESK Fusion 360 밀링 기본편

01 어댑티브 황삭

3D 형상의 공구부하를 최소화한 황삭 가공에 적합합니다.

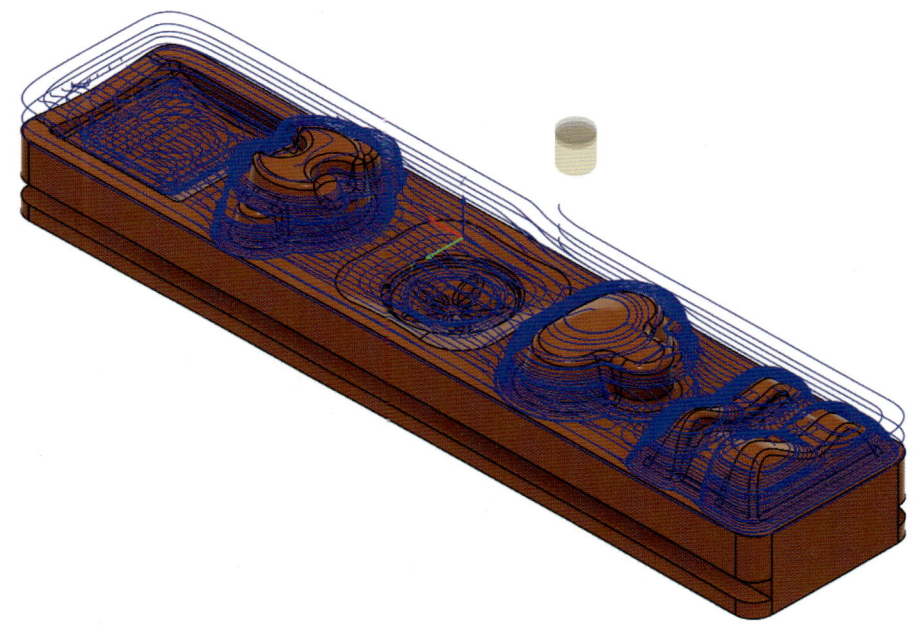

- 샘플위치 : 데이터패널 ➡ CAM Samples ➡ 3D Milling - Overview of toolpaths
- 사용공구 : ⌀21-R2 볼노즈밀

1.1 어댑티브 클리어링 개념

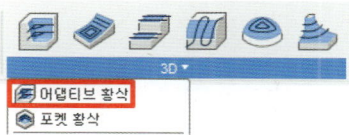

어댑티브 황삭을 클릭합니다.

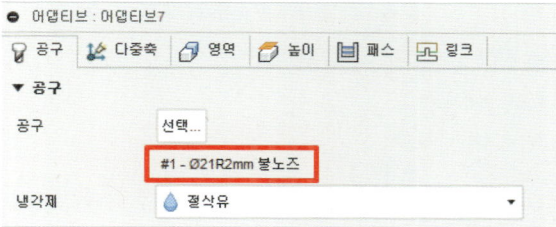

공구는 ⌀21 R2 볼노즈밀을 선택한 후 바로 확인을 눌러 툴 패스를 생성합니다.

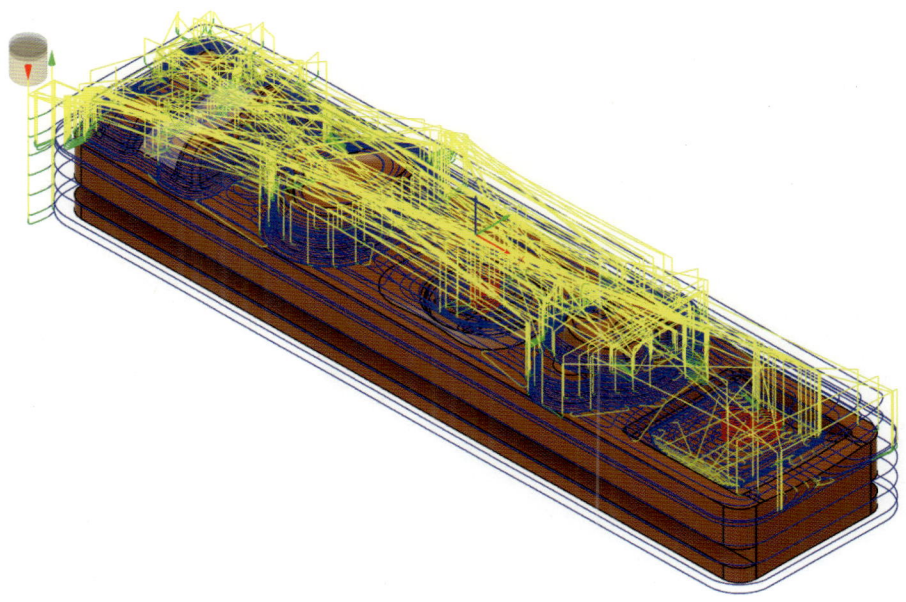

3D 툴 패스는 스톡과 가공 형상을 자동으로 인식하여 툴 패스가 생성됩니다.

따라서 2D 툴 패스와는 다르게 형상을 무시하는 패스가 기본적으로 생겨나지 않습니다.

1.2 스톡 정의하기

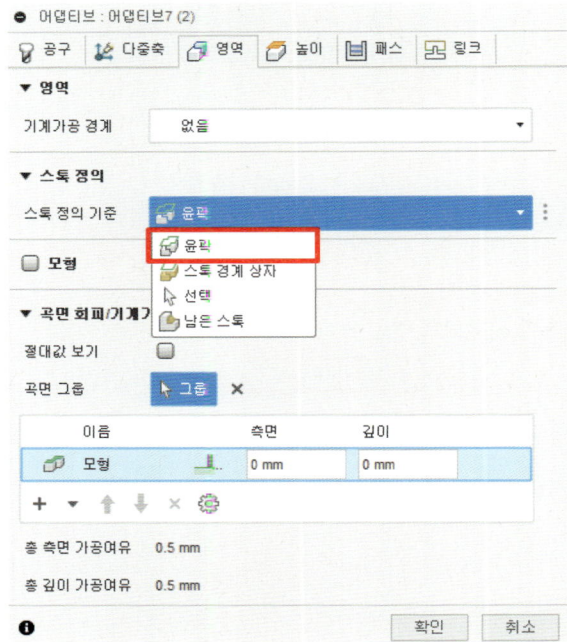

영역 탭에서 윤곽으로 스톡정의 기준을 변경합니다.

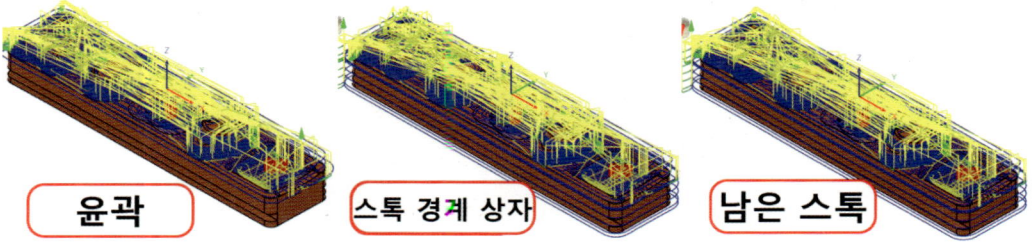

- 윤곽 : 모델의 외부 윤곽선을 스톡으로 정의
- 스톡 경계 상자 : 좌표계 설정에서 생성한 스톡을 스톡으로 정의
- 남은 스톡 : 이전에 가공하는 남은 스톡을 스톡으로 정의

1.3 가공 경계 지정하기

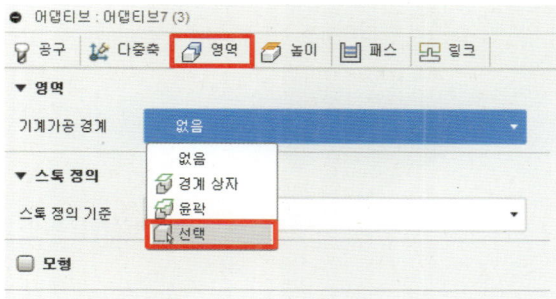

영역 탭에서 기계가공 경계를 선택으로 변경합니다.

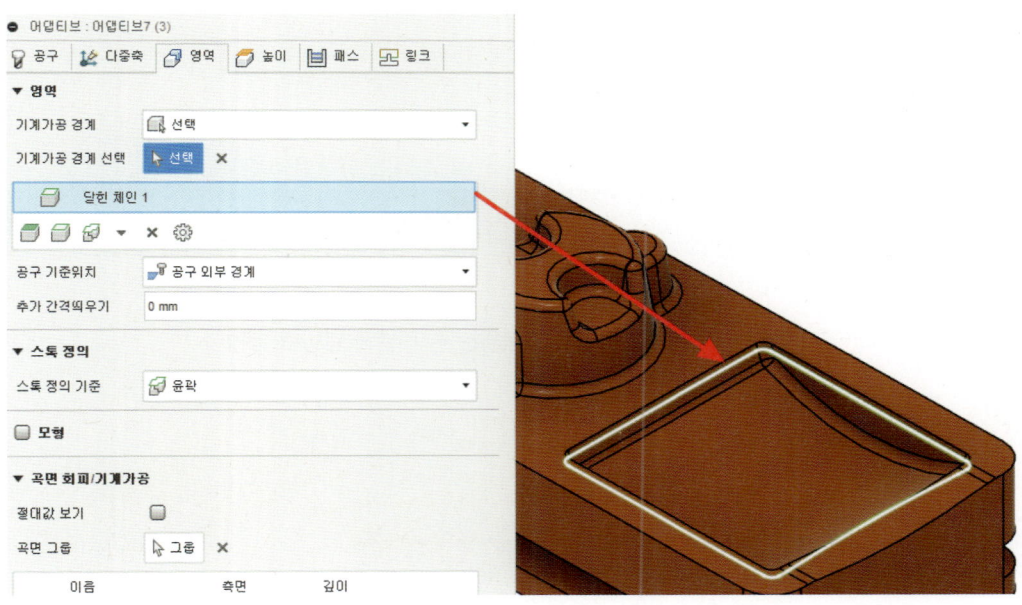

외곽라인 클릭하여 경계를 설정합니다.

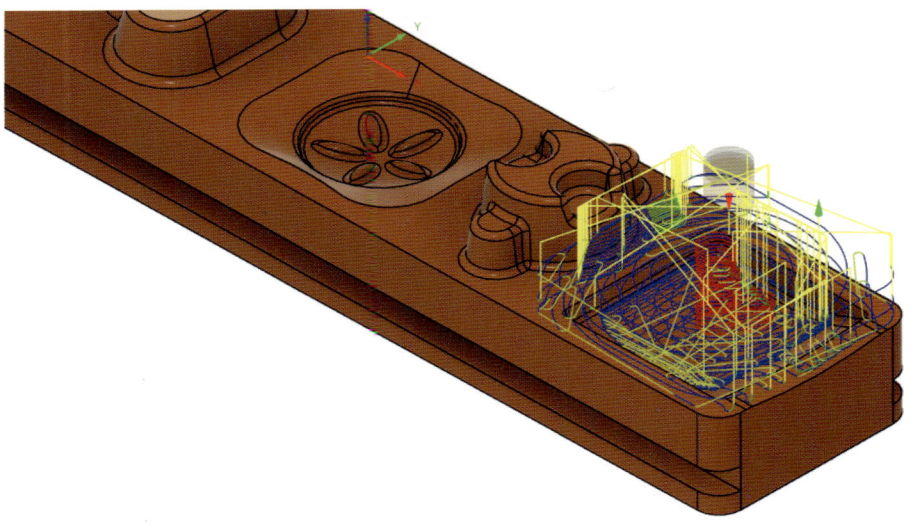

경계를 지정하면 설정한 경계 내에서만 툴 패스가 생성됩니다.

1.4 공차 개념

공차는 3D 툴 패스에서 매우 중요하게 생각되는 부분이니 꼭 개념을 알아야 합니다.

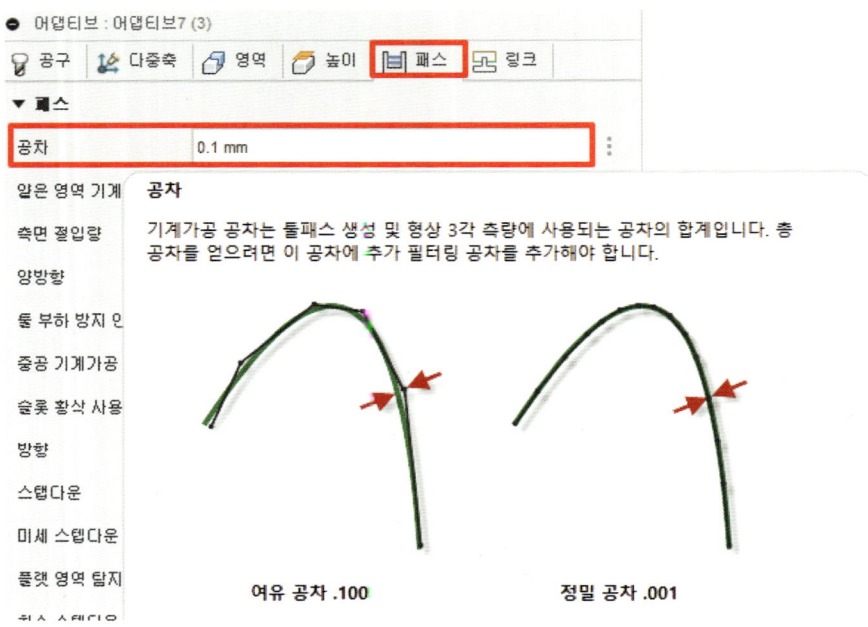

툴 패스가 곡선을 그리게 될 때 무수히 많은 점과 점사이를 잇는 선을 만들게 됩니다.

공차를 작게 줄수록 점이 많아지며 그만큼 품질향상에 큰 효과를 줍니다.

하지만 공차를 작게 줄수록 점이 많아지기 때문에 NC데이터는 그만큼 용량이 커지게 됩니다.

> TIP 〉
>
> (이미지: 패스 설정 창 - 공차 0.1 mm, 측면 절입량 8.4 mm, 툴 부하 방지 안전 r값 2.1 mm, 중공 기계가공 ☑, 방향 하향가공, 스텝다운 13.5 mm, 미세 스텝다운 1.35 mm, 플랫 영역 탐지 ☑, 최소 스텝다운 0.0001 mm, 최소 축방향 결속 0 mm, 가공여유 ☑ - 측면 가공여유 0.3 mm, 깊이 가공여유 0.3 mm)
>
> 황삭 시 공차에 맞게 가공여유를 주는 것이 좋습니다.
>
> 현재 공차는 0.1mm이므로 가공여유의 0.1의 3배인 0.3mm를 주는 것이 알맞습니다.
>
> 특히 곡면형상이 많은 황삭 툴 패스에서는 공차를 크게 준상태로 정삭을 할 경우 과삭이 날수 있으니 주의하도록 합시다.

1.5 패스 설정

▍측면 절입량 조정

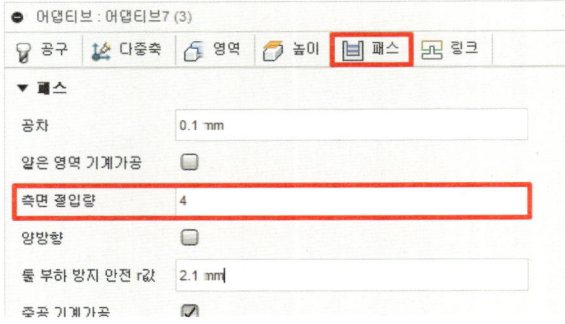

측면 절입량을 4mm로 설정합니다.

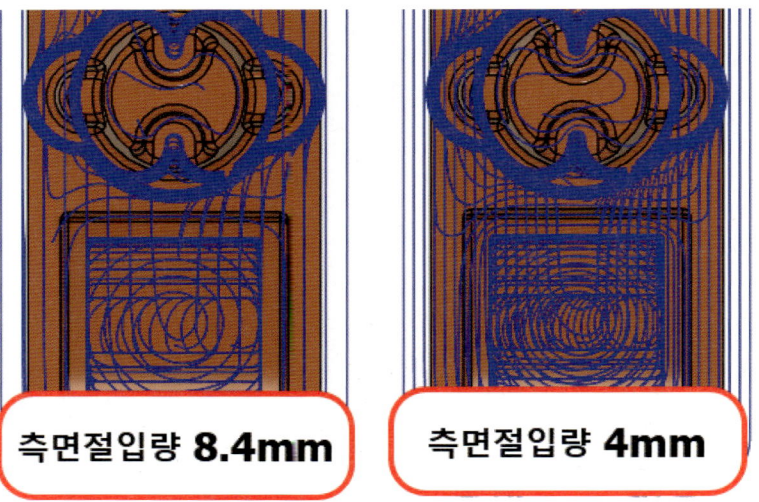

측면 절입량은 공구 진행방향이 XY축으로 진행되는 절입량을 나타냅니다.

4mm로 줄인 것이 훨씬 세밀하게 툴 패스가 -는 것을 확인할 수 있습니다.

▌스텝다운 & 미세 스텝다운

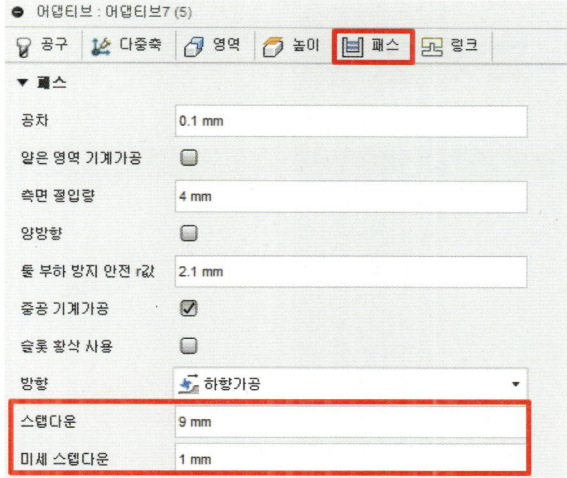

패스 탭에서 스텝다운 9mm, 미세 스텝다운 1mm로 지정합니다.

스텝 다운은 Z방향으로 진행되는 절입량을 나타냅니다.

- 스텝다운 : 스텝다운으로 값을 줄일수록 절입량이 작아서 패스가 많아집니다.

- 미세 스텝다운 : 전체 적인 스텝다운 외에 모형을 절삭하는 위주의 툴 패스가 생성됩니다.

02 포켓 황삭

3D 형상의 황삭 가공에 보편적으로 사용하는 툴 패스입니다.

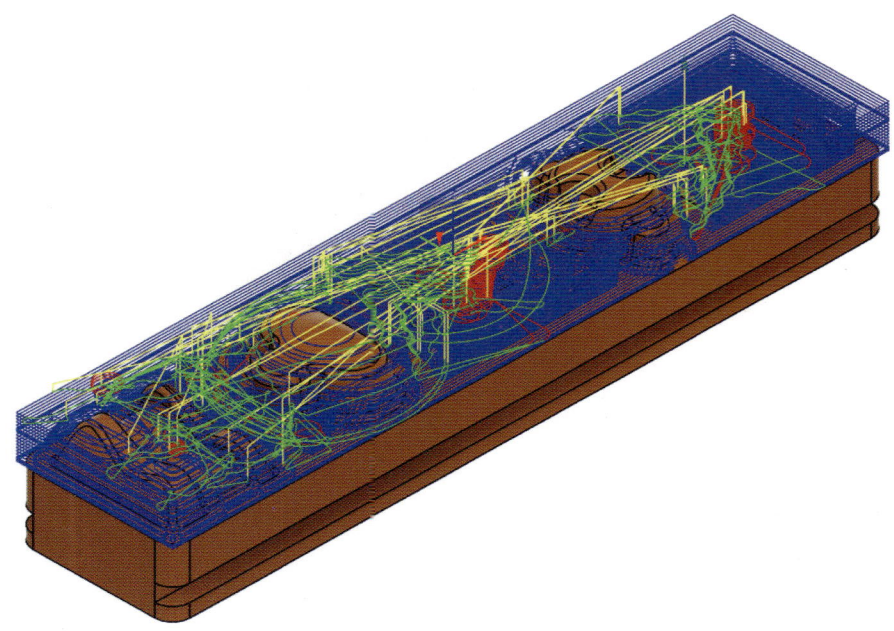

❏ 샘플위치 : 데이터패널 ➡ CAM Samples ➡ 3D Milling - Overview of toolpaths

❏ 사용공구 : ⌀21 R2 볼노즈밀

2.1 포켓 클리어링 개념

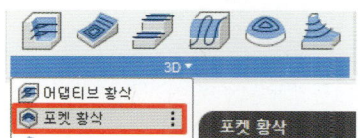

포켓 황삭을 클릭합니다.

공구를 선택하고 바로 확인을 누릅니다.

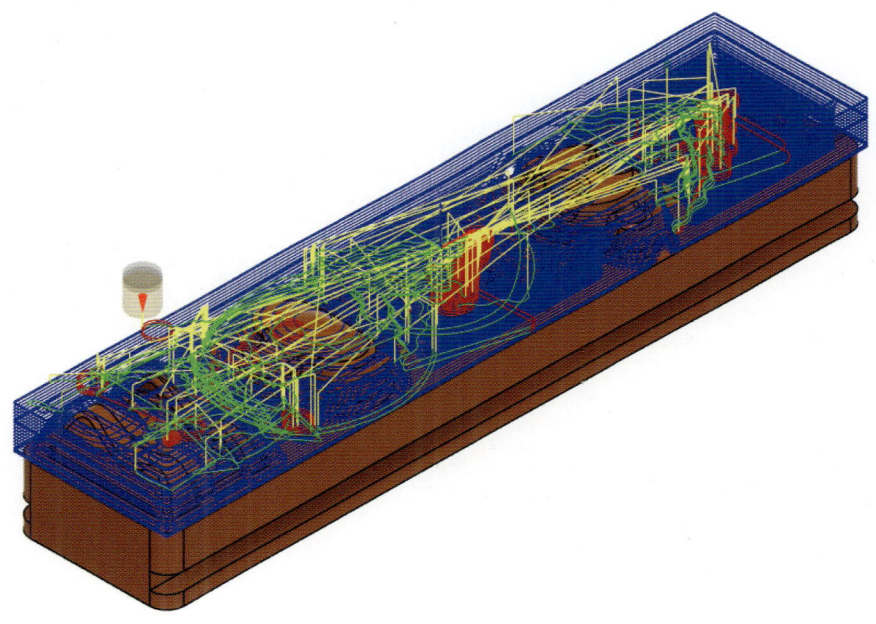

그림과 같은 형태의 툴 패스가 생성됩니다.

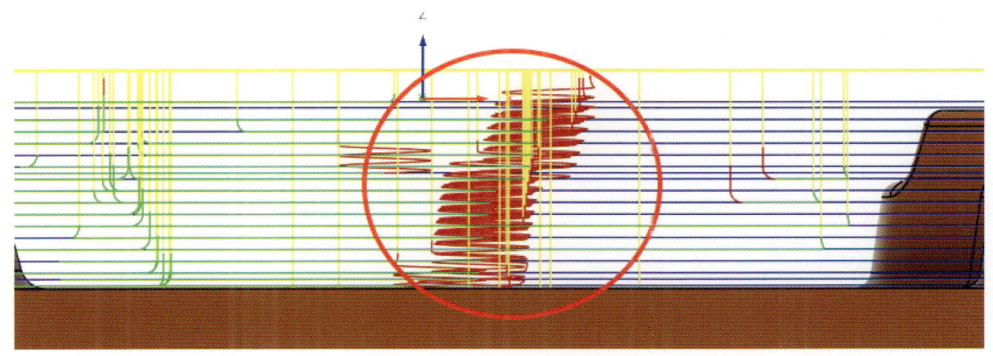

형상 내부를 램프로 진입하여 가공하는 것을 볼 수 있습니다.

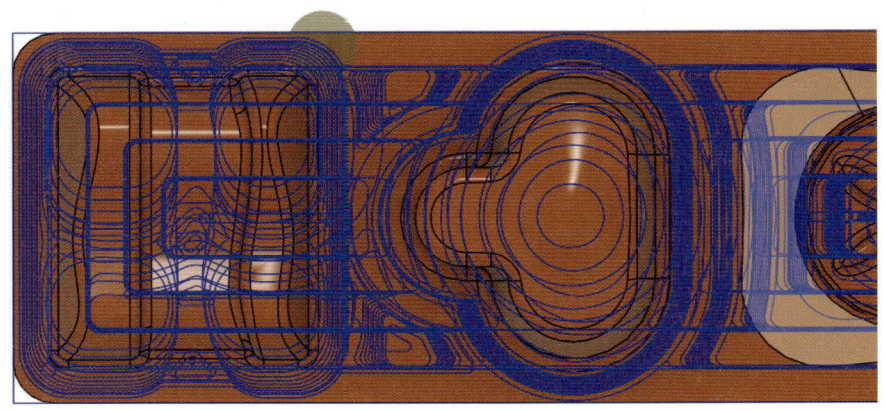

포켓 황삭은 형상을 옵셋 하는 방식으로 툴 패스가 생성됩니다.

어댑티브의 최적화된 툴 패스 형상과는 달리 일정한패턴을 유지합니다.

2.2 영역지정하기

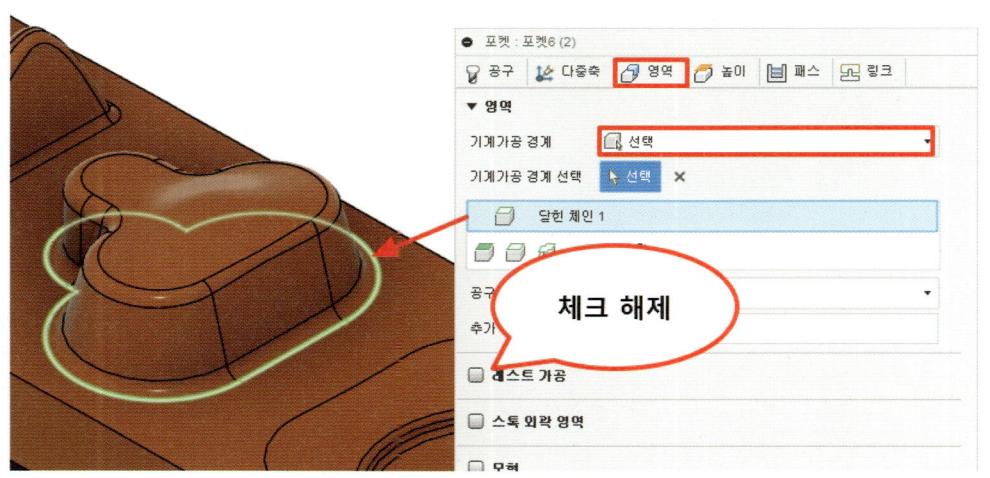

영역 탭에서 기계가공 경계 선택을 클릭합니다.

가공할 영역을 선택합니다.

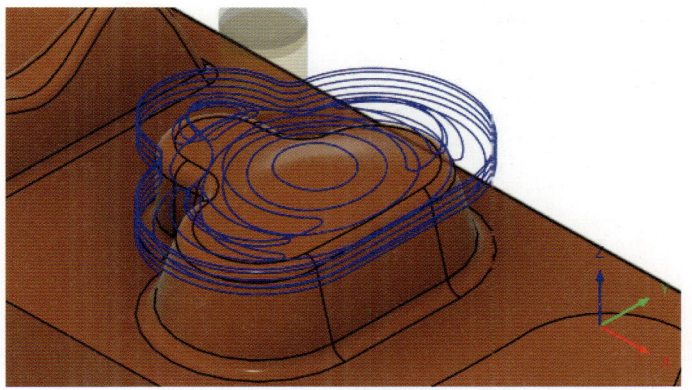

그림과 같이 툴 패스가 생성되는 것을 확인할 수 있습니다.

여기서 문제점은 툴 패스가 바닥까지 나지 않고 위쪽에서만 가공하다가 끝이 나는 것으로 확인됩니다.

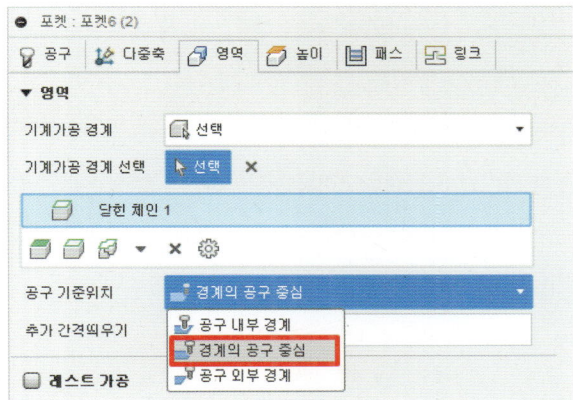

그 이유는 기본값이 공구 기준위치가 경계의 공구 중심으로 되어 있기 때문입니다.

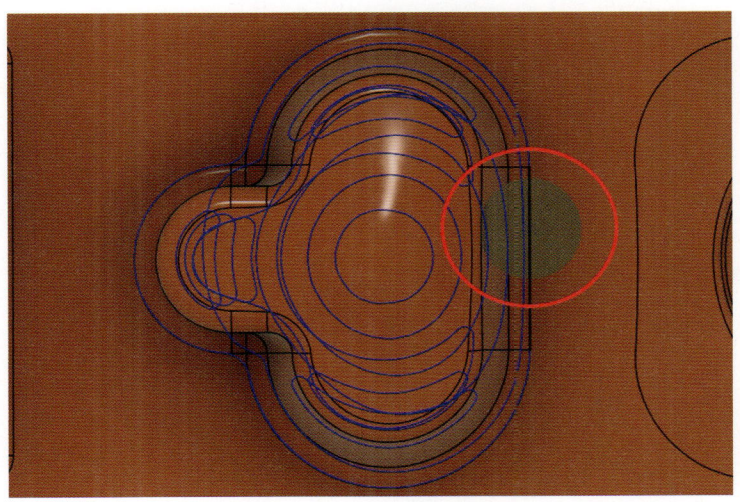

▌공구 기준 위치란?

툴 패스가 영역을 기준으로 어디까지 생성되야 하는지에 대한 기준입니다.

현재 공구위치는 공구 중심이므로 정확하기 영역 라인 까지만 툴 패스가 생성됩니다.

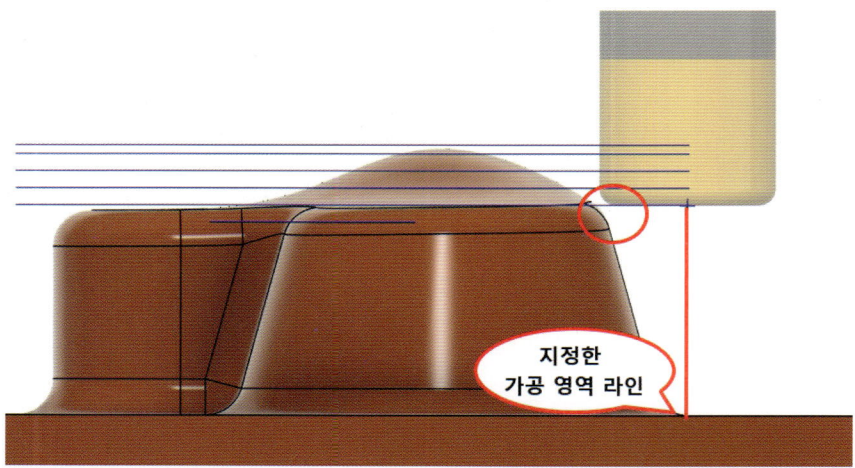

공구 위치를 가공 영역 중심 까지만 가공하라고 지정했기 때문에 정확하게 가공영역 라인 까지만 가공하는 툴 패스가 생성됩니다.

해당 형상을 아래 부분까지 가공하려면 가긍영역을 더 넓혀줘야 합니다.

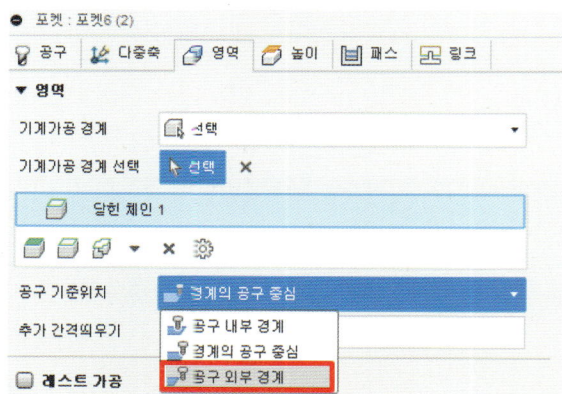

공구 기준위치를 공구 외부 경계로 바꿔줍니다.

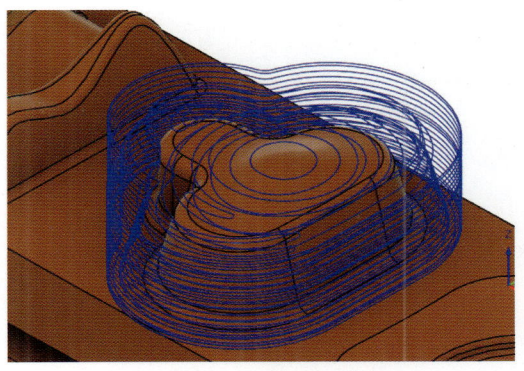

외부 경계로 바꿔주면 선택한 영역을 벗어날 수 있게 지정한 것으로 보고 형상 바닥까지 툴 패스가 생성되는 것을 확인할 수 있습니다.

2.3 패스 설정

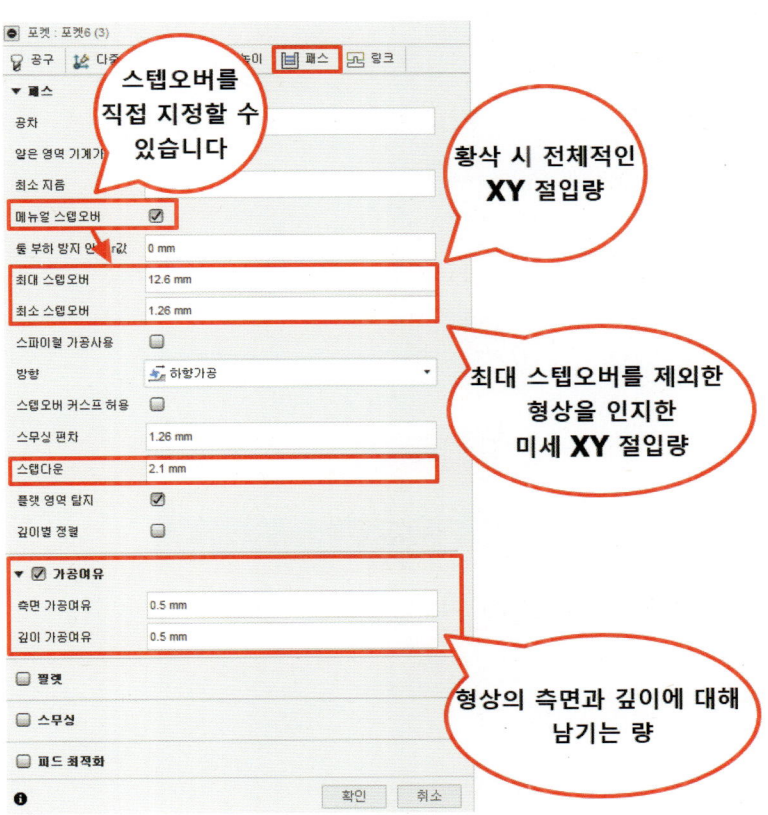

2.4 외부 진입 설정하기

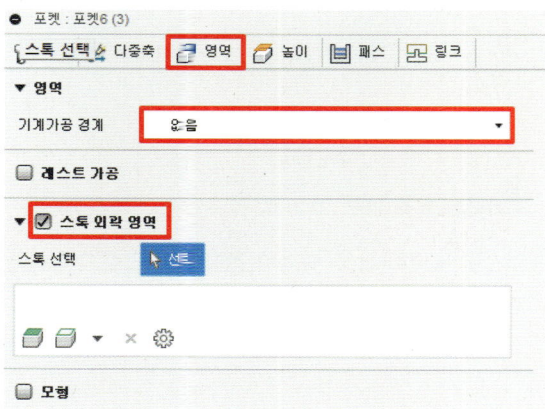

영역 탭에서 기계가공경계를 없음으로 하고 스톡외곽 영역을 체크합니다.

링크 탭에서 램프 유형을 플런지로 선택합니다.

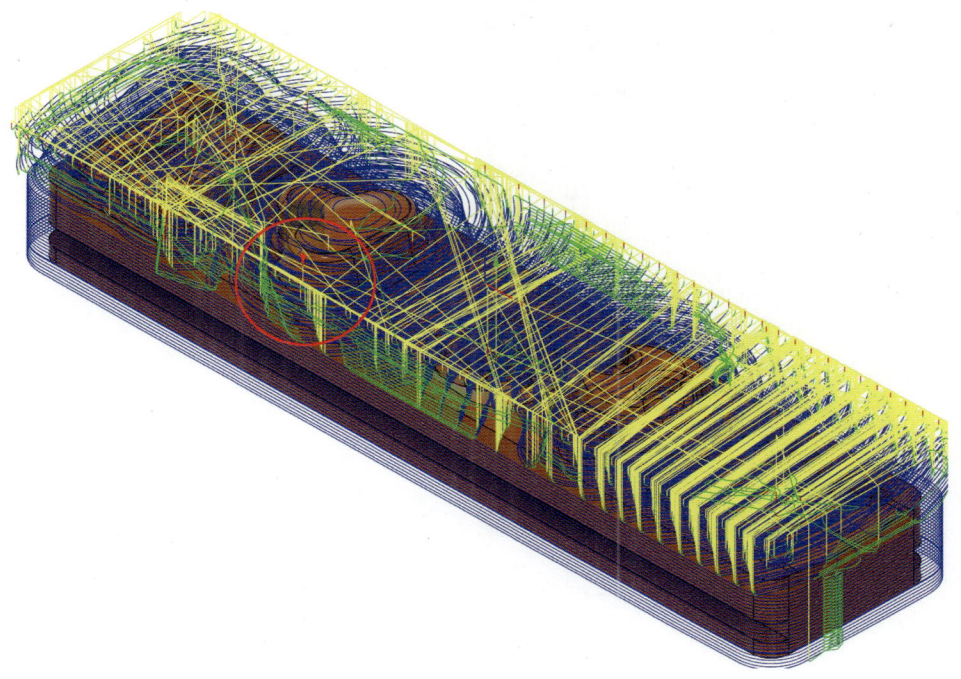

외부에서 진입하여 가공하는 것을 볼 수 있습니다.

시작지점과 열린 영역 외에는 내부에서 진입하니 참고바랍니다.

2.5 급속 이송방법 지정하기

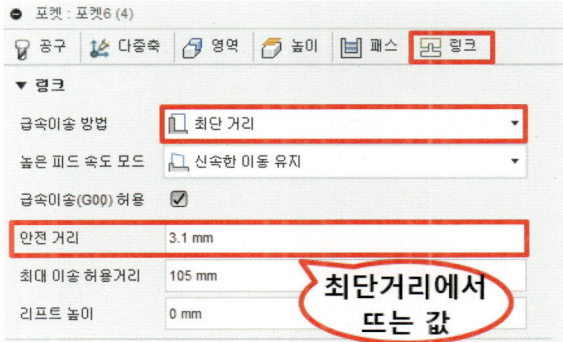

링크 탭에서 급속 이송 방법을 최단거리로 선택합니다.

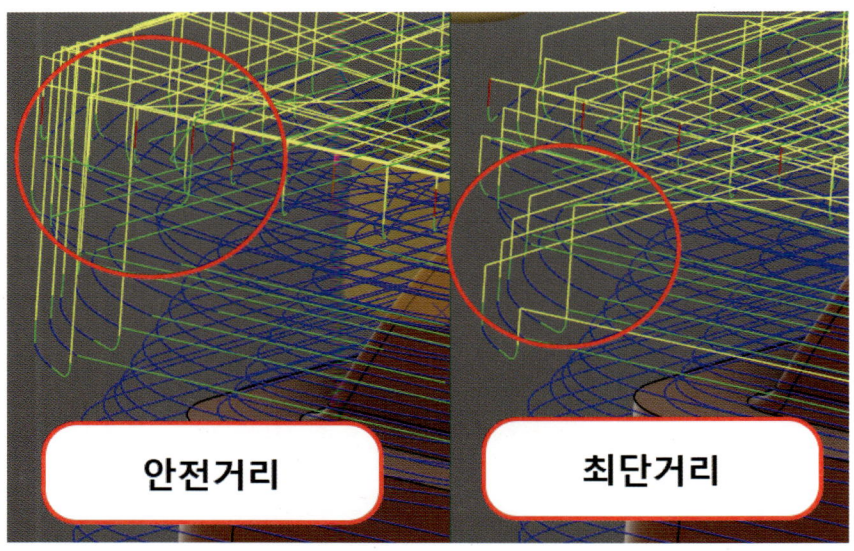

안전거리 : 가공이후 다음 패스를 시작할 때 높이에 상관없이 무조건 안전 높이까지 공구가 떠서 다음패스를 진행합니다.

최단거리 : 가공이후 다음 패스를 시작할 때 안전거리 값만큼 떠서 다음패스를 진행합니다.

> TIP >
>
> 최단경로도 있지만 다음패스 가공을 대각선으로 바로 진행하기 때문에 충돌의 위험이 있어 추천하지 않습니다.

03 포켓 황삭 (재 황삭)

3D 형상의 첫번째 황삭 가공 이후 더 작은 공구로 남은 살을 재거하기 위해 에어 컷 없이 최적의 경로를 생성하기 위해 사용하는 툴 패스입니다.

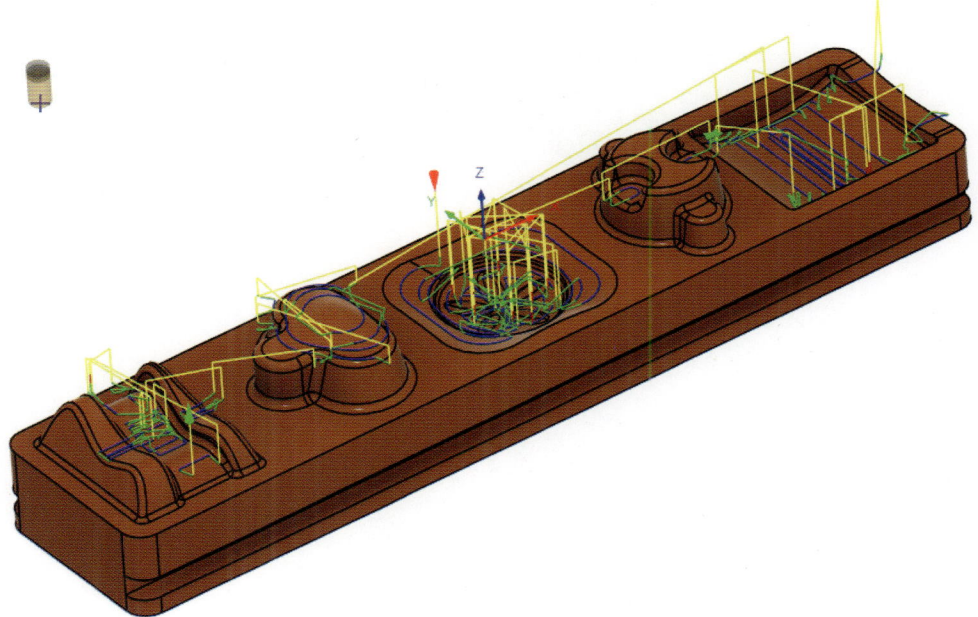

❏ 샘플위치 : 데이터패널 ➡ CAM Samples ➡ 3D Milling - Overview of toolpaths

❏ 사용공구 : ∅12 R2 볼노즈밀

3.1 재 황삭의 개념

재 황삭은 황삭 이후 기존 공구보다 더 작은 공구를 효과적으로 사용하기 위한 가공입니다.

이전 공구가 가공한 곳은 가공하지 않고 새로운 작은 공구가 가공할 수 있는 곳을 찾아 가공합니다.

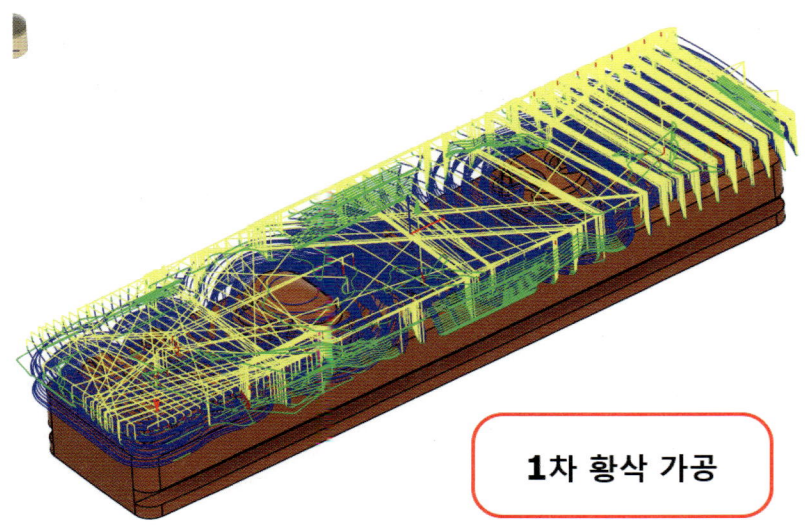

따라서 재 황삭은 이전 가공을 인식하기 때문에 기본적으로 황삭 가공 툴 패스가 생성되어 있어야 합니다.

시뮬레이션을 해보면 가공된 스톡을 볼 수 있는데 그 스톡을 인지하여 가공된 곳을 제외한 부분을 가공합니다.

TIP 〉

시뮬레이션을 진행한 후 스톡을 우 클릭하면 해당 스톡을 로드 및 저장할 수 있습니다.

STL 확장자로 저장되며 저장된 파일 불러들여 스톡으로 사용이 가능합니다.

3.2 레스트 가공 사용하기

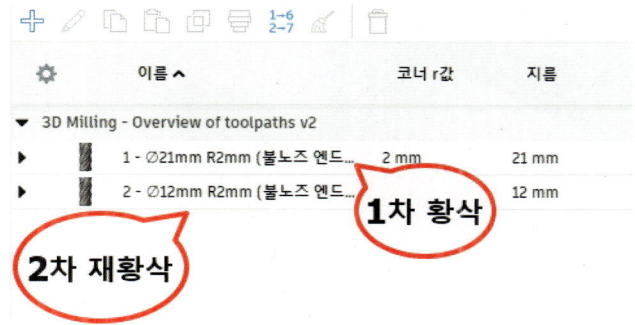

공구 선택 시 이전보다 작은 공구를 선택합니다.

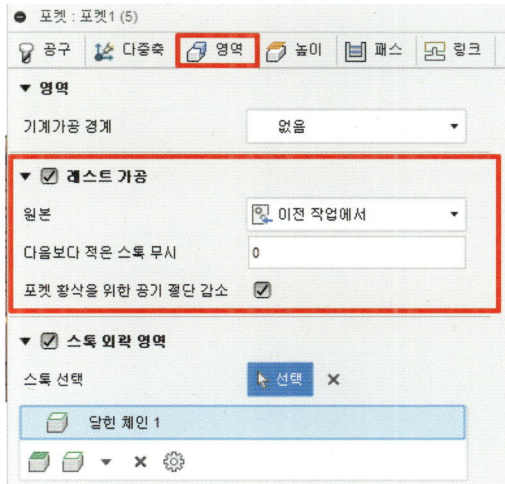

영역 탭에서 레스트 가공을 체크한 후 이전 작업에서를 클릭합니다.

다음보다 적은 스톡 무시를 0mm로 지정합니다.

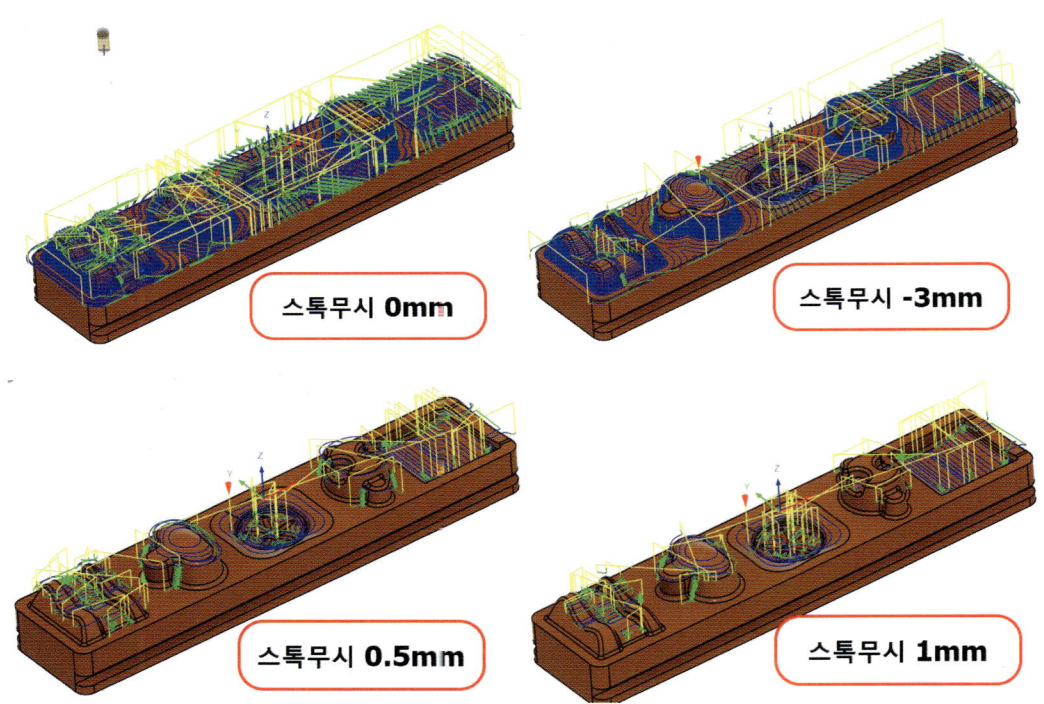

스톡 무시 값을 높게 줄수록 툴 패스가 적어지는 것을 볼 수 있습니다.

따라서 스톡 무시란 이전 가공한 스톡을 인지하여 해당 지정한 값만큼은 가공하지 않겠다 라는 뜻입니다.

반대로 스톡 무시 값을 마이너스로 주면 지정한 값만큼 한 번 더 가공하겠다 라는 뜻이 됩니다.

04 등고선

3D 형상의 측벽가공을 가공하기에 적합한 툴 패스입니다.

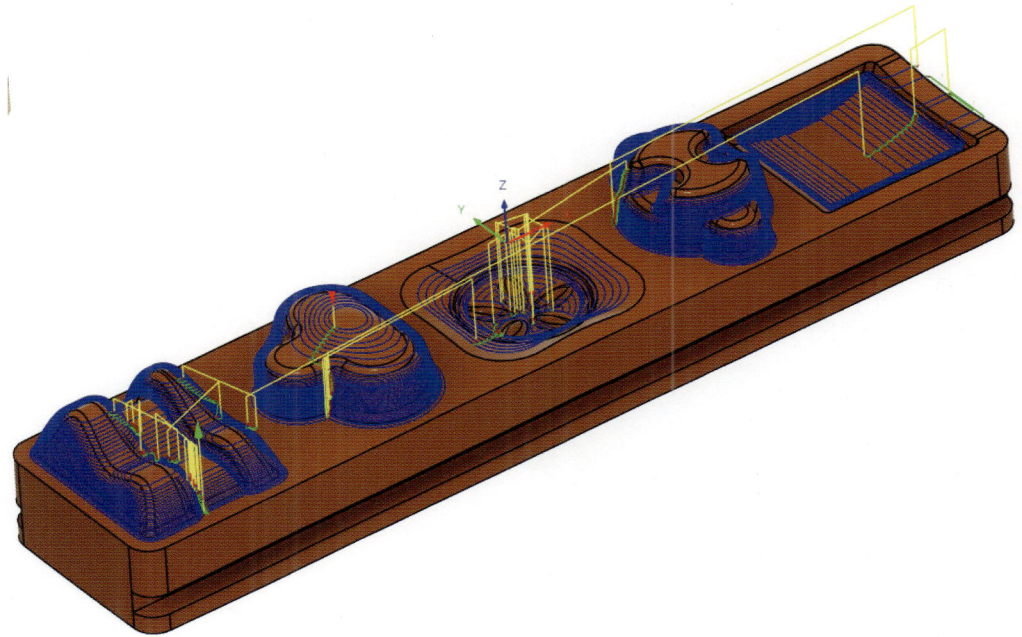

❑ 샘플위치 : 데이터패널 ➡ CAM Samples ➡ 3D Milling - Overview of toolpaths

❑ 사용공구 : ∅12 R2 볼노즈밀

4.1 등고선 개념

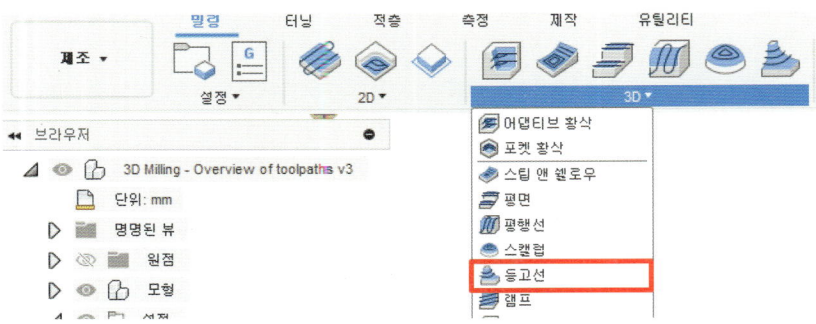

등고선을 클릭합니다.

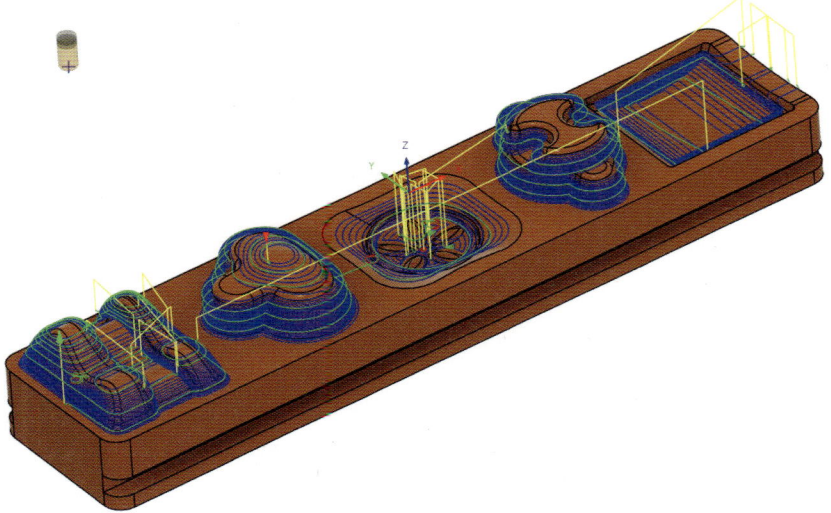

바로 확인을 눌러 툴 패스를 생성하면 형상을 인지하여 툴 패스가 생성됩니다.

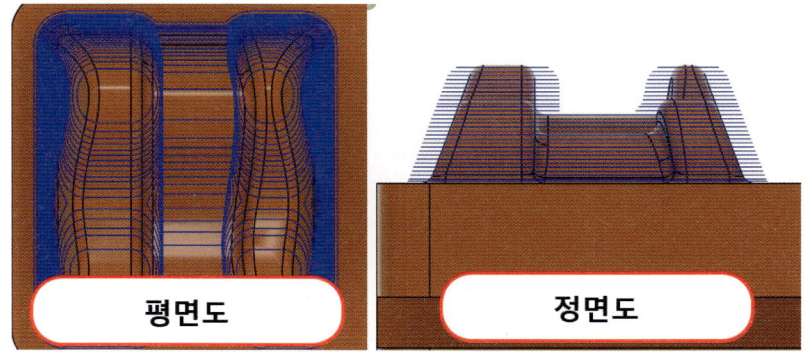

3D 윤곽선 툴 패스는 위에서 바라봤을 때는 늘어지는 툴 패스가 존재하지만 앞에서 바라봤을 때는 Z방향으로 일정하게 툴 패스가 생성됩니다.

늘어지는 툴 패스가 있으면 가공 소재에 그대로 남기 때문에 사용하기에는 부적합합니다.

따라서 측벽을 가공하기에 적합한 툴 패스입니다.

4.2 경사각도 지정하기

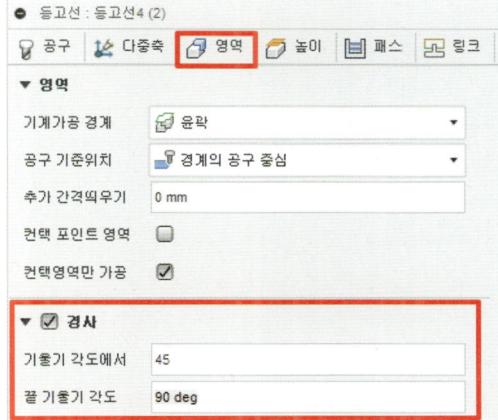

영역 탭에서 경사 각도를 45 ~ 90도로 지정합니다.

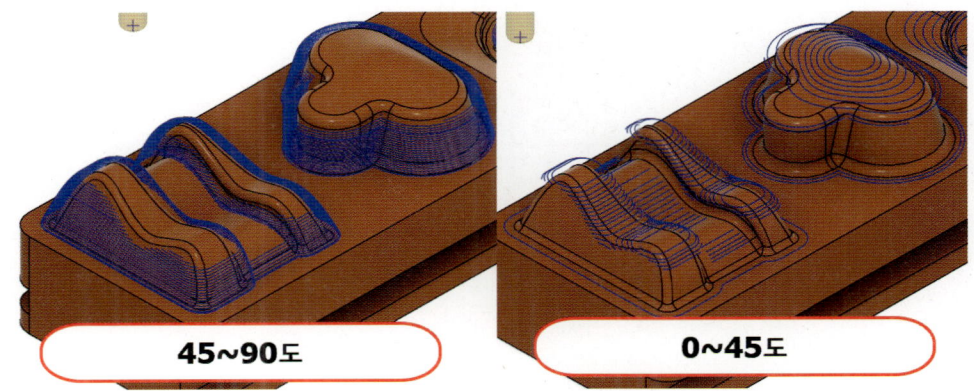

45~90도   0~45도

0도(바닥)를 기준으로 각도가 높아질수록 가파른 영역의 툴 패스가 생기는 것을 볼 수 있습니다.

4.3 링크 - 공구 진입 진출 수정

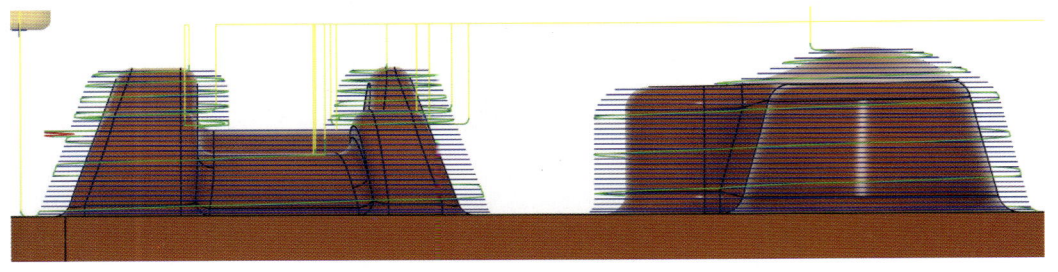

위의 초록색 선(링크)을 보면 나선형으로 툴 패스가 형성된 것을 확인할 수 있습니다.

링크 탭에서 전환유형을 최단경로로, 램프 유형을 플런지로 변경합니다.

Chapter 05 | Fusion CAM 툴 패스 – 3D 기능

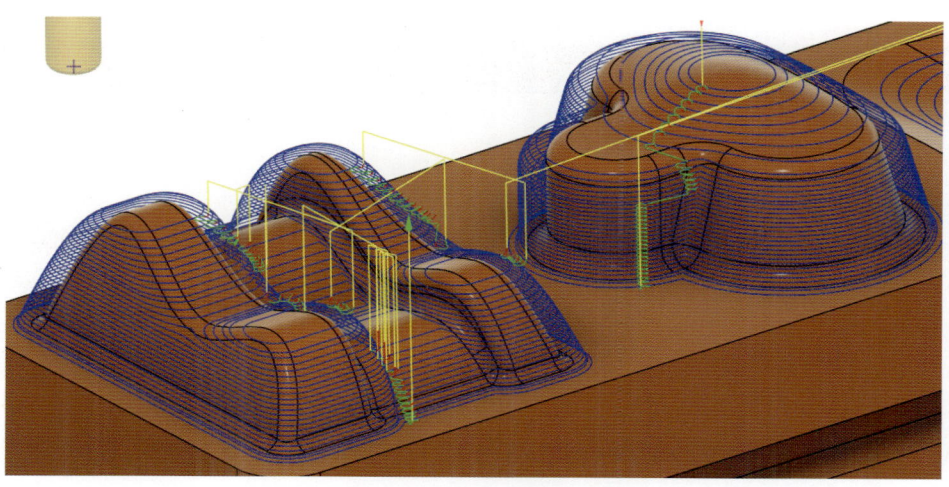

그러면 진/출입이 한 줄로 생기는 것을 확인할 수 있습니다.

보통 윤곽선 가공이 해당 진/출입의 형태를 많이 사용합니다.

4.4 링크 – 기본 리드인 위치

링크 탭에서 기본 리드인 위치로 임의의 점을 선택합니다.

307

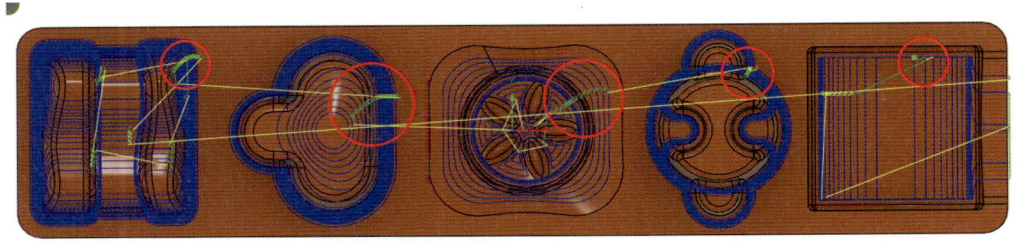

임의의 점을 선택하면 최대한 그 부분에 가까이 위치하도록 리드인 위치를 변경할 수 있습니다.

4.5 패스 – 플랫 영역 탐지

패스 탭에서 플랫 영역 탐지 체크 해제합니다.

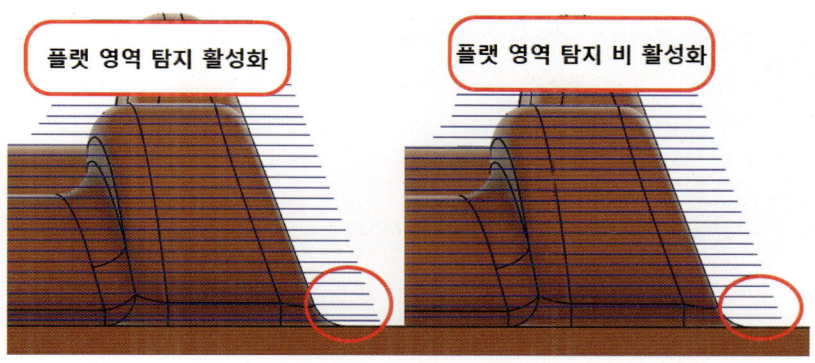

플랫 영역 탐지를 비활성화 하게 되면 일정한 Z 피치 간격을 만들 수 있습니다.

가공 시 조도를 높여야 할 때에 비활성화 하며 일정한 Z피치 간격을 주면 외관품질이 좀더 좋아질 수 있습니다.

05 평행선

3D 형상의 완만한 영역을 가공하기에 적합한 툴 패스입니다.

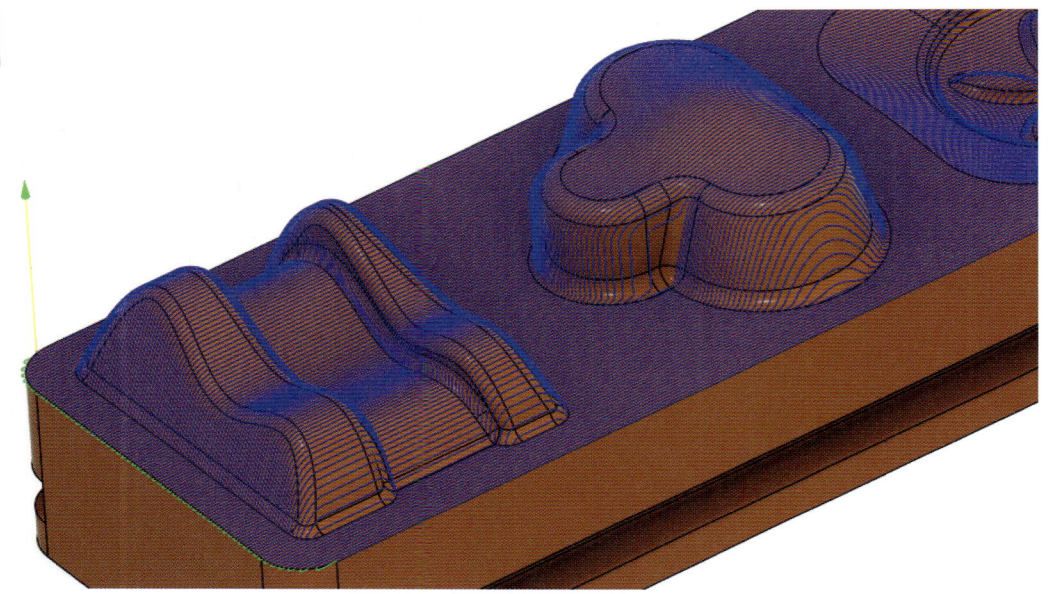

❏ 샘플위치 : 데이터패널 ➡ CAM Samples ➡ 3D Milling - Overview of toolpaths
❏ 사용공구 : R3 볼 엔드밀

5.1 3D 평행선 개념

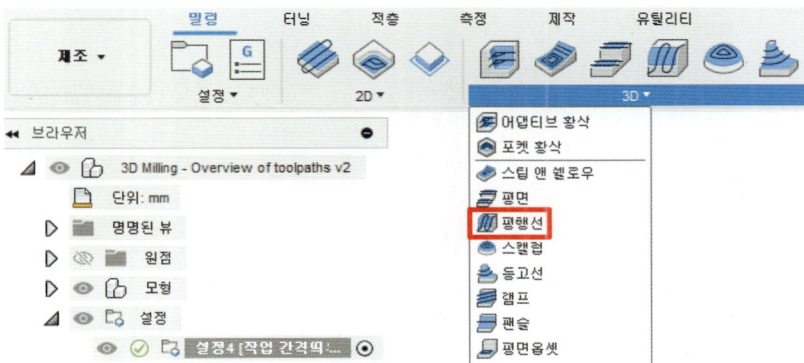

평행선을 클릭합니다.

패스 탭에서 스텝오버를 1mm로 설정합니다.

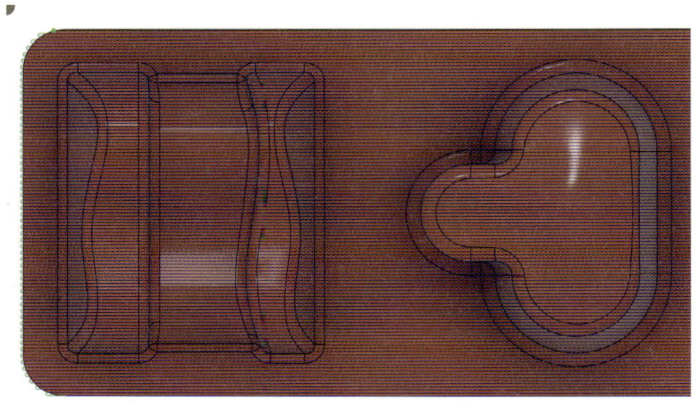

평행 툴 패스는 위에서 봤을 때 일정한 스텝오버 값으로 형상을 가공하는 툴 패스를 생성합니다.

반면 등고선은 측면에서 봤을 때 일정한 스텝다운 값을 가집니다.

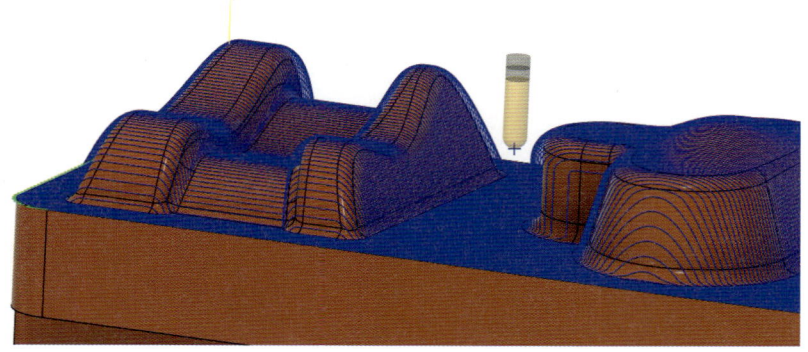

하지만 뷰를 틀어보면 경사가 가파를수록 툴 패스가 늘어지는 것을 확인할 수 있습니다.

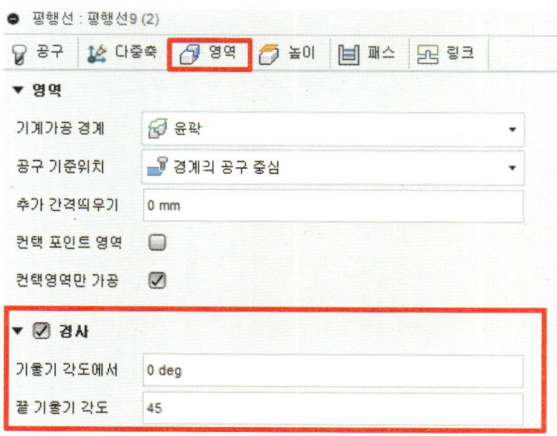

영역 탭에서 경사 각도를 0~45도로 설정합니다.

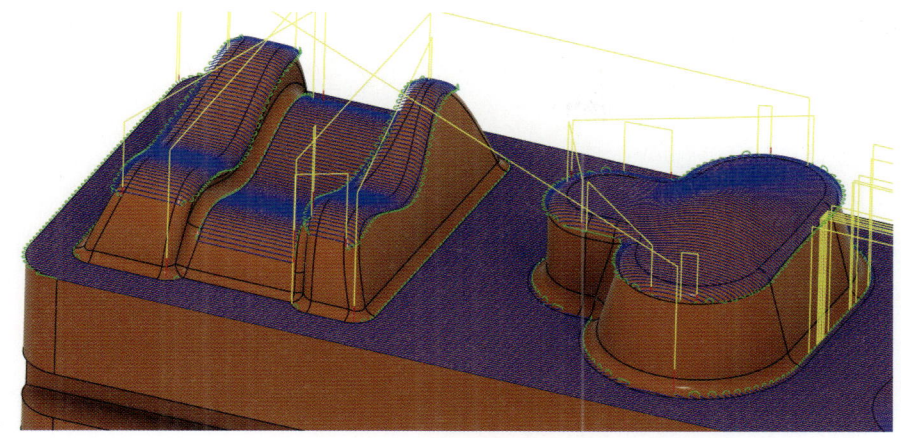

늘어지는 부분을 경사지정을 이용해 제외하여 툴 패스를 생성합니다.

따라서 3D 윤곽선 가공의 등고선가공과 함께 사용하면 높은 품질의 제품을 가공할 수 있습니다.

5.2 패스방향 설정

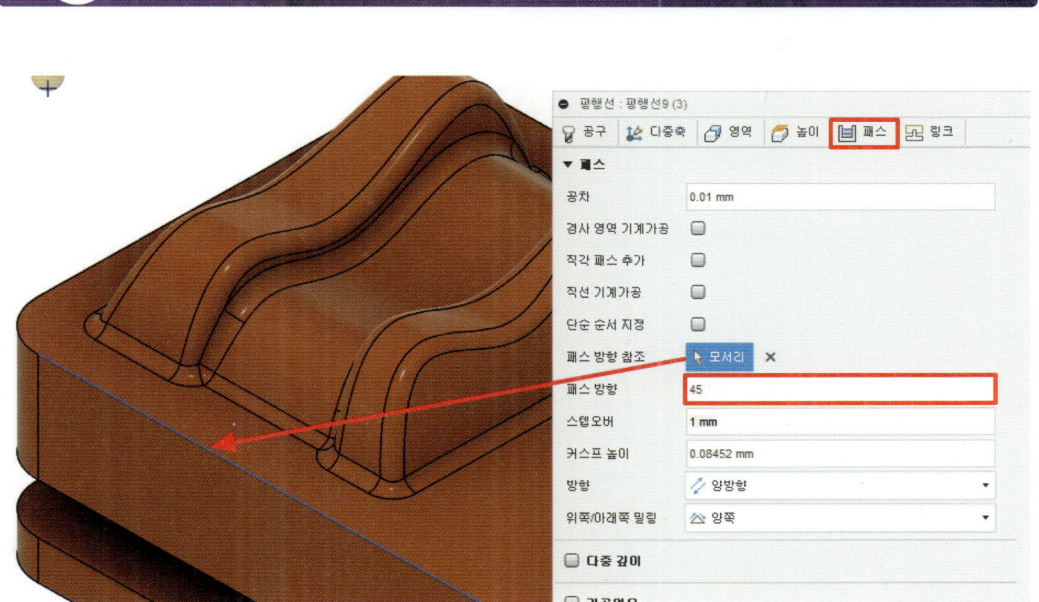

패스 탭에서 패스방향 참조할 모서리를 지정합니다.

패스방향은 참조한 모서리 기준 45도 각도로 생성됩니다.

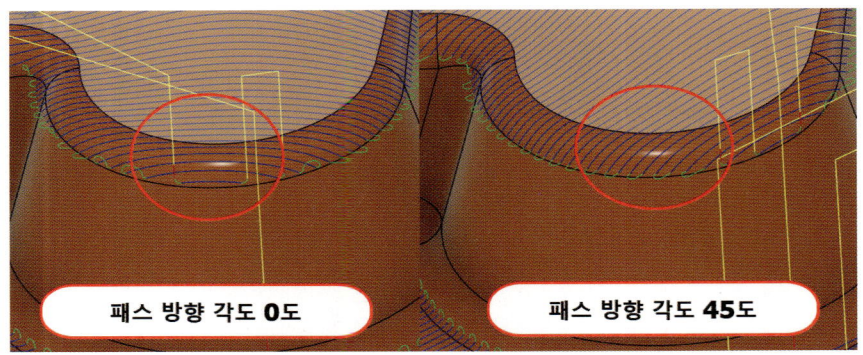

위의 그림을 보면 0도보다 45도로 패스방향을 바꿨을 때 가공패스 결이 좀더 촘촘해지고 늘어지는 부분들도 적어지는 것을 확인할 수 있습니다.

형상마다 다르겠지만 높은 확률로 45도의 패스방향이 가장 적합한 툴 패스가 생성됩니다.

5.3 링크 전환 유형 변경

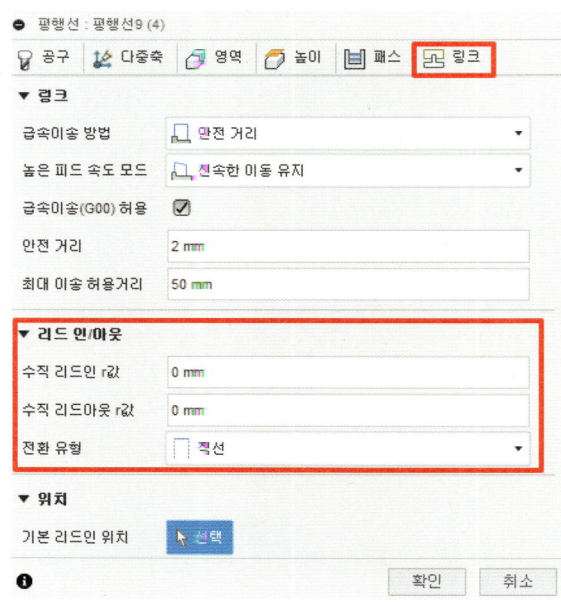

링크 탭에서 수직 리드인/아웃 R 값을 0으로 변경합니다.

전환 유형은 직선으로 변경합니다.

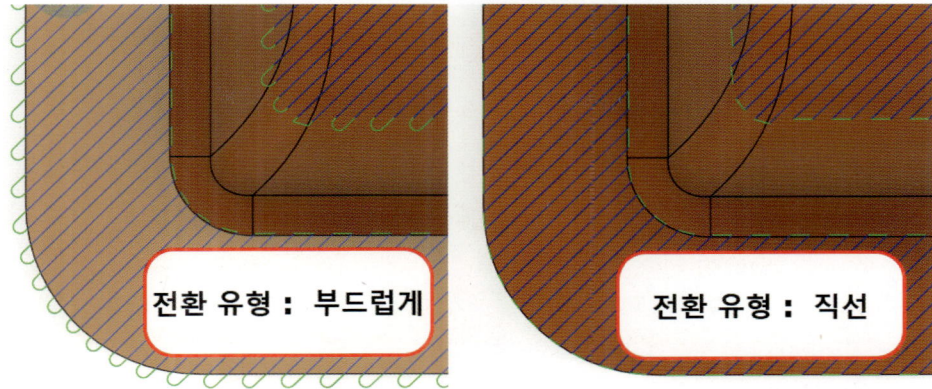

초록색의 불필요한 링크가 깔끔하게 정리된 것을 볼 수 있습니다.

하지만 형상에 따라 직선에 경우에는 미삭이 날 수 있으니 주의합시다.

5.4 링크 – 최대 이송허용 거리

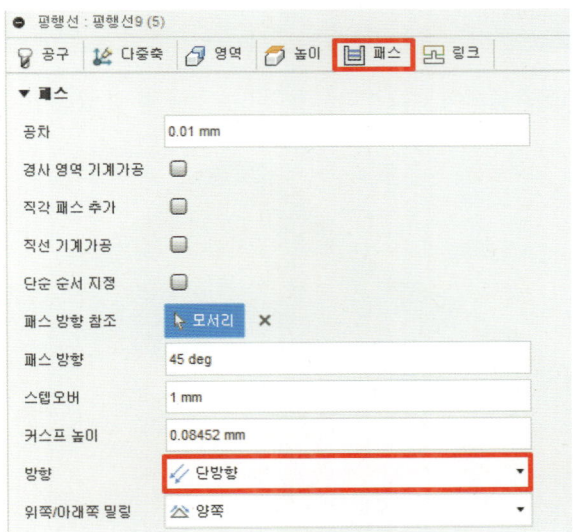

패스 탭에서 방향을 단방향으로 변경합니다.

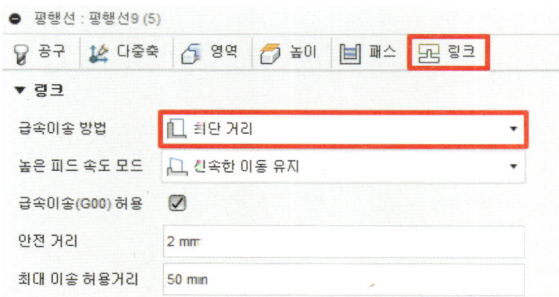

링크 탭에서 급속 이송 방법을 최단거리로 변경합니다.

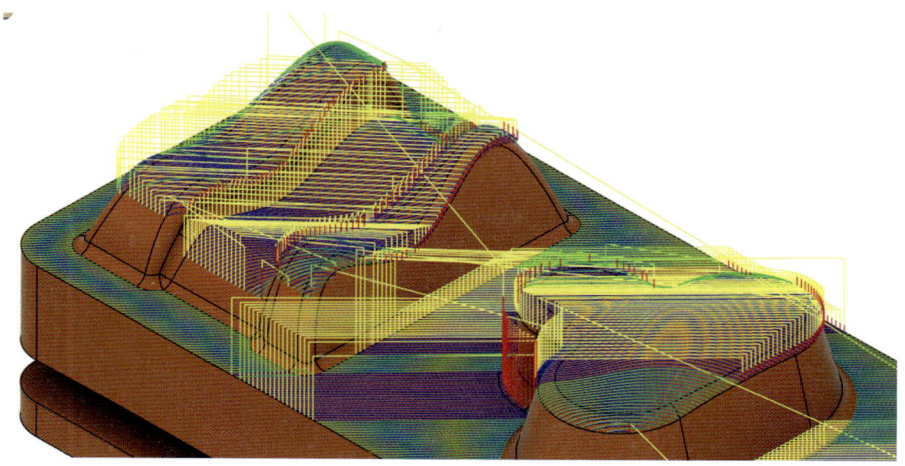

모든 툴 패스가 단방향으로 가공되어 떴다가 다시 들어가는 것을 볼 수 있습니다.

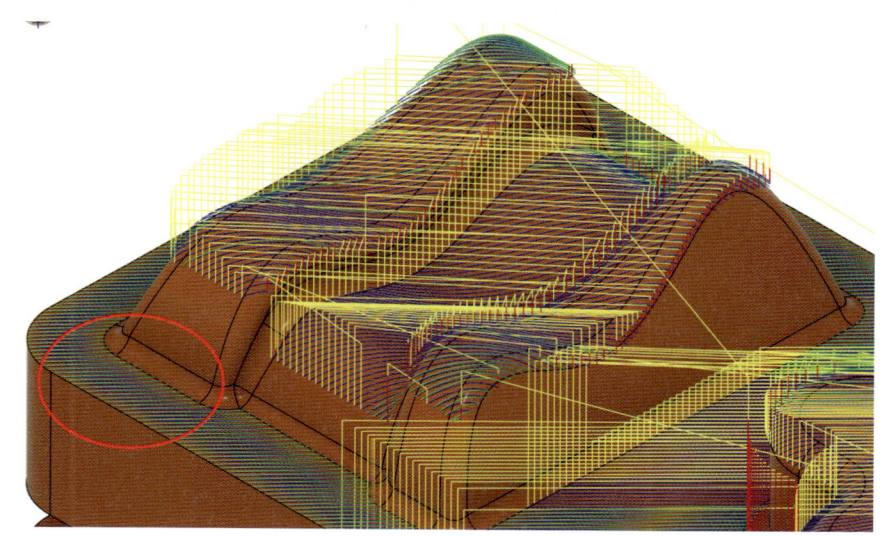

다만 이부분에도 떠야 하는데 뜨지 않고 바닥에서 이동하여 다시 가공하는 형태가 보입니다.

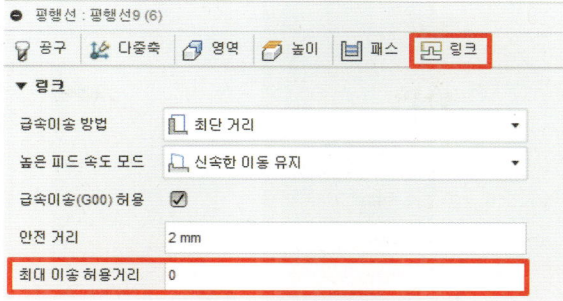

링크 탭에서 최대 이송 허용거리를 0으로 변경합니다.

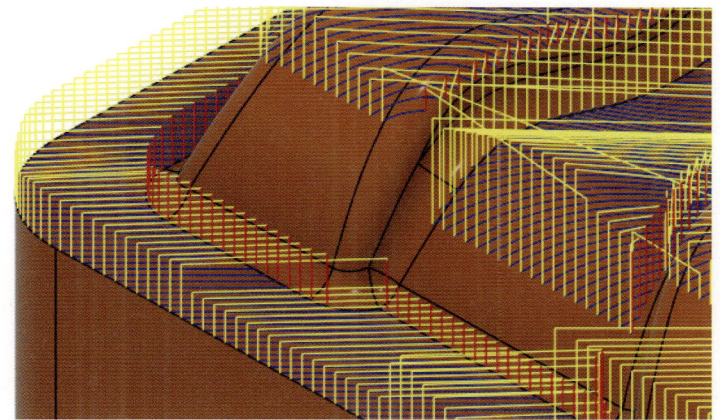

확실하게 떠서 가공되는 것을 볼 수 있습니다.

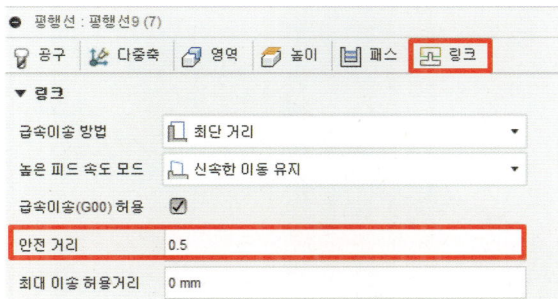

추가로 안전거리 값을 줄여서 조절하면

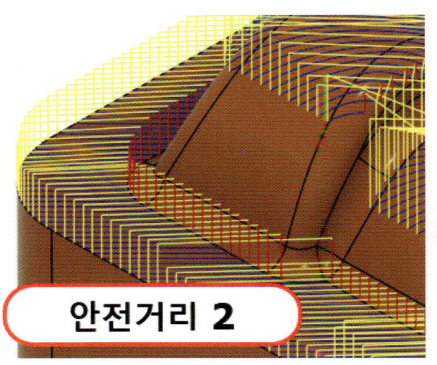 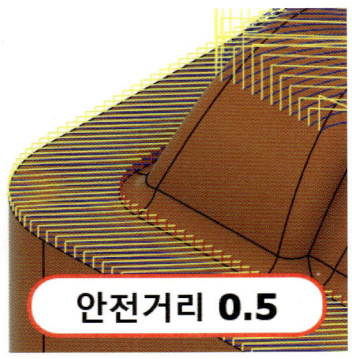

노란색의 급속 이송 패스의 위로 뜨는 양을 조절할 수 있습니다.

TIP 〉 직각 절삭 조건 추가

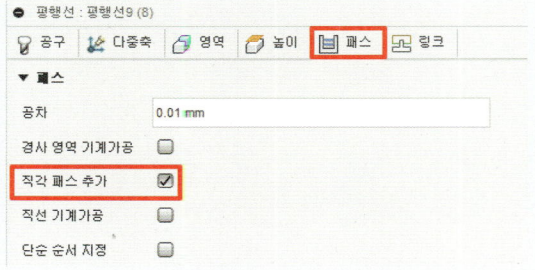

패스 탭에서 직각 패스 추가를 체크합니다.

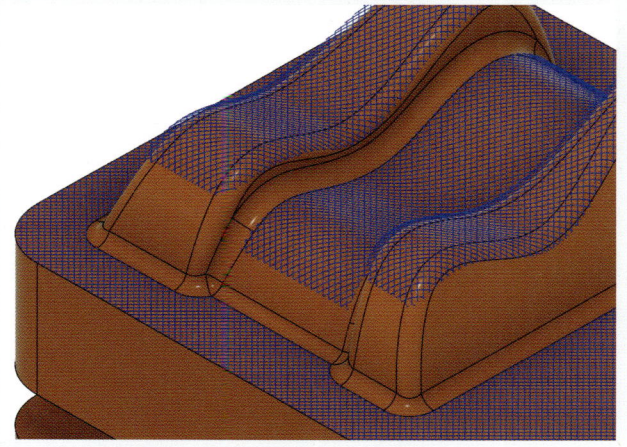

지정한 방향과 반대의 방향으로 가공하는 패스를 추가하여 십자형태가 됩니다.

이 기능을 이용해 커습량을 최소한으로 줄일 수 있습니다.

06 램프

3D 형상의 측벽가공을 가공하기에 적합한 툴 패스입니다.

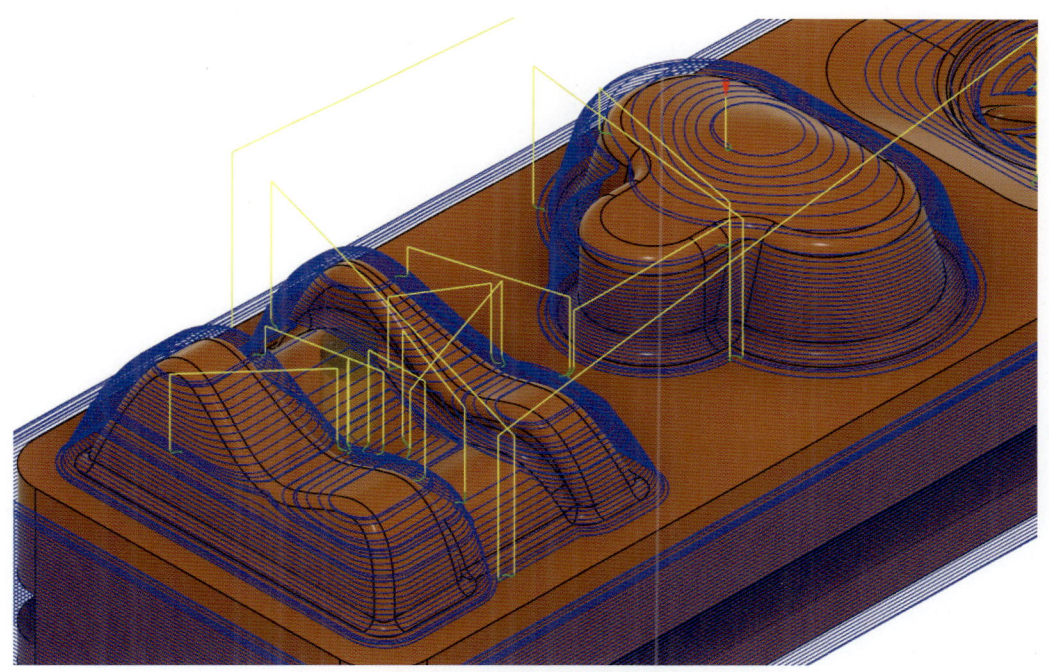

❏ 샘플위치 : 데이터패널 ➡ CAM Samples ➡ 3D Milling - Overview of toolpaths

❏ 사용공구 : ∅12 R2 볼노즈밀

6.1 램프 개념

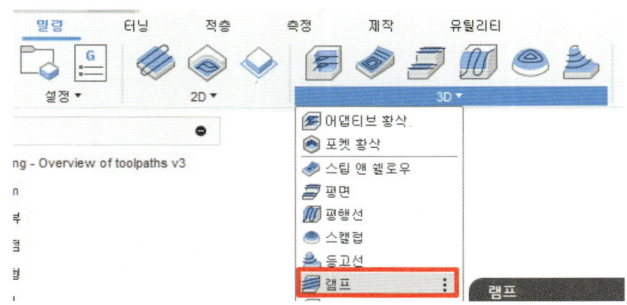

램프를 선택합니다.

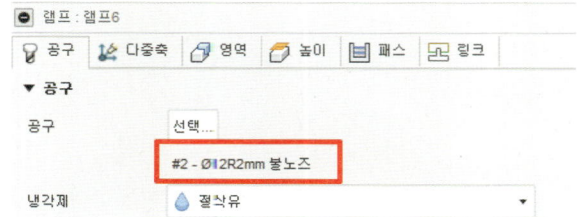

공구를 선택해주고 별다른 설정 없이 확인을 눌러 툴 패스를 생성합니다.

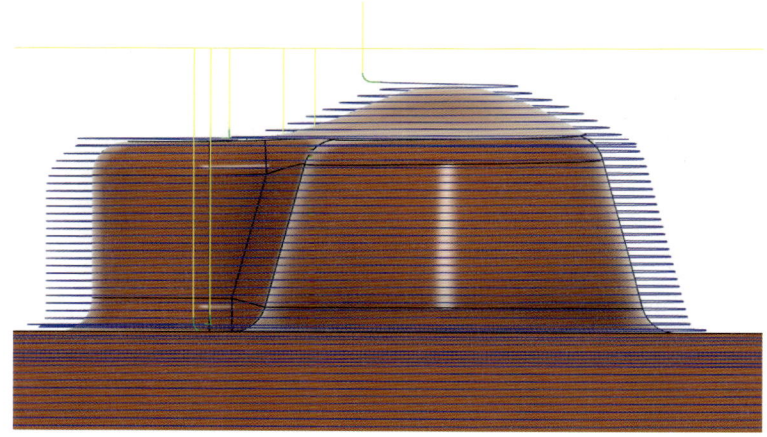

▍등고선 툴 패스와 다른 점?

램프 툴 패스는 형상을 아래로 타고 내려갑니다.

등고선은 정해진 Z피치 만큼 가공한다음 리드/인아웃을 진행하고 내려간다는 부분에서 다릅니다.

램프 가공은 가공시간은 윤곽선에 비해 적어질 수 있으나 공구가 밀려서 원하시는 치수가 나오지 않을 수 있으니 주의하는 것이 좋습니다.

또한 윤곽선에 비해 표면에 가공마크가 보이지 않게 되어 표면조도 향상에도 영향을 미칠 수 있습니다.

6.2 경사 지정

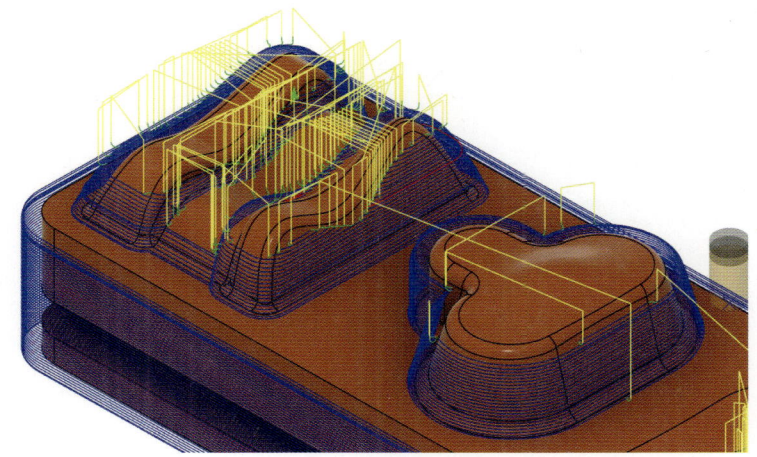

영역 탭에서 경사 각도를 45~90도로 지정합니다.

그렇게 되면 완만한 영역에서는 툴 패스가 생성이 되지 않고 측벽부분만 툴 패스가 생성됩니다.

주로, 등고선과 램프처럼 측벽을 위한 툴 패스는 이러한 형태로 툴 패스를 냅니다.

6.3 상향식 절삭 개념

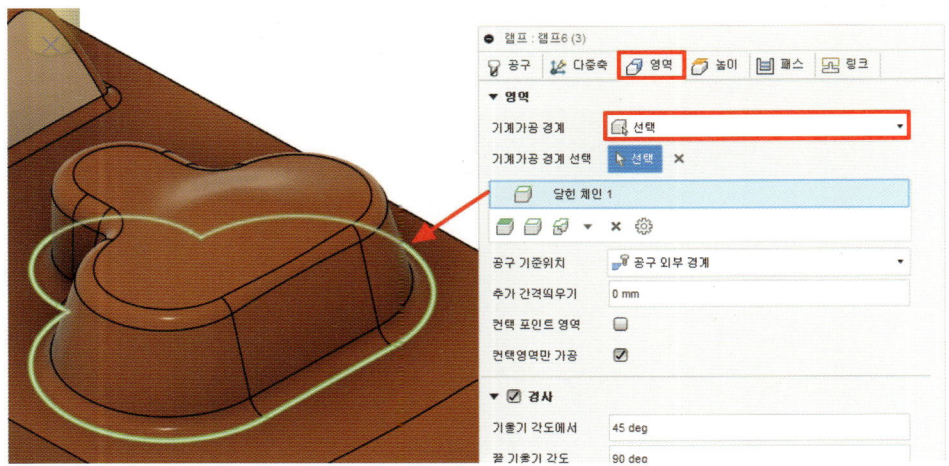

이번에는 가공 영역을 지정해서 툴 패스를 생성해보겠습니다.

영역 탭에서 경계를 선택으로 바꾸고 가공할 영역을 선택합니다.

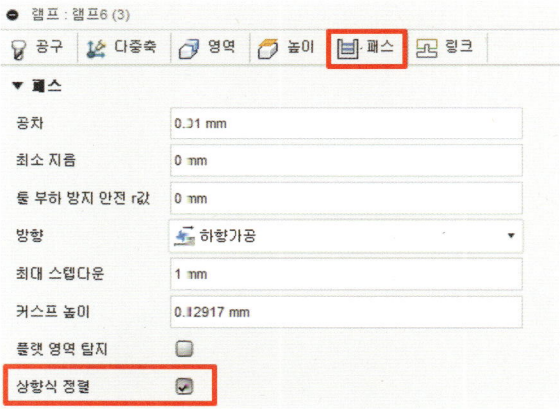

패스 탭에서 상향식 정렬을 체크한 후 툴 파스를 생성합니다.

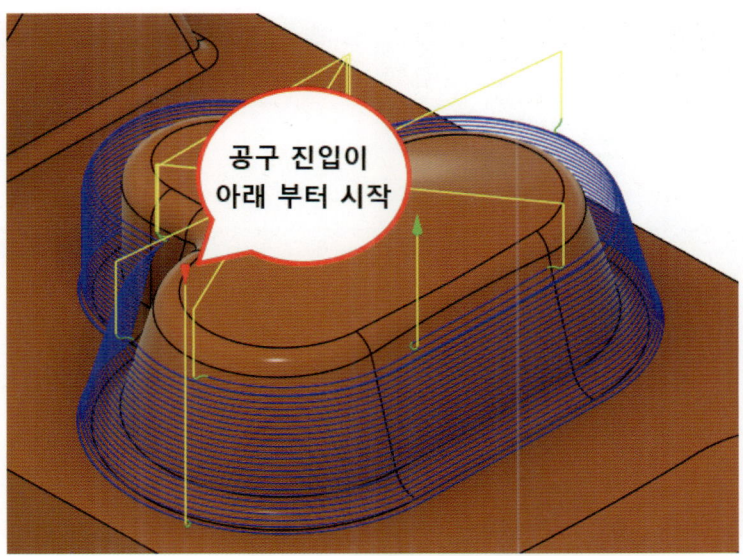

아래부터 진입하여 위로 올라가는 툴 패스를 확인할 수 있습니다.

해당 툴 패스는 정삭 단계에서 아래에서 위로 가공할 때 사용됩니다.

07 스캘럽

3D 형상의 정삭 가공을 하기에 적합한 툴 퍼스입니다.

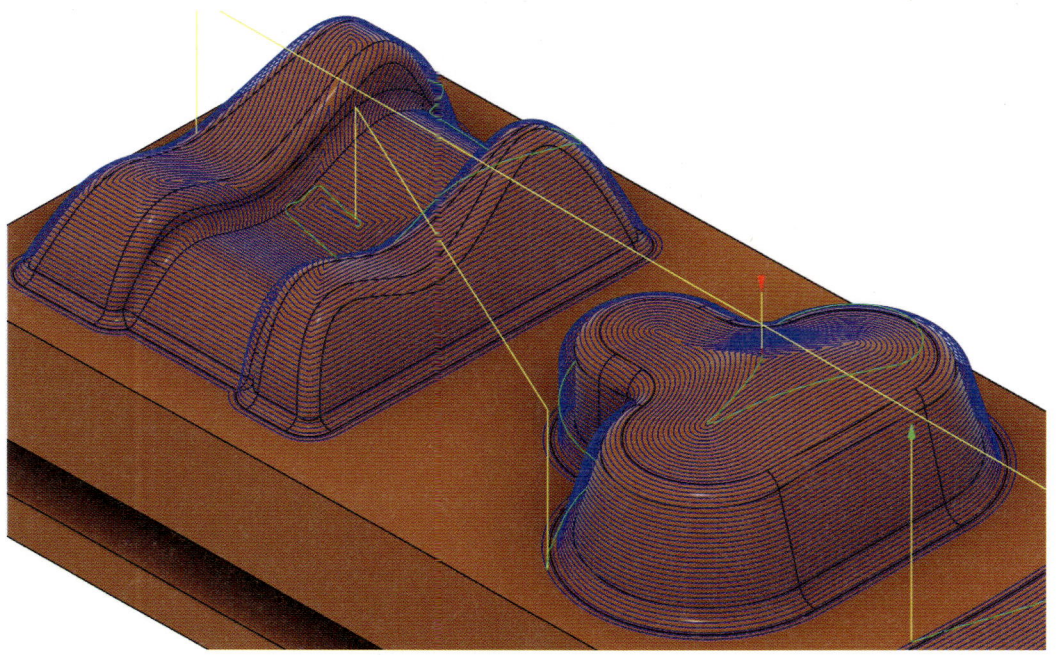

❏ 샘플위치 : 데이터패널 ➡ CAM Samples ➡ 3D Milling - Overview of toolpaths

❏ 사용공구 : R3 볼 엔드밀

7.1 스캘럽 개념

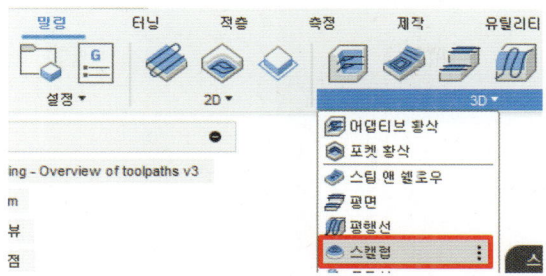

스캘럽을 선택합니다.

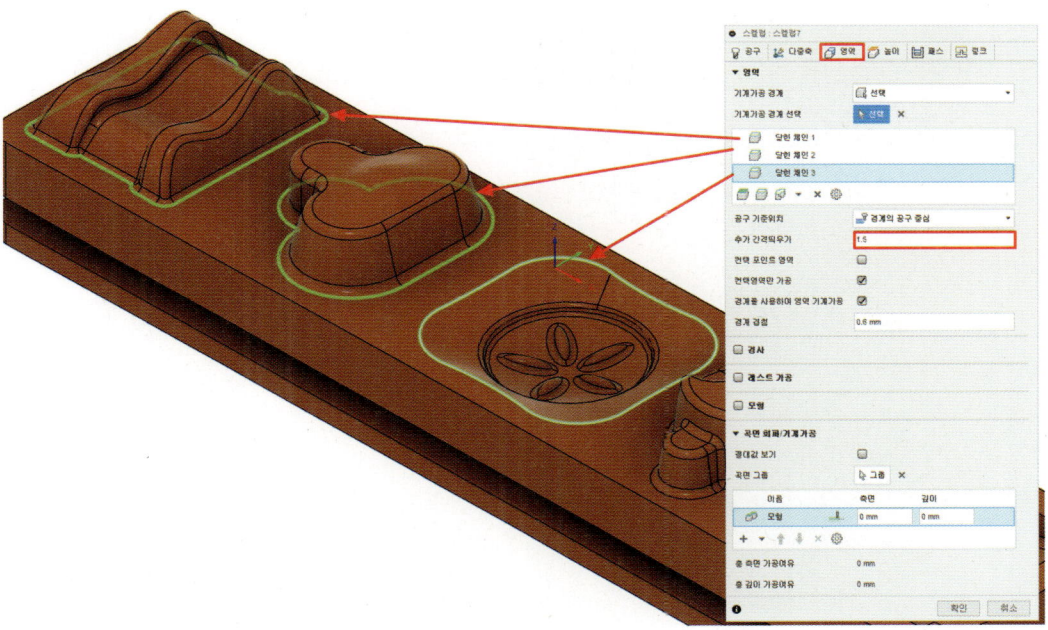

영역 탭에서 가공 경계를 선택으로 변경하고 영역 3개를 선택합니다.

추가 간격 띄우기 1.5mm로 설정합니다.

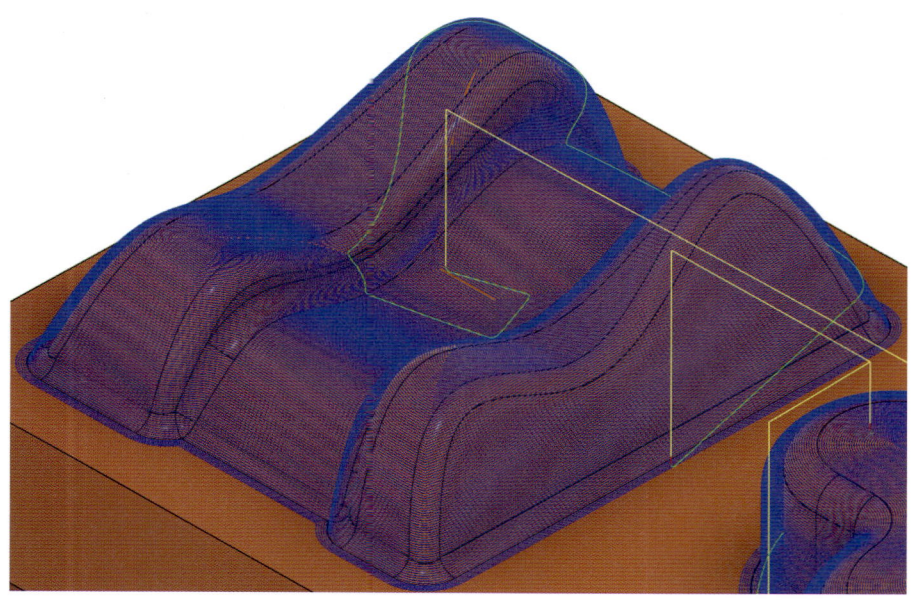

스캘럽은 황삭 이후에 남은 가공량이 많을 대 정삭으로 주로 사용됩니다.

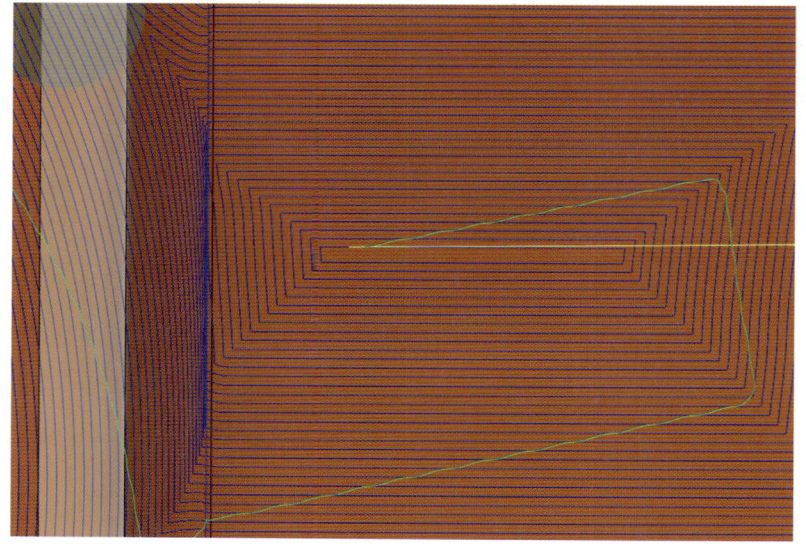

스캘럽은 밖에서 안으로 혹은 안에서 밖으로 달팽이 껍질 형태처럼 뱅글뱅글 돌면서 가공하는 툴 패스 형태를 생성합니다.

TIP 〉

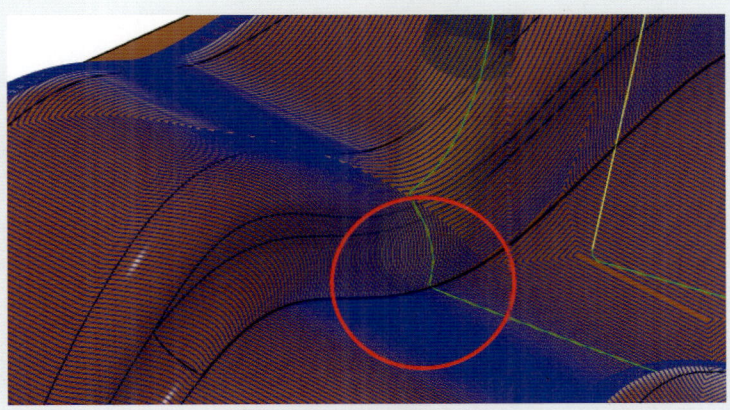

주의할 점은 형상에 따라 다르지만 엔드밀로 푹푹 파먹는 형태의 툴 패스가 생성될 수 있으니 확인후에 가공하기 바랍니다.

7.2 내부/외부 방향 지정

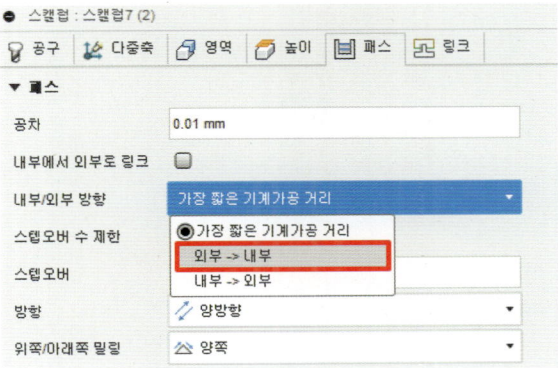

패스 탭에서 내/외부 방향을 외부 → 내부로 선택합니다.

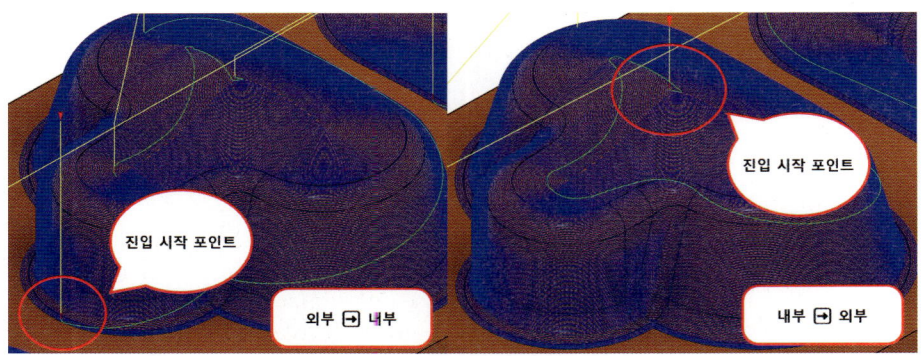

내부/외부 방향을 선택하면 외부부터 진입 혹은 내부부터 진입을 선택할 수 있습니다.

형상에 따라 다르지만 최대한 첫 진입이 가공량이 적은 방향으로 진입하시는 게 좋습니다.

따라서 위의 그림에서는 내부에서 외부 진입이 알맞습니다.

7.3 경사지정

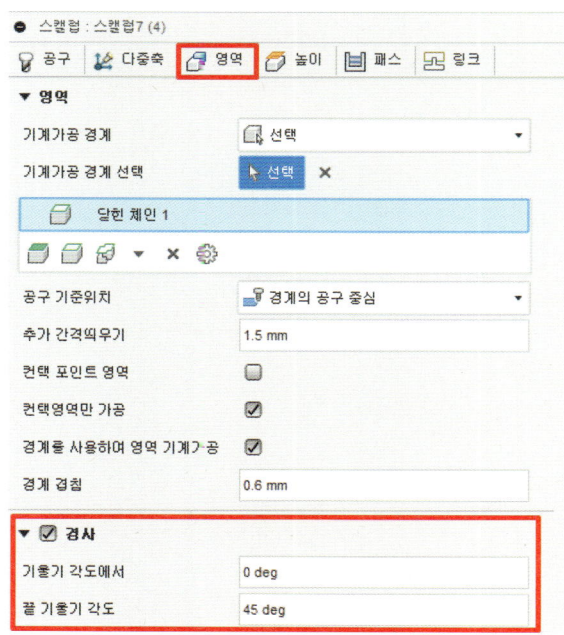

영역 탭에서 경사 각도를 0~45도로 지정합니다.

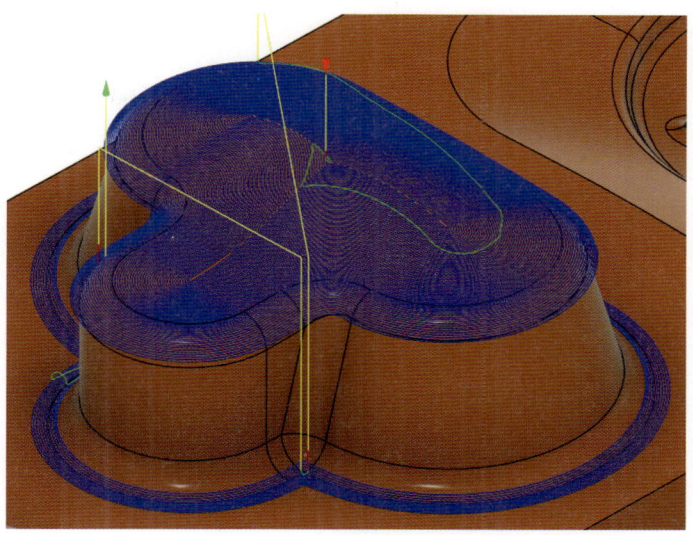

0도에서 45까지만 툴 패스가 생성되며 나머지 가공이 되지 않은 측벽부분은 등고선 또는 램프가공을 이용하여 가공하는 것도 좋은 방법입니다.

TIP 〉 가공방향 지정

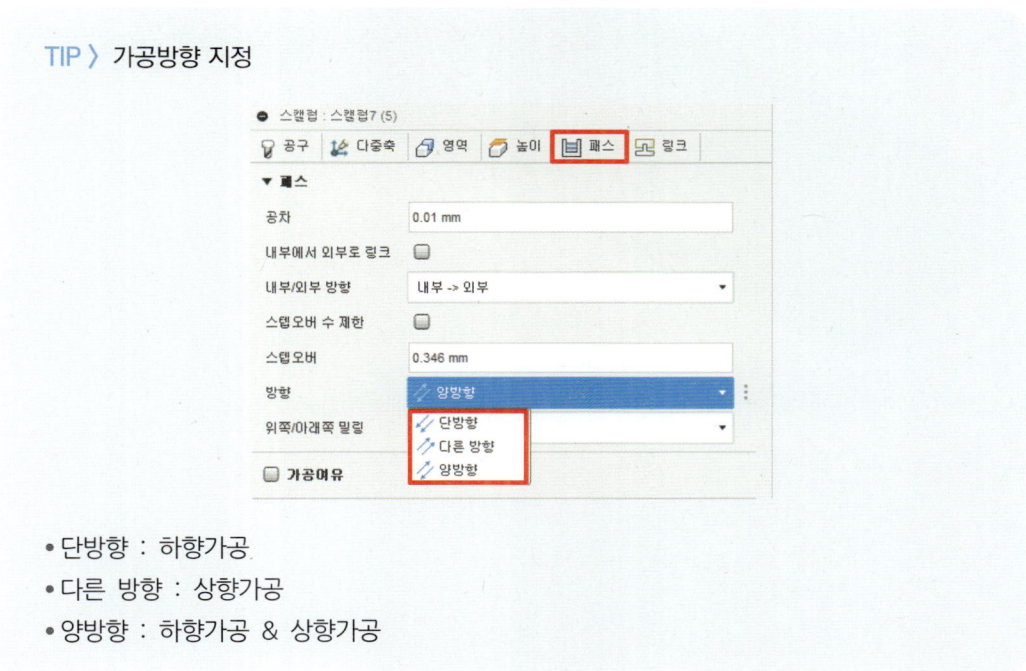

- 단방향 : 하향가공
- 다른 방향 : 상향가공
- 양방향 : 하향가공 & 상향가공

원하는 가공 형태가 어떤 가공방향인지에 따라 조절할 수 있으며, 양방향이 아닌 단방향 또는 다른 방향일 경우에는 뜨는 패스가 많아질 수 있으니 참고바랍니다.

08 평면

평면 부분을 가공하기에 적합한 툴 패스입니다.

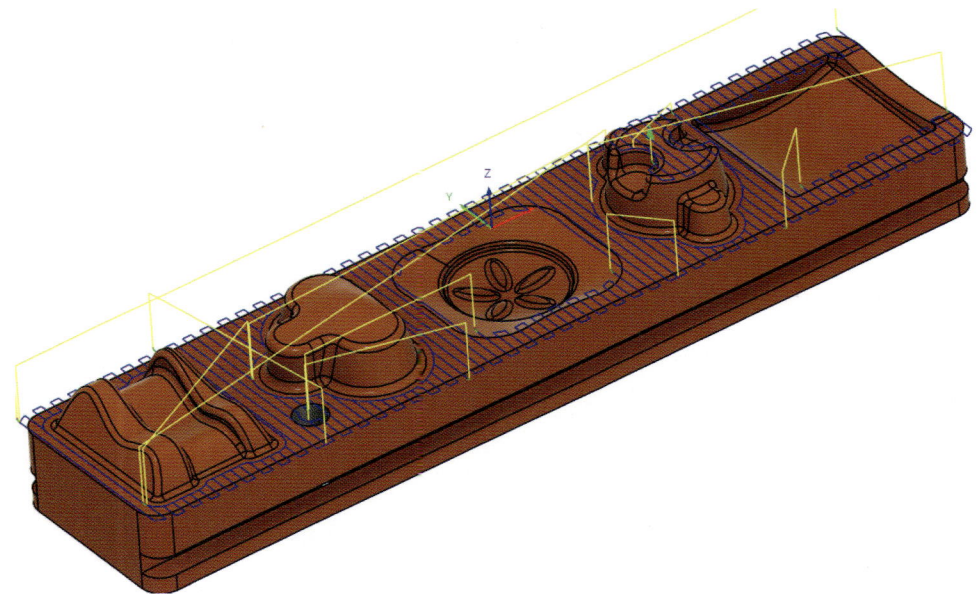

❏ 샘플위치 : 데이터패널 ➡ CAM Samples ➡ 3D Milling - Overview of toolpaths

❏ 사용공구 : ∅12 R2 볼노즈밀

8.1 평면 가공 개념

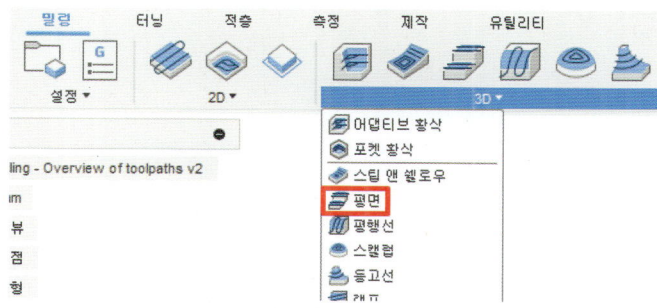

평면을 선택합니다.

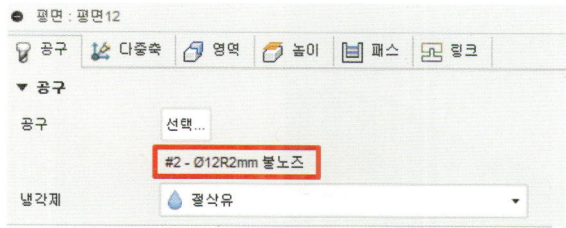

공구만 선택을 한 후 별다른 설정 없이 확인을 눌러 툴 패스를 생성합니다.

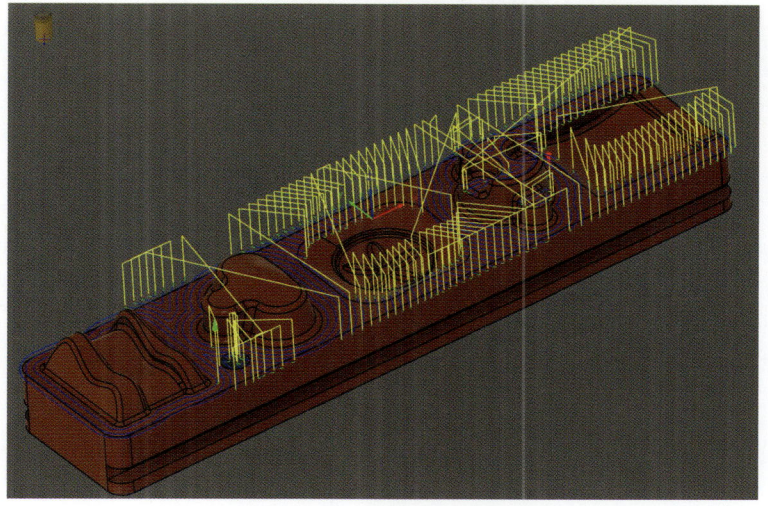

3D형상에서 평면 부분만 찾아 열린 영역 포켓방식의 툴 패스를 생성합니다.

평면 툴 패스에서는 공구가 뜨는 부분들과 플랫이 들어가면 안 되는 영역만 숙지하시면 편하게 사용하실 수 있습니다.

8.2 가공유형 변경하기

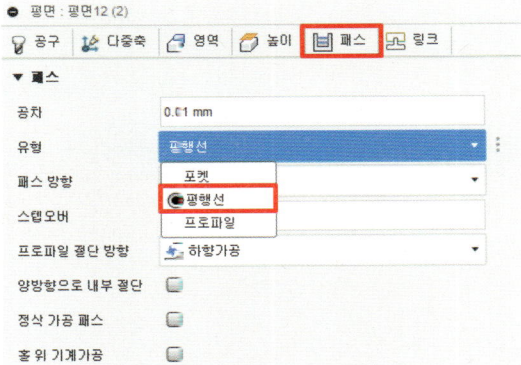

패스 탭에서 유형을 평행선으로 변경합니다

평행선으로 변경하면 면의 UV속성값에 의해 툴 패스를 생성합니다.

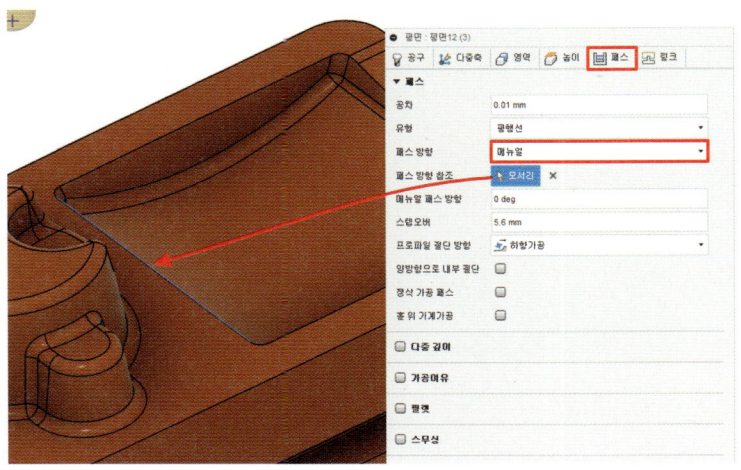

패스 탭에서 방향을 매뉴얼로 변경한 후 참조 라인을 선택해줍니다.

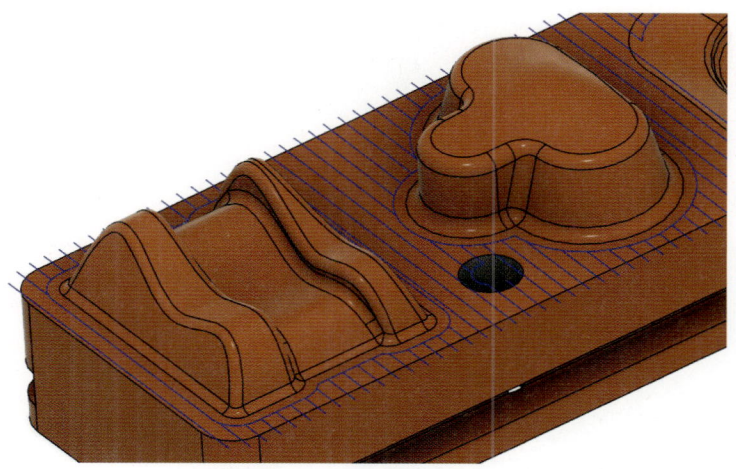

참조한 라인의 방향대로 툴 패스가 생성된 것을 확인할 수 있습니다.

8.3 곡면 회피 / 곡면 기계가공

▍곡면 회피

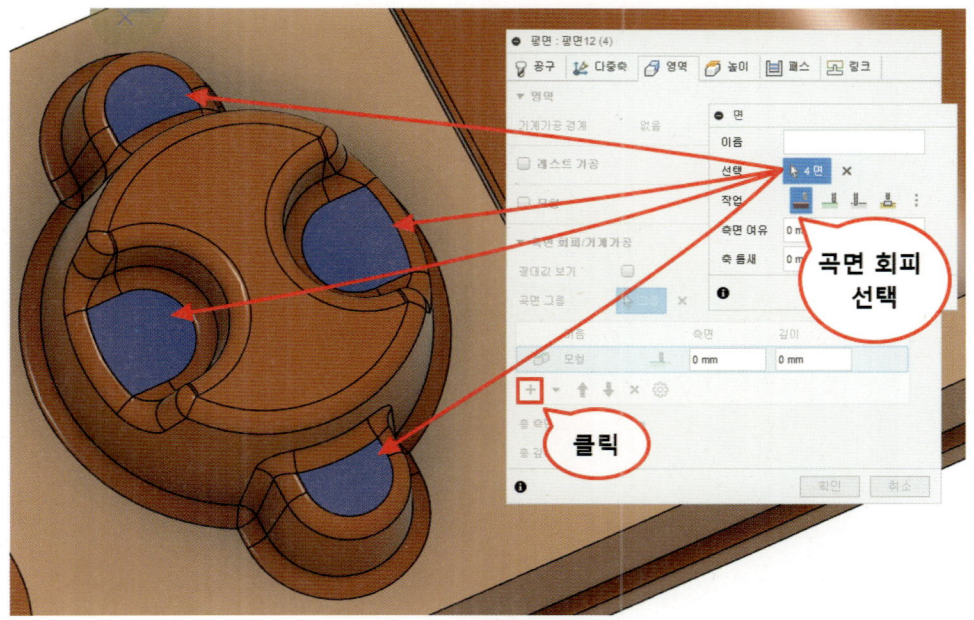

영역 탭에서 가공 회피할 면을 선택합니다.

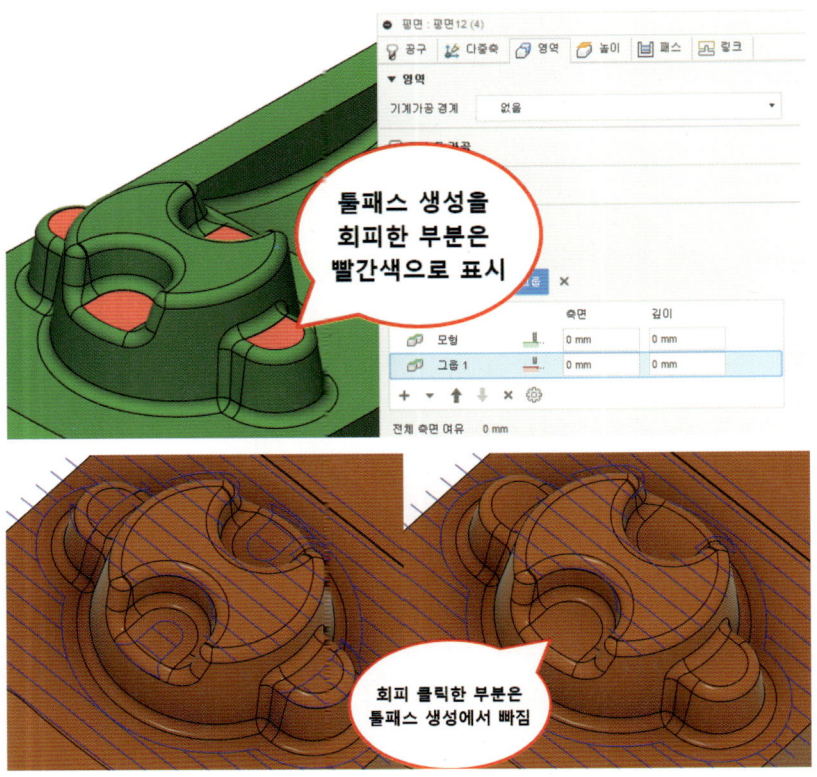

곡면 기계가공

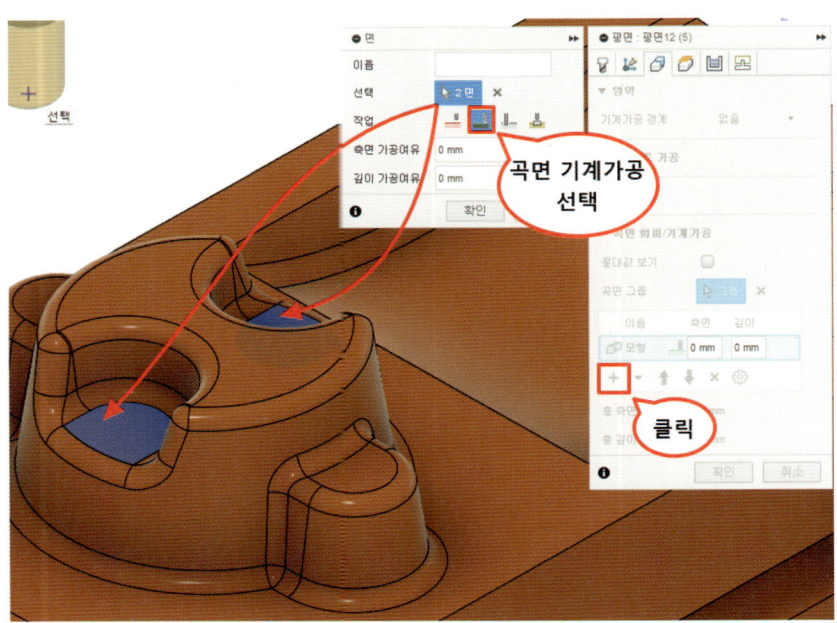

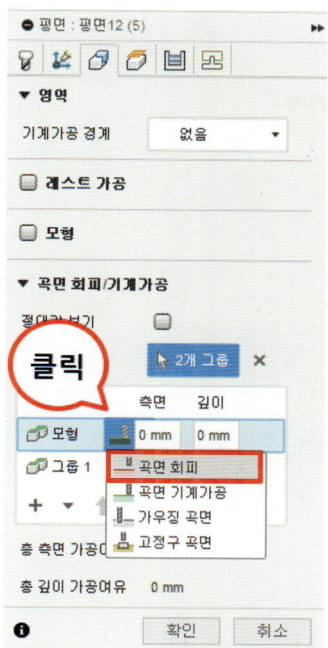

모형에 자동으로 설정되어 곡면 기계가공을 곡면회피로 변경합니다.

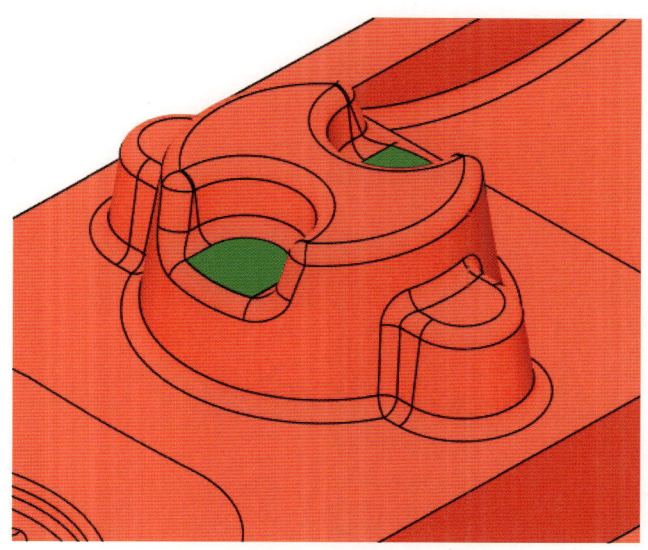

그러면, 전체적으로 빨간색(곡면회피)이 되고 곡면 기계가공으로 지정한 부분만 초록색으로 변경됩니다.

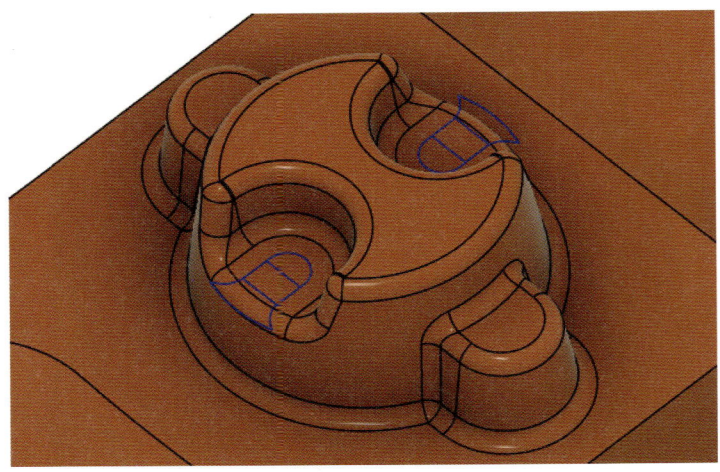

곡면기계가공으로 추가한 면만 툴 패스가 생성됩니다.

8.4 양방향 가공 설정

패스 탭에서 프로파일 절단 방향을 양방향으로 변경합니다.

Chapter 05 | Fusion CAM 툴 패스 – 3D 기능

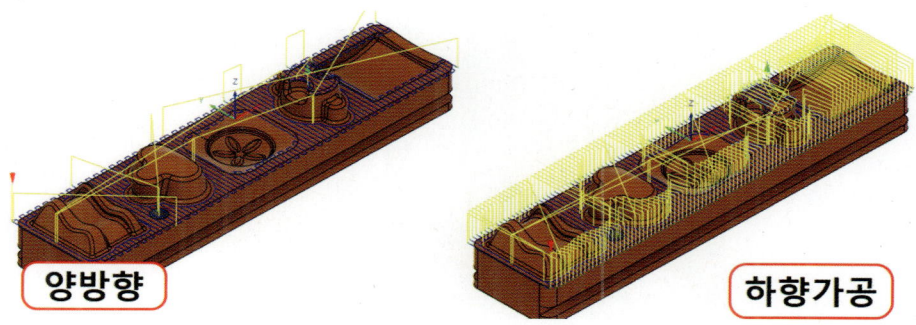

양방향으로 가공하게 되면 하향가공과 상향가공을 번 갈아가며 가공하기에 그만큼 뜨는 패스가 적어집니다.

8.5 홀 위 기계가공

패스 탭에서 홀 위 기계가공을 체크하고 최대 홀 크기를 24mm로 지정합니다.

- 최대 홀 크기 : 24mm로 지정할 경우 24mm까지의 홀은 무시하고 플랫가공을 진행합니다.

337

8.6 정삭 가공 패스

패스 탭에서 정삭 가공 패스를 체크하고, 정삭 스텝오버를 0.2mm로 지정합니다.

다중 깊이를 체크하고 스텝다운의 수는 2, 최대 스텝다운은 0.2mm로 지정합니다.

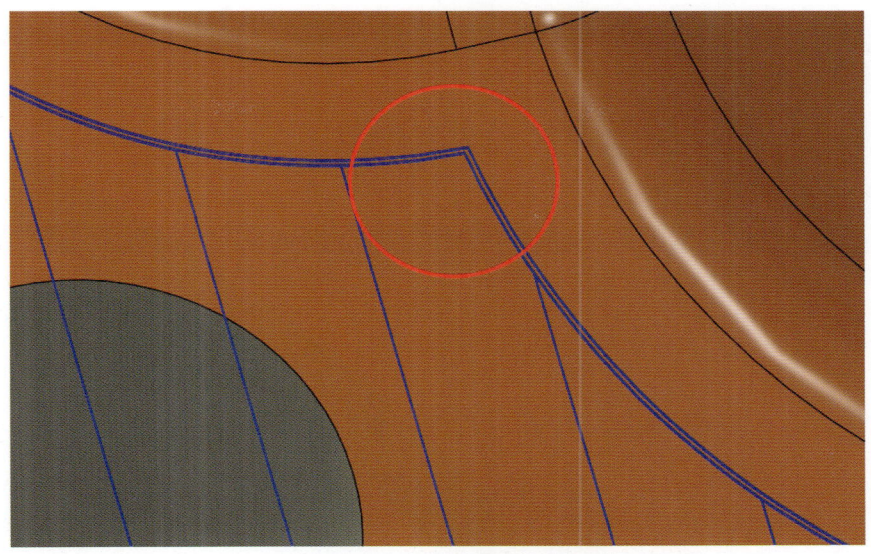

- 정삭 가공 패스 : 0.2mm를 남기고 가공한 후 마지막에 0.2mm측면 가공을 하게합니다.

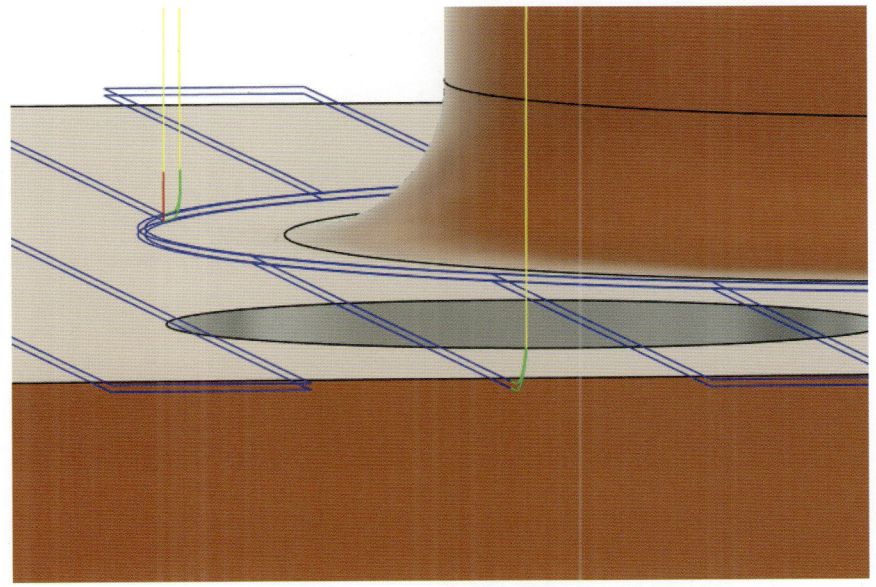

- 다중 깊이 : 0.2mm를 남기고 가공한 후 마지막에 0.2mm 깊이 가공을 하게합니다.

09 모핑된 스파이럴

3D 형상에서 자유형, 유기적 형상을 가공할 때에 적합한 툴 패스입니다.

❏ 샘플위치 : 데이터패널 ➡ CAM Samples ➡ 3D Milling - Overview of toolpaths
❏ 사용공구 : ∅6 R3 볼엔드밀

9.1 모핑된 스파이럴 개념

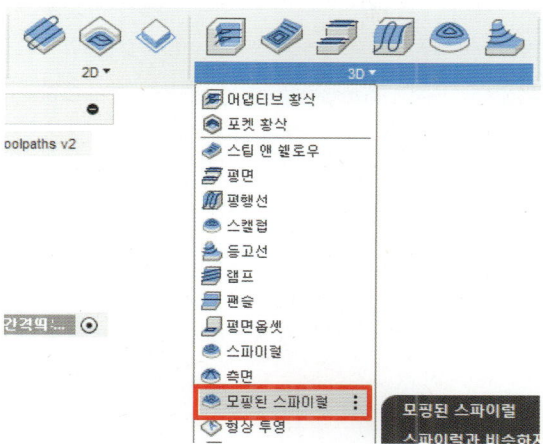

모핑된 스파이럴을 선택합니다.

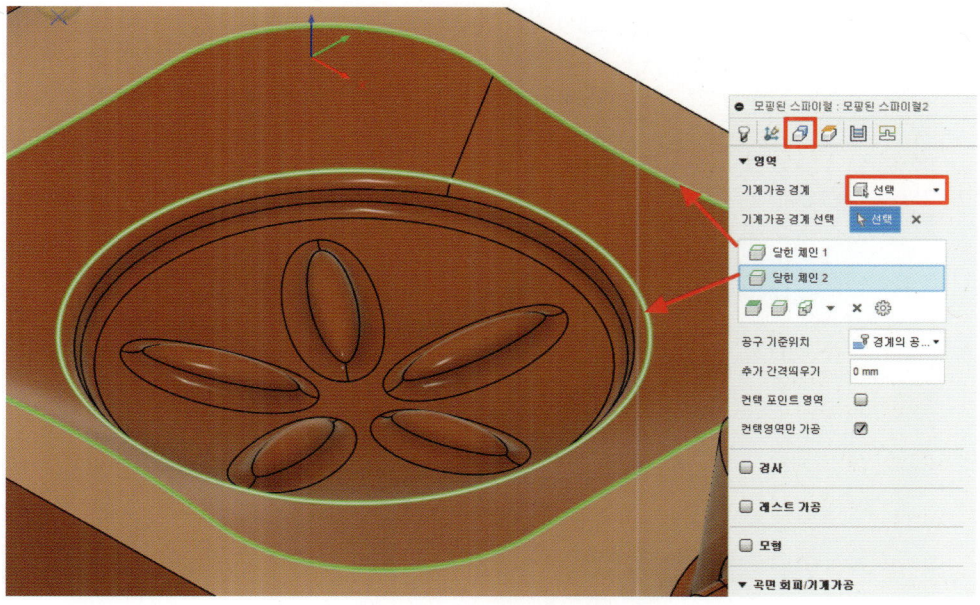

영역 탭에서 기계가공 경계를 선택으로 변경하고 영역 2개를 클릭합니다.

선택한 2개의 윤곽선을 기준으로 툴 패스 경계가 형성되며,

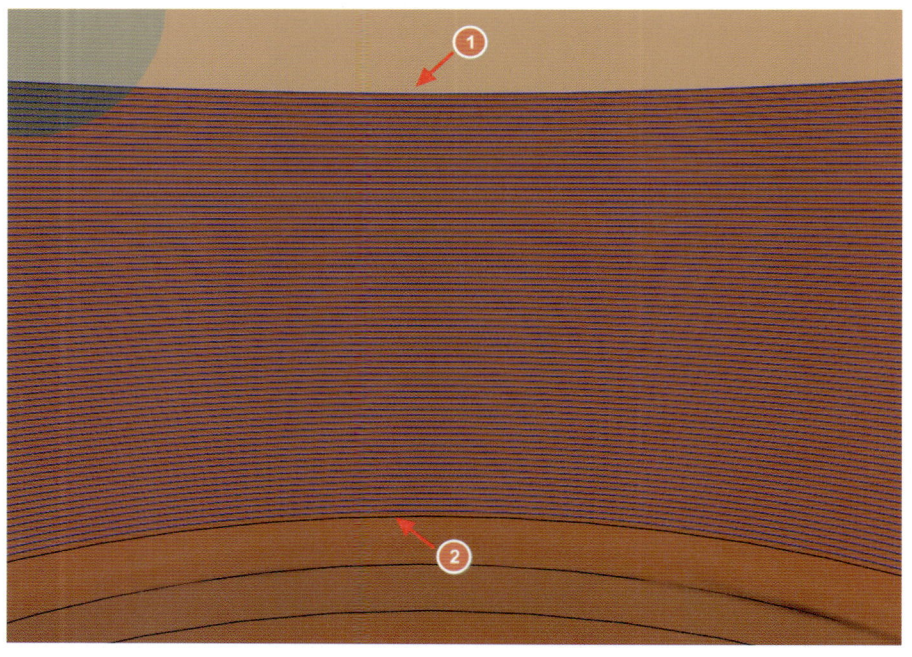

첫번째 1번 윤곽선 라인을 그대로 가공하는 것을 시작으로 2번 윤곽선의 형태로 서서히 변경되며 가공합니다.

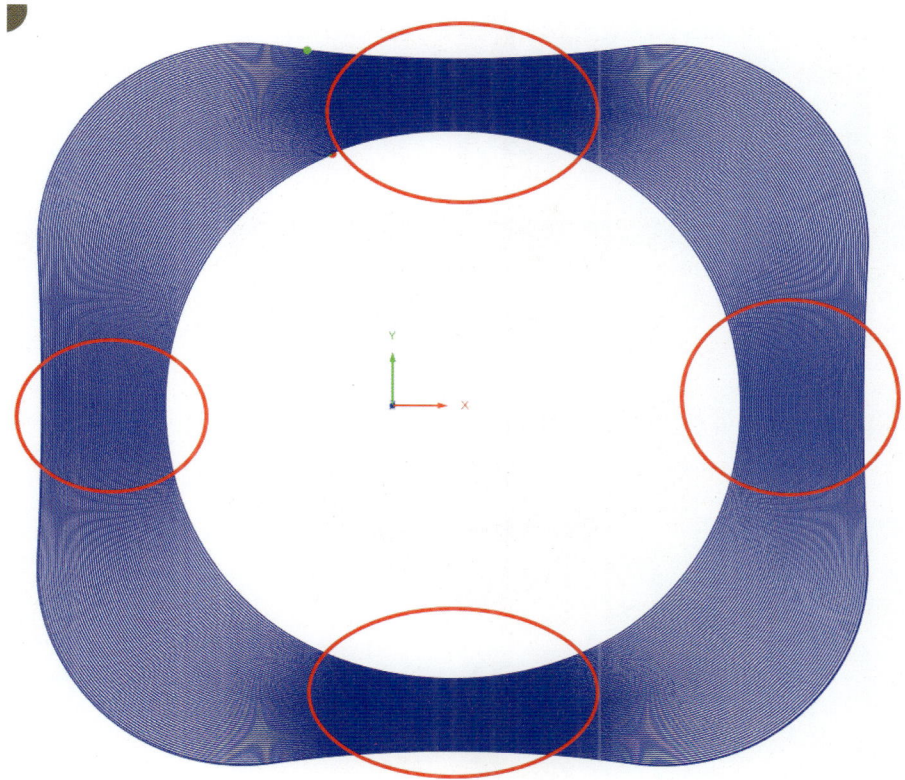

다만 최대한 끊기지 않은 채로 가공되기 때문에 표시된 부분들은 형상자체에서 간격이 좁아 조도가 다른 부분과 다를 수 있으니 유의하시기 바랍니다.

10 형상 투영

라인을 이용하여 툴 패스를 형성하며, 3D 현상을 인지합니다.

- 샘플위치 : 데이터패널 ➡ CAM Samples ➡ 3D Milling - Overview of toolpaths
- 사용공구 : ∅3 R1.5 볼엔드밀

10.1 3볼엔드밀 공구 만들기

형상

지름	3 mm
샤프트 지름	3 mm
전체 길이	36 mm
홀더 아래 길이	24 mm
숄더 길이	8 mm
플루트 길이	8 mm

3볼 엔드밀

24 mm   fx

3D Milling - Overview of toolpaths v4 / 1 - ⌀3mm (볼 엔드밀)

일반 | 커터 | **샤프트** | 홀더 | 절삭 | 포스트 프로세서

색인	높이	상한 지름	하한 지름
1	6 mm	6 mm	3 mm

생크와 수하장 사이
구배는 샤프트 탭에서 생성

10.2 형상투영의 개념

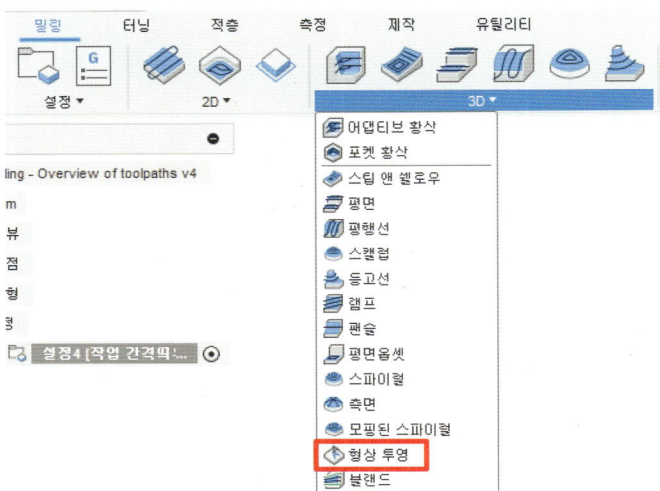

형상 투영을 클릭합니다.

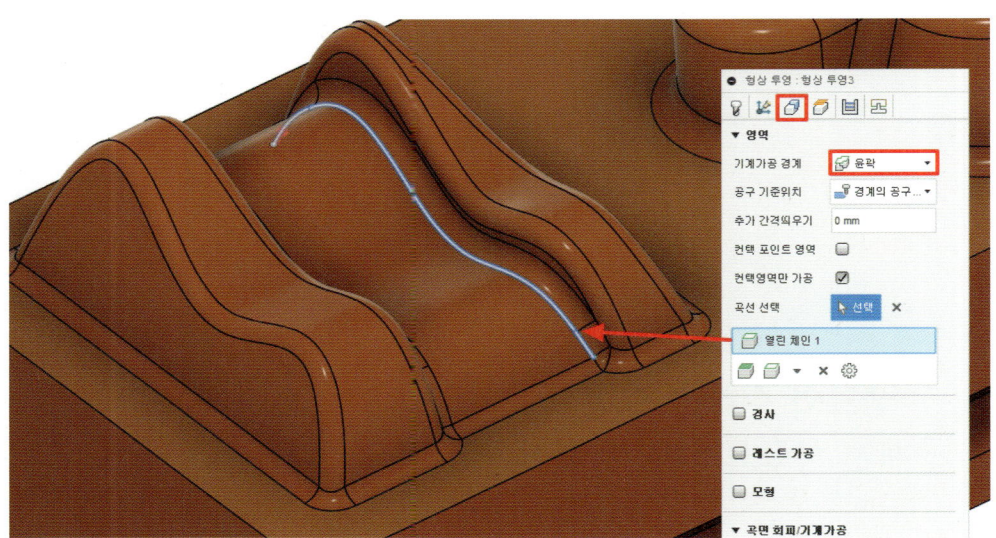

패스 탭에서 곡선 선택으로 가공할 라인을 잡아줍니다.

현재 기계가공 경계는 기본값인 윤곽으로 되어있습니다.

윤곽은 모델링의 외곽라인을 말하며 즉, 기본값은 전체가 경계입니다.

Chapter 05　　Fusion CAM 툴 패스 - 3D 기능

TIP >

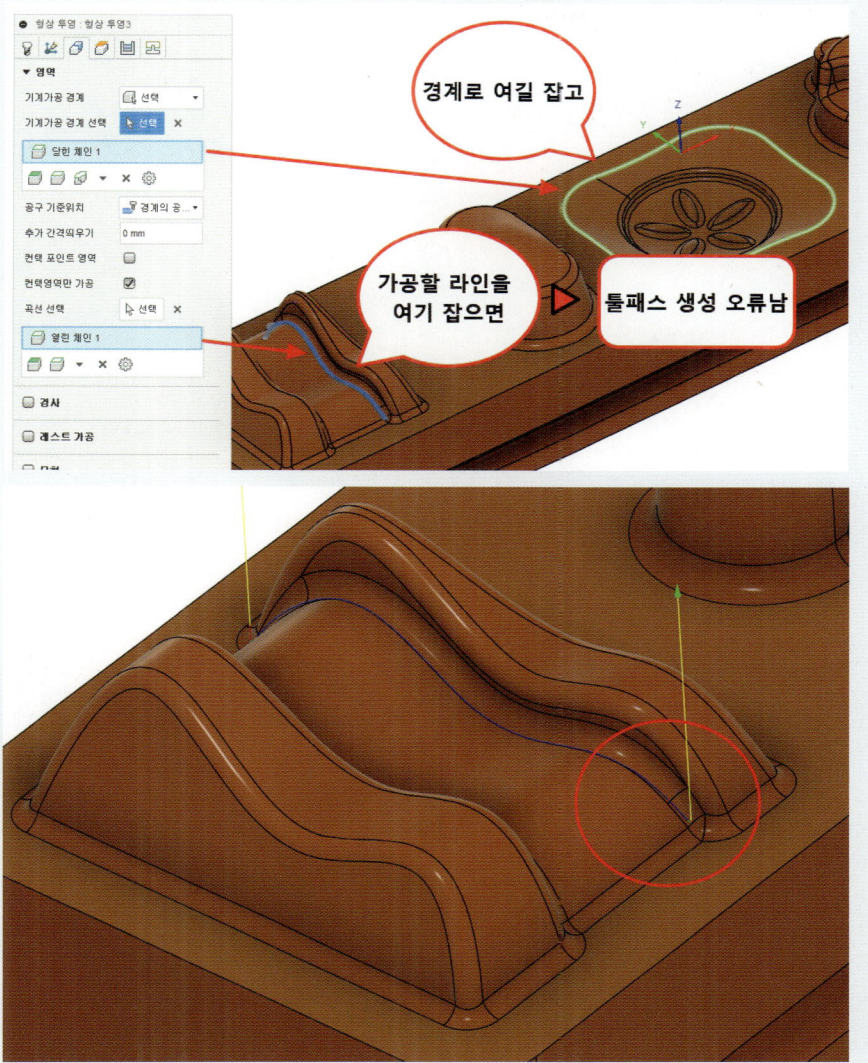

툴 패스의 형태는 2D의 트레이스 가공과 흡사하나 트레이스 가공은 형상을 인지하지 않기 때문에 파고 들 수 있으나 형상 투영가공은 형상을 인지하여 가공하기 때문에 표시된 부분과 같이 모델 형상과 공구 형상에 맞춰 옵셋 되어 툴 패스가 형성되는 것을 볼 수 있습니다.

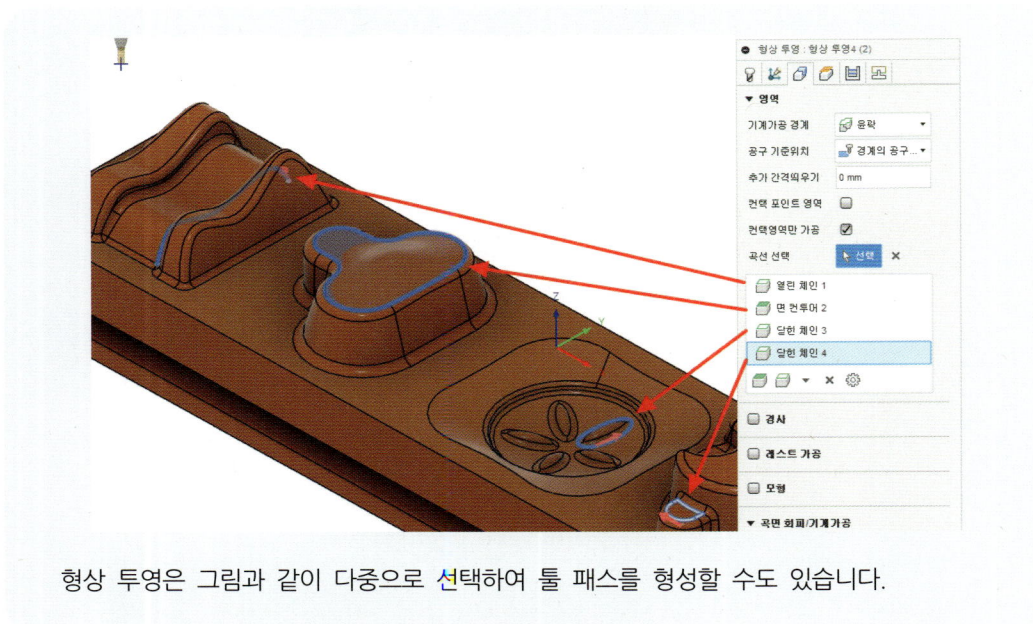

형상 투영은 그림과 같이 다중으로 선택하여 툴 패스를 형성할 수도 있습니다.

10.3 다중 깊이

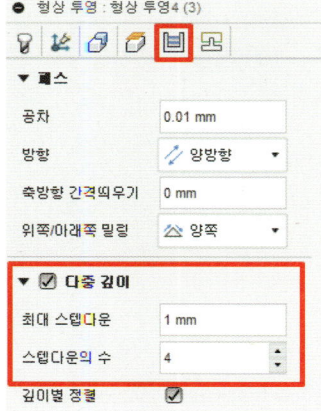

패스 탭에서 다중 깊이를 체크하고 스텝다운 1mm, 스텝다운 수4로 지정합니다.

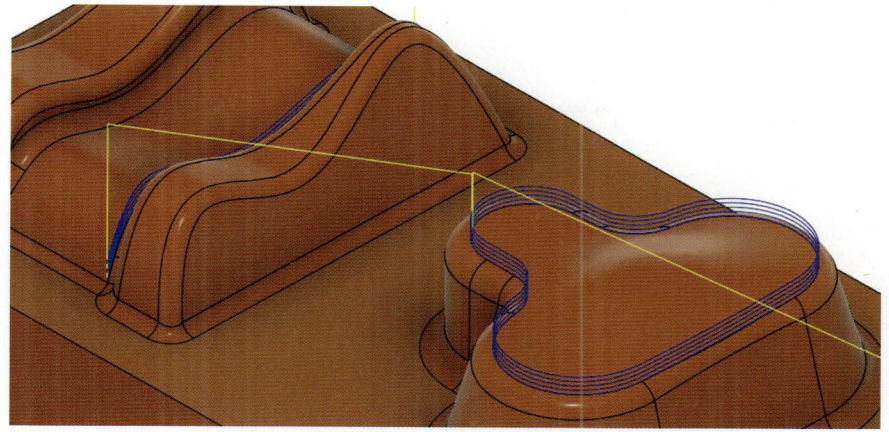

다중 깊이를 이용하여 지정된 mm만큼 Z 레벨 가공을 할 수 있습니다.

10.4 각인 가공 (문자)

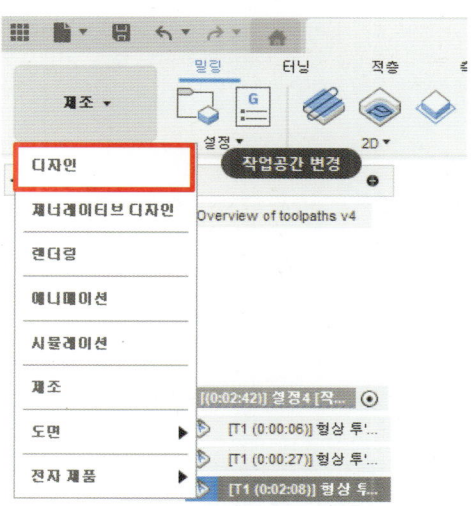

좌측 상단의 제조를 클릭하여 디자인 작업공간으로 전환합니다.

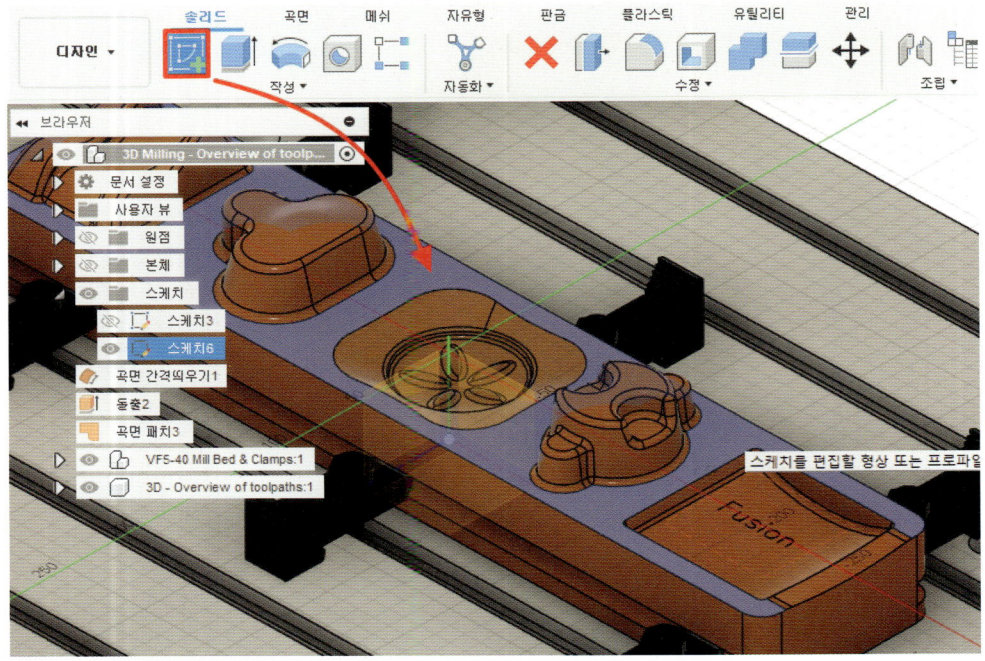

스케치작성을 누르고 스케치 평면 선택합니다.

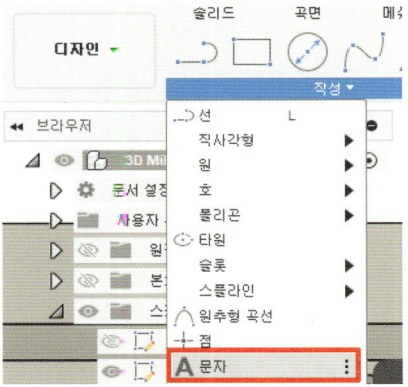

작성에서 문자를 선택합니다.

해당 위치에 사각형을 범위를 지정하여 문자를 새길 위치를 지정합니다.

.shx 확장자 글꼴

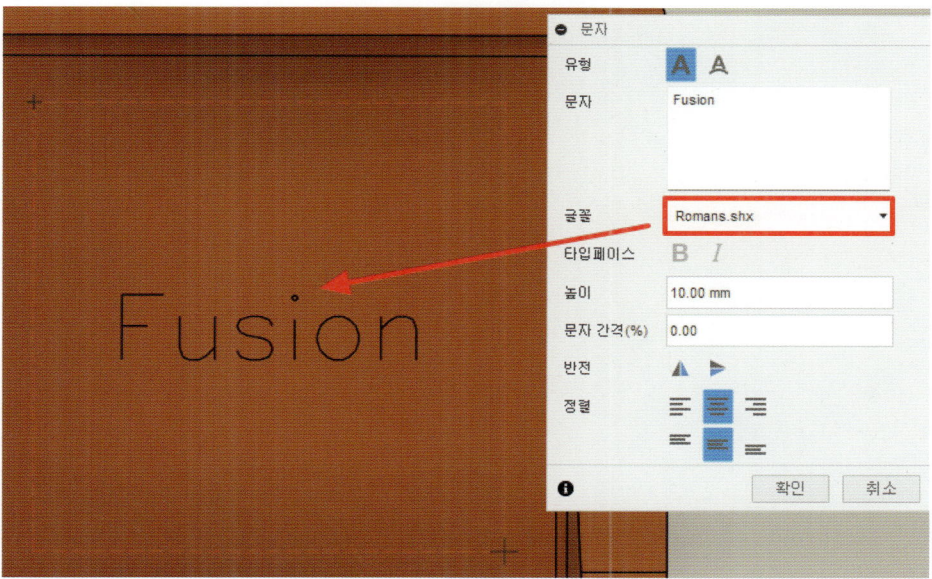

글자를 쓰고 글꼴을 .SHX 확장자 파일로 지정합니다.

.SHX 파일은 단일선의 글꼴이며 영문만 지원합니다. (한글 지원 불가)

▌트루타입 글꼴

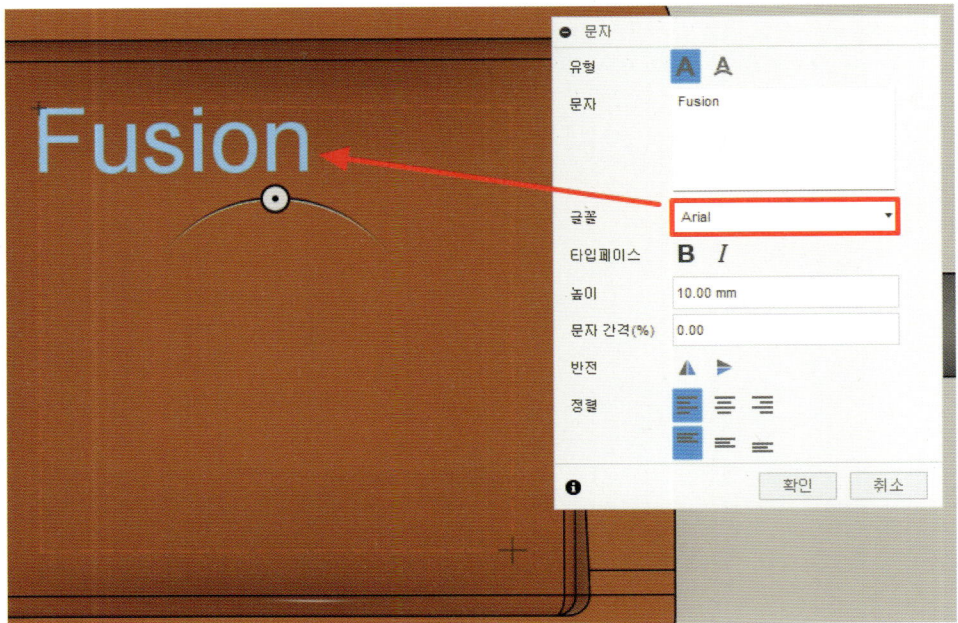

트루타입의 글꼴은 2개의 선이 생기며 한글과 영어를 지원합니다.

확인을 누르면 입력한 글자가 생성됩니다.

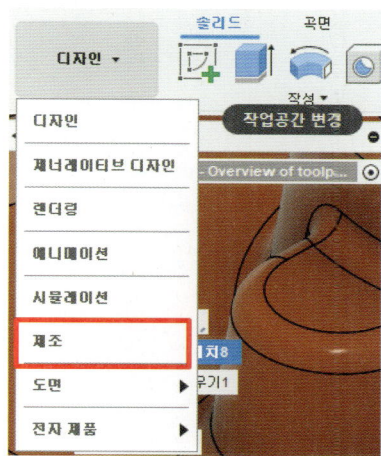

제조 작업공간으로 다시 전환합니다.

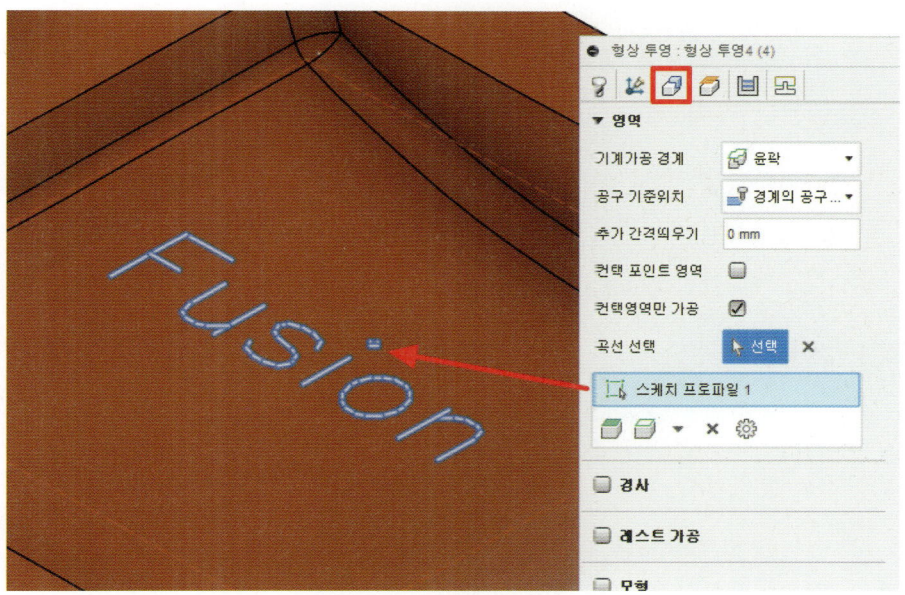

형상 투영에서 만들어 놓은 글자를 곡선으로 선택합니다.

패스 탭에서 깊이 가공여유만 -0.5mm로 지정한 후 툴 패스를 생성합니다.

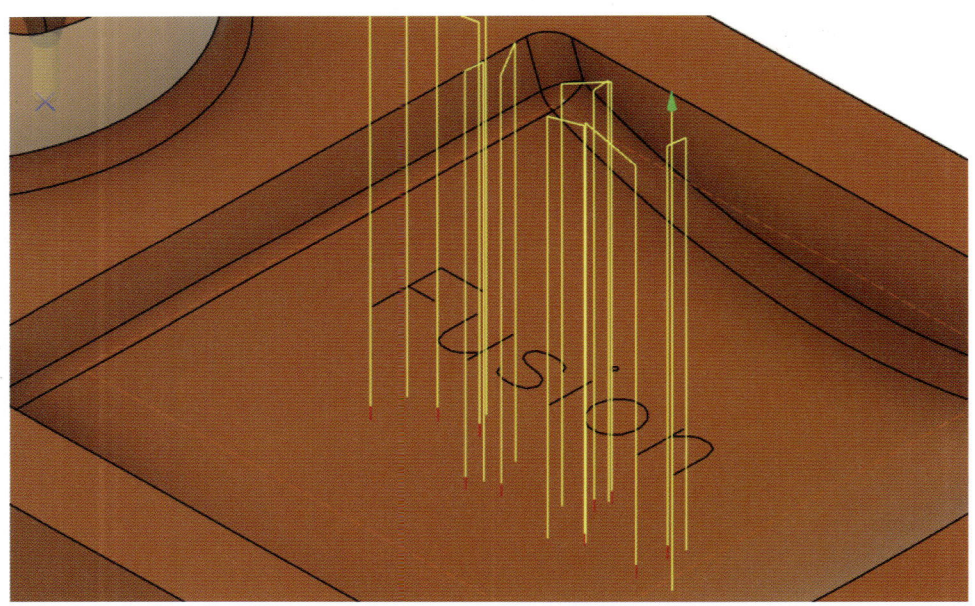

깊이 여유를 마이너스를 줬기 때문에 툴 패스는 보이지 않고 링크만 보입니다.

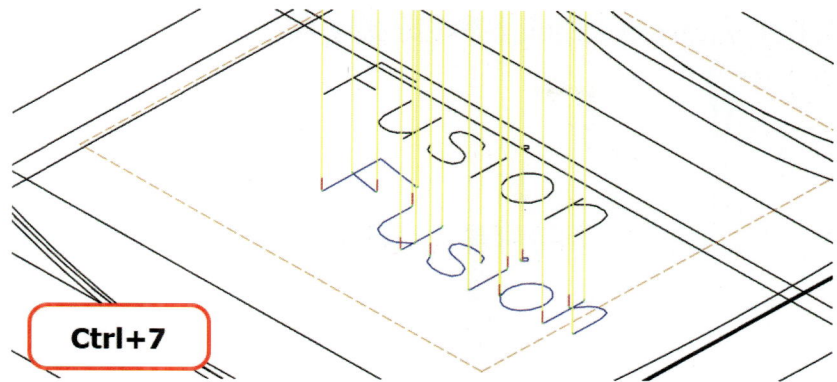

와이어 프레임 뷰로 변경하면 확인할 수 있습니다.

한 번에 가공할 때 과삭이 걱정될 경우 다중 깊이를 이용하시면 됩니다.

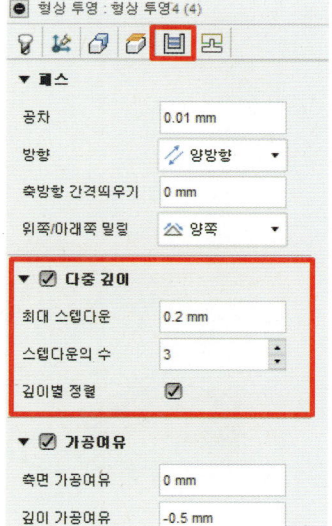

다중 깊이 적용

11 펜슬

3D 형상에서 다른 공구가 들어갈 수 없는 작은 코너에 작은 공구를 넣어 툴 패스를 형성합니다.

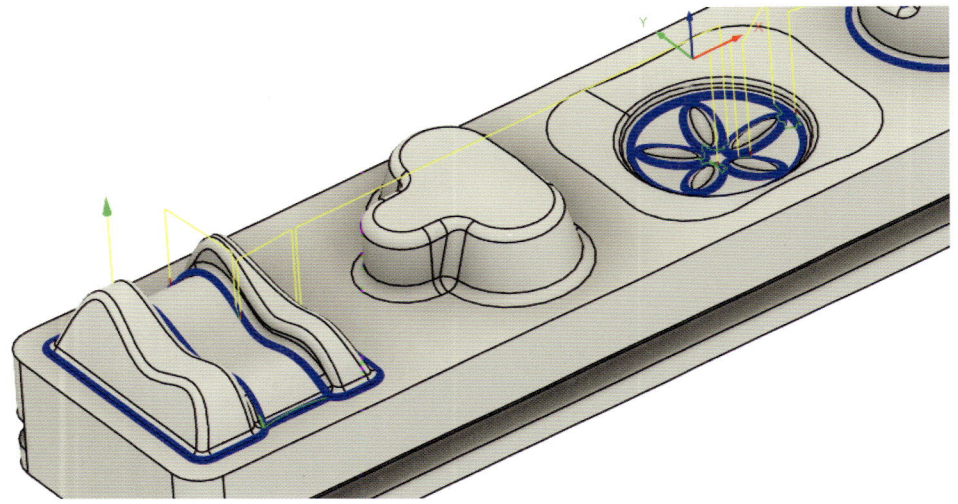

❏ 샘플위치 : 데이터패널 ➡ CAM Samples ➡ 3D Milling - Overview of toolpaths

❏ 사용공구 : ⌀6 R3 볼엔드밀

11.1 펜슬 가공 개념

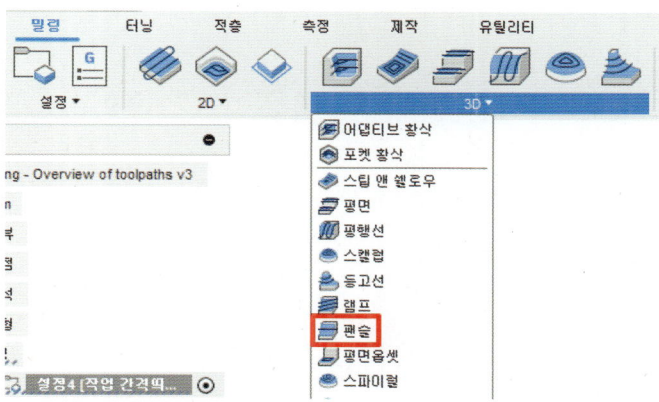

펜슬을 클릭합니다.

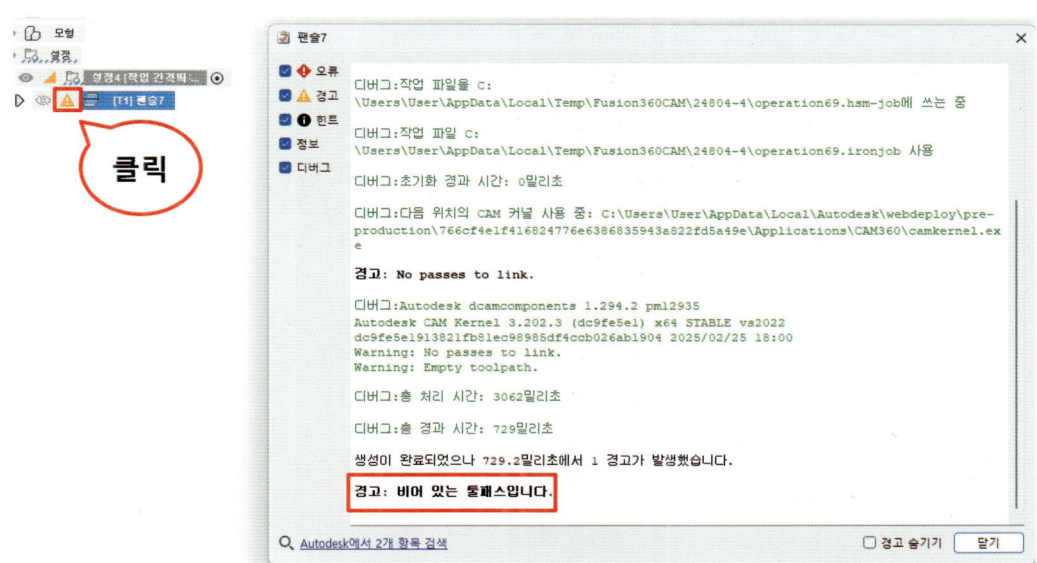

공구를 6볼을 선택한 후 바로 확인을 눌러 툴 패스를 생성하면, 그림과 같은 에러가 발생되어 툴 패스가 생성되지 않습니다.

(에러 확인은 표시된 느낌표 모양의 아이콘을 클릭하면 알 수 있습니다.)

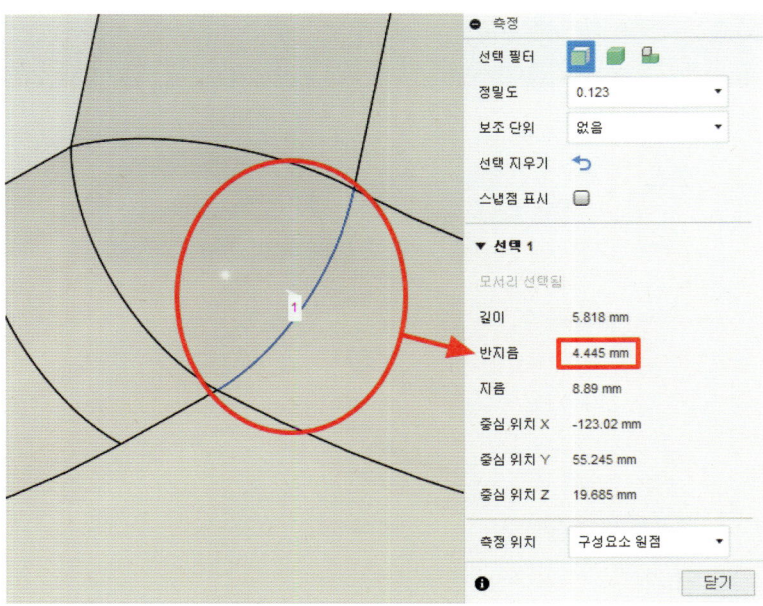

툴 패스가 생성되지 않는 이유는 펜슬가공을 위한 가공 형상의 코너R 반지름이 6볼의 반지름보다 크기 때문에 절삭공구가 들어갈 이유가 없다고 판단하여 툴 패스가 형성되지 않습니다.

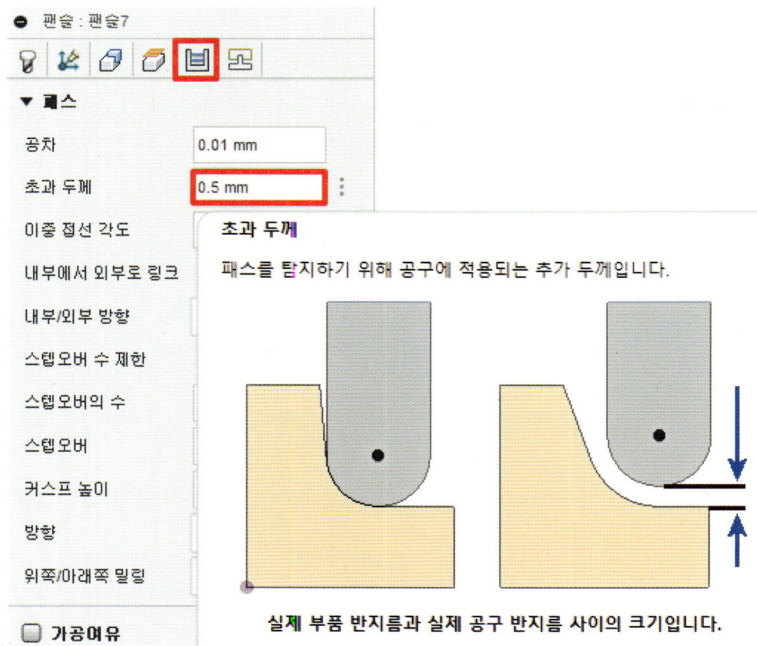

패스 탭에서 초과 두께를 0.5mm로 지정합니다.

초과 두께를 지정하면 지정된 수치만큼 R값을 포함하여 가공하게 됩니다.

Chapter 05 | Fusion CAM 툴 패스 – 3D 기능

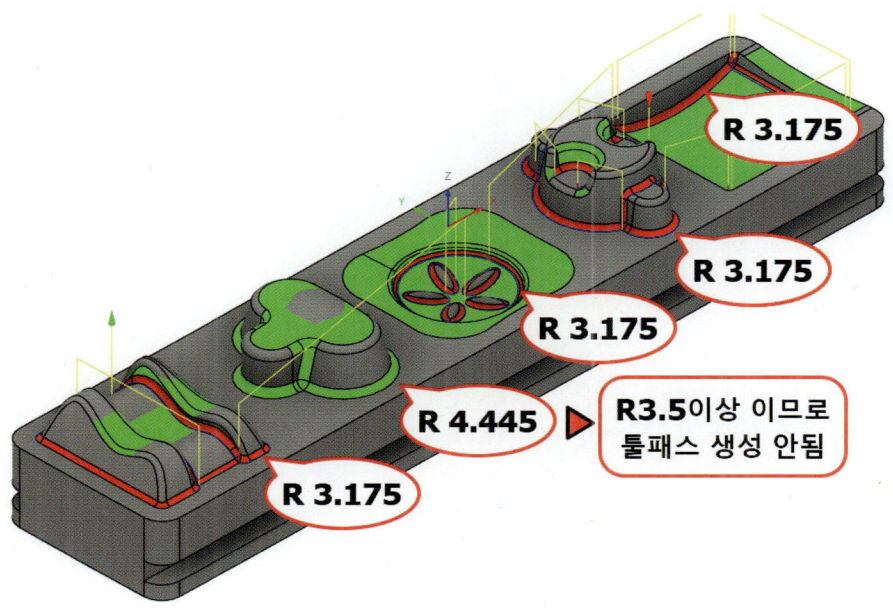

예를 들어 3볼공구에 초과두께0.5mm 일 경우 그림과 같이 3.5R의 코너 반지름 값 아래로는 모두 가공합니다.

11.2 다중 피치 가공

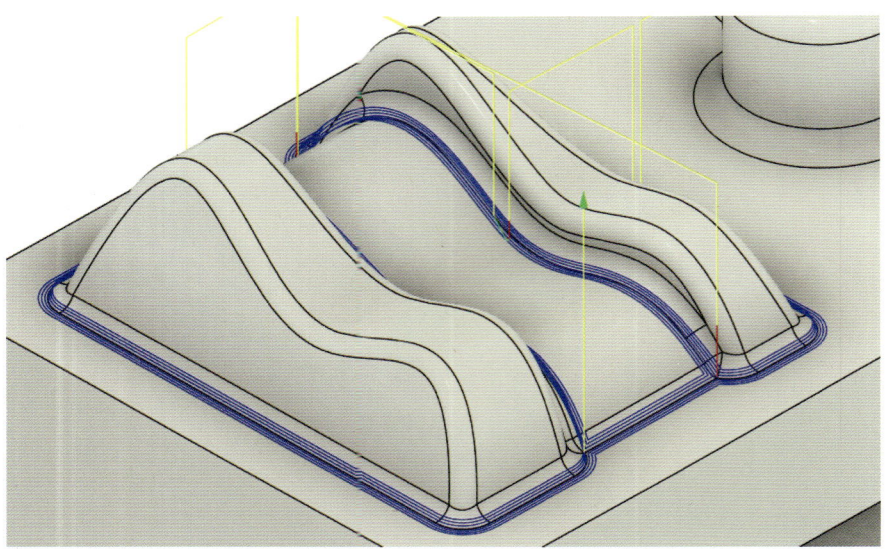

스텝오버 0.5mm로 3개의 툴 패스를 생성이 되는 것을 볼 수 있습니다.

11.3 이전 공구를 인식한 펜슬 가공

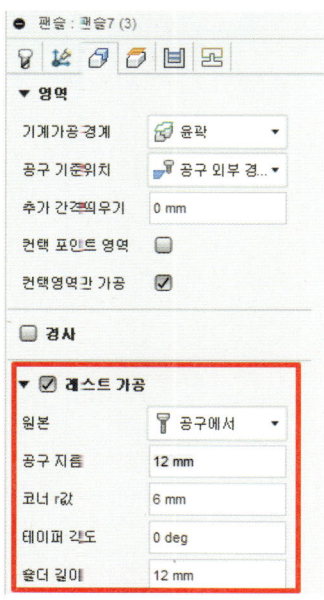

영역 탭에서 레스트 가공을 체크한 후 이전에 가공한 공구 정보를 기입합니다.

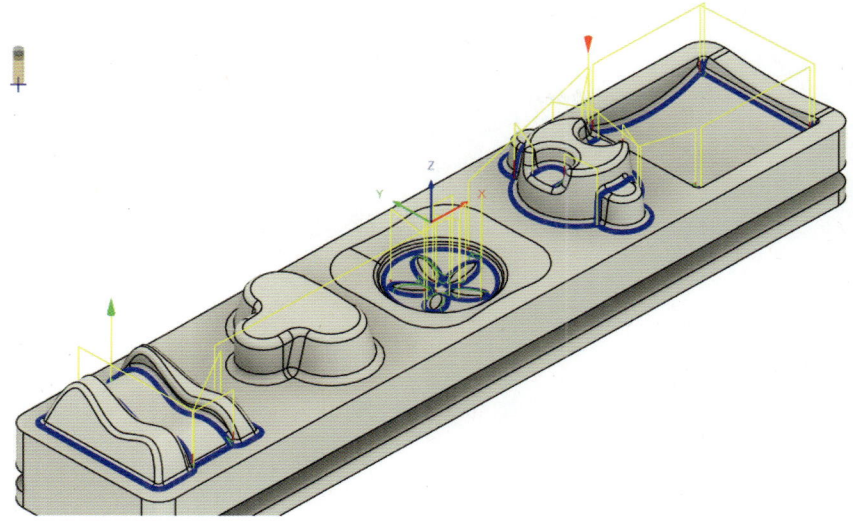

그러면 자동적으로 레스트 가공에서 인식했던 12볼로 이전 가공을 했다고 가정하고 현재 공구인 6볼로 펜슬가공 할 수 있는 구간을 모두 툴 패스로 형성합니다.

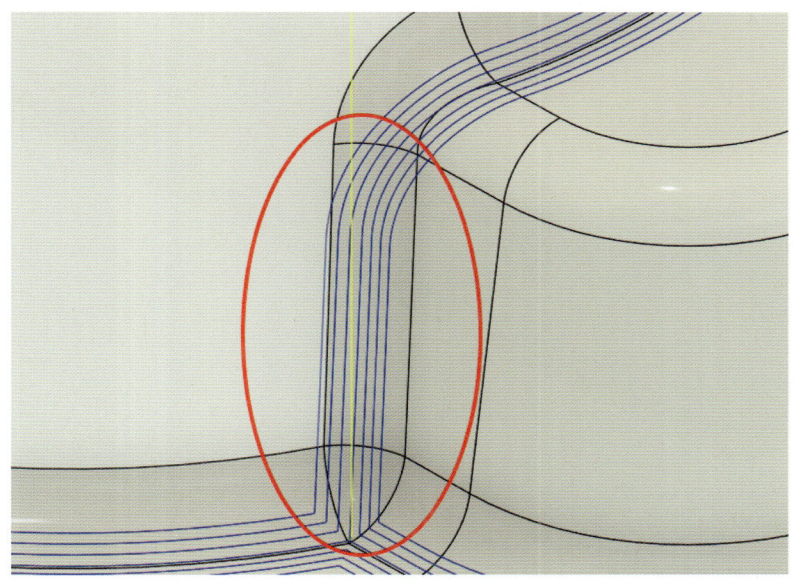

급경사 구간이나 R 끝단에서 잔삭 툴 패스로써 사용할 수 없는 형태가 나오기 때문에 고려를 해서 사용해야 합니다.

해당 구간의 형태에 사용되는 잔삭은 다음 조합 잔삭에서 다루고 있으니 참고 바랍니다.

12 조합 잔삭 (익스텐션이 없을 때)

등고선과 스캘럽 툴 패스를 조합한 잔삭 툴 패스 생성 방법입니다.

코너 형상의 마무리 가공에 주로 사용됩니다.

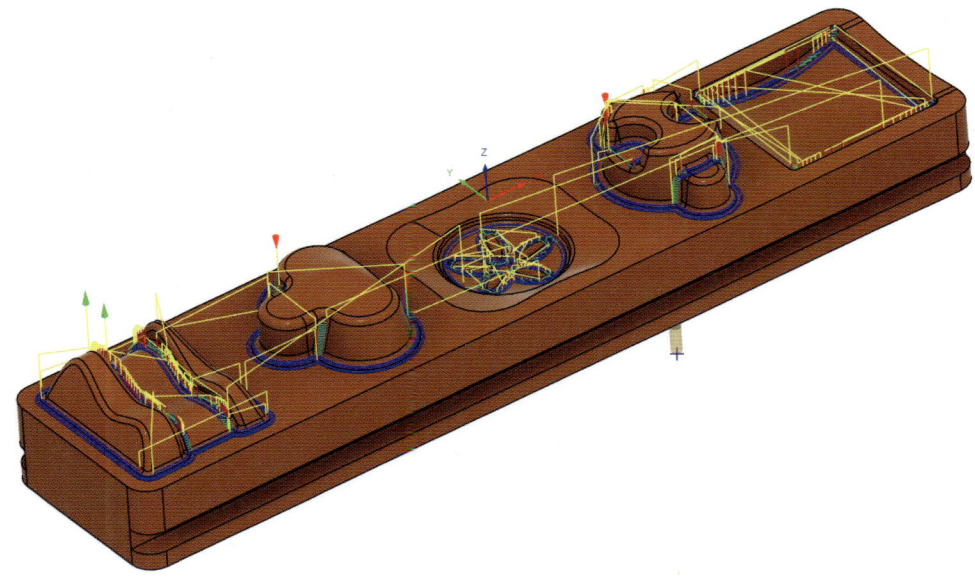

❏ 샘플위치 : 데이터패널 ➡ CAM Samples ➡ 3D Milling - Overview of toolpaths

❏ 사용공구 : ∅6 R3 볼엔드밀

12.1 등고선 & 스캘럽 이용하여 잔삭 패스 만들기 – 등고선

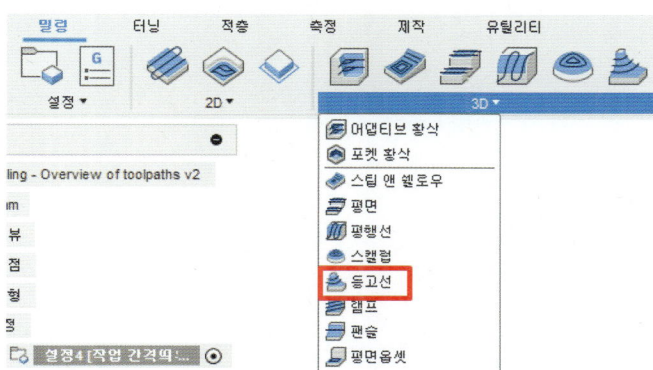

등고선을 선택합니다.

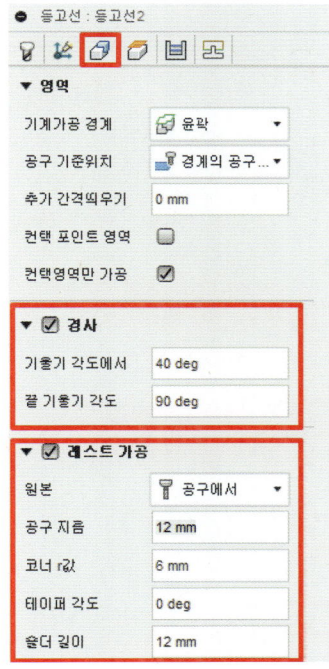

영역 탭에서 경사 체크하고 각도를 40~90도로 설정합니다.

레스트 가공을 체크하고 이전에 가공한 공구를 기입합니다.

패스 탭에서 최대 스텝다운을 1mm로 지정하고 플랫 영역 탐지를 체크합니다.

잔삭 가공을 위해서는 플랫 영역탐지를 비활성화 하는 것이 유리하며, 최대 스텝다운은 가공조건에 맞게 변경하여 줍니다.

링크 탭에서 수직 리드인 R값, 전환유형, 램프 유형을 변경합니다.

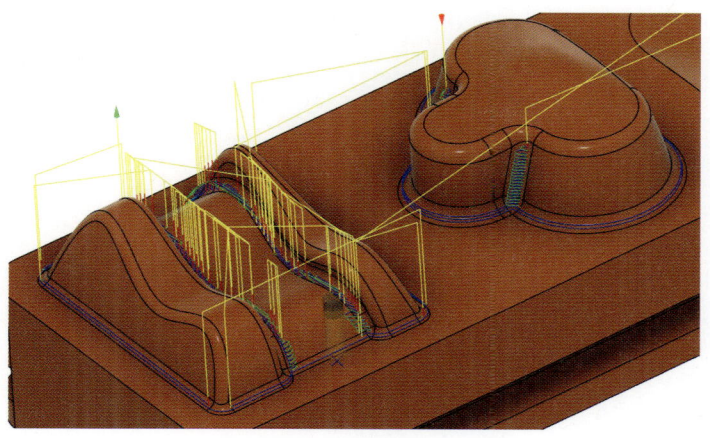

설정을 하게 되면 40~90도 까지의 구간만 등고선 툴 패스가 형성됩니다. 또한 12볼로 가공할 수 있는 구간을 제외하고 코너 구간에 6볼이 들어갈 수 있는 구간에 툴 패스가 형성됩니다.

12.2 등고선 & 스캘럽 이용하여 잔삭 패스 만들기 – 스캘럽

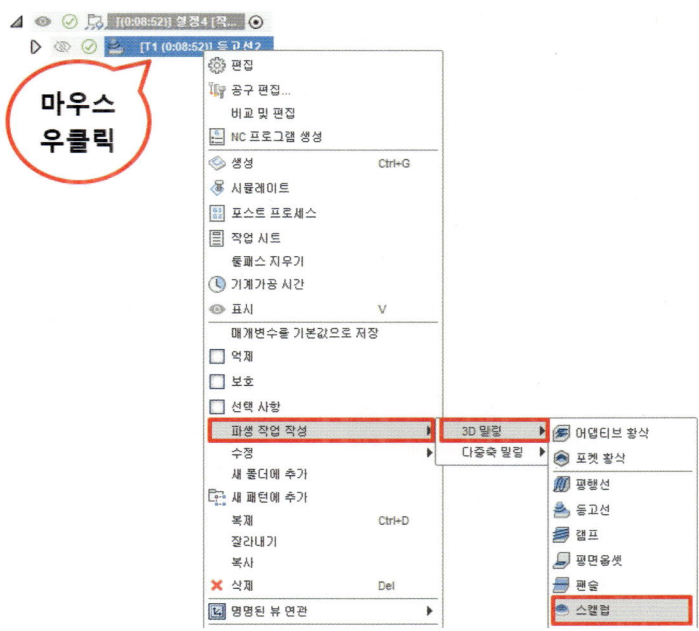

파생 작업을 사용하면 등고선 툴 패스로 설정한 부분들을 기반으로 스캘럽 툴 패스를 생성할 수 있게 되어 반복작업이 줄어듭니다.

영역 탭에서 경사 각도를 0~50도로 설정합니다.

앞서 설정했던 윤곽선 툴 패스와 반대로 설정을 하여 가공되지 않은 완만한 부분에 생성할 수 있도록 합니다.

각도를 10도 정도 겹치게 하면 미삭을 방지할 수 있습니다.

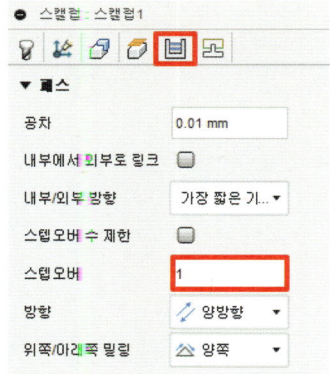

패스 탭에서 스텝 오버를 공구조건에 맞게 변경합니다.

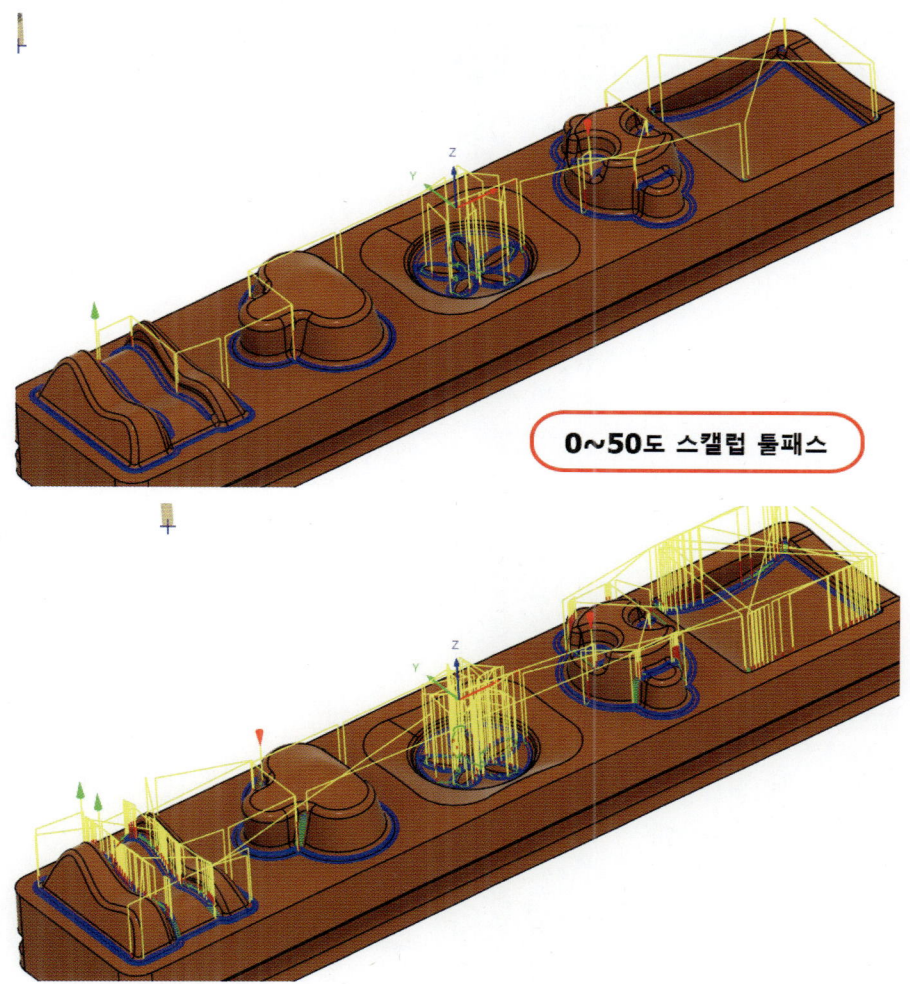

앞서 생성한 윤곽선 툴 패스와 스캘럽 툴 패스를 합쳐서 추가 기능의 잔삭(코너)과 흡사하게 툴 패스를 형성할 수 있습니다.

기능적으로 다소 부족할 수 있지만 간단한 형상은 충분히 해당 조합 잔삭으로 가공이 가능합니다.

12.3 급속 이송 패스 조절하기

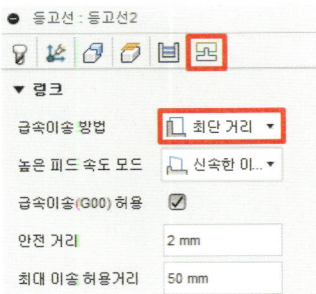

등고선 툴 패스의 링크 탭에서 급속 이송 방법을 최단 거리로 변경합니다.

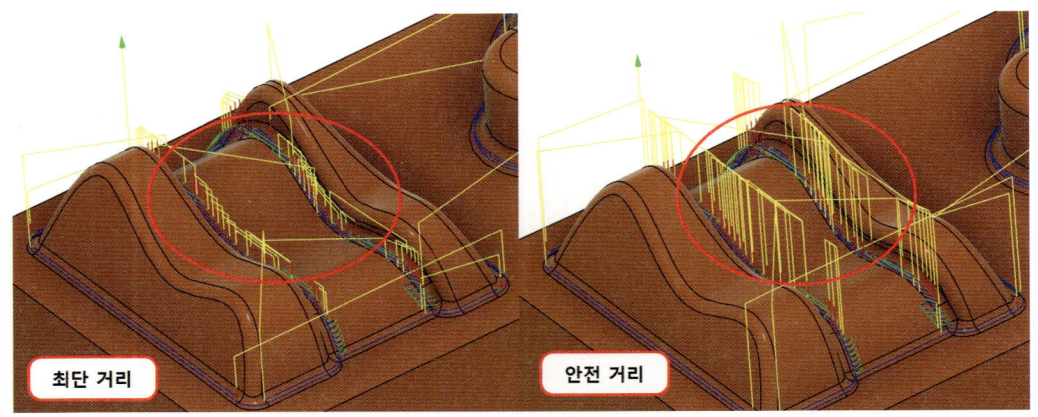

급속 이송 방법을 최단거리로 변경하여 급속 이송 시간을 줄여 그림과 같이 가공 시간을 줄일 수 있습니다.

13 플로우

곡면의 UV속성에 따라 툴 패스가 형성됩니다.

정삭 툴 패스로 사용됩니다.

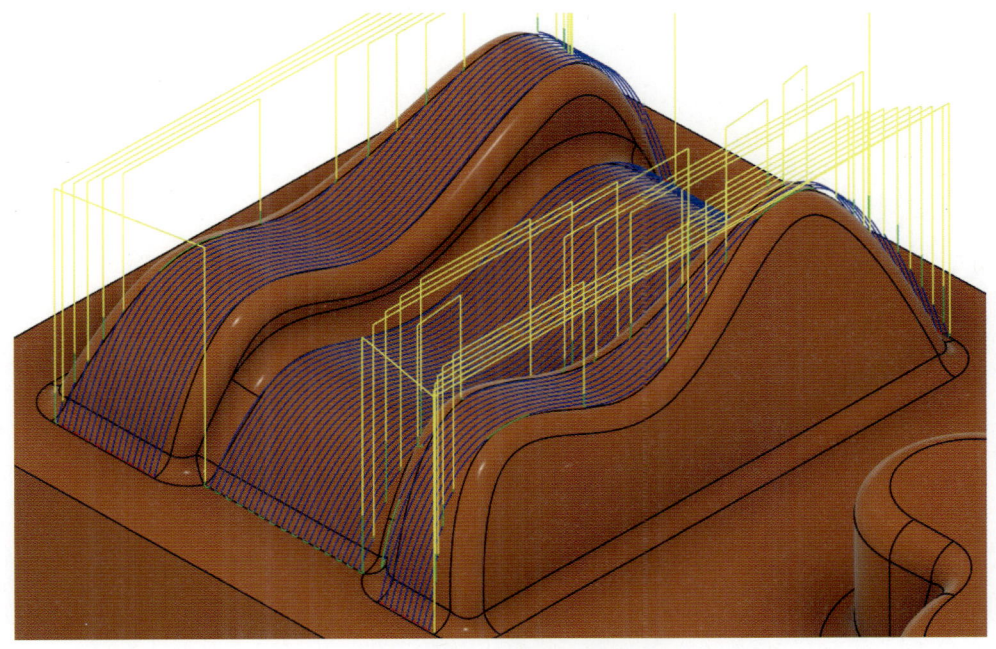

- 샘플위치 : 데이터패널 ➡ CAM Samples ➡ 3D Milling - Overview of toolpaths
- 사용공구 : ∅6 R3 볼엔드밀

13.1 플로우 개념

플로우를 선택합니다.

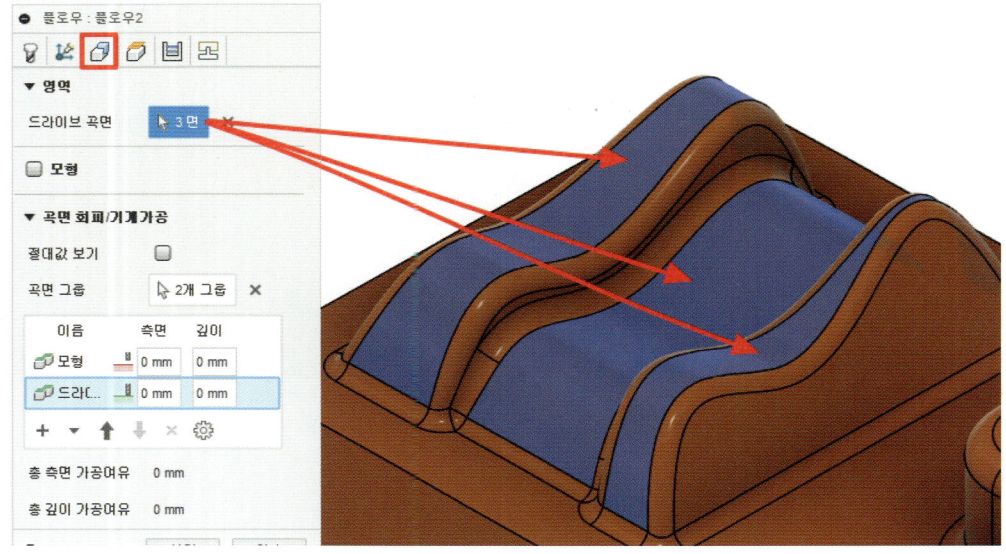

영역 탭에서 드라이브 곡면을 선택합니다.

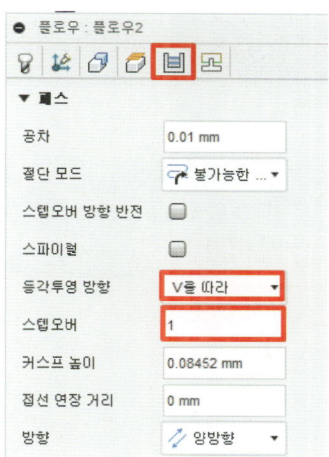

패스 탭에서 등각 투영 방향을 'V를 따라'로 변경하고 스텝오버를 1mm로 지정합니다.

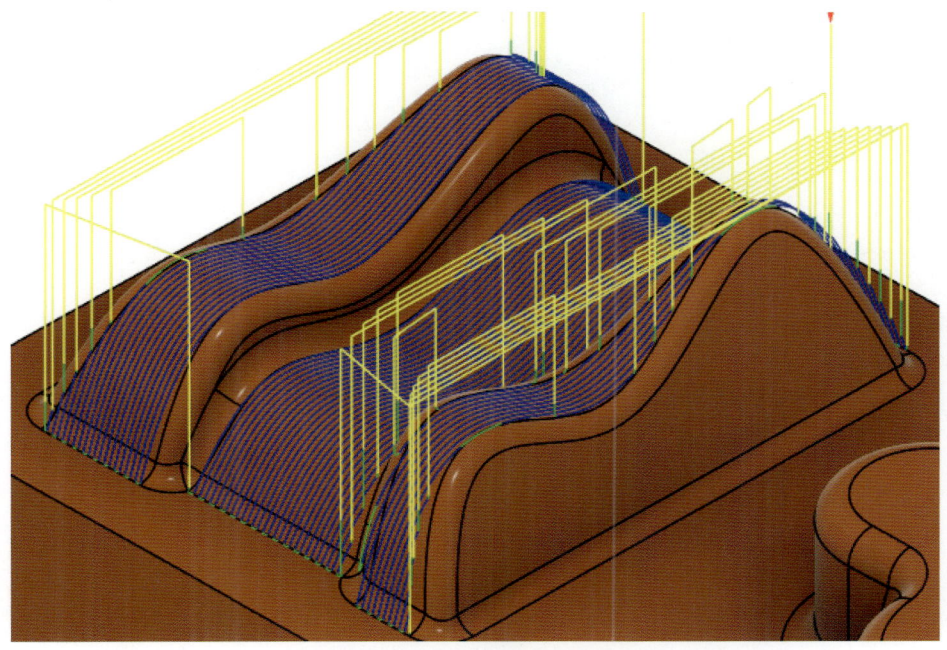

선택한 곡면의 V방향을 따라 가공하며 선택한 각 면당 스텝오버 1mm씩 가공합니다.

13.2 UV방향 알아보기

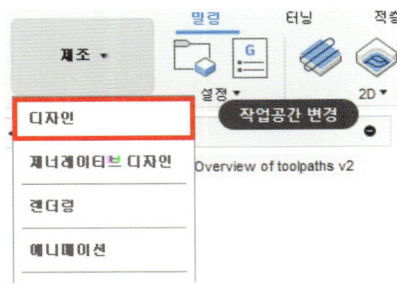

디자인 작업공간으로 변경합니다.

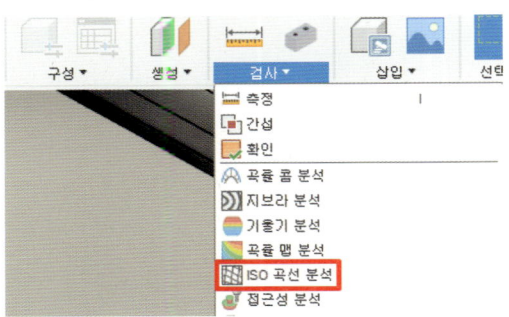

검사 탭에서 ISO 곡선 분석을 클릭합니다.

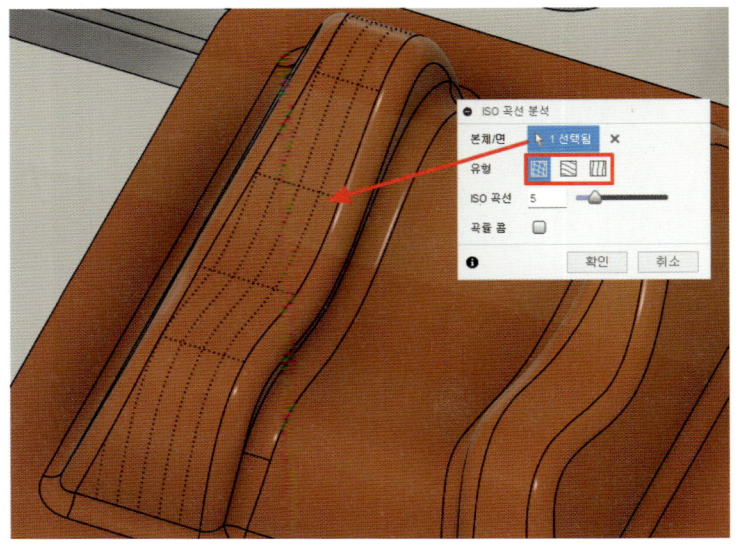

UV속성을 확인하고 싶은 부분을 클릭한 후 유형을 변경하며 속성을 확인할 수 있습니다.

14 블랜드

곡선을 기준으로 한 곡면가공에 적합합니다.

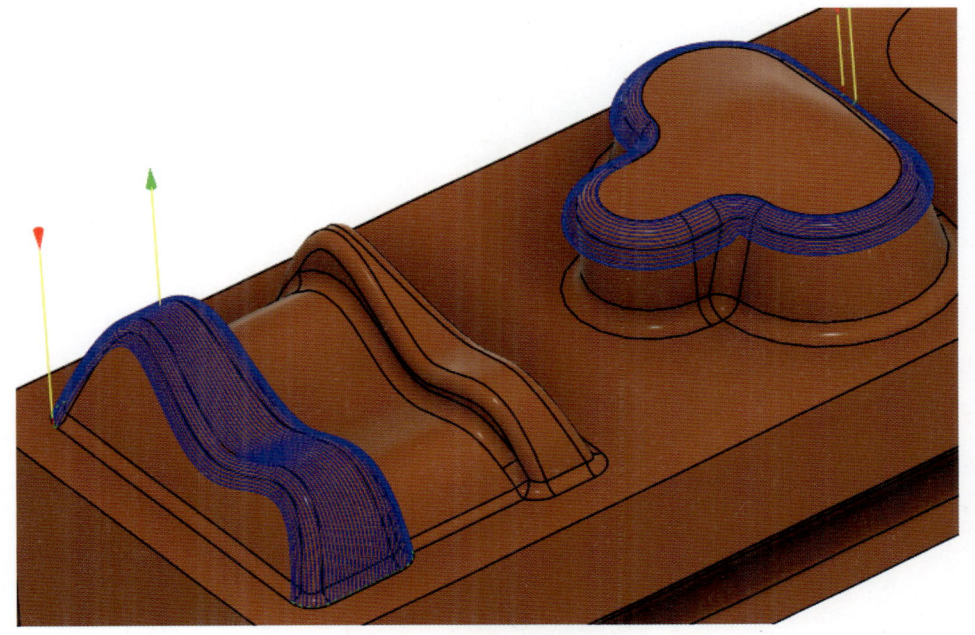

- 샘플위치 : 데이터패널 ➡ CAM Samples ➡ 3D Milling - Overview of toolpaths
- 사용공구 : ∅6 R3 볼엔드밀

14.1 블랜드 개념

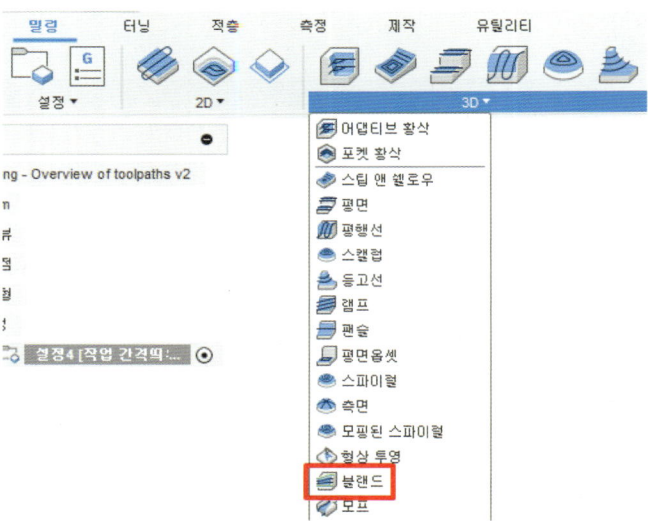

블랜드를 선택합니다.

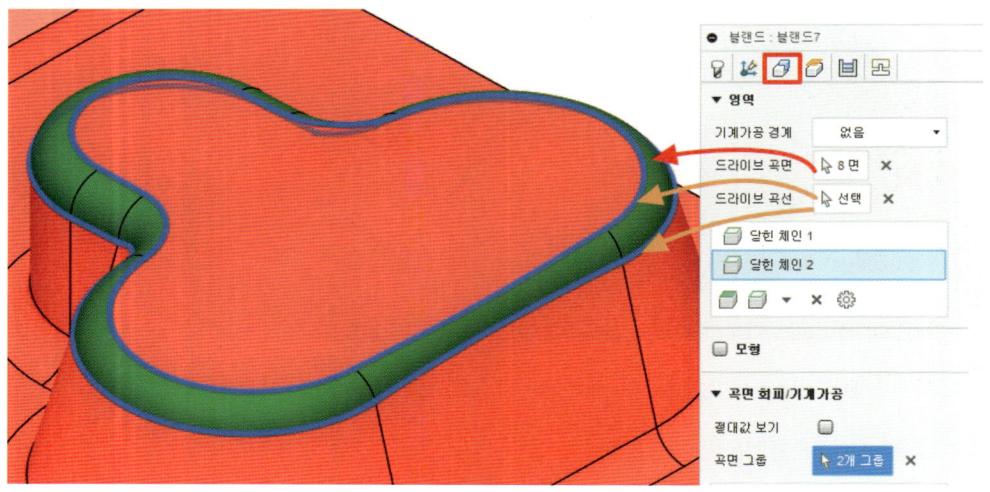

영역 탭에서 드라이브 곡면을 선택하고 기준으로 할 곡선을 선택합니다.

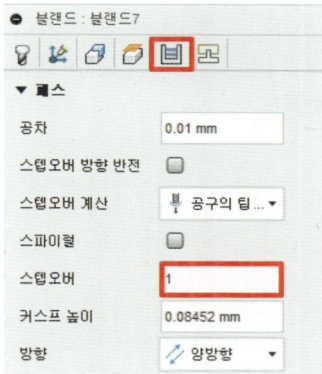

패스 탭에서 스탭 오버를 1mm로 지정합니다.

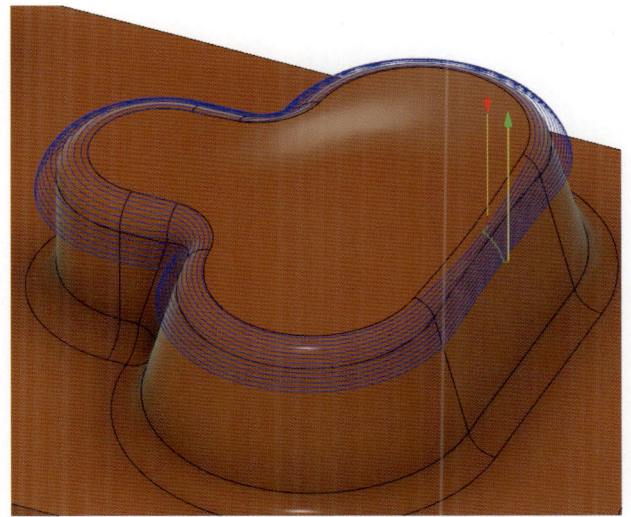

그림과 같이 드라이브 곡선을 기준으로 지정된 드라이브 곡면을 가공하는 툴 패스가 형성됩니다.

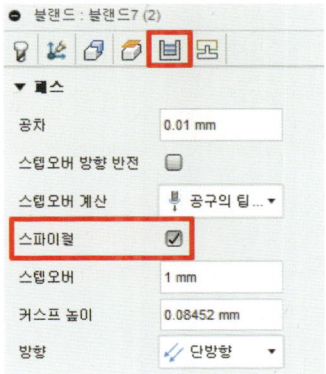

패스 탭에서 스파이럴을 체크합니다.

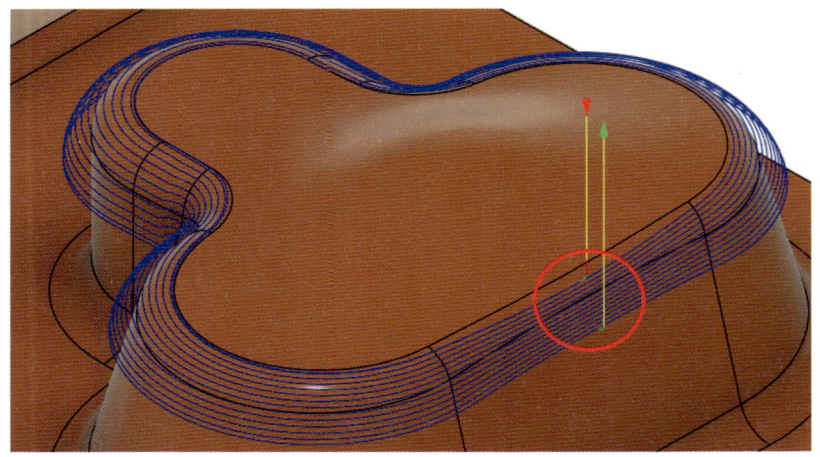

스파이럴을 체크하면 한번 진입 후 면을 타고 가면서 빠지지 않고 계속 가공하게 됩니다.

해당 툴 패스는 모프와 매우 흡사한 툴 패스를 생성하지만 다른 점은 모프는 라인을 이용한 가공이 대표적이며 블랜드는 면을 이용한 가공입니다.

15 측지선

스캘럽과 블랜드 툴 패스가 기능적으로 보완된 툴 패스입니다.

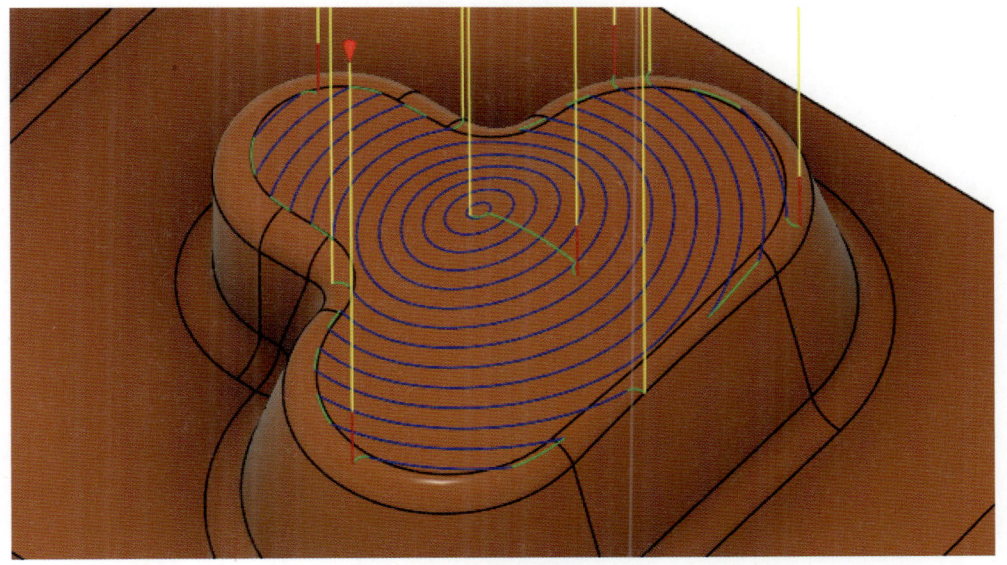

❑ 샘플위치 : 데이터패널 ➡ CAM Samples ➡ 3D Milling - Overview of toolpaths

❑ 사용공구 : ∅6 R3 볼엔드밀

15.1 측지선 개념

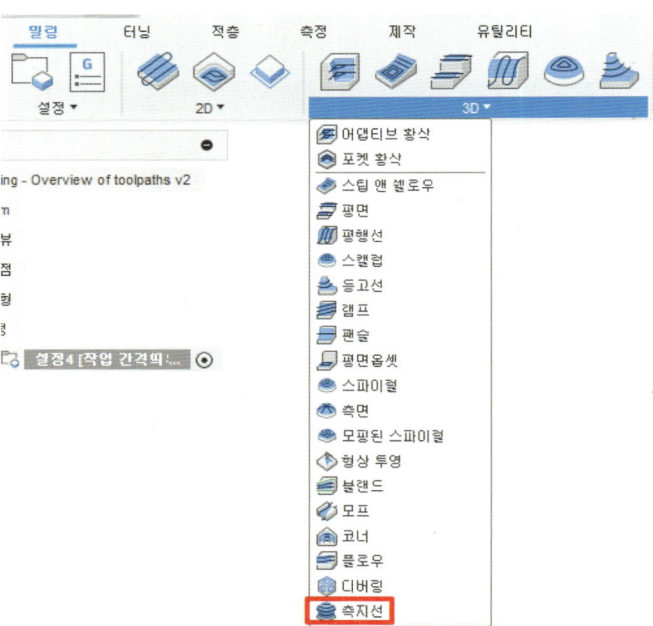

측지선을 클릭합니다.

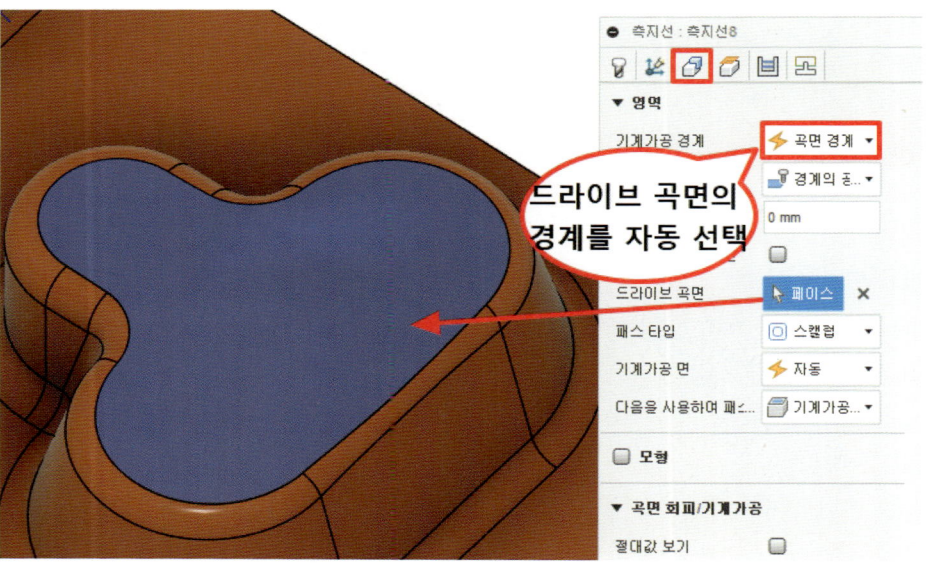

영역 탭에서 드라이브 곡면을 선택합니다.

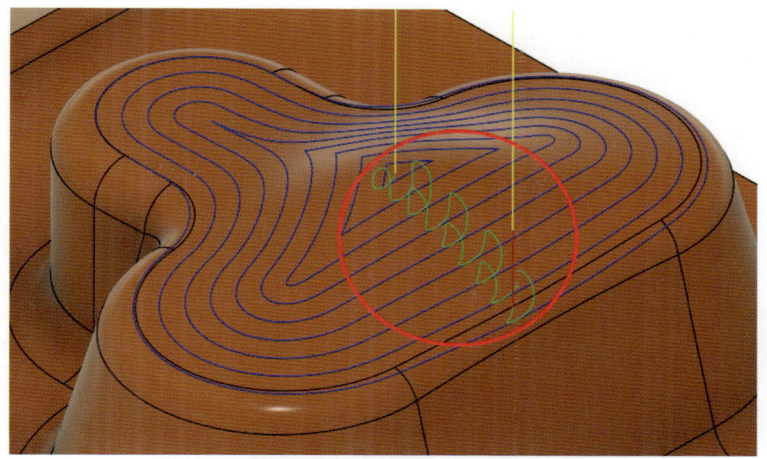

측지선 툴 패스는 스캘럽과 매우 흡사하게 보입니다.

다만 표시된 리드인/아웃이 스캘럽과는 다르게 빠졌다가 들어가는 부분이 보입니다.

스캘럽은 그대로 쭉 타고 들어가는 툴 패스로 툴 마킹 자국이 보일 수 있지만 측지선은 최대한 줄이기 때문에 조도부분에서 더 깔끔하게 나오는 툴 패스입니다.

15.2 패스타입 – 혼합과 스캘럽의 차이점

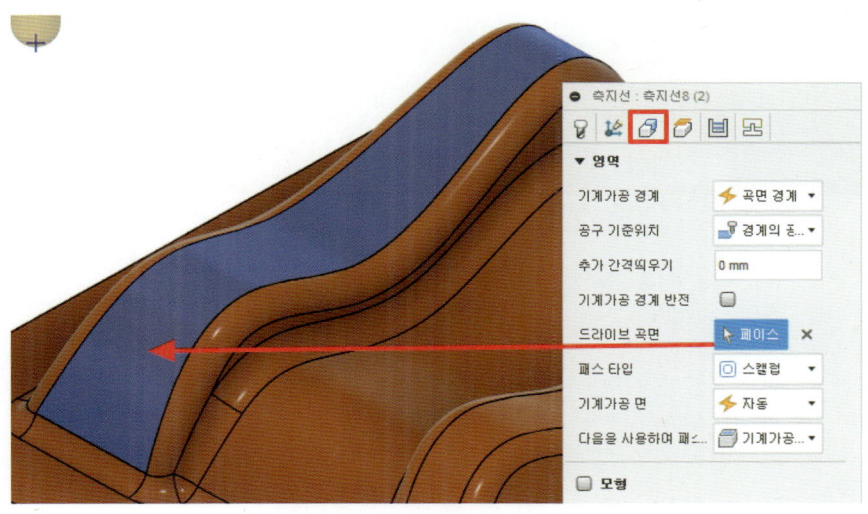

영역 탭에서 드라이브 곡면을 다시 선택합니다.

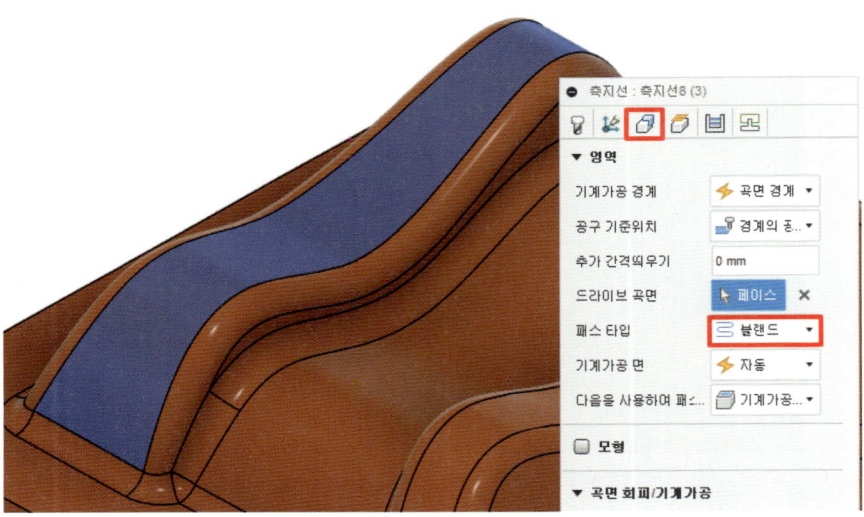

스캘럽과 혼합의 차이점을 비교하기 위해 이전 툴 패스를 복제합니다.

영역 탭에서 패스타입을 블랜드로 변경합니다.

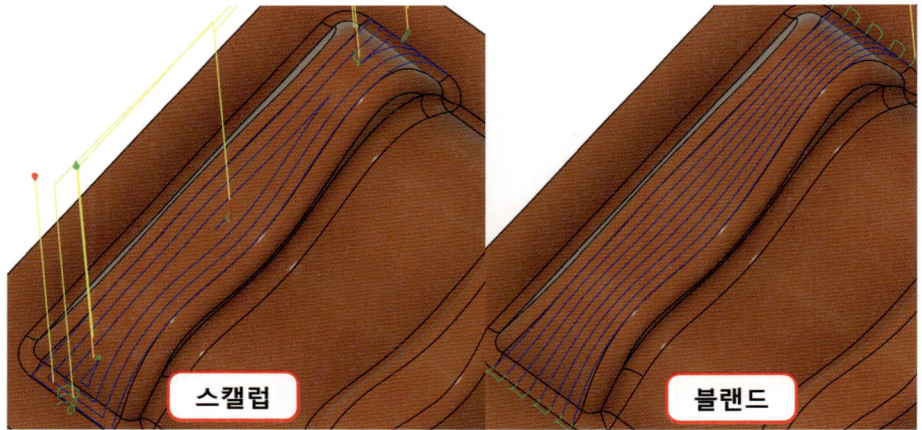

15.3 측지선 설정하기

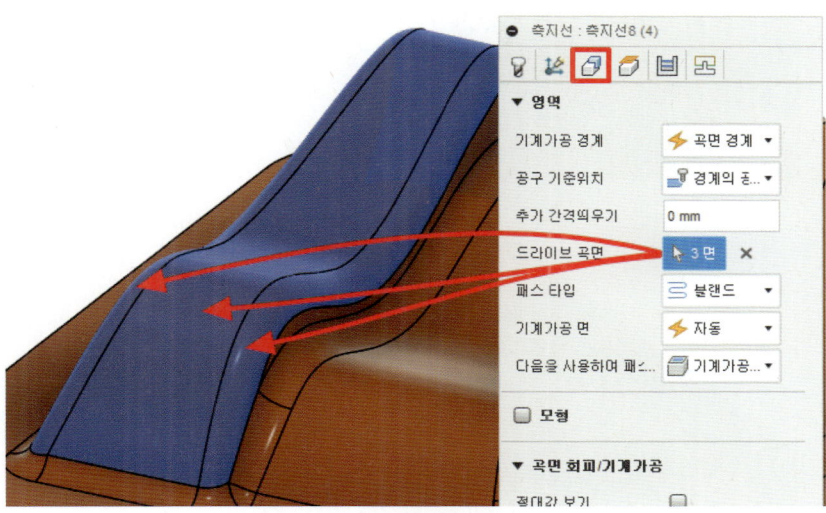

영역 탭에서 드라이브 곡면을 3개 선택합니다.

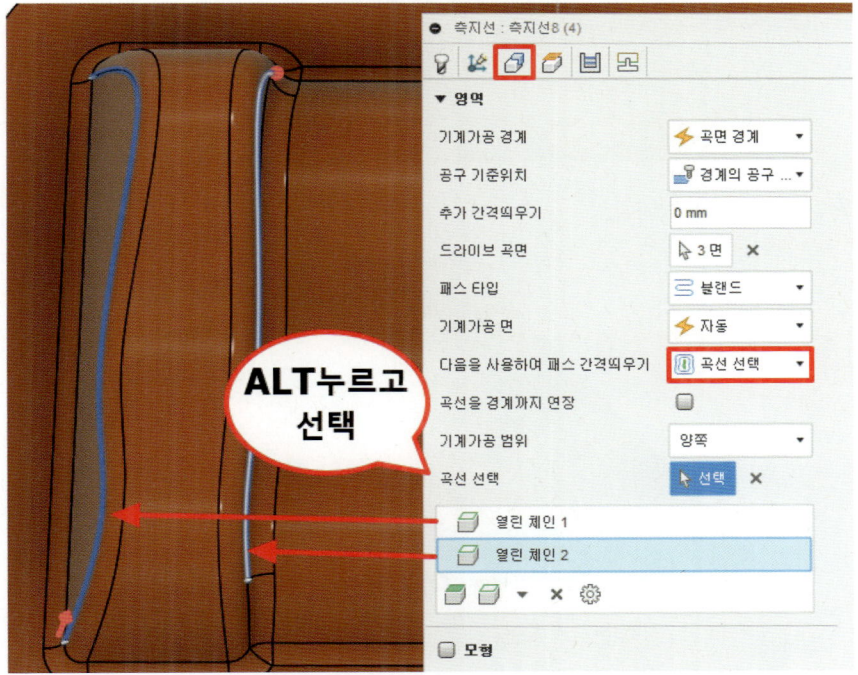

영역 탭에서 다음을 사용하여 패스 간격 띄우기를 곡선 선택으로 변경합니다.

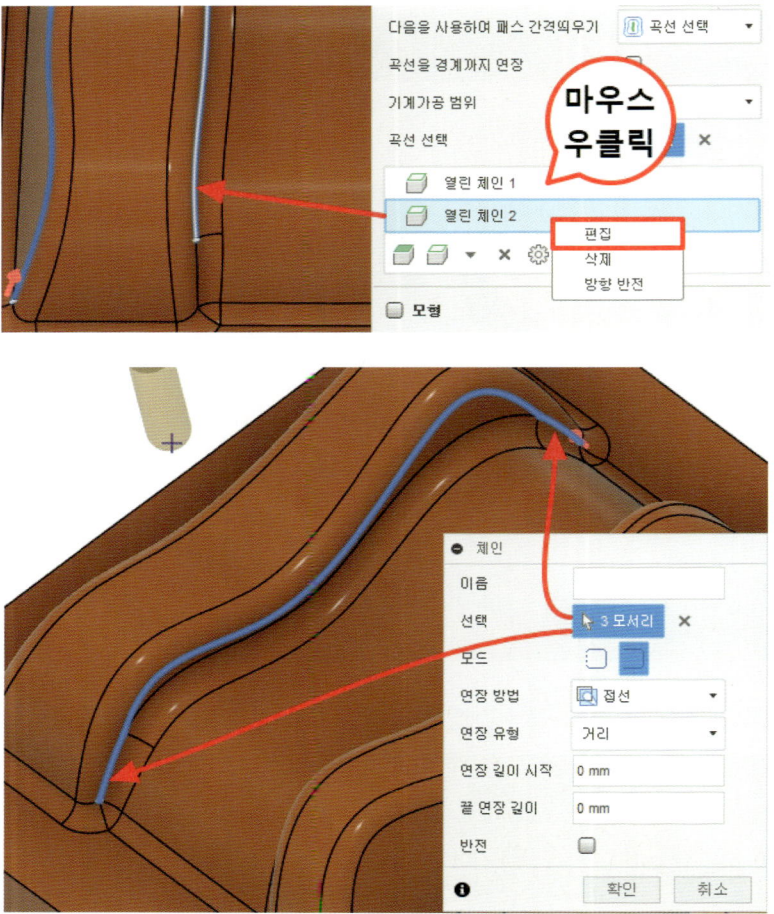

연결해야 될 윤곽선을 클릭합니다.

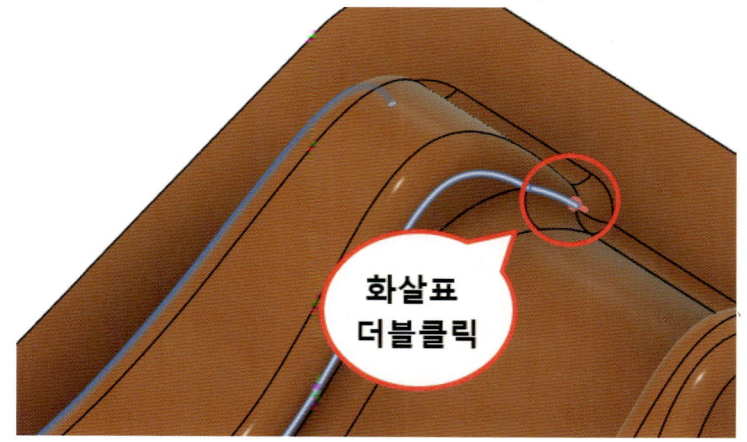

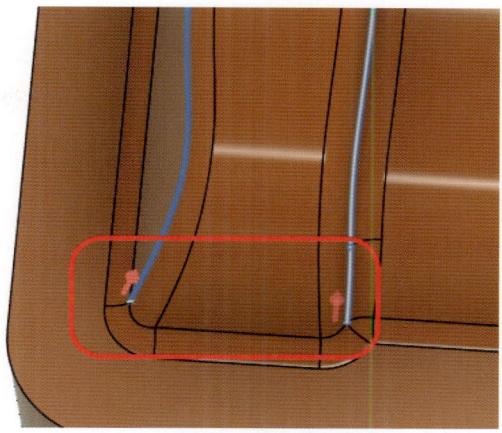

화살표 방향을 같게 맞춰줍니다.

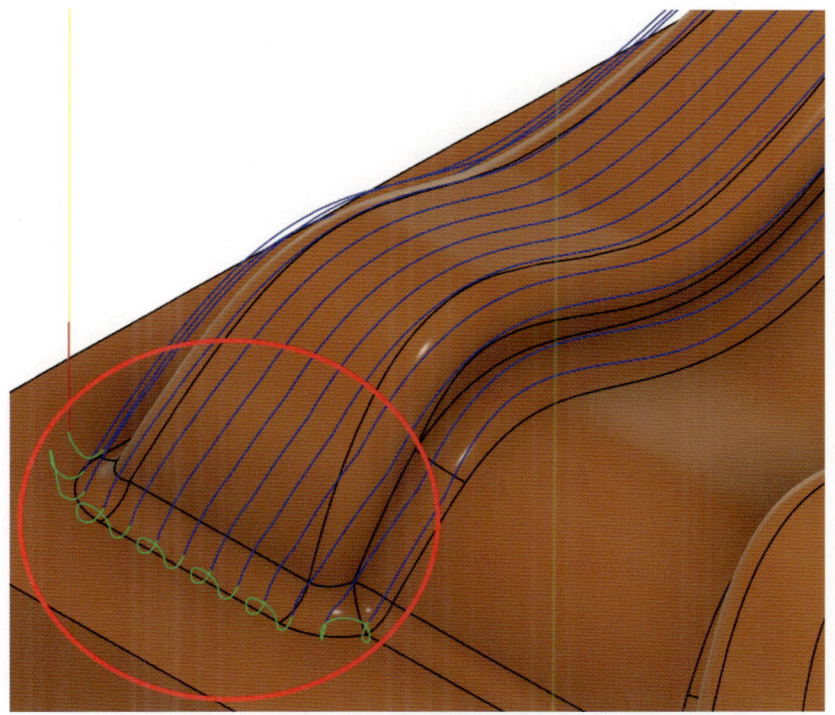

표시된 리드인/아웃을 보면 위로 뜨는 부분이 보입니다.

링크 탭에서 리드인 유형을 접하는 원호로, 전환 유형은 '곡면 따르기'로 변경합니다.

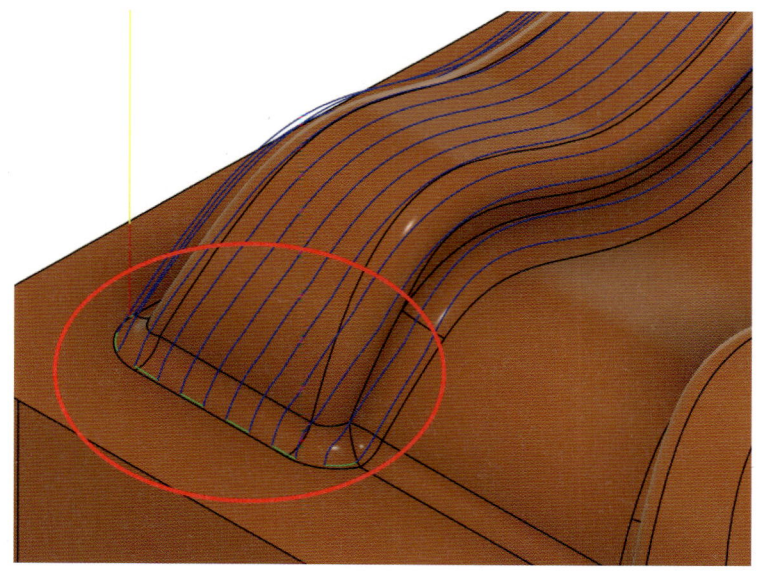

곡면에 붙은 리드인/아웃이 형성되는 것을 확인할 수 있습니다.

상황에 따라 이러한 형태로 리드인/아웃을 정하도록 합니다.

15.4 블랜드 패스 타입 – 중심에서 원

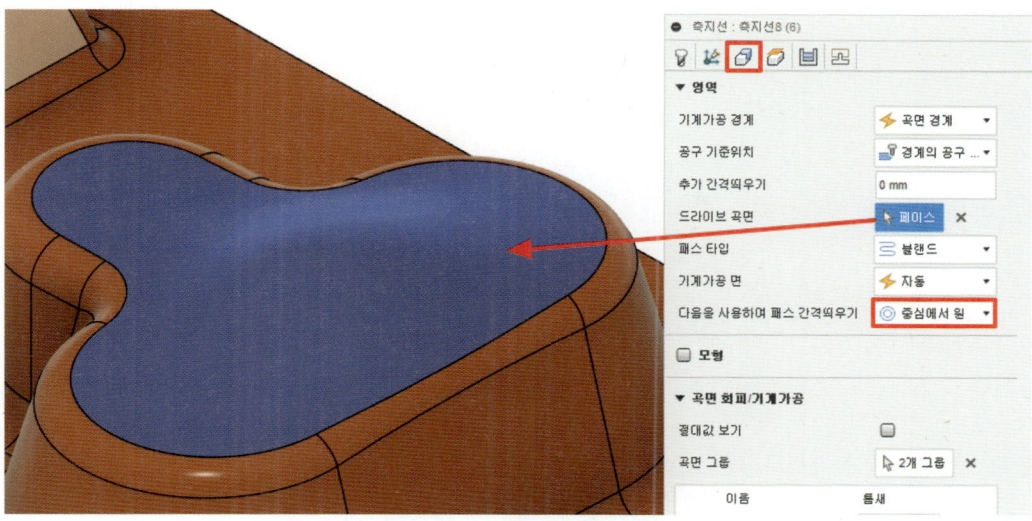

영역 탭에서 드라이브 곡면을 선택합니다.

다음을 사용하여 패스 간격 띄우기는 중심에서 원으로 변경합니다.

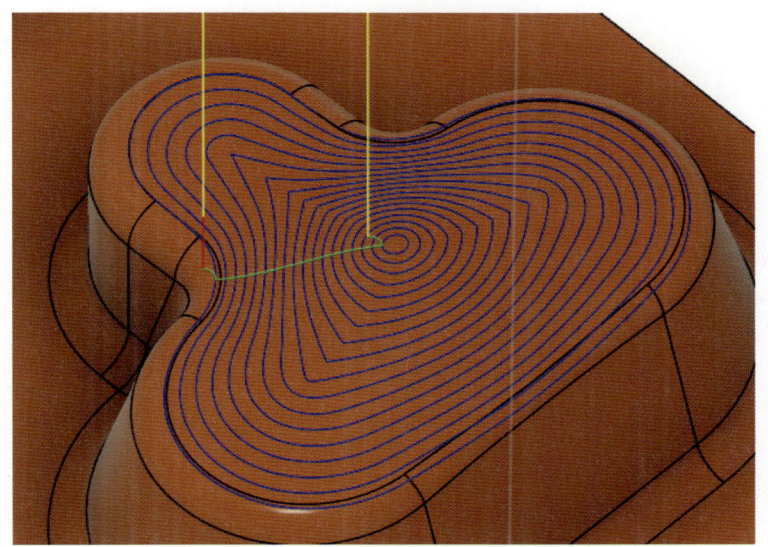

중심을 기준으로 모양에 따라 타고 들어가는 툴 패스가 완성됩니다.

15.5 스캘럽 패스 타입 – 중심에서 원

툴 패스를 복제한 후 패스타입을 스캘럽으로 변경합니다.

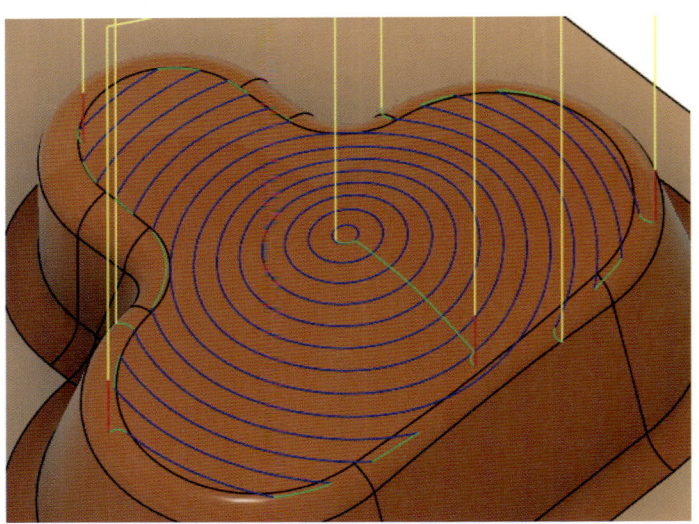

블랜드 타입과 다른 점은 라인 모양에 따른 툴 패스가 아닌데 중심을 기점으로 그냥 동그랗게 타고 들어갑니다.

15.6 패스 설정

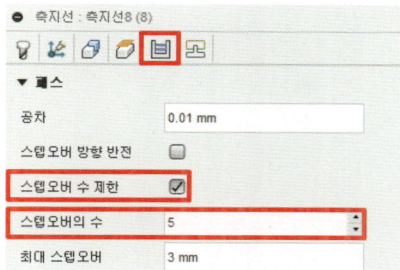

패스 탭에서 스텝오버 수 제한을 체크하고 스텝오버의 수는 5로 지정합니다.

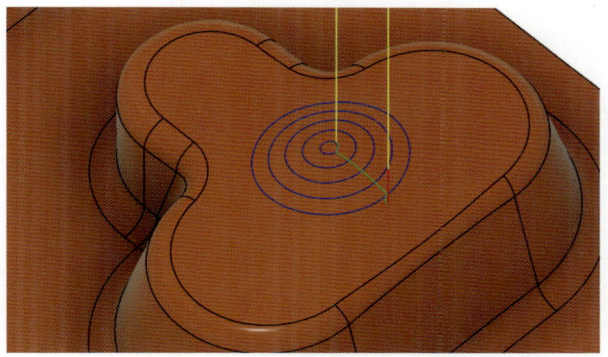

중심을 기준으로 5개의 스텝오버 툴 패스가 생성됩니다.

▌스파이럴

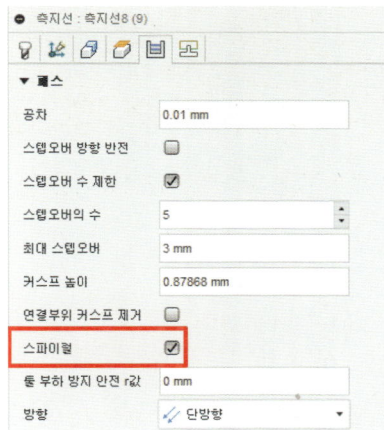

스파이럴에 체크를 활성화합니다.

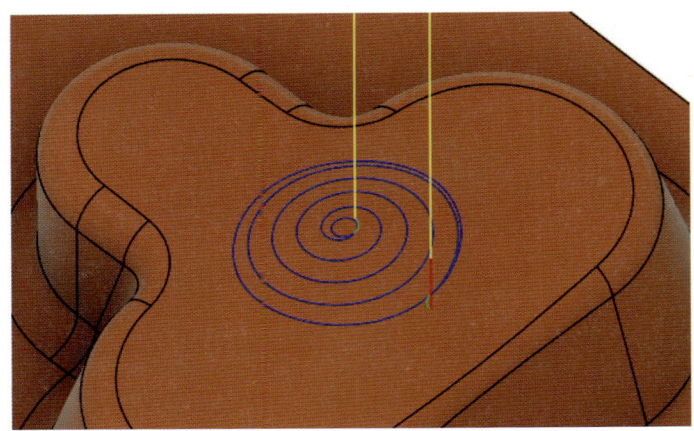

스파이럴을 체크하면 보시는 바와 같이 5개의 패스가 스파이럴로 끊기지 않고 진행합니다.

측지선은 파워밀에서 나온 툴 패스로써 기존의 스캘럽이나 블랜드보다 기능적으로 더 좋은 툴 패스에 해당됩니다.

16 3D 기능 실가공하기

실제 사례 제품을 가지고 실가공을 할 수 있는 예제입니다.

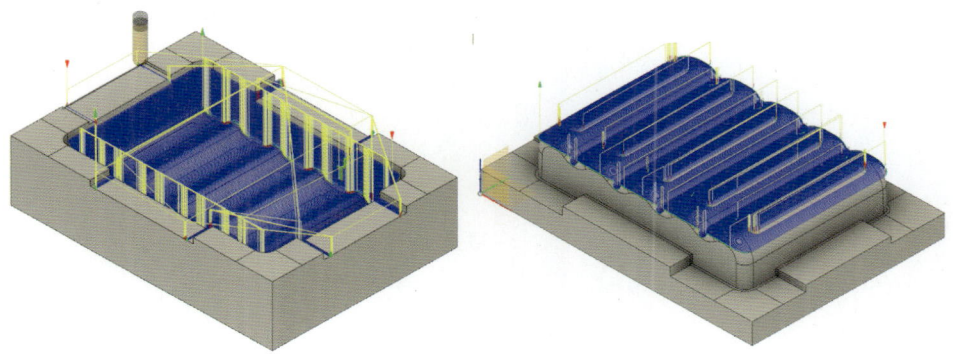

❏ 샘플위치 : QR코드 스캔

❏ 소재 : 알루미늄

16.1 제조모형 작성하기

제조모형은 가공을 위한 모델링을 제조 탭에서 사용할 수 있도록 하는 기능입니다.

제조모형으로 작성한 모델링은 디자인 탭에서는 영향을 끼치지 않습니다.

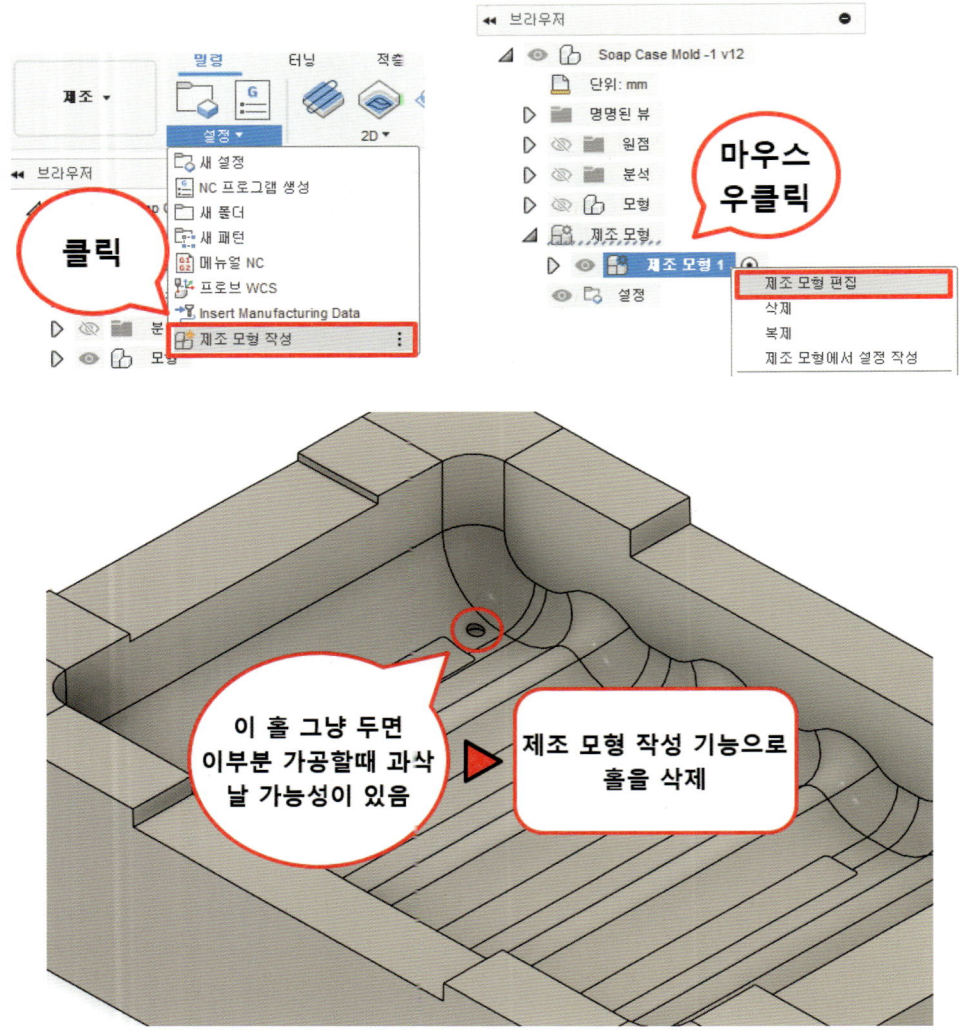

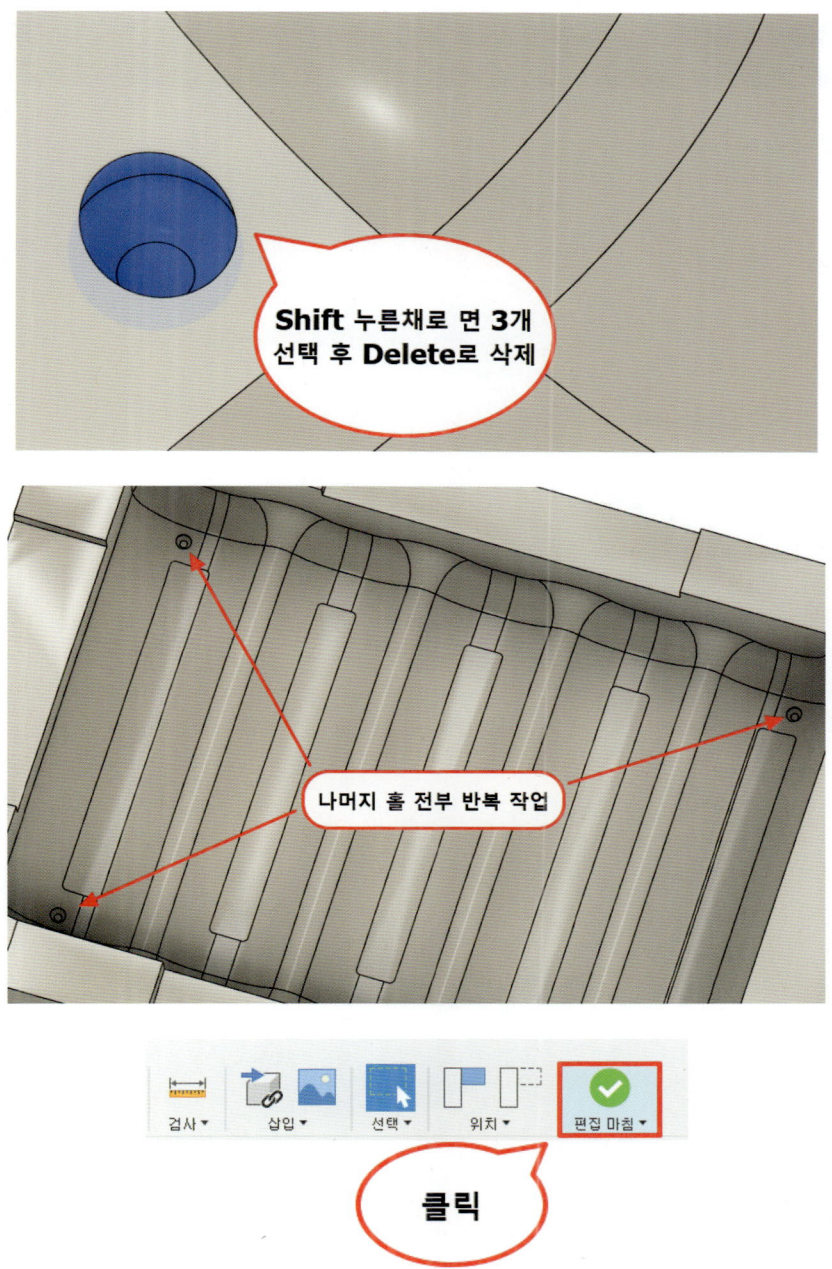

16.2 작업 좌표계 및 스톡 설정하기

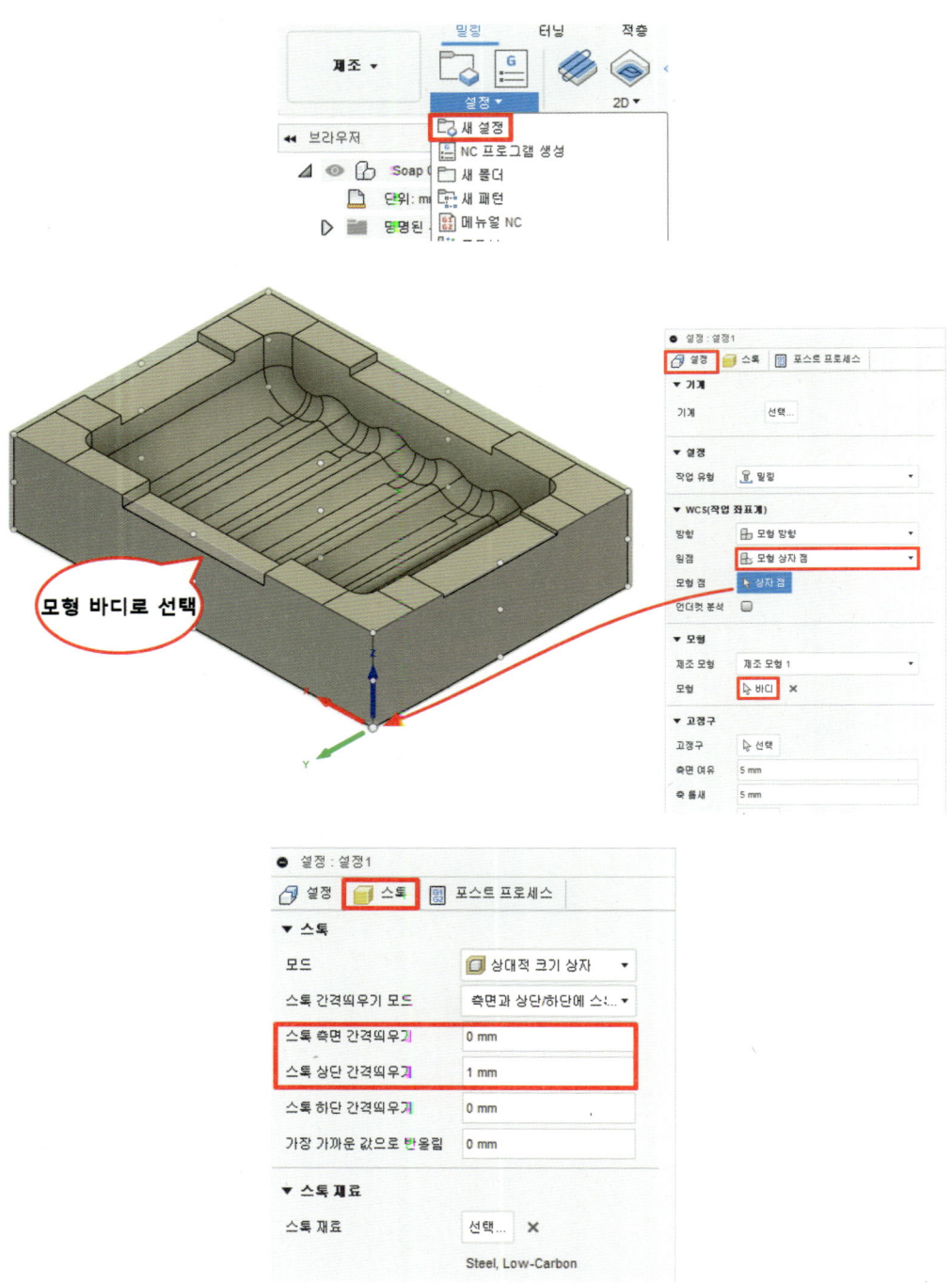

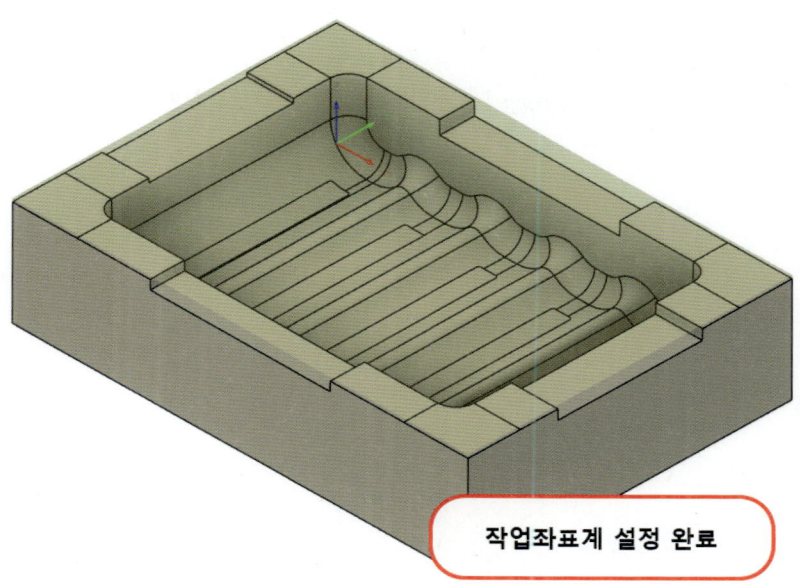

작업좌표계 설정 완료

16.3 공구 라이브러리 설정하기

파일 이름 선택

5개의 공구 생성

공구 1번 : 21-2R 페이스 커터

공구 2번 : 12파이 플랫 엔드밀

공구 3번 : 3R 볼 엔드밀

공구 4번 : 10파이 플랫 엔드밀

공구 5번 : 3R 볼 엔드밀

16.4 3D툴 패스 생성하기 – 1

■ 어댑티브 황삭

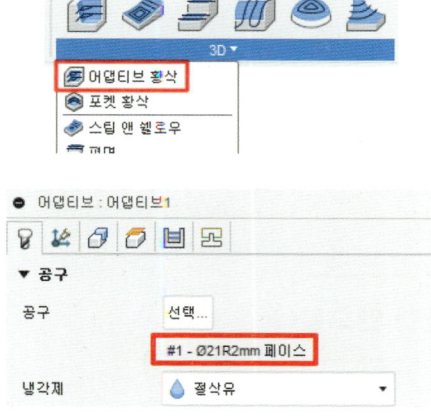

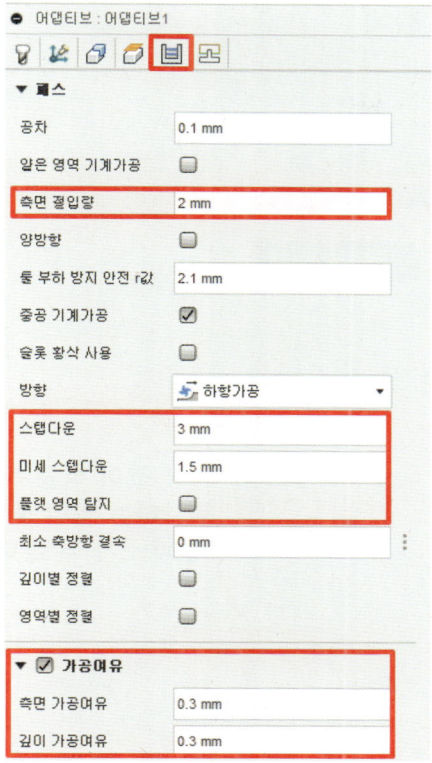

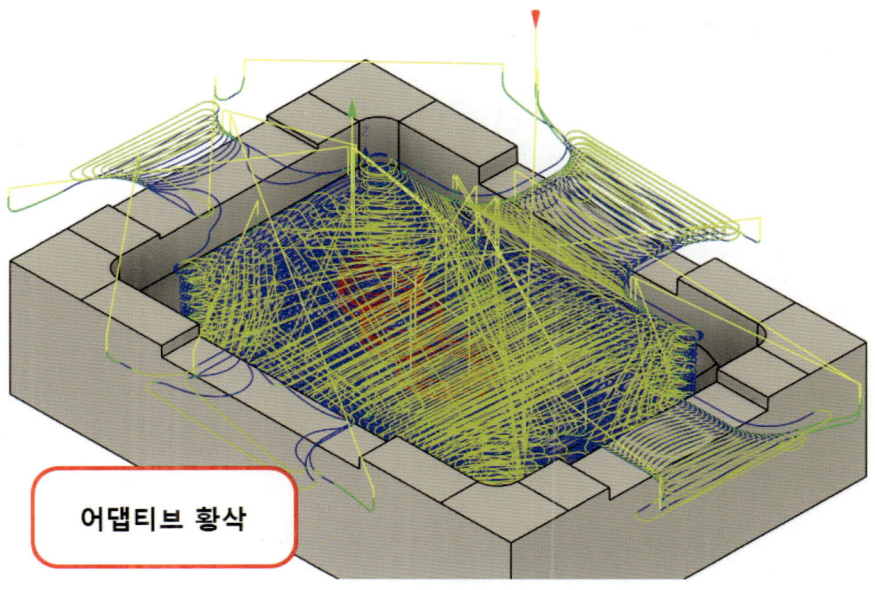

어댑티브 황삭

▌포켓 황삭을 이용한 재 황삭

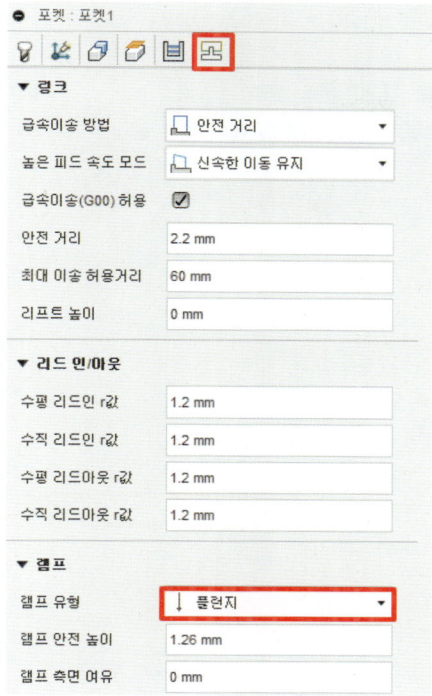

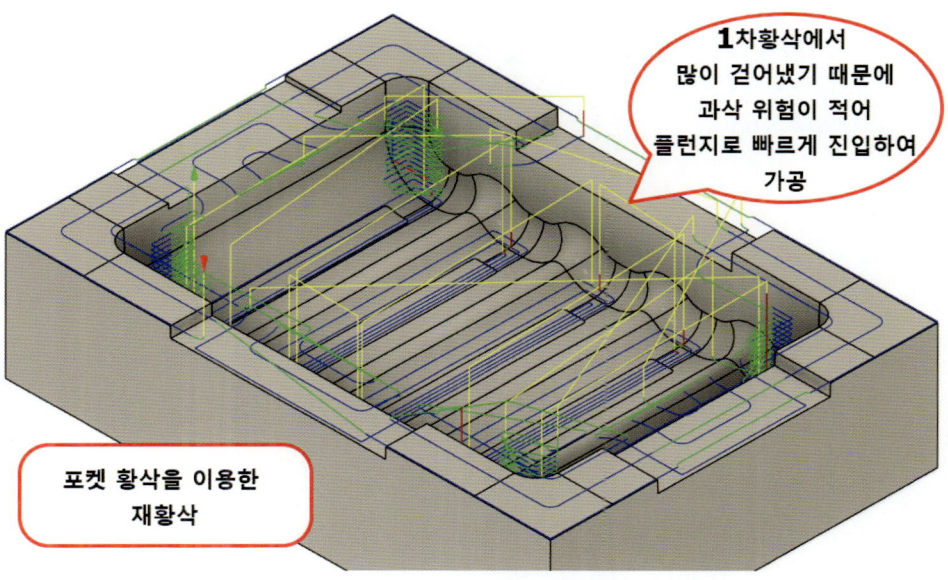

1차황삭에서 많이 걷어냈기 때문에 과삭 위험이 적어 플런지로 빠르게 진입하여 가공

포켓 황삭을 이용한 재황삭

▌등고선과 스캘럽을 이용한 잔삭 - (등고선)

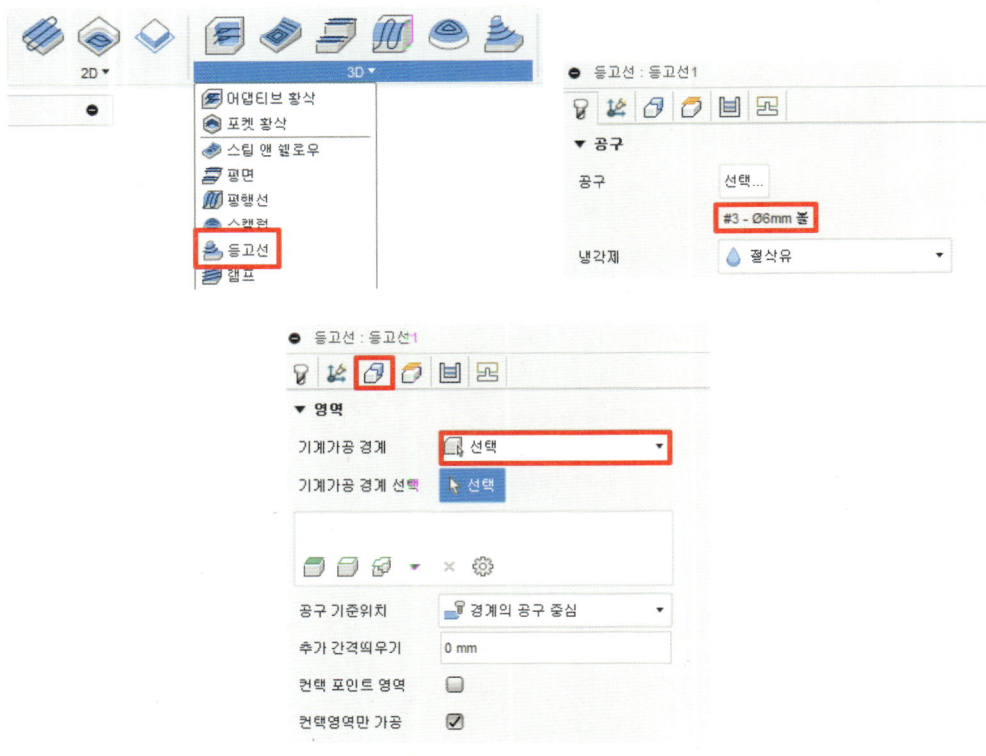

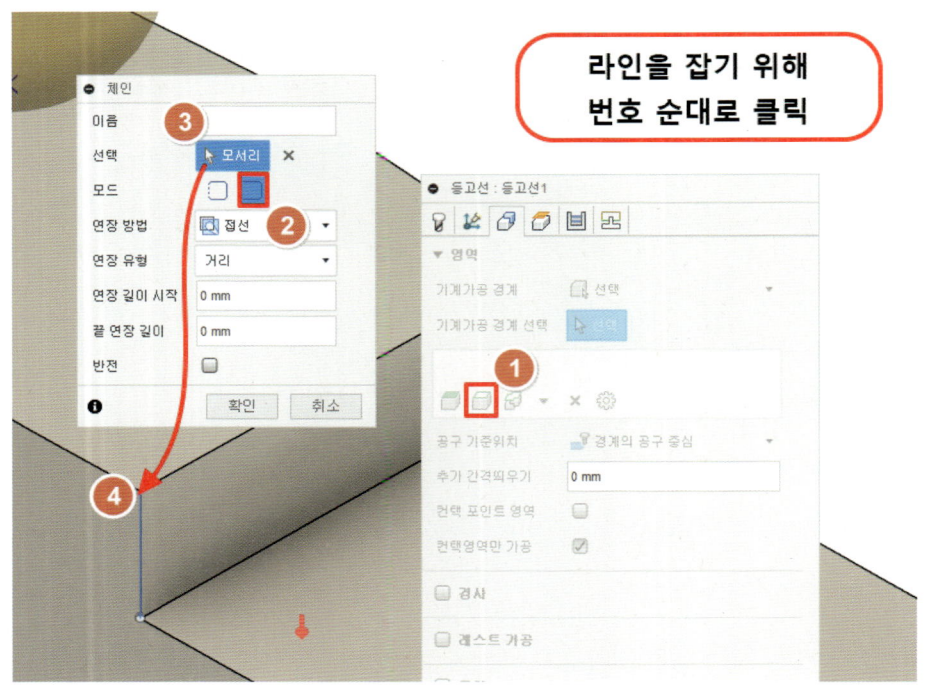

라인을 잡기 위해
번호 순대로 클릭

Chapter 05   Fusion CAM 툴 패스 – 3D 기능

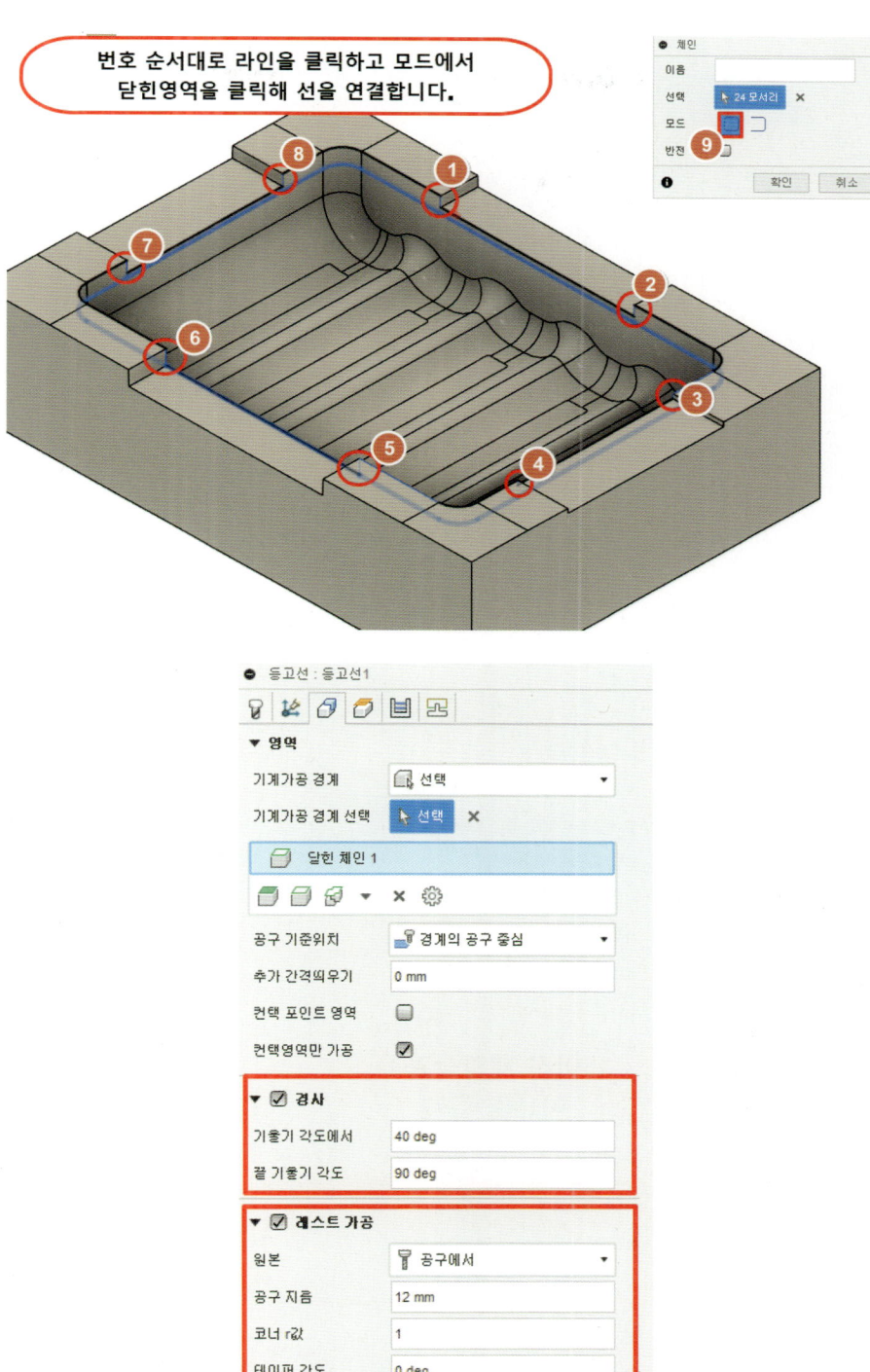

401

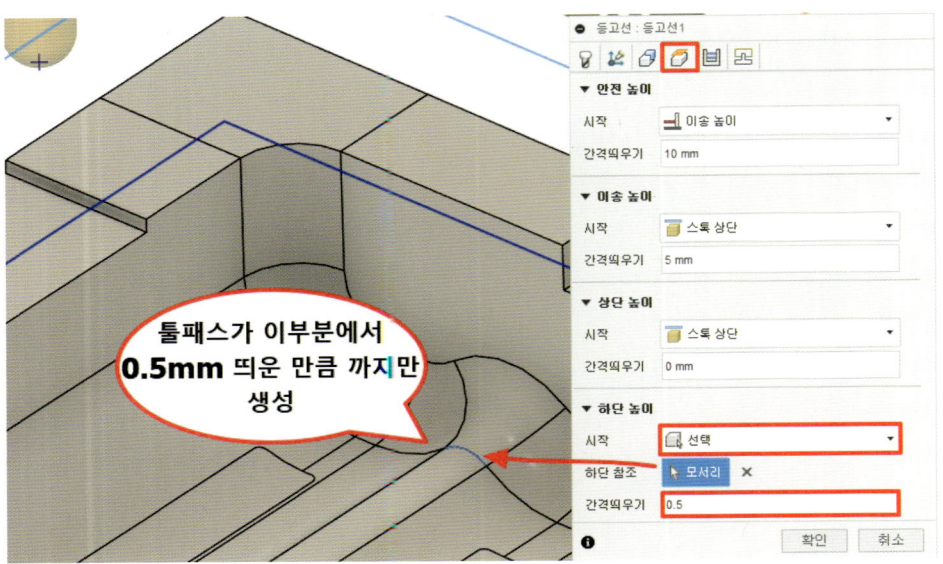

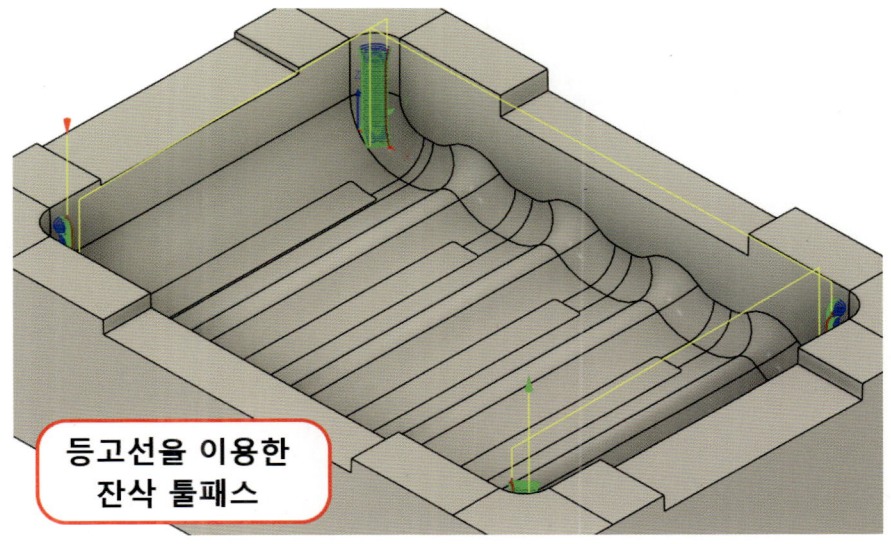

등고선을 이용한 잔삭 툴패스

▌등고선과 스캘럽을 이용한 잔삭 - (스캘럽)

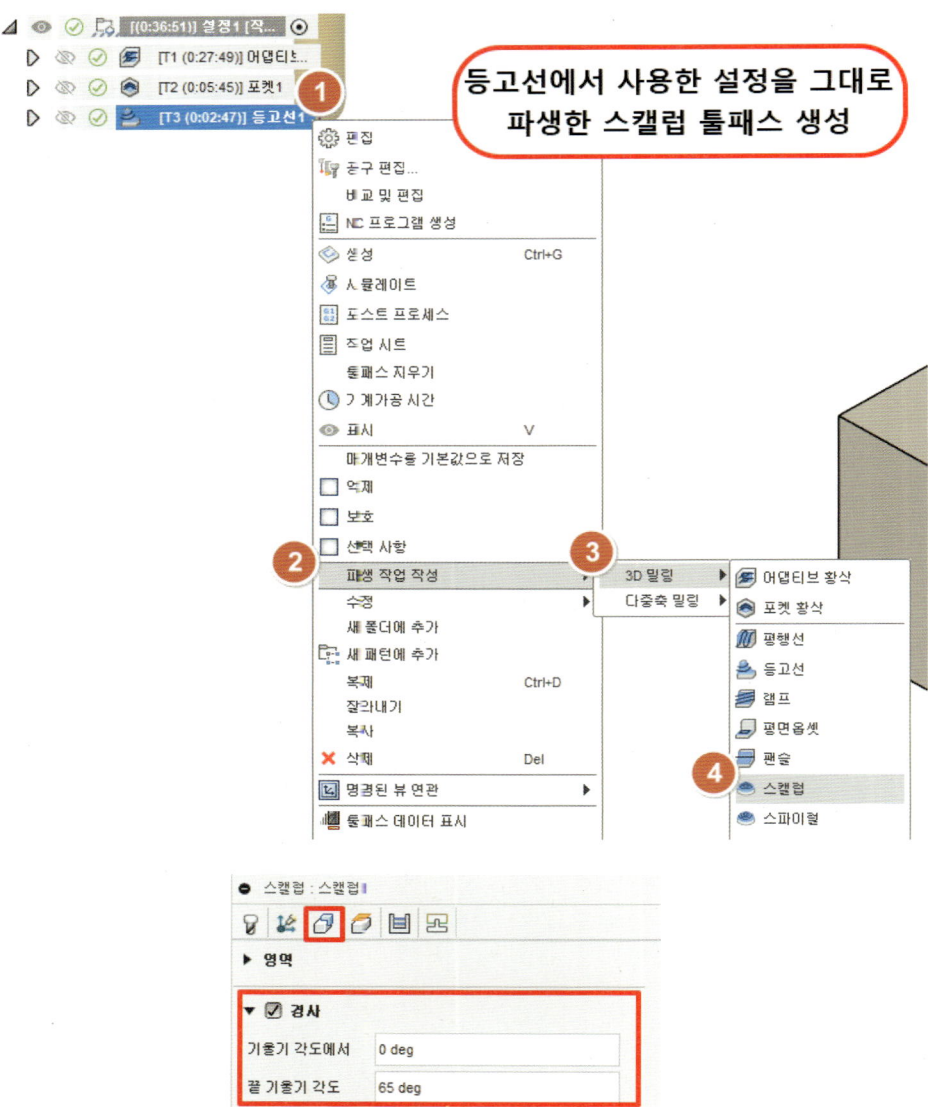

| Chapter 05 | Fusion CAM 툴 패스 – 3D 기능 |

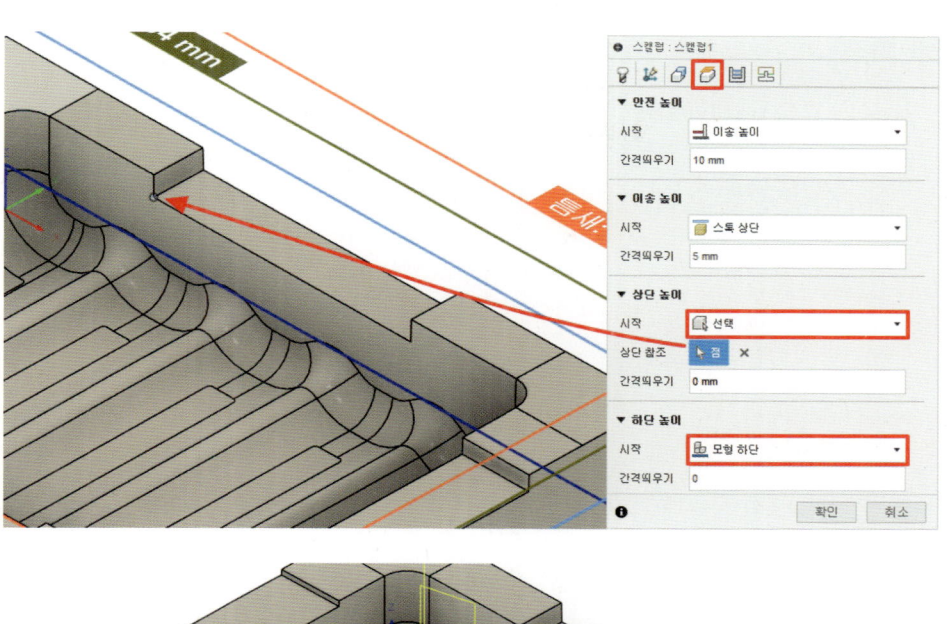

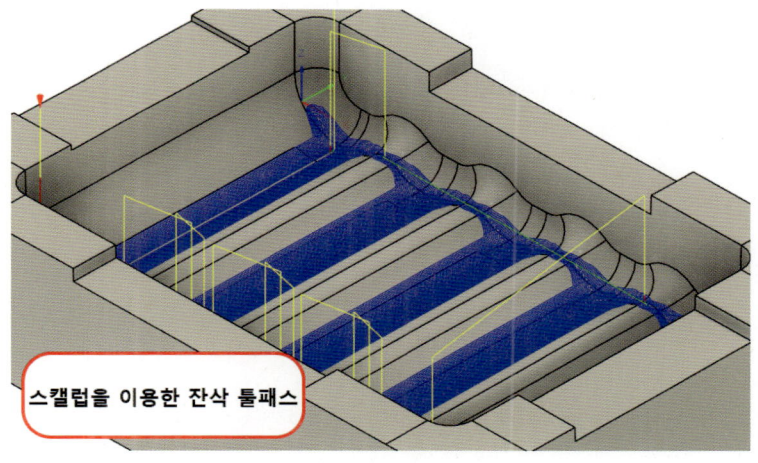

스캘럽을 이용한 잔삭 툴패스

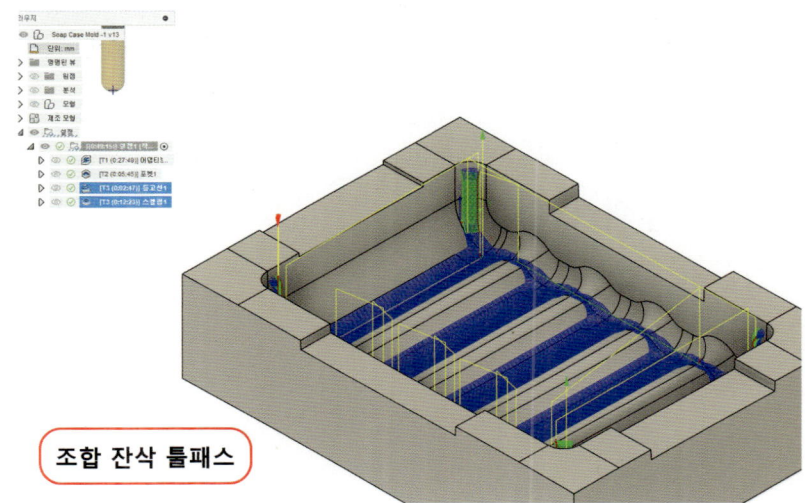

조합 잔삭 툴패스

▍평면 가공

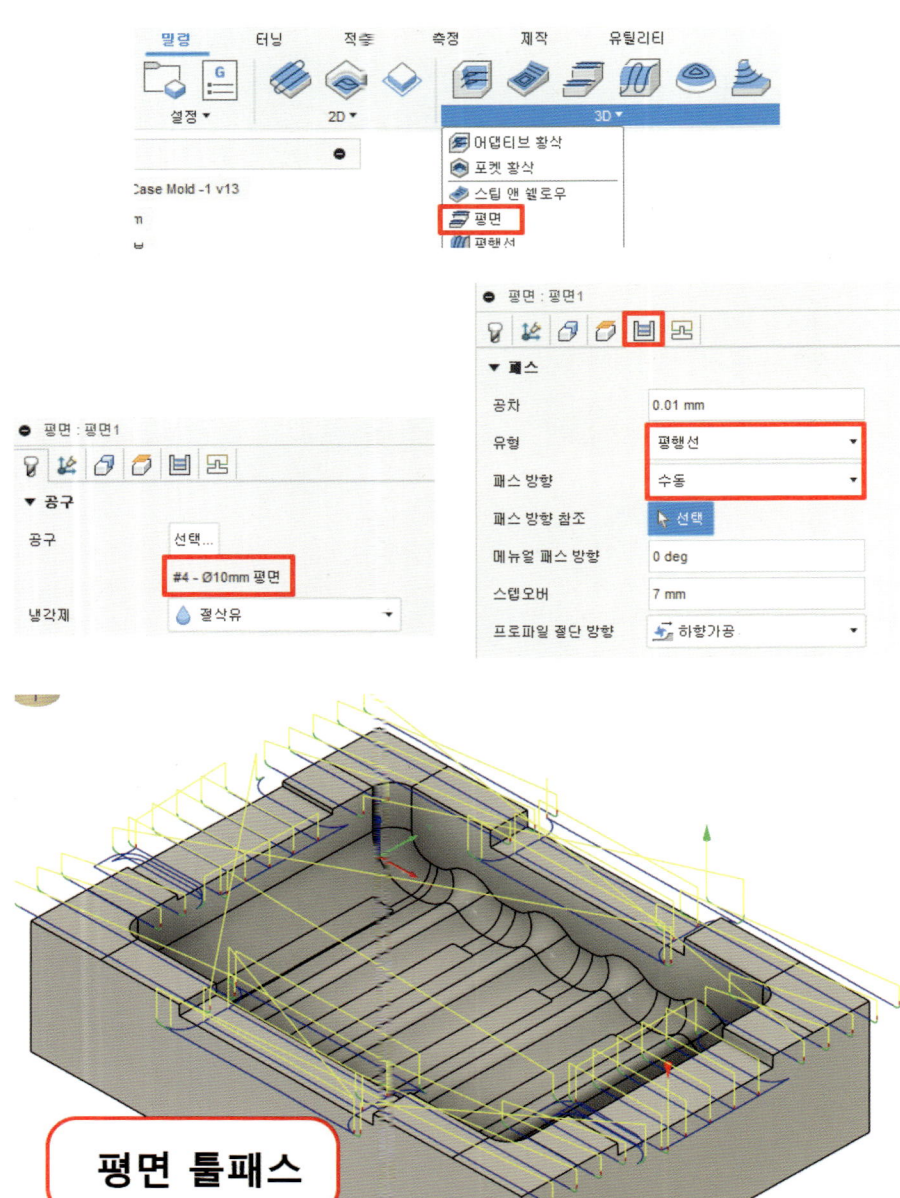

평면 툴패스

▌등고선 측벽가공 (중삭)

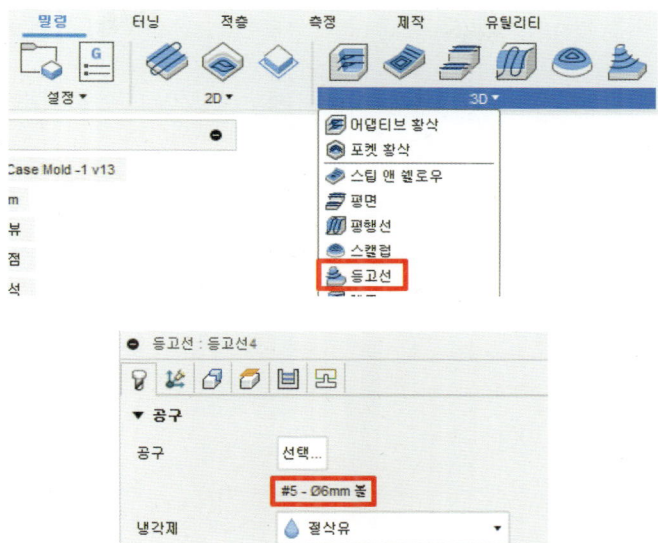

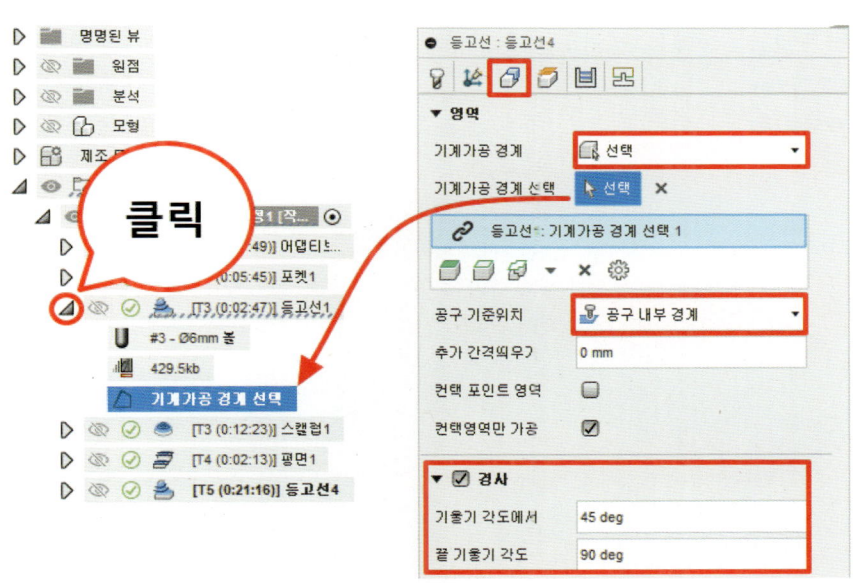

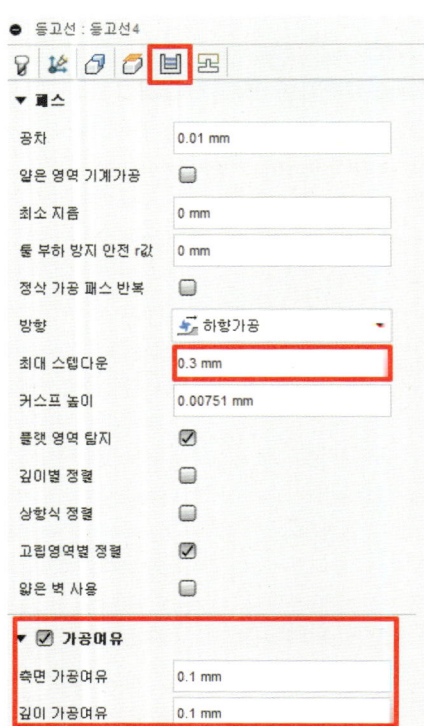

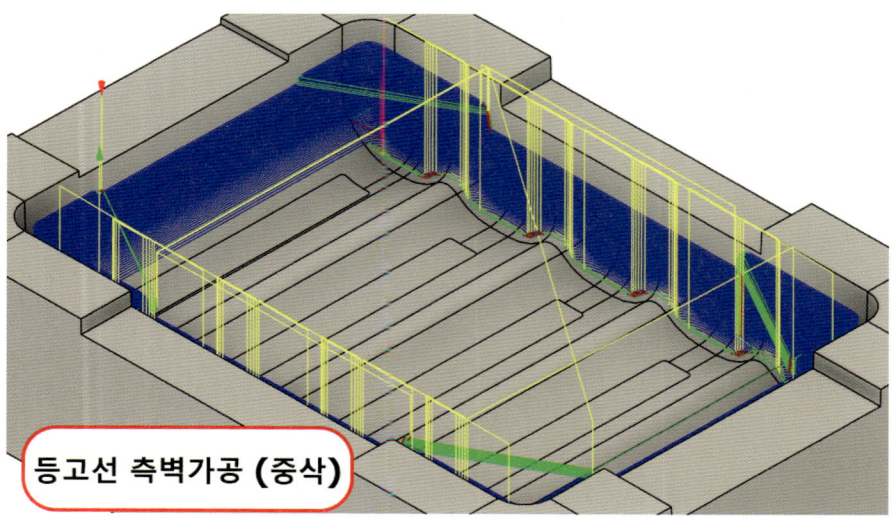

등고선 측벽가공 (중삭)

▌평행선 바닥가공 (중삭)

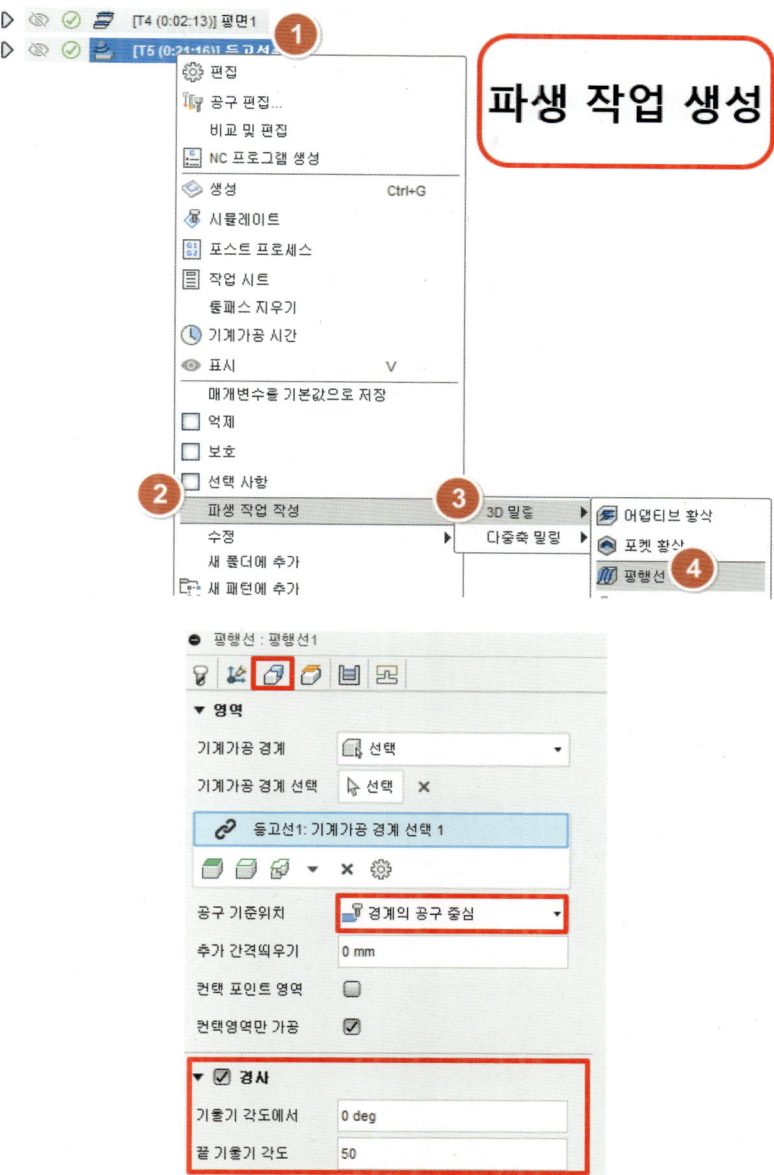

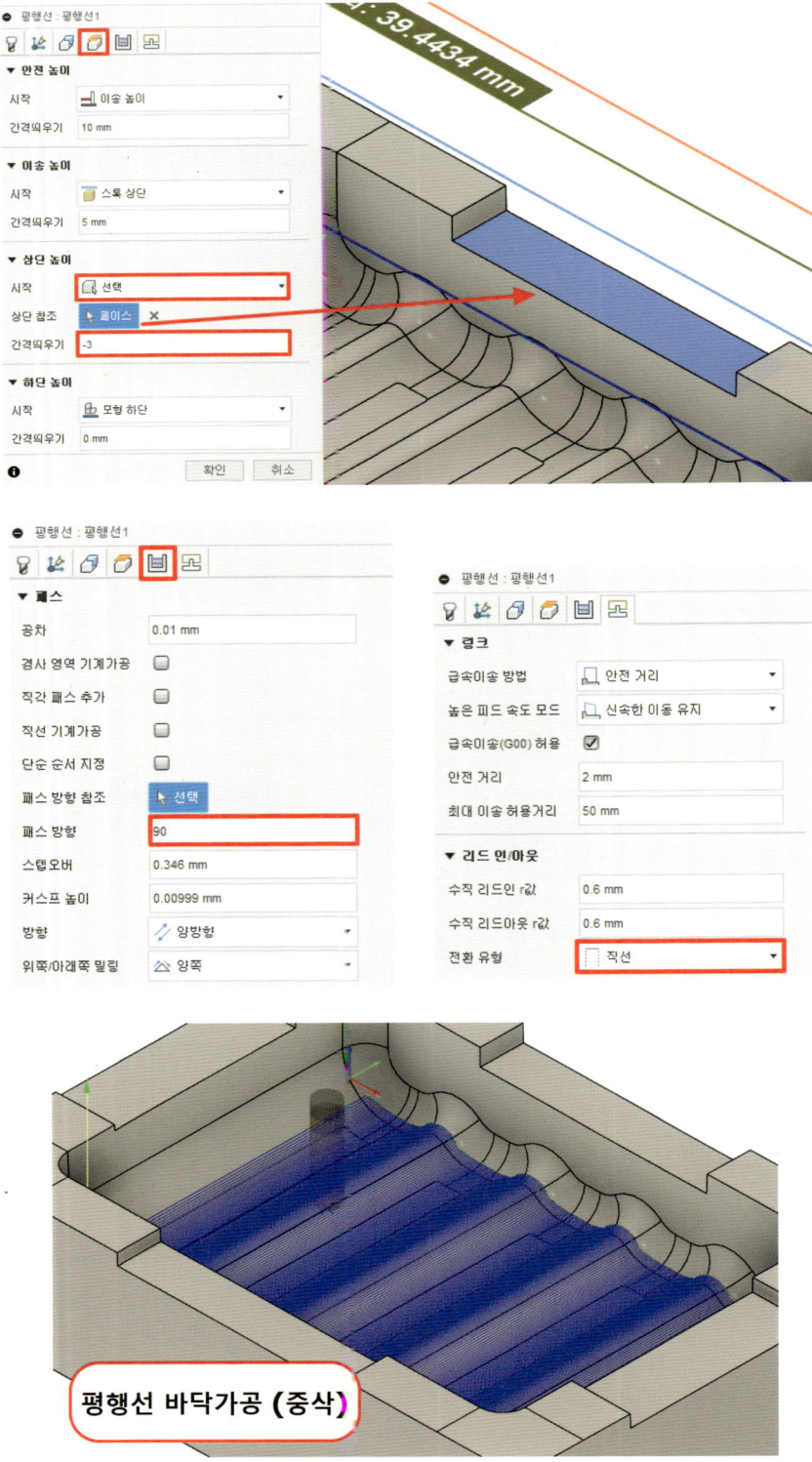

평행선 바닥가공 (중삭)

▌측벽 & 바닥 가공(정삭)

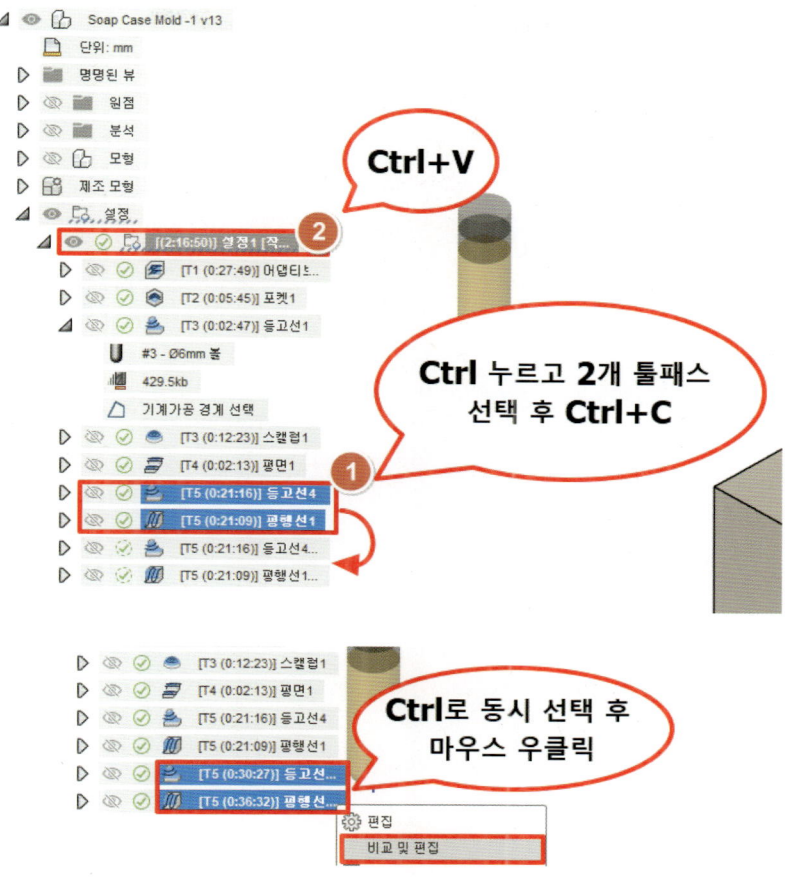

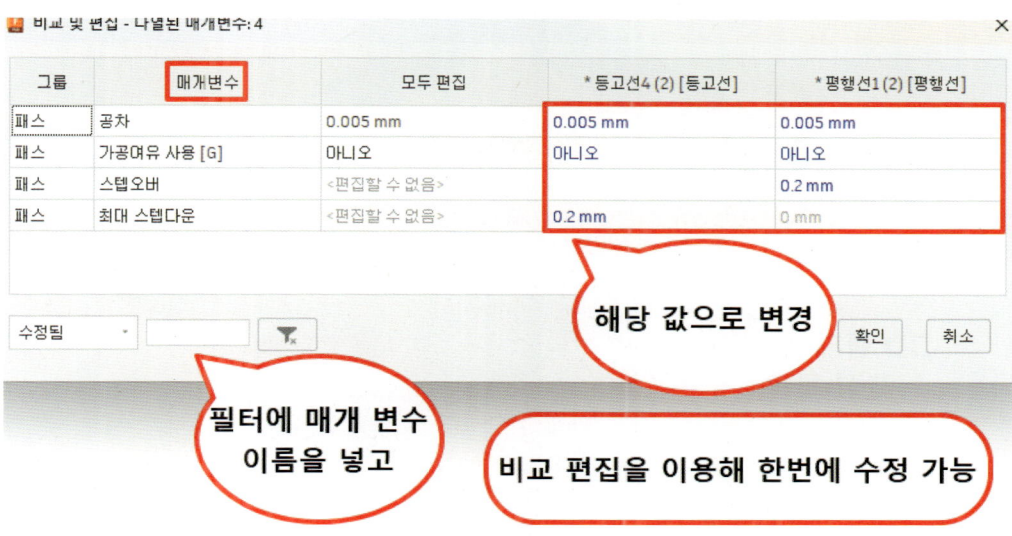

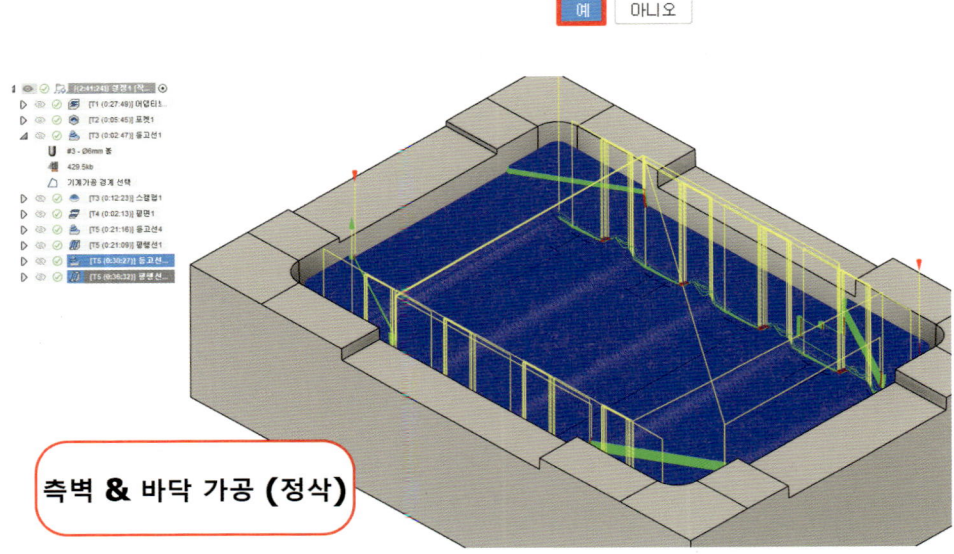

측벽 & 바닥 가공 (정삭)

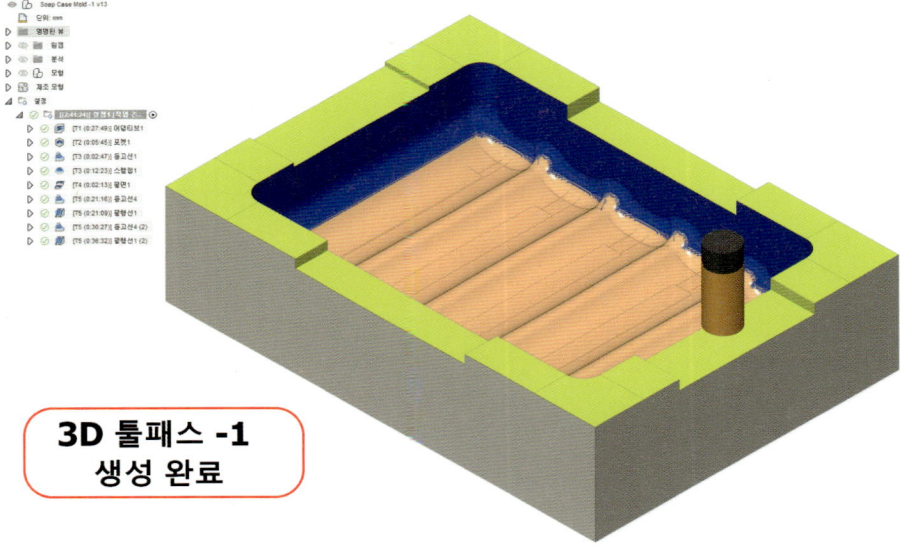

3D 툴패스 -1 생성 완료

16.5 3D툴 패스 생성하기 - 2

▌작업 좌표계 및 스톡 설정하기

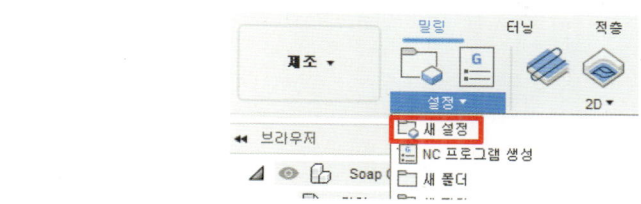

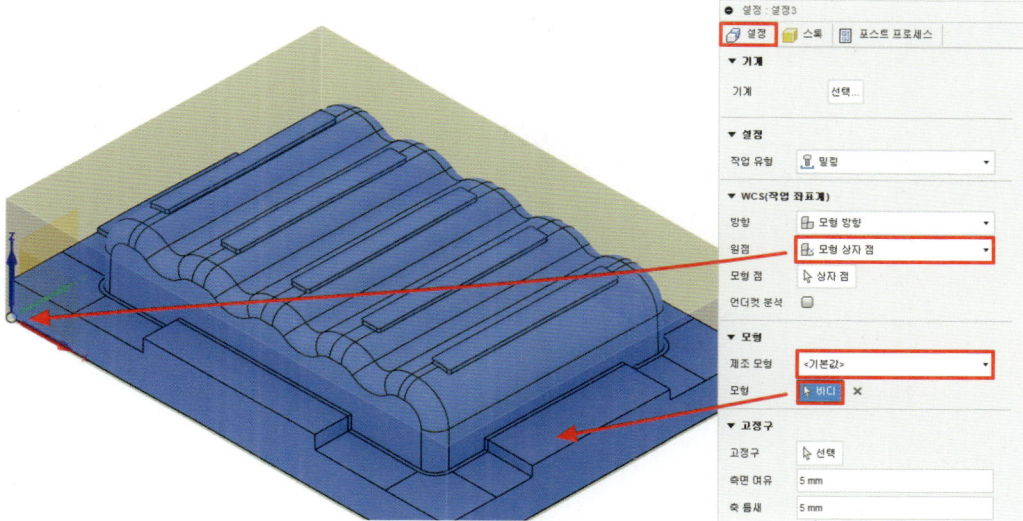

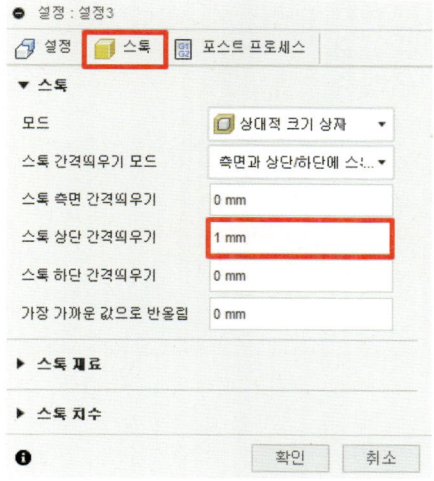

▌어댑티브 황삭

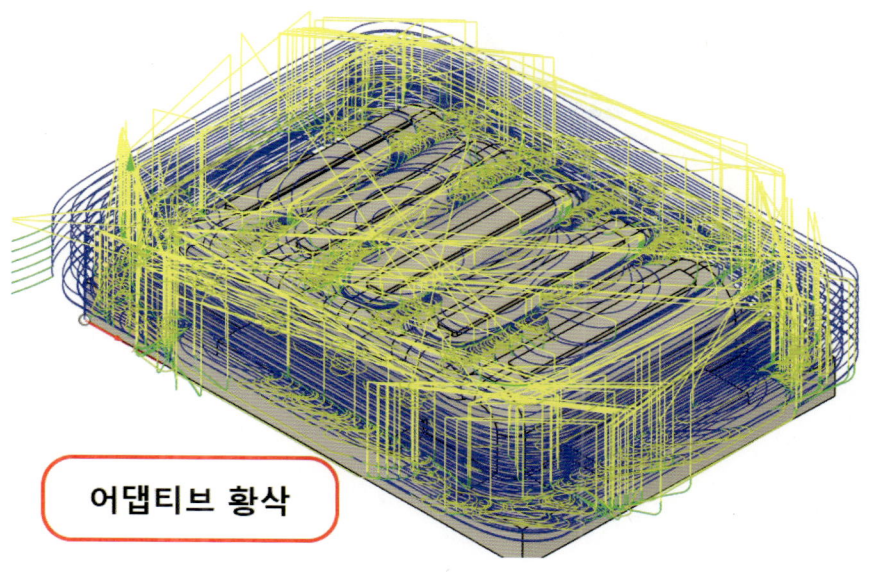

어댑티브 황삭

■ 포켓 황삭을 이용한 재 황삭

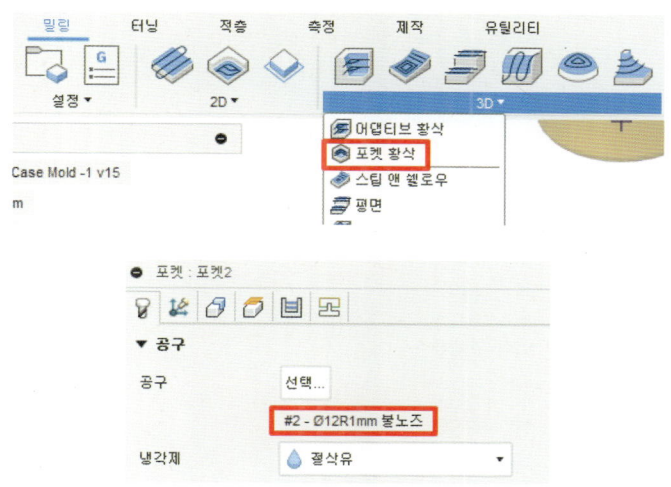

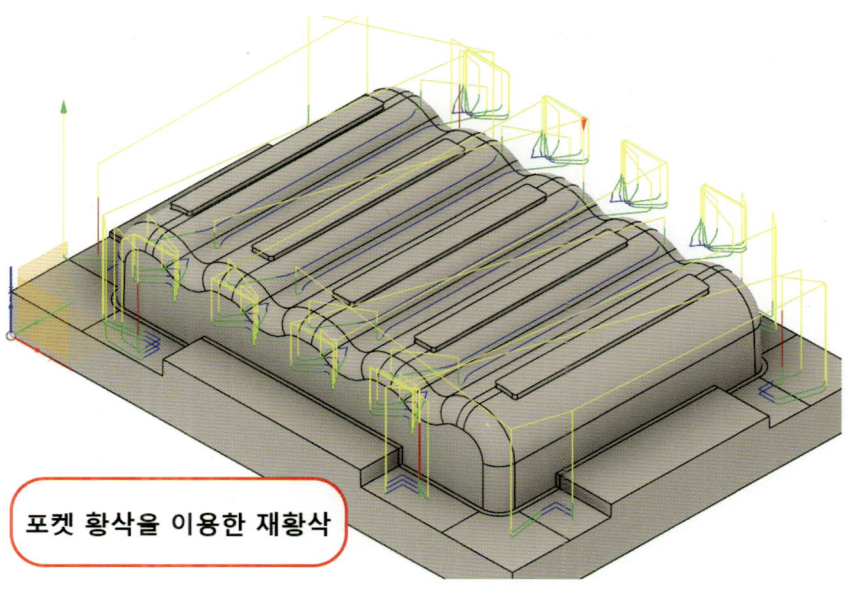

포켓 황삭을 이용한 재황삭

▌ 등고선과 스캘럽을 이용한 잔삭 - (등고선)

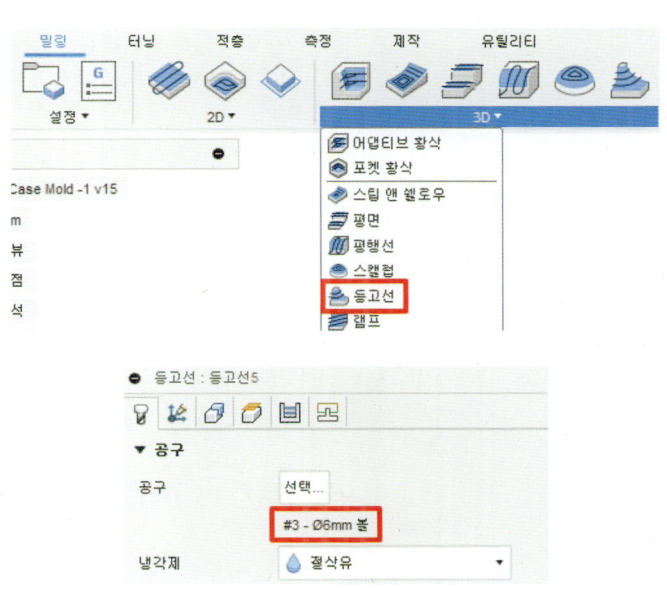

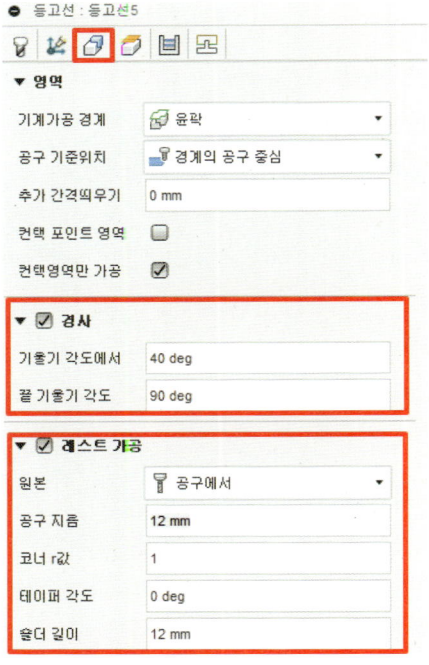
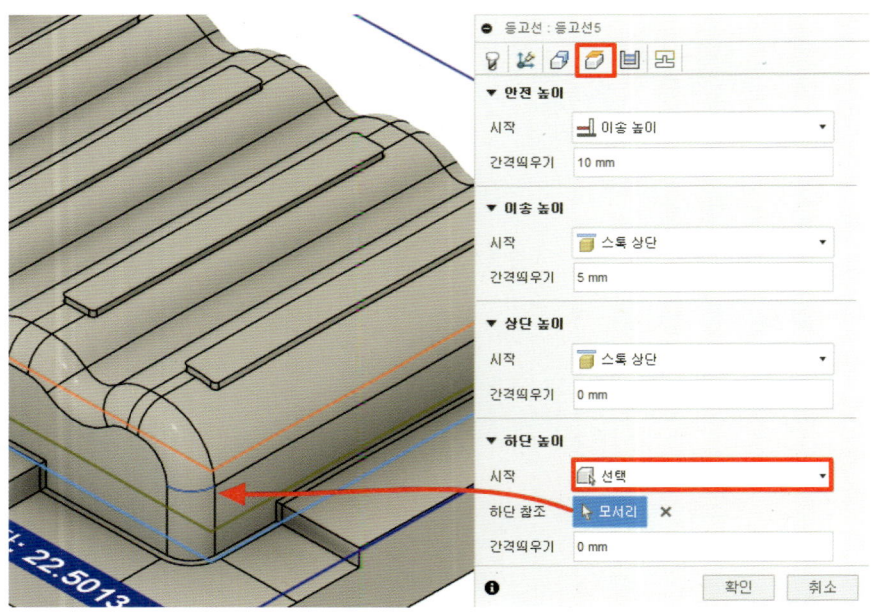

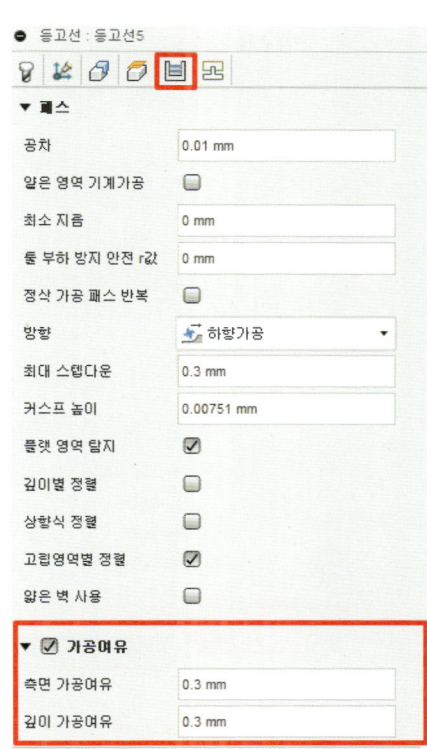
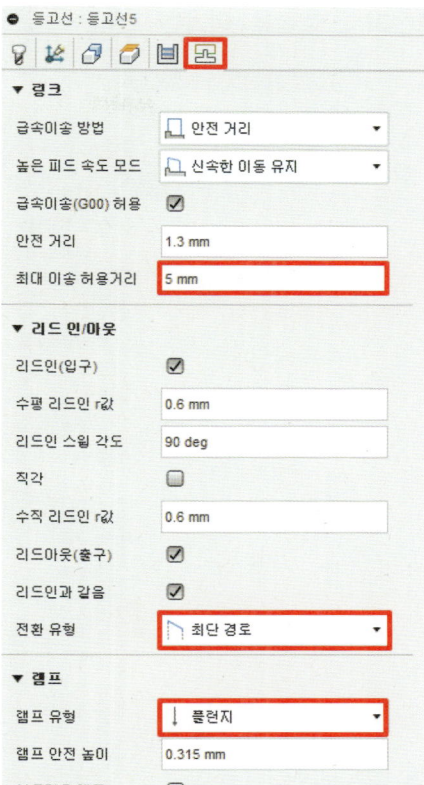

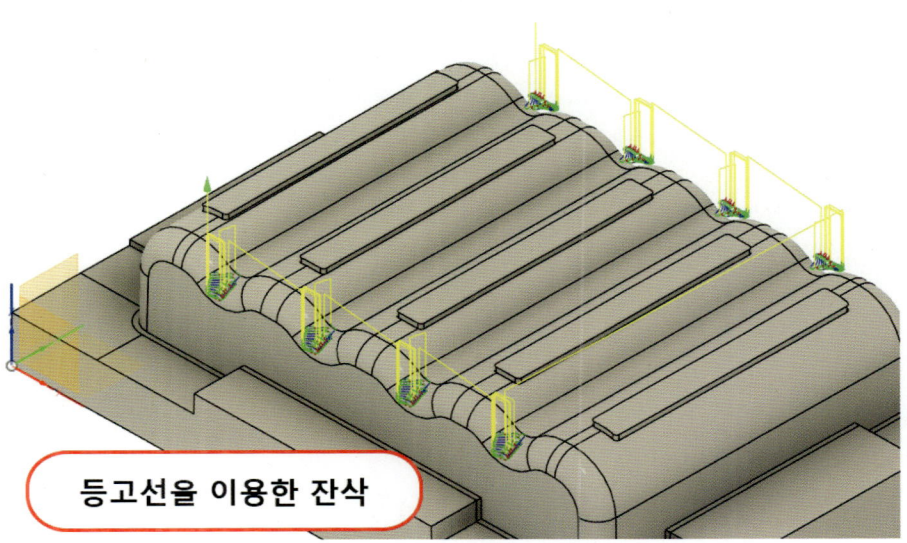

등고선을 이용한 잔삭

▌등고선과 스캘럽을 이용한 잔삭 - (스캘럽)

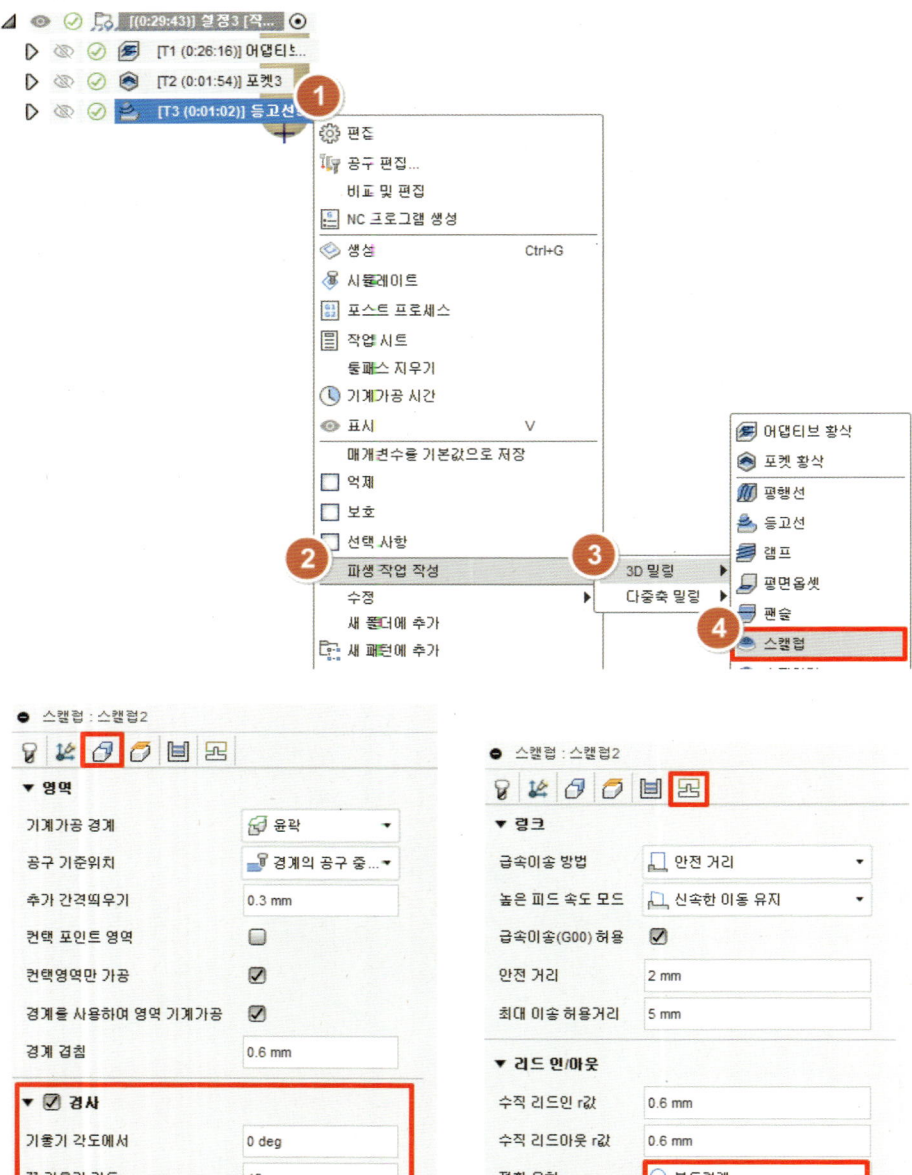

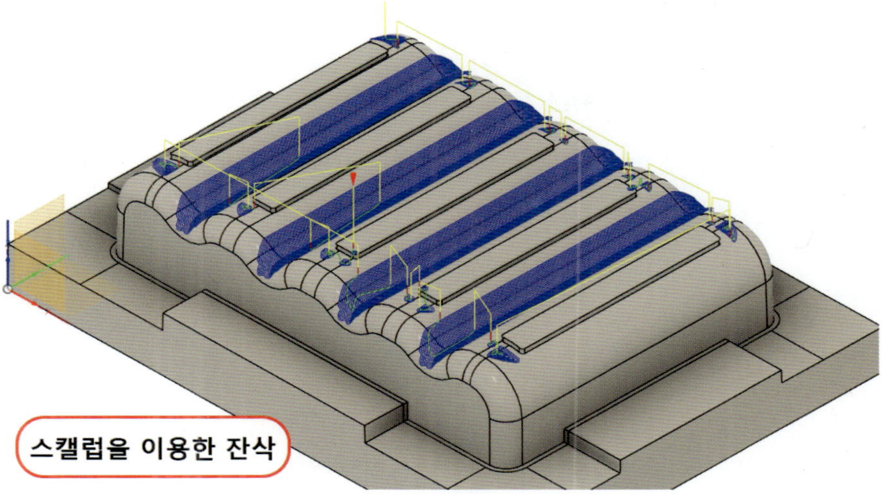

스캘럽을 이용한 잔삭

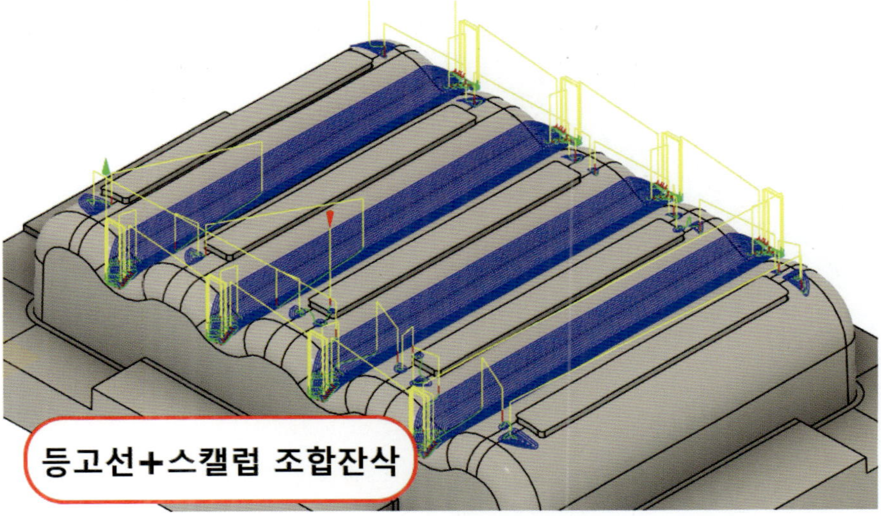

등고선+스캘럽 조합잔삭

▌등고선 측벽가공 - (중삭)

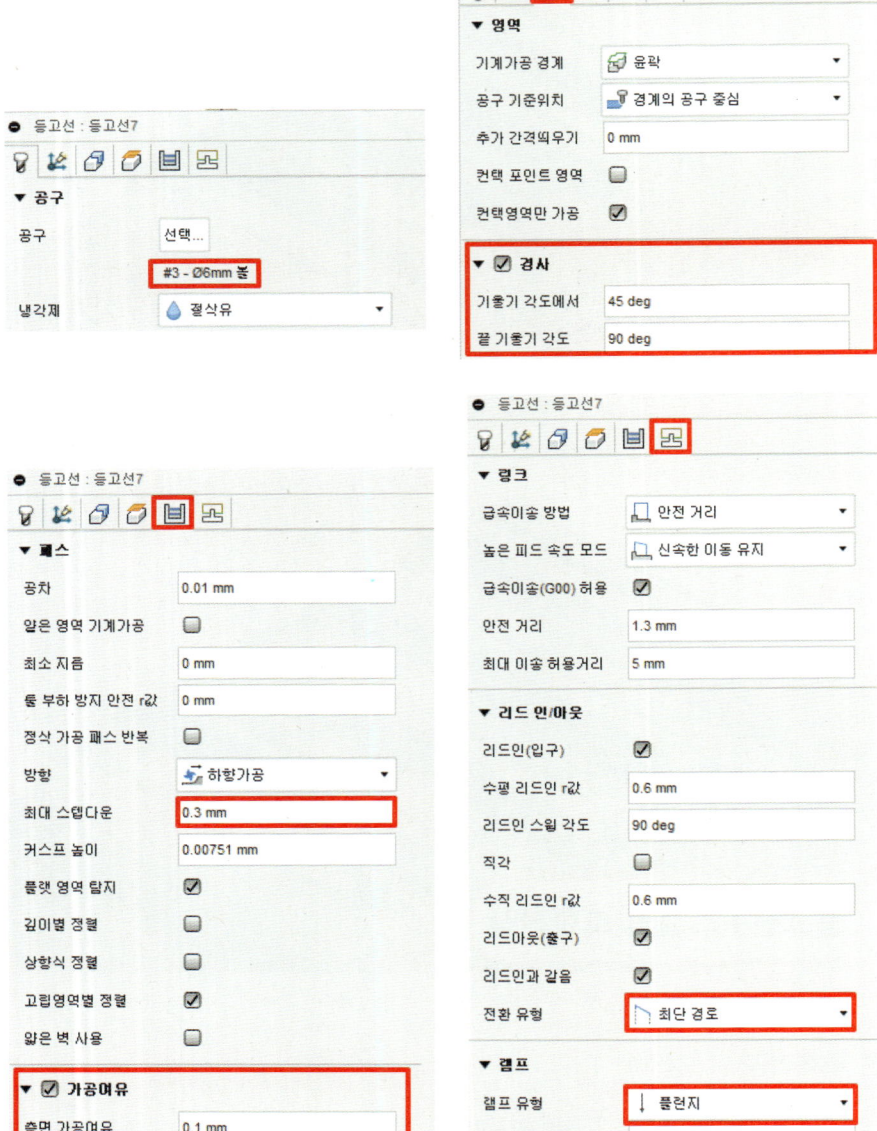

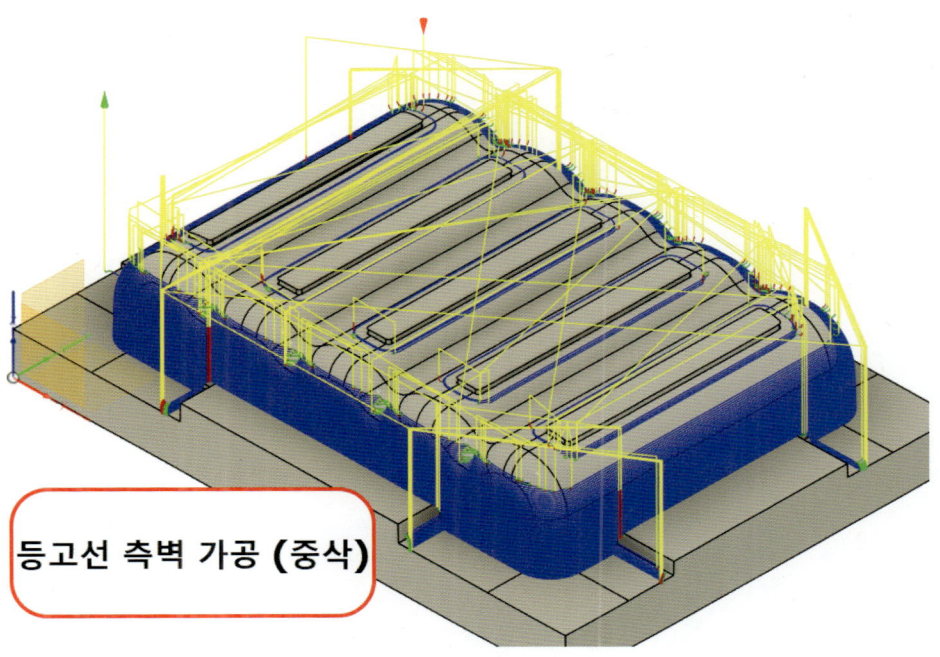

등고선 측벽 가공 (중삭)

▌평행선 바닥 가공- (중삭)

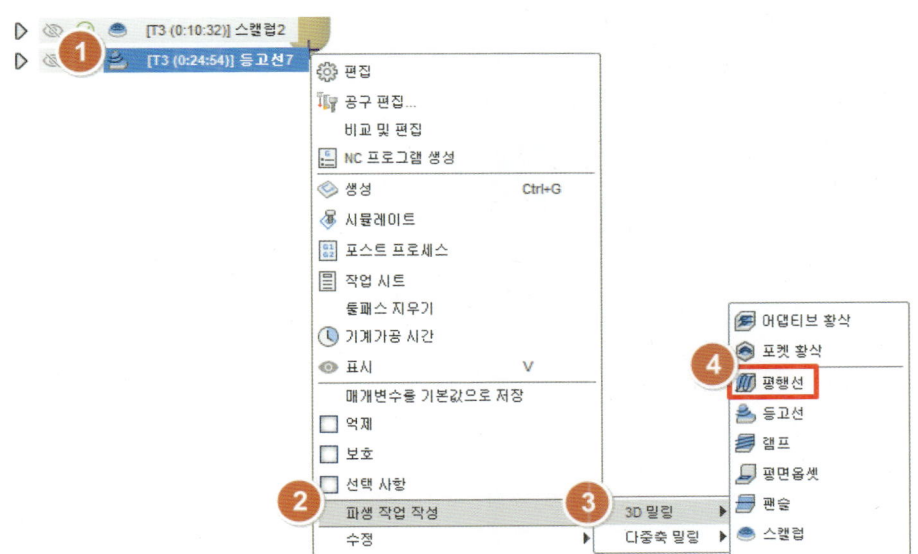

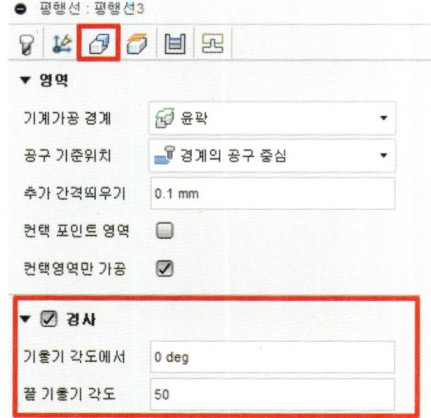
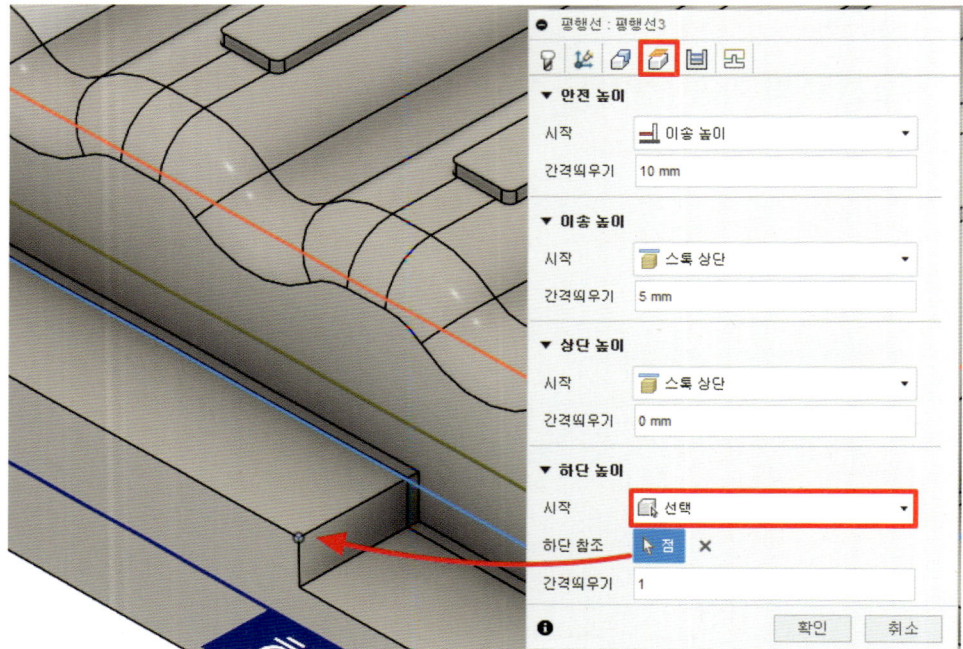

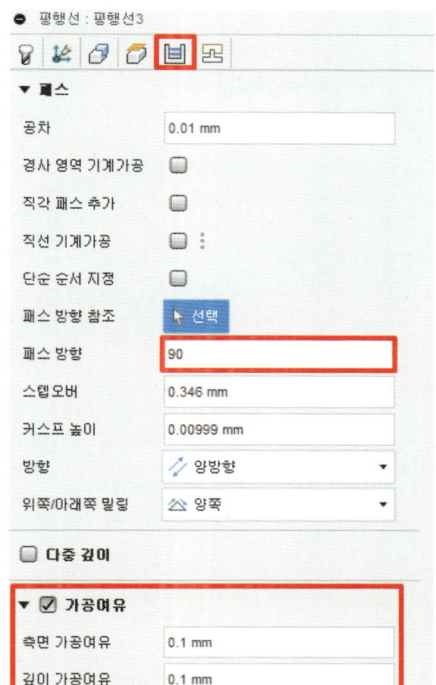
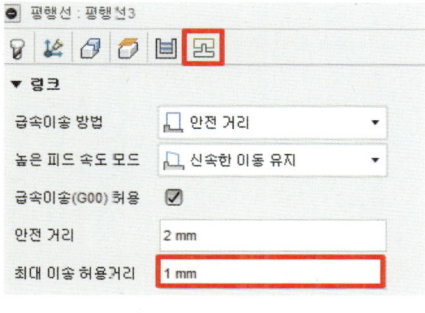
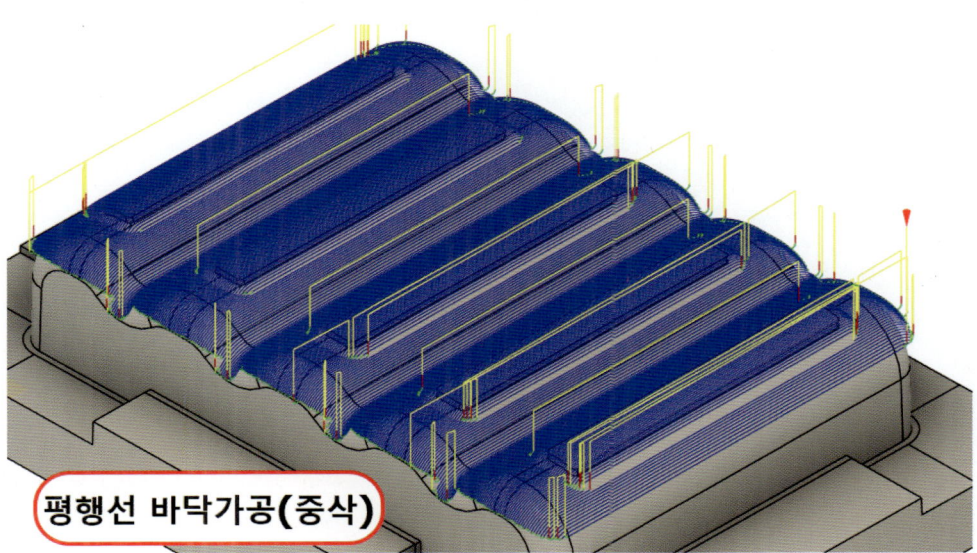

평행선 바닥가공(중삭)

▍측벽 및 바닥가공 - (정삭)

▍평면 가공

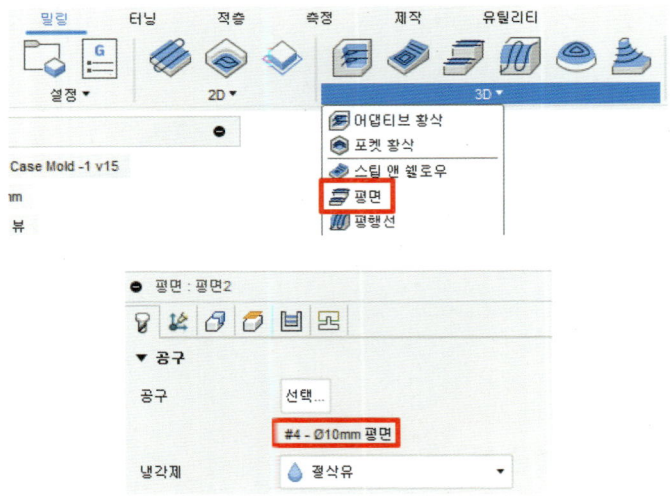

Chapter 05 | Fusion CAM 툴 패스 - 3D 기능

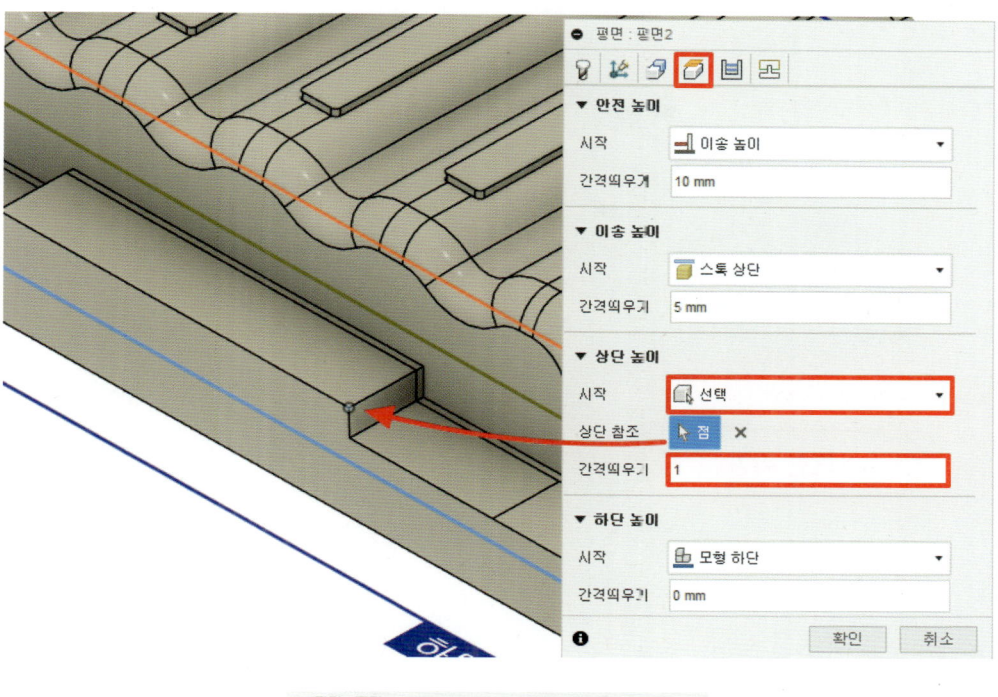

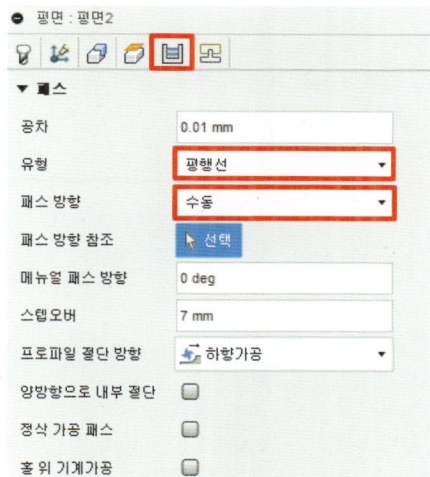

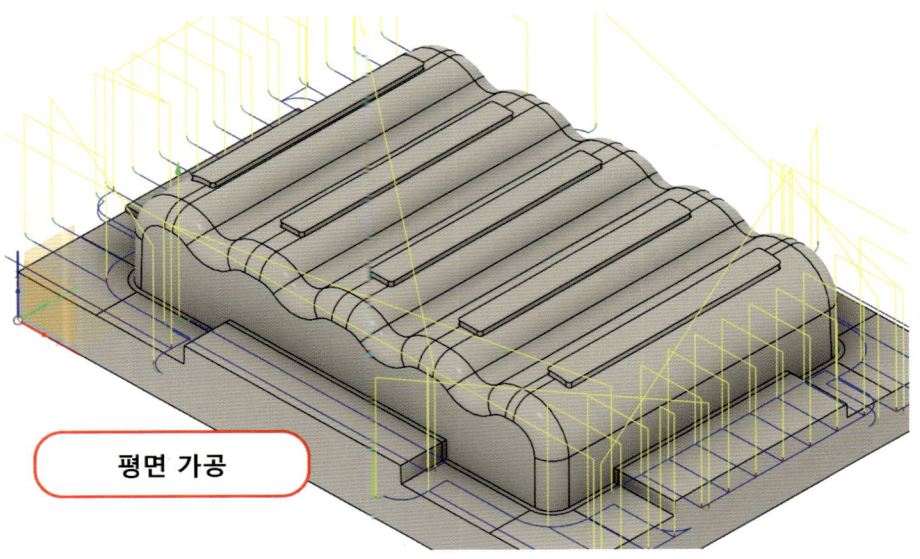

평면 가공

▌트레이스를 이용한 라인 가공 -1

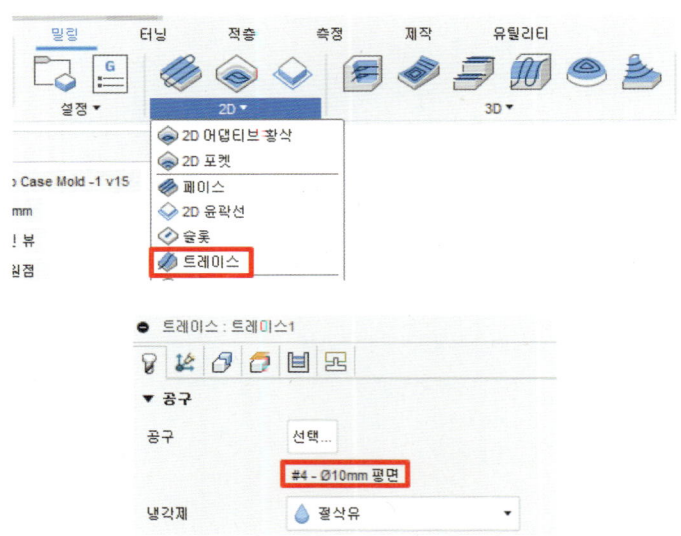

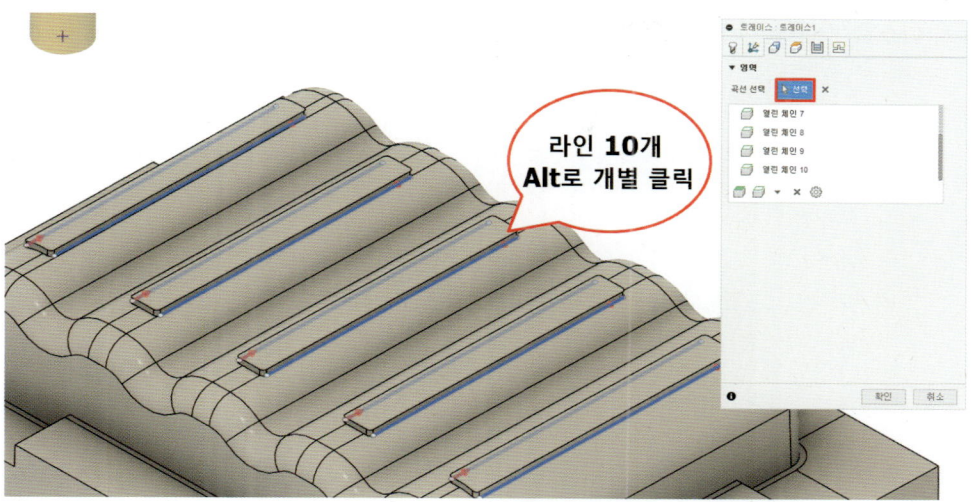

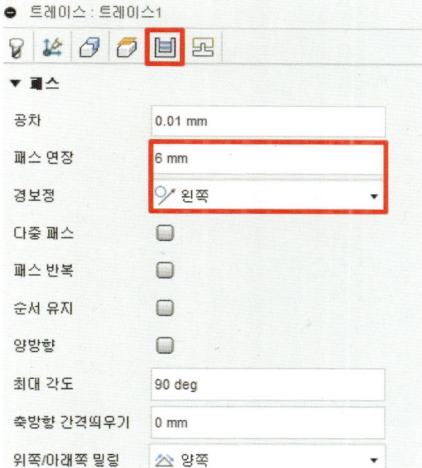

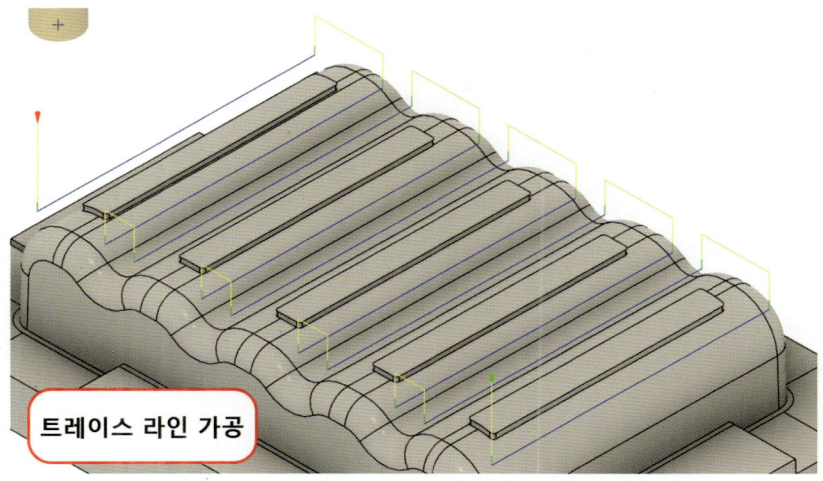

▌트레이스를 이용한 라인가공 -2

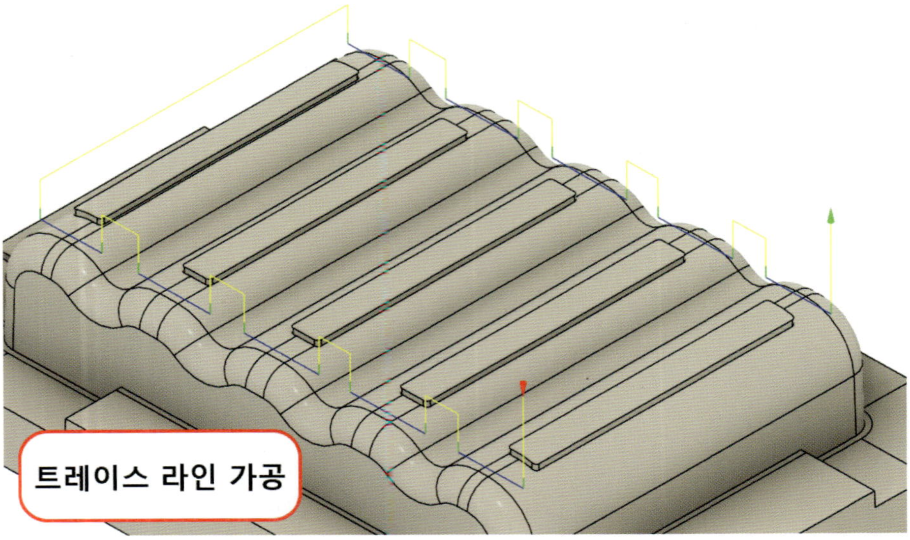

Ctrl+D
툴패스 복제

라인 10개
Alt로 개별 클릭

트레이스 라인 가공

맺음말

Fusion 360 CAM의 시작, 그리고 앞으로

처음 Fusion의 CAM을 접했을 때, 나는 한 가지 고민이 들었다. "어떻게 하면 가공을 더 효율적으로 할 수 있을까?" "기존에 사용하던 CAM 소프트웨어와는 어떤 점이 다르고, 이를 어떻게 활용해야 할까?"

아마 이 책을 읽고 있는 여러분도 한 번쯤 비슷한 고민을 했을 것이다. 처음 CAM을 배우는 사람도, 기존에 사용하면서 더 나은 가공 방법을 찾고 있던 사람도, 모두가 만족할 수 있는 내용을 만들기 위해 많은 노력을 기울였다.

특히, Fusion 360을 사용하지 않더라도 다양한 가공 기법을 실 가공에서 활용할 수 있도록 구성했다. 현장에서 흔히 접하는 보편적인 가공 아이템을 바탕으로 따라 하기 예제를 마련했고, 이를 통해 독자가 실제로 적용해 보며 깊이 있는 이해를 할 수 있도록 했다. 그저 기능 설명에 그치는 것이 아니라, 실전에서 CAM을 어떻게 활용할 것인지에 초점을 맞추었다.

이 책을 통해 독자가 새로운 가공 방법을 익히고, 이를 통해 시간과 비용을 절감하며, 더욱 정밀하고 효율적인 결과물을 만들어낼 수 있기를 바란다. 또한, Fusion 360을 넘어 전체적인 가공 프로세스를 이해하고 활용하는 능력을 키우는 계기가 되었으면 한다.

● 앞으로의 계획

이번 책을 시작으로, 부록 형태의 2D 및 3D 따라하기 가이드를 추가할 예정이며, 더 나아가 '선반 편과 고급 편(다 축 가공)'을 2편, 3편으로 준비하고 있습니다. 앞으로도 Fusion CAM이 더욱 많은 사람들에게 보급될 수 있도록 다양한 자료를 만들어갈 예정입니다.

마지막으로, 이 책을 읽고 가공에 대한 새로운 시각을 얻은 모든 분께 감사드립니다. 여러분의 작업이 더욱 정밀하고 효율적으로 발전할 수 있도록, 앞으로도 꾸준히 연구하고 공유하겠습니다.

Fusion CAM을 배우는 모든 분들을 응원하며, 다음에 또 좋은 자료로 찾아뵙겠습니다.

감사합니다.

AUTODESK Fusion 360

CAM을 처음 하시는 분들을 위한 실무 가이드

초판 1쇄 인쇄	2025년 4월 20일
초판 1쇄 발행	2025년 4월 25일

저 자	심은렬, 배영후
발행인	유미정
발행처	도서출판 청담북스
주 소	(우)10909 경기도 파주시 하우3길 100-15(야당동)
전 화	(031) 943-0424
팩 스	(031) 600-0424
등 록	제406-2009-000086호
정 가	35,000원
ISBN	979-11-91218-35-0 13000

※이 책은 저작권법에 따라 보호를 받는 저작물이므로 무단 전재나 복제를 금지하며,
 이 책 내용의 전부 또는 일부를 이용하려면 반드시 저작권자나 발행인의 서면동의를 받아야 합니다.

※잘못된 책은 구입하신 서점에서 교환하여 드립니다.